SPSS
AMOS
활용

제6판

관광조사 통계분석

Tourism Research & Statistical Analysis

요인분석 · 회귀분석
군집분석 · 구조방정식
모델링

이 충 기

대 왕 사

제6판
관광조사통계분석

제6판 머리말 Preface

본 저서를 처음 발간한 지 14년이 지났고, 이제 여섯 번째 개정판을 발간하게 되었다. 관광학은 여러 분야를 포괄하는 종합학문이므로 관광현상을 과학적으로 접근하는 노력이 필요하며, 이를 뒷받침해줄 수 있는 방법 중 하나가 관광조사통계분석이라고 생각한다. 필자는 강단에서 조사방법과 통계분석방법을 가르치면서 준비한 자료와 경험을 바탕으로 하였을 뿐만 아니라, 분석한 결과를 학술논문과 연계시킬 수 있도록 본 저서를 발간하였다. 또한 통계 프로그램의 상위버전에 따른 용어 변경을 반영하고, 분석방법을 좀 더 쉽게 이해할 수 있도록 중간중간에 개정판을 발간해왔다.

본 저서는 총 11장으로 구성되었다. 제1장은 기본 통계지식과 연구조사방법, 제2장은 SPSS 프로그램 실행방법, 제3장은 가설검정 기초이론, 그리고 제4장은 가설검정 방법을 다루었다. 또한 제5장은 요인분석, 제6장은 회귀분석, 제7장은 상관분석, 제8장은 로짓모델, 제9장은 위계적 회귀분석, 제10장은 군집분석, 그리고 제11장은 구조방정식모델링을 다루었다. '구슬이 서 말이라도 꿰어야 보배'란 속담도 있듯이 통계를 아무리 많이 배워도 이를 현실에 적용하지 못하거나 학술논문으로 연계시키지 못한다면 무용지물이다. 이러한 측면에서 본 저서는 관광과 관련된 실제자료를 이용하여 통계분석을 실시하고, 분석결과를 학술논문으로 발전시킬 수 있도록 국내외 논문들을 함께 제시하였다.

본 저서의 초판을 발간하는데 많은 도움을 준 이혜미 조교, 개정판을 발간하는데 큰 도움을 준 박예나 조교, 권유진 조교, 그리고 공원기 조교에게 감사함을 전한다. 또한 강단에서 후학양성을 위하여 본 저서를 활용해준 오민재 박사, 류재숙 박사, 김진옥 박사에게도 감사함을 전하고 싶다. 끝으로 이 책의 출판을 허락해주신 대왕사 박성진 사장과 직원들께 감사의 뜻을 전한다.

2024년 9월

경희대학교 호텔관광대학 연구실에서
이충기(cklee@khu.ac.kr)

본 교재에 제시된 예제 파일은 도서출판 대왕사 홈페이지(www.daewangsa.net)에 회원가입을 하신 후 [자료실 → 일반자료실]에서 다운받으실 수 있습니다.

제5판 머리말 Preface

2011년 초판을 발행한 후 이제 다섯 번째 개정판을 발행하게 되었다. 이는 그동안 본 저서를 이용해준 학부학생 · 대학원생 · 연구자 등 모든 분들의 덕분이라고 생각하며, 이를 통하여 본 저서의 완성도를 높일 수 있는 계기가 되었다. 관광학은 여러 분야를 포괄하는 종합학문이므로 관광현상을 과학적으로 접근하는 노력이 필요하며, 이를 뒷받침해줄 수 있는 방법 중 하나가 관광조사통계분석이라고 생각한다. 필자는 그동안 대학에서 학생들에게 조사방법과 통계분석방법을 가르치면서 학생들의 입장에서 이해하기 쉽고 분석결과를 학술논문과 연계시킬 수 있도록 본서를 구성하였다.

필자는 본서를 강단에서 학생들에게 직접 강의하면서 그때그때 메모해 놓았다가 수정 및 보완하여 완성도를 높이고자 노력해왔다. 특히 이번 개정판에서는 조절효과 분석방법을 추가하였다. 앞으로도 본 저서가 다양한 관광현상을 분석하고 규명하는데 도움을 줄 수 있도록 계속 보완할 계획이다.

본서는 총 11장으로 구성된다. 제1장은 기본 통계지식과 연구조사방법, 제2장은 SPSS 프로그램 실행방법, 제3장은 가설검정 기초이론, 그리고 제4장은 가설검정방법을 각각 다루었다. 제5장은 요인분석, 제6장은 회귀분석, 제7장은 상관관계, 제8장은 로짓모델, 그리고 제9장은 조절효과를 분석하기 위한 위계적 회귀분석을 이번 개정판에 추가하였다. 제10장은 군집분석, 제11장은 구조방정식모델링을 각각 다루었다.

'구술이 서 말이라도 꿰어야 보배'란 속담도 있듯이 통계를 아무리 배워도 이를 현실에 활용하지 못하거나 학술논문으로 연계시키지 못한다면 무용지물이라고 생각한다. 이러한 측면에서 본서는 관광과 관련된 실제자료를 이용하여 통계분석을 실시하고, 분석결과를 학술논문으로 발전시킬 수 있도록 국내외 논문을 제시하였다.

본서가 완성될 수 있도록 최선을 다하여 도움을 준 이혜미 학생, 강단에서 후학양성을 위하여 본 저서를 활용해준 오민재 박사, 류재숙 박사, 김진옥 박사에게 감사함을 전하고 싶다. 끝으로 이 책의 출판을 허락해주신 대왕사 박성진 사장과 직원들께 감사의 뜻을 전한다.

2019년 8월

경희대학교 호텔관광대학 연구실에서
이충기(cklee@khu.ac.kr)

제4판 머리말 Preface

2011년 초판을 발행한 후 이제 제 4판을 발행하게 되었다. 이는 그동안 본 저서를 이용해준 학생들과 연구자들의 덕분이라고 생각하며, 이를 통하여 본 저서의 완성도를 높일 수 있는 계기가 되었다.

관광학은 여러 분야를 포괄하는 종합학문이므로 관광현상을 과학적으로 접근하는 노력이 필요하며, 이를 뒷받침해 줄 수 있는 방법 중 하나가 관광조사통계분석이라고 생각한다. 필자는 그동안 대학에서 학생들에게 조사방법과 통계분석을 가르치면서 학생들의 입장에서 이해하기 쉽고 분석결과를 학술논문과 연계시킬 수 있도록 본 저서를 구성하였으며, 지금까지 4차에 걸친 수정 및 보완작업을 통하여 완성도를 높이고자 노력해 왔다. 앞으로도 본 저서가 다양한 관광현상을 분석하고 규명하는데 도움을 줄 수 있도록 계속 보완할 계획이다.

본 저서는 총 10장으로 구성된다. 제1장은 기본 통계지식과 연구조사방법, 제2장은 SPSS 프로그램 실행방법, 제3장은 가설검정 기초이론, 그리고 제4장은 가설검정 방법을 각각 다루었다. 제5장은 요인분석, 제6장은 회귀분석, 그리고 제7장은 상관관계를 각각 다루었다. 제8장은 로짓모델, 제9장은 군집분석, 그리고 제10장은 구조방정식모델링을 각각 다루었다. "구술이 서 말이라도 꿰어야 보배"란 속담도 있듯이 통계를 아무리 배워도 이를 현실에 활용하지 못하거나 학술논문으로 연계시키지 못한다면 무용지물이라고 생각한다. 이러한 측면에서 본 저서는 관광과 관련된 실제자료를 이용하여 통계분석을 실시하고, 분석결과를 학술논문으로 발전시킬 수 있도록 국내외 논문을 제시하였다.

본 저서가 완성될 수 있도록 최선을 다하여 도움을 준 이혜미 학생, 늘 가까이서 통계분석에 관한 조언을 아끼지 않은 송학준 교수, 윤설민 교수, 이재석 교수, 오민재 박사, 김진옥 박사, 후학양성을 위하여 본 저서를 활용해준 류재숙 박사, 그리고 개정판에 대한 수정작업을 도와준 준우선 · 임성희 박사과정 학생 모두에게 감사함을 전하고 싶다.

끝으로 이 책의 출판을 허락해주신 대왕사 박성진 사장과 직원들께 감사의 뜻을 전한다.

2017년 9월

경희대학교 호텔관광대학 연구실에서

이충기(cklee@khu.ac.kr)

제3판 머리말 Preface

"구슬이 서 말이라도 꿰어야 보배다"란 옛 속담도 있듯이 통계를 알아도 실제로 논문에 적용하지 못하면 갑 속에 든 칼이나 다름이 없다. 이러한 차원에 본 『관광조사통계분석』은 관광현상을 분석하는 통계이론 및 실행방법을 설명하고, 이를 토대로 논문을 작성하는 방법과 이를 적용한 논문들을 소개함으로써 독자들의 이해를 돕고자 노력하였다.

그동안 이 책을 애용해 준 학생 및 연구자들 덕분에 초판에 이어 제2판을 개정하였고, 이제 제3판을 개정하게 되었다. 이러한 개정작업을 통하여 좀 더 이해가 필요한 부분들을 보완하여 완성도를 높이고자 하였다.

본 저서는 총 10장으로 구성된다. 제1장에서는 기본 통계지식과 연구조사방법을 설명하고, 제2장에서는 SPSS 프로그램 실행방법을 소개하였다. 제3장은 연구논문에서 필수적인 가설검정에 관한 이론을 설명하고, 제4장에서는 여러 가설검정방법을 소개하였다. 제5장에서는 요인분석에 관한 이론과 분석방법을 설명하고, 제6장에서는 회귀분석의 이론과 분석방법을 소개하였다. 제7장에서는 상관관계를 설명하고, 제8장에서는 종속변수가 이선선택형일 경우 사용되는 로짓모델을 소개하였다. 제9장에서는 시장세분화를 위한 군집분석의 절차와 방법을 설명하고, 제10장에서는 구조방정식 모델링의 개념 · 절차 · 실행방법 등을 소개하였다. 또한 통계분석결과들을 논문에 적용할 수 있도록 국문 또는 해외저널들을 소개하였다.

앞으로 부족한 내용들은 강의를 하면서 계속 보완해 나가고자 하며, 좀 더 유용한 통계분석방법들을 소개하여 독자들의 연구영역 및 연구능력을 향상시키는 데 기여할 수 있기를 바란다. 또한 본 저서가 관광학을 연구하는 학부학생, 대학원생, 그리고 관광정책 입안자 및 실무진에게 유용한 지침서가 되기를 바란다.

끝으로 이 책이 나오기까지 초고에서 개정판에 이르기까지 수정 및 보완하는 데 애를 써준 이혜미 학생(미국 템플대학교 박사과정)의 열정과 헌신적인 노력에 진심으로 감사함을 전하고 싶다. 또한 늘 가까이서 통계이론과 분석방법에 있어서 조언을 아끼지 않은 송학준 교수, 윤설민 박사, 오민재 박사, 그리고 원고를 세심하게 검토해준 김진옥 박사에게도 감사의 말을 전한다. 아울러 본서의 출판을 허락해주신 대왕사 박성진 사장과 직원들께 감사의 마음을 전한다.

2016년 2월

경희대학교 캠퍼스에서 이충기 씀

(e-mail: cklee@khu.ac.kr)

제2판 머리말 Preface

2011년 초판에서는 가설검정 · 요인분석 · 상관관계분석 · 회귀분석 · 로짓분석 · 군집분석 등 총 9장으로 구성된 관광조사통계분석 저서를 발간하였다. 본 저서는 관광분야 학부 및 대학원생들과 실무자들이 쉽게 이해하고 관광분야에 적용할 수 있도록 실제 관광자료를 이용하여 분석하였으며, 이러한 결과를 학술논문과 연계시키기 위해 노력하였다. 그 결과 독자들로부터 좋은 반응을 얻어 이제 개정판을 발간하게 되었다. 개정판의 특징은 국내 · 외 학술논문에서 많이 다루고 있는 구조방정식 모델링을 추가하였다는 점이다.

개정판은 총 10장으로 구성되었다. 제1장에서는 기본적인 통계지식과 연구조사방법을 설명하였고, 제2장에서는 SPSS 프로그램을 처음 입문하는 학생들을 위하여 이용방법을 설명하였다. 제3장에서는 학술연구에서 필수사항이라 할 수 있는 가설검정에 관한 기초이론을 설명하였고, 제4장에서는 다양한 가설 검정방법을 소개하였다. 제5장에서는 다양한 변수들을 요약적으로 분류할 수 있는 요인분석에 관한 이론적 배경과 분석방법을 설명하였다. 제6장에서는 회귀분석의 이론적 배경과 분석방법을 설명하였고, 제7장에서는 변수간 상관관계를 설명하였으며, 제8장에서는 종속변수가 이선선택형일 때 사용되는 로짓모델을 설명하였다. 제9장에서는 시장세분화를 실시하기 위한 군집분석의 절차와 군집화 방법들을 소개하였고, 새로 확장한 제10장에서는 구조방정식 모델링의 개념, 절차, 실행방법, 그리고 관련논문을 추가하였다.

본서를 집필하면서 나름대로 최선을 다했지만, 초고에서는 다소 미약한 점들이 발견되어 개정판에서는 이를 수정 및 보완하였다. 앞으로도 부족한 내용들은 계속 보완하고자 하며, 이에 독자 여러분들의 많은 조언이 있기를 바라는 바이다. 부족한 책이지만 관광학을 연구하는 학부학생, 대학원생, 그리고 관광정책 및 실무진에게 유용한 지침서가 되기를 바란다.

끝으로 이 책이 나오기까지 초고에서 개정판까지 여러 차례 검토하고 수정 및 보완하면서 책이 완성될 수 있도록 최선을 다해준 이혜미 대학원생의 열정과 노력에 진심으로 감사함을 전하고 싶다. 또한 늘 가까이서 통계이론과 분석에 있어 조언을 아끼지 않은 송학준 교수, 윤설민 박사, 오민재 박사, 그리고 원고를 세심하게 검토해준 김진옥 대학원생에게도 감사의 말을 전한다. 아울러 본서의 출판을 허락해 주신 대왕사 박성진 사장과 직원들께 감사의 뜻을 전한다.

2014년 1월

경희대학교 호텔관광대학 연구실에서

이충기(cklee@khu.ac.kr)

머리말 Preface

관광학은 종합사회과학이기 때문에 과학적 접근이 반드시 수반되어야 하며, 이러한 관점에서 관광현상을 논리적인 방법을 통해 규명하는 노력은 매우 중요하다. 이를 위해서는 조사방법과 통계분석에 관한 지식을 겸비할 필요가 있다. 이러한 측면에서 필자는 그동안 학생들에게 조사 · 통계에 관한 지식과 분석방법을 가르쳐 왔다. 또한 학생들이 보다 쉽게 이해하고 관광분야에 적용할 수 있도록 관광조사자료를 이용하여 분석하고 이러한 결과를 학술논문과 연계시키기 위해 노력해 왔다.

이 책은 총 9장으로 구성되었다. 제1장에서는 기본적인 통계지식과 연구조사방법 등 기초이론을 설명하였다. 제2장에서는 SPSS 프로그램을 처음 입문하는 학생들을 위한 이용방법을 설명하였다. 제3장에서는 학술연구에서 필수사항이라 할 수 있는 가설검정에 관한 기초이론을 설명하였다. 제4장에서는 다양한 가설검정 방법을 소개하였다. 제5장에서는 다양한 변수들을 요약적으로 분류할 수 있는 요인분석에 관한 이론적 배경과 분석방법을 설명하였다. 제6장에서는 회귀분석의 이론적 배경과 분석방법을 설명하였다. 제7장에서는 변수간 상관관계를 설명하였고, 제8장에서는 종속변수가 이선선택형(예 또는 아니오)일 때 사용되는 로짓모델을 설명하였다. 마지막으로 9장에서는 시장세분화를 실시하기 위한 군집분석절차와 군집화방법을 소개하였다.

이 책은 관광조사통계분석에 관한 이론과 실제를 가능한 한 쉽게 이해할 수 있도록 노력하였을 뿐만 아니라, 각 장마다 해당 통계분석과 관련된 필자의 학술논문을 수록하여 분석결과를 어떻게 학술적으로 연계시킬 수 있는지를 보여 주었다. 또한 제9장에 이르는 통계분석방법들은 모두 실제 관광자료(예 축제방문객 조사자료)를 이용하여 분석과정을 제시해줌으로써 관광학도뿐만 아니라 실무자들도 자료를 분석하고 이해할 수 있도록 도움을 주고자 하였다.

이 책을 집필하면서 나름대로 최선을 다하였으나, 돌아보면 부족한 점도 많고 아쉬운 점도 많이 남는다. 이러한 점에서 이 책이 완벽하다고 생각하지는 않으며, 앞으로 미비한 점들이 계속 보완될 수 있도록 노력할 것이다. 이에 독자 여러분들의 많은 조언이 있기를 바란다. 부족한 책이지만 관광학을 연구하는 학부학생과 대학원생, 그리고 관광정책 및 실무자들에게 유용한 지침서가 되기를 바란다.

끝으로 이 책이 나오기까지 애써 준 연구실 학생들과 후배교수들에게 진심으로 감사의 말을 전하고 싶다. 특히 이 책을 처음부터 끝까지 수차례에 걸쳐 검토하고 수정하면서 책이 완성될 수 있도록 최선을 다해 준 이혜미 학생의 열정과 노력에 진심으로 감사함을 표현하고 싶다. 또한 늘 가까이서 이론과 분석에 있어 조언을 아끼지 않은 송학준 교수와 윤설민 박사, 그리고 원고를 세심하게 검토해 준 이재석 · 이대은 · 문지효 학생에게도 감사의 말을 전한다. 끝으로 이 책의 출판을 허락해 주신 대왕사 박성진 사장과 직원 여러분께 감사의 뜻을 전한다.

2011년 8월

경희대학교 연구실에서

이충기(cklee@khu.ac.kr)

01. 기초이론 [17]

02. 기초통계 [47]

03. 가설검정 방법 [73]

04. 가설검정의 종류 [81]

05. 요인분석 [119]

06. 회귀분석 [141]

07. 상관분석 [161]

08. 로짓분석 [165]

1장 기초이론

1. 모집단과 표본

모집단(Population) 우리는 연구를 할 때 특정집단을 대상으로 조사하게 된다. 이때 우리의 연구대상이 되는 전체 집단을 모집단이라고 한다. 가령, 경주세계문화엑스포의 방문객만족도를 조사한다면 모집단은 이 엑스포를 방문한 전체 입장객을 말한다. 또한 외래관광객을 대상으로 조사한다면 관광이나 상용목적 등으로 입국한 모든 외래관광객이 모집단이 된다. 그러나 일본관광객만을 조사한다면 모집단은 외래관광객 중 일본관광객이 된다.

표본(Sample) 우리가 연구하는 모집단 전체를 조사한다는 것은 많은 예산과 시간이 필요하기 때문에 현실적으로 어려운 일이다. 가령, 우리가 외래관광객을 대상으로 이미지를 조사한다면 모집단 전체를 조사하기란 쉬운 일이 아니다. 따라서 그 모집단 중 일부를 조사하게 되는데, 이러한 일부집단을 표본이라고 한다. 즉 표본이란 일정한 규칙에 따라 뽑아 놓은 모집단의 부분집단이며, 이러한 표본을 추출하는 과정을 표본추출(sampling)이라고 한다. 다른 예로 우리가 외래관광객을 대상으로 한국에 대한 이미지를 조사한다면 전체 외래관광객 중 일부분(예 500명)을 조사하게 되는데, 여기서 일부분이 표본이 된다. 그러나 중요한 것은 표본은 반드시 모집단을 대표할 수 있어야 하며, 이를 위해서는 표본추출방법이 중요하다. 예를 들면, 대통령 후보자들에 대한 당선 가능성을 알아보기 위해 1,000명의 표본을 선정하였다면, 이 표본은 우리나라 유권자를 대표할 수 있는 표본이어야 한다. 만일 대표성이 없는 표본을 선정할 경우 당선자를 정확히 예측하기는 어려울 것이다.

2. 파라미터와 통계치

파라미터(Parameter) 전체 모집단의 참된 속성을 나타내는 값이나 진술을 파라미터 또는 모수라고 한다. 파라미터는 평균·범위·중앙값 등이 있으며, 전국 인구센서스 조사와 같이 전체 모집단을 대상으로 한 조사를 통하여 얻을 수 있다.

통계치(Statistic) 표본에서 얻은 값을 통계치라고 하며, 우리는 통계치를 가지고 파라미터를 추정하게 된다. 만일 표본추출과정에서 모집단을 대표하는 집단이 선정되지 못할 경우 표본오차가 발생하며, 이 경우 통계치는 모집단을 대표할 수 없게 된다.

3. 표본 크기

많은 연구자들의 관심사항 중 하나는 자신의 연구에서 과연 표본을 몇 개로 설정하는 것이 바람직한지[1]에 관한 것이다. 즉 표본의 크기는 통계분석에서 요구하는

---

1 $n = \frac{Z^2_{\alpha/2} P(1-P)}{e^2}$ (노형진, 2001; Zikmund, 1997).

여기서 n =표본 크기; $Z^2_{\alpha/2}$ =square of the confidence interval in standard error units(신뢰수준(α)에 대응하는 표준정규분포의 값으로 α=95%가 일반적이며, 이때 그 값은 1.96임); e^2 =square of the maximum allowance for error between the true portion and sample proportion(최대허용오차); P =estimated proportion of successes(모집단비율로 P=0.5로 하면 가장 안전한 표본 크기 획득); $1-P$ =estimated proportion of failures.

수준이 있지만, 연구자에 따라 다르게 설정하는 경향이 있다.

일반적으로 표본이 크면 클수록 좋겠지만, 표본을 크게 하기 위해서는 그만큼의 시간과 예산이 소요되므로 최소 표본수를 설정하는 것이 바람직하다. 가령, 전국설문조사인 경우는 최소 1,222매 이상(95% 신뢰구간 내에서 ±2% point 허용오차), 축제 방문객 설문조사의 경우 최소 306매 이상(95% 신뢰구간 내에서 ±5% point 허용오차)으로 표본 크기를 결정하는 것이 바람직하다.

〈표 1-1〉 **모집단 크기별 95% 신뢰구간 내에서의 표본 크기**

Sample Size for Reliability				
모집단 크기	±1% point	±2% point	±3% point	±5% point
10,000	3,288	1,091	516	302
20,000	3,935	1,154	530	304
50,000	4,461	1,195	538	305
100,000	4,669	1,210	541	306
500,000 to ~	4,850	1,222	544	306

자료: Zikmund(1997).

4. 표본추출방법

앞서 설명했듯이 표본은 반드시 모집단을 대표할 수 있어야 한다. 가령, 30~40대 직장인의 구매행동을 파악하기 위한 설문조사의 대다수가 20대 학생들이었다면 왜곡된 표본추출결과(sampling bias)를 가져오게 될 것이며, 결국 30~40대 연령층의 정확한 구매행동을 파악할 수 없을 것이다. 특히 해외 학술논문에서는 표본추출에 대하여 매우 까다롭게 평가하는 경향이 있는데, 그 이유는 대표성이 없는 설문조사 자료의 분석결과를 일반화(generalization)하기가 어렵기 때문이다. 표본추출방법에는 크게 확률표본추출방법과 비확률표본추출방법이 있다.

4-1. 확률표본추출방법(Probability Sampling)

확률표본추출방법은 모집단의 각 요소가 표본에 포함될 수 있는 확률이 사전에 알려진 경우(즉 학생명부 · 주민등록명부와 같은 표본추출 프레임이 있는 경우) 표본을 무작위(random)로 추출하는 방법을 말한다. 따라서 연구자의 편의(bias)나 주관 또는 편견을 가지고 표본을 추출하지 않고 객관적인 방법으로 표본을 추출하기 때문에 조사결과를 일반화할 수 있다는 장점이 있다. 확률표본추출에는 다음과 같은 방법들이 있다.

단순무작위추출법(Simple Random Sampling) 제비뽑기처럼 표본을 추출함에 있어서 어떠한 의도나 조작 없이 무작위로 표본을 추출하는 방법을 의미한다. 예를 들면, 축제방문객 설문조사의 경우 축제현장에서 무작위로 대상을 선정하는 방법을 말한다.

계통추출법(Systematic Random Sampling) 전화번호부 등의 일반목록을 토대로 매 n번째 표본을 추출하는 방법을 말한다. 가령, 전화번호 끝자리가 2, 4, 6, 8번인 번호를 추출하는 방법을 예로 들 수 있다. 또한 공항에서 외래관광객 설문조사를 실시할 경우 매 3번째 관광객을 표본으로 선정하는 방법도 계통추출법이라고 할 수 있다. 일반적으로 학술논문에서는 단순무작위추출법보다는 계통추출법을 이용하게 되며, 이때 응답을 거부한 사람들의 비율을 고려하여 응답률(response rate)을 제시하는 것이 바람직하다.

층화추출법(Stratified Sampling) 모집단이 동질적이지 않을 때 사용할 수 있는 방법으로 모집단을 몇 개의 하위집단으로 층화시킨 후 각 층화집단에서 일정의 표본을 무작위로 추출하는 방법이다. 층화추출법에서는 층화된 계층 간에는 표본이 이질적이지만, 계층 내에는 동질적이어야 한다. 가령, 서울시 인구 중 강남과 강북으로 층화하고, 다시 강남에서 서초구, 강북에서 동대문구 등으로 층화한 후 각 구에서는 무작위로 표본을 추출하는 경우를 예로 들 수 있다.

4-2. 비확률표본추출방법(Non-probability Sampling)

비확률표본추출방법은 표본을 무작위로 추출하는 것이 아니라 편의성이나 인위적으로 표본을 추출하는 방법으로 분석결과를 일반화할 수 있는 가능성이 낮아진다. 그러나 현실적으로 확률표본추출방법을 사용하기가 어렵기 때문에 비확률표본추출방법을 선택하는 경향이 있다. 다시 말하면 비확률표본추출방법을 사용할 경우 분석결과를 일반화할 수 없다는 한계에도 불구하고, 실제로 사회과학분야에서 확률표본추출을 많이 사용하지 않고 있는 이유는 비확률표본표출방법이 표본을 추출함에 있어서 용이하고 경제적이기 때문이다(채서일, 2004). 이러한 비확률표본추출방법에는 편의추출법 · 목적추출법 · 할당추출법 등이 있는데, 이 중에서 할당추출법이 완벽하지는 않지만 모집단의 대표성을 어느 정도 확보할 수 있다.

편의추출법(Convenience Sampling) 조사자가 편리한대로 표본을 선정하는 방법이다. 그러나 분석결과를 일반화하기에는 제약이 따른다. 따라서 표본오차를 줄이거나 대표성의 확률을 높이기 위해 표본수를 증가시키는 것이 바람직하다.

목적추출법(Purposive Sampling) 판단추출법(judgment sampling)이라고도 한다. 이 방법은 연구자가 특별한 목적과 의도 또는 판단을 통하여 표본을 추출하는 방법이다. 가령, 카지노를 방문하는 사람들 중에서 유희적 갬블러와 병적 갬블러 간 카지노 동기를 비교한다고 가정하자. 이러한 연구목적을 위해서 카지노이용객 중 두 집단(유희적 · 병적 갬블러)을 의도적으로 분류하고, 표본수(각각 200매)를 동일하게 수집한다.

할당추출법(Quota Sampling) 이 방법은 모집단에 관한 사전 지식, 즉 모집단의 연령 · 성별 · 거주지역 등의 구성비율을 알고 있을 때 이를 기준으로 표본을 할당하는 방법이다. 할당추출법은 비록 비확률표본추출방법이지만, 모집단의 대표성을 어느 정도 확보할 수 있다는 장점이 있다. 가령, 2012년 여수엑스포의 방문의사율을 도출하기 위해 전국민을 대상으로 설문조사를 실시한다고 가정하자. 우선 16개 광역시 · 도별 인구를 기준으로 표본을 비례할당하고, 다음으로는 모집단의 표본이 골고루 선정되기 위한 방법으로 각 광역시 · 도의 성별 · 연령별 비율을 토대로 할당추출법을 실시한다.

연구사례 1-1 계통추출법(Systematic Random Sampling) 사례

Data Collection

According to the Organizing Committee of the Boryeong Mud Festival(2009), 2,067,000 domestic visitors(95.2%) and 104,000 international visitors(4.8%) participated in the 12th Boryeong Mud Festival. Because the majority of the festival visitors are domestic tourists, the target population in this study was identified as all domestic visitors who participated in the 12th Boryeong Mud Festival. Thus, an onsite intercept survey was conducted for individual domestic visitors by 10 well-trained students from the Department of Hotel and Tourism Management at a university in Seoul, Korea.

To obtain a representative sample, data were collected through a systematic process of selecting survey participants in terms of time frame, geographic location, and sampling interval. First, the survey was administered for the whole period of the festival including both weekdays and weekends from July 11 to July 19, 2009 so that the data could represent a wide range of respondents who had participated in various events and activities throughout the festival. Because data were collected twice per day(around 2-3 pm and 7-8 pm), there were 18 time-frames for data collection over 9 days. Also, field researchers solicited survey participants at five different locations(three main stages and two main exits) to attain a wide distribution of respondents. In total, 90 data sets were collected(9 days x 2 times x 5 locations). Although it was impossible to calculate an exact sampling interval due to the open nature of the festival stages, field researchers attempted to contact every 5th visitor.

After ensuring that the visitors had enough time to experience various aspects of the festival, the field researchers outlined the purpose of the research and invited the visitors to participate in the survey. Once they had agreed, a self-administered questionnaire was distributed to those visitors who preferred to complete the questionnaire on their own. If they did not prefer to complete it alone, the field researchers helped to complete the questionnaire via a personal interview. Because of the hot weather during the festival, cold soft drinks were given to respondents who agreed to participate in the survey and completed the questionnaire. The field researchers contacted 612 visitors, 442 of whom participated in the survey. This yielded a response rate of 72.2%. During the data refinement process, 42 questionnaires were eliminated due to partial and inconsistent responses. In the end, 400 questionnaires were coded for analysis.

자료: Lee, J. S., Lee, C. K., & Choi, Y. J. (2011). Examining the role of emotional and functional values in festival evaluation. *Journal of Travel Research*, 50(6), 685-696.

연구사례 1-2 목적추출법 사례

도박중독 진단방법 중 학계에서 많이 사용하는 DSM-IV-TR(American Psychiatric Association, 2000)를 토대로 응답자들을 유희적 갬블러와 병적 갬블러로 분류하였다. DSM-IV는 10개 문항(예 도박을 줄이거나 끊으려는 노력을 기울였음에도 불구하고 실패하였다)으로 구성되어 있으며, 이 중에서 '예'라고 체크한 항목이 0개이면 유희적 갬블러, 5개 항목 이상 체크하면 병적 갬블러로 분류하였다. 따라서 본 연구에서는 유희적 갬블러 200명, 병적 갬블러 200명을 각각 추출하는 목적(purposive) 표본추출방법을 사용하였다.

자료: 이충기 · 백기준(2010). 유희적 갬블러와 병적 갬블러 간 게임동기 · 열정 · 감정상태 · 행동의도 간 구조관계 분석. 『관광학연구』, 34(6), 375-396.

연구사례 1-3 할당추출법 사례

데이터 수집방법

여수엑스포에 대한 지역별 방문의사를 추정하기 위하여 전국 모집단으로부터 2,500명의 표본을 선정하고, 이를 통계청(www.nso.go.kr)에서 발간하는 인구추계자료를 토대로 16개 광역시 · 도별로 비례할당하였다(1단계 표본추출). 다음으로는 모집단의 표본이 골고루 선정되기 위한 방법으로 각 광역시 · 도의 성별 · 연령별 비율(통계청의 인구추계자료 기준)을 토대로 할당표본추출(quota sampling)을 실시했다(2단계 표본추출).

지역	성별				연령별											
	남성		여성		20~29세		30~39세		40~49세		50~59세		60~69세		합계	
	할당	실제	할당	실제	할당	실제	할당	실제	할당	실제	할당	실제	할당	실제	할당	실제
서울	50.0	50.4	50.0	49.6	139	139	145	145	124	124	88	88	54	54	550	550
부산	50.0	50.0	50.0	50.0	47	47	43	43	48	48	36	36	22	22	195	195
대구	50.0	48.1	50.0	51.9	32	33	33	33	33	33	21	21	13	13	133	133
인천	51.0	51.5	49.0	48.5	30	30	36	37	37	37	19	19	11	11	134	134
광주	50.0	50.0	50.0	50.0	19	22	19	15	17	20	10	10	6	5	72	72
대전	51.0	50.7	49.0	49.3	20	20	19	19	19	19	11	11	6	6	75	75
울산	52.0	51.8	48.0	48.2	12	12	16	19	15	14	8	7	4	4	56	56
경기	51.0	50.8	49.0	49.2	123	123	161	161	143	140	72	75	48	48	547	547
강원	51.0	45.3	49.0	54.7	16	16	17	17	19	19	12	12	11	11	75	75
충북	51.0	50.7	49.0	49.3	17	17	19	19	18	18	11	12	10	9	75	75
충남	52.0	52.1	48.0	47.9	20	20	22	22	22	22	16	16	14	14	94	94
전북	51.0	51.7	49.0	48.3	19	19	20	20	21	20	16	17	13	13	89	89
전남	51.0	56.0	49.0	44.0	16	16	19	19	21	21	17	17	16	16	89	89
경북	51.0	53.0	49.0	47.0	29	29	30	29	32	33	23	23	20	20	133	133
경남	51.0	49.7	49.0	50.3	32	34	40	38	40	38	25	25	19	20	155	155
제주	51.0	50.0	49.0	50.0	6	6	7	7	6	6	4	4	3	3	26	26
합계	50.9	50.7	49.1	49.3	578	583	645	643	616	612	390	393	271	269	2,500	2,500

주) '할당'이란 사전에 Quota Sampling에 의한 표본수를, '실제'란 회수된 설문지를 의미함.

자료: 이충기 · 윤설민(2008). 2012여수엑스포 방문의사에 미치는 영향변수 추정. 『관광학연구』, 32(2), 131-148.

연구사례 1-4 여론조사 사례

230만명 vs 1,500명, 더 정확한 조사는?

©2008 KISTI의 과학향기

오늘은 제18대 국회의원선거 투표날이다. 독자의 지역에는 어떤 후보가 당선될까. 한두 달 전부터 텔레비전과 신문 등에서 발표한 여론조사결과에서 가장 앞섰던 후보가 당선됐을까, 아니면 2위나 3위였던 후보가 역전했을까. 과연 여론조사는 믿을만한 것일까.

1936년 미국 대통령선거 당시 인기잡지인 『리터러리 다이제스트』는 미국의 전화가입자와 자동차소유자 1천만명에게 우편엽서를 발송해 236만명에게서 답변을 받는 지상투표식 조사를 시행했다. 이를 통해 『리터러리 다이제스트』는 랜던 57%, 루스벨트 43%로 랜던의 우위를 예측했다. 반면 갤럽은 미국 전역의 유권자 중 할당추출법으로 1,500명을 추출해 이들을 대상으로 면접조사를 시행했다. 이를 토대로 갤럽은 랜던 44%, 루스벨트 56%를 예측했다. 개표결과는 38% 대 62%로 루스벨트가 당선되었다.

『리터러리 다이제스트』는 236만명으로 표본수는 많았지만 표본이 모집단과 비슷해야 하는 표본의 대표성을 갖추지 못했고, 갤럽은 1,500명으로 표본수는 적었지만 상대적으로 표본의 대표성이 뛰어났던 셈이다. 이후 여론조사는 학문 · 산업 · 정치 등 안 쓰이는 분야가 없을 정도로 널리 사용되고 있다.

10만명의 유권자(모집단)가 있는 가상의 선거구에서 500명을 대상으로 여론조사를 시행해 보자. 먼저 질문지를 작성한다. '다음 중 지지하는 후보는 누구입니까? ① 홍길동, ② 이산, ③ 김철수. 다음으로 여론조사 기관이 보유한 해당 지역 5만명의 전화번호부를 활용해 전화조사에 들어간다.

조사를 통해 다음과 같은 결과가 나왔다. '① 홍길동 35%, 이산 28%, 김철수 10%, 무응답 또는 모름 27%, ② 유권자 500명 전화조사, 응답률 20%, ③ 95% 신뢰수준에 표본오차 ±4.4%p.' 최근 신문을 보면 여론조사결과에 이와 비슷한 내용이 제시된다. 복잡하기만 한 이 숫자에는 통계적으로 여론조사결과의 적절성을 알 수 있는 내용이 담겨 있다.

①은 후보자별 득표율이다. ②에서 '응답률 20%'는 2500명에게 전화를 걸어 이 중 20%인 500명에게서 답변을 받았다는 뜻이다. ③에서 '95% 신뢰수준'은 이 조사를 100번 시도했을 때 95번은 비슷한 결과가 나오며, '표본오차 ±4.4%p'는 후보자 간 득표율 차이가 8.8%포인트 정도는 넘어야 둘 사이에 차이가 있다고 볼 수 있다는 의미다.

여기서 홍길동과 이산 후보는 둘 간의 차이가 7%포인트로 우열관계가 성립되지 않는다. 즉 통계적으로 오차 안의 범위에 있기 때문에 홍길동이 앞서고 있다거나 이산이 뒤지고 있다고 볼 수 없다. 다시 조사하면 달라질 수 있기 때문이다. 표본오차는 이처럼 다시 시행했을 때 달라질 수 있는 범위를 의미한다고 보면 된다. 이때 표본의 수를 늘려 표본오차범위를 ±3.2%p로 줄였는데도 같은 비율이 나왔다면 두 후보 간에 우열이 성립된다고 말할 수 있다.

박응서(과학칼럼니스트)

자료: 박응서(2008). 230만명 vs 1500명, 더 정확한 조사는? KISTI의 과학향기. Retrieved online from http://www.hani.co.kr.

5. 자료수집 방법

면접조사(Personal Interview Survey) 관광현상이나 주제에 대하여 구조화된 설문지(structured questionnaire)나 비구조화된 설문지를 가지고 현지(on-site)에서 응답자와의 인터뷰를 통하여 자료를 수집하는 방법이다. 여기서 구조화된 설문지를 이용한 면접조사란 완성된 설문지를 갖추고 조사자가 인터뷰를 통하여 설문지의 각 문항을 기입하거나 자기기입식(self-administered)방식을 이용하여 응답자 자신이 기입하는 방법이다. 반면에 비구조화된 설문지를 이용한 면접조사란 완성되지 않은 자유로운 질문형태로 응답자가 이에 대하여 자유롭게 설명하고 조사자는 이를 기록하는 방법이며, 주로 질적 연구에서 사용된다(물론 질적 연구에서도 반구조화된 설문지〈semi-questionnaire〉를 사용하는 경우도 있다). 면접조사는 현지에서 이루어지기 때문에

풍기인삼축제 설문조사 장면

현지조사(on-site survey)라고 하는데, 가령, 풍기 인삼축제 현지에서 방문객들의 방문 동기나 만족도를 알아보기 위한 설문조사가 여기에 해당된다. 관광학계에서는 면접조사에 의한 현지조사를 가장 많이 이용하는 편이다.

전화조사(Telephone Survey)　전화조사는 간단한 내용을 짧은 시간에 조사할 때 유용한 자료수집방법이다. 가령, 대통령이나 국회의원 선거를 실시할 때 많이 사용된다. 그러나 설문지가 비교적 긴 경우에는 이 방법을 사용하기 어렵다는 단점이 있다. 전화조사는 사람들이 가정에 많이 머무는 시간대인 오후 8시에서 9시 사이 또는 주말이 가장 적당하다. 해외에서는 핸드폰을 이용한 설문조사를 실시하는 경우가 많은데, 이때 무작위표본추출을 위하여 RDD(Random Digital Dialing)방식을 이용한다. RDD방식은 설문조사업체의 시스템을 이용하여 핸드폰 번호를 무작위로 생성한 후 설문조사를 실시하게 된다.

우편조사(Mail Survey)　조사대상자에게 설문지를 반송봉투와 함께 우송하여 자료를 수집하는 방법이다. 별도로 조사원이 필요 없어서 비용이 절감될 수 있으며, 미국에서 주로 많이 사용되고 있다. 그러나 우리나라의 경우는 우편조사에 대한 회수율이나 응답률이 매우 저조하여 많이 사용하지 않는다.

온라인조사(Online Survey)　최근 인터넷이 보편화되고 이를 사용하는 인구가 증가하면서 새로운 기법으로 온라인조사가 이용되고 있다. 온라인조사는 가격이 저렴하

연구사례 1-5 온라인조사

조사참여 메일링

조사참여 횟수제한(월 2회, 연 14회로 제한) 및 최근 참여일 기준으로 Targeting Rule(활성된 panel 기준으로 최근 조사참여일이 긴 패널부터 targeting)을 활용하여 Panel Contamination을 최소화함.

또한 조사참여요청 메일을 보낼 때, 구체적인 조사목적을 숨김으로써 Reward만을 노리는 허위응답을 방지할 수 있음.

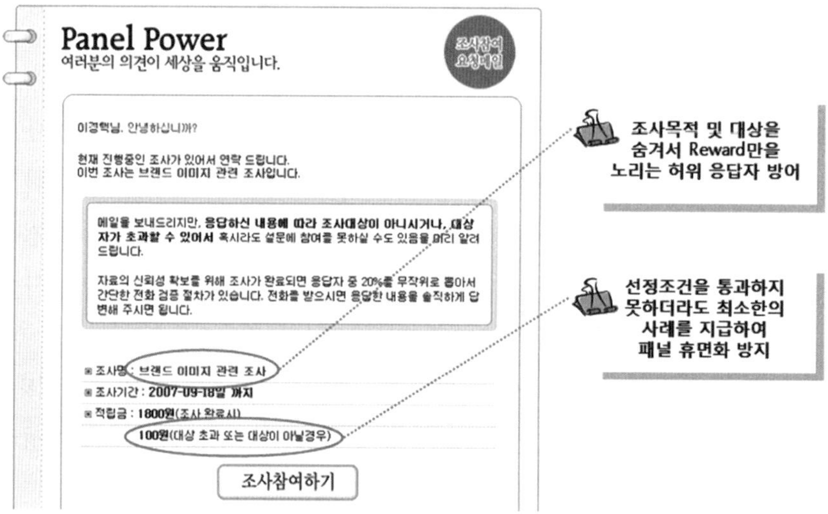

Targeting 선정

특정제품 혹은 특정조건에 맞는 대상자를 찾아야 할 경우, 응답자가 조사의도를 알 수 없도록 하여 부적격응답자의 참여를 방지함(본 조사의 문 1 문항이 이에 해당됨).

설문제시방법

응답자별로 보기순서를 Rotation시킴으로써 순서에 따른 Bias를 줄일 수 있음.

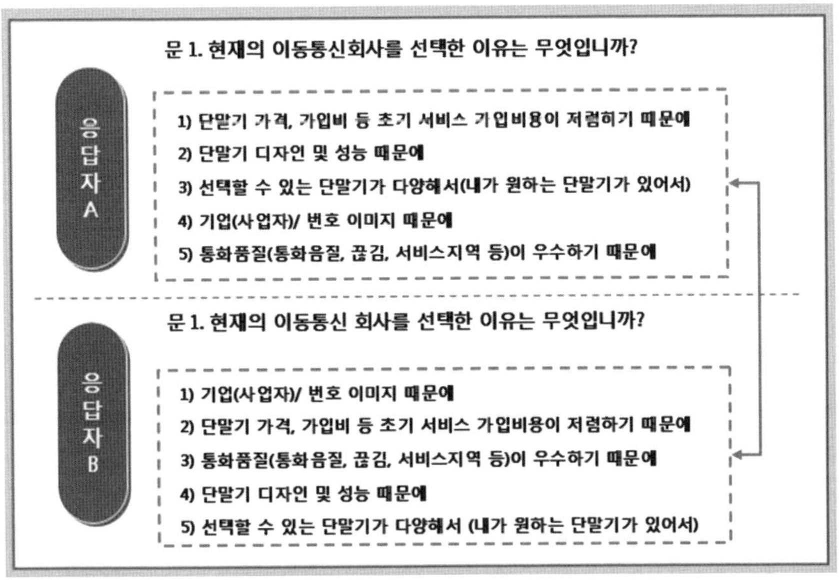

또한 테이블 형식질문에서 응답자의 Load를 줄여 주기 위하여 한 문항에 답변을 하고 나면 다음 문항을 제시하는 형식(step by step)을 취함.

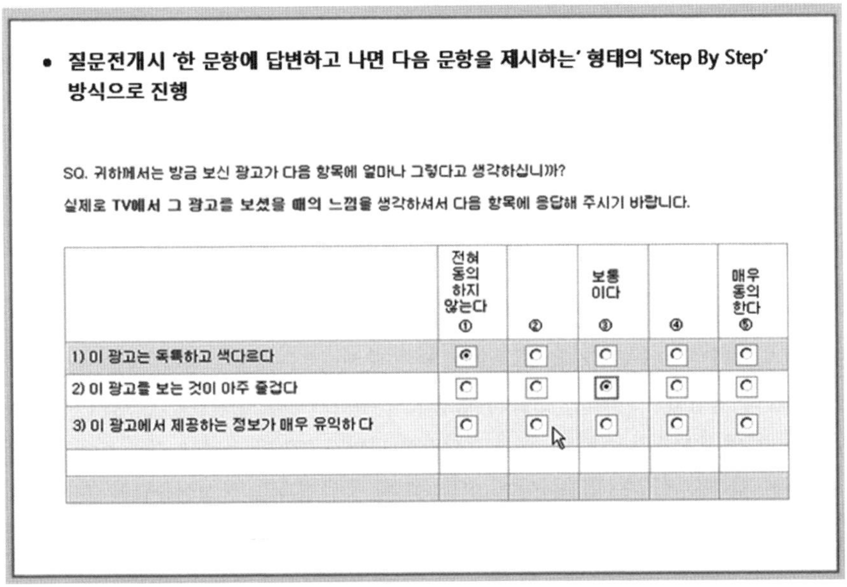

- **질문전개시 '한 문항에 답변하고 나면 다음 문항을 제시하는' 형태의 'Step By Step' 방식으로 진행**

SQ. 귀하께서는 방금 보신 광고가 다음 항목에 얼마나 그렇다고 생각하십니까?

실제로 TV에서 그 광고를 보셨을 때의 느낌을 생각하셔서 다음 항목에 응답해 주시기 바랍니다.

	전혀 동의하지 않는다 ①	②	보통이다 ③	④	매우 동의한다 ⑤
1) 이 광고는 독특하고 색다르다	◉	○	○	○	○
2) 이 광고를 보는 것이 아주 즐겁다	○	○	◉	○	○
3) 이 광고에서 제공하는 정보가 매우 유익하다	○	○	○	○	○

데이터 검증

조사응답자의 성별/연령과 패널 DB의 성별/연령이 상이할 경우, 불량응답자로 간주하여 해당 데이터를 폐기함.

Pilot Test 결과 응답시간이 짧은 응답자와 나머지 응답자의 결과 사이에 큰 차이를 보여 각 쿼터별로 응답시간이 짧은 5%의 응답결과를 삭제함.

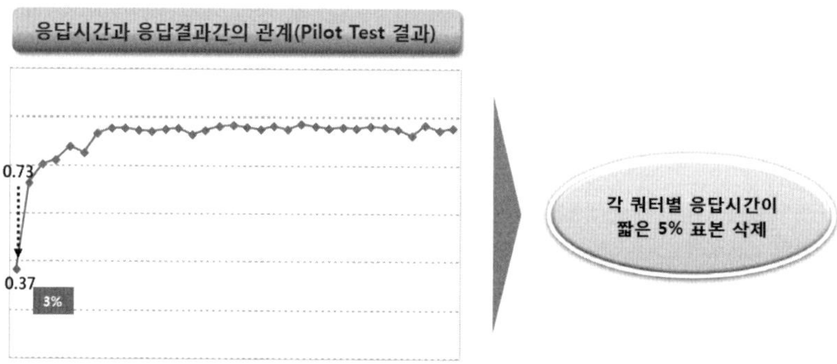

* 상기 그래프는 응답시간을 기준으로 빠른 순서대로 3%씩 그룹을 지은 후, 해당 그룹의 응답값과 나머지 그룹의 응답값의 상관계수를 구한 것임. 상기 결과를 살펴보면 응답시간이 빠른 3%의 응답값과 나머지 97%의 응답값 간의 상관관계가 특히 낮음을 알 수 있고, 이는 이들 3%의 응답결과가 불성실응답일 가능성이 높음을 의미함.

자료: 엠브레인(2009). 온라인 리서치의 신뢰성 확보를 위한 Solutions.

연구사례 1-6 온라인조사를 이용한 연구사례

Data Collection Method

We chose to employ a professional Internet market research firm called Embrain. This firm possesses the largest panel of 490,000 users among Korean Internet research firms. This firm represents the largest market share of 36.7% of Korean Internet market research firms. Embrain recruits consumers from telephone and mobile phones, voluntary participation, recommendation by panel members, and offline(street) promotion. Their registration process involves three steps(Embrain, 2009): 1) verification of real name by inputting ID; 2) verification of communication channel using e-mail, phone number, and address; and 3) verification of registered persons through Korea Investors Service, Inc., confirming by telephone that they voluntarily registered by themselves. Thus, they are all Internet users.

Embrain involves three processes when they conduct online research: 1) sampling process - samples are selected from nationwide panels with representativeness. Upon login, notice of survey is given to relevant panels only. ID is verified by resident registration number and password. Survey notice is sent promptly using the company's bulk e-mail and SMS mailing system; 2) accuracy of survey process - best-fit respondents are selected by sampling questionnaire. Multiple choice and page rotation function is employed. Insincere respondents who completed the questionnaire too fast and checked in the same pattern for the purpose of reward only are prevented by system solution. If they provide false responses three times they would be deprived of membership; and 3) credibility of survey process - the results are verified using the existing information. The survey result DB is managed to prevent the same panel from participating in a similar survey for a certain time period.

From November 3 to December 5, 2008, the main survey was administered to 490,000 Korean Internet users recruited by the aforementioned company, after consulting with design practitioners from that company. The age groups were automatically populated to match the proportion of users in their 20s, 30s, and 40s(NIDAK, 2009).

자료: Kim, M. J., Chung, N. H., & Lee, C. K. (2011). The effect of perceived trust on electronic commerce: Shopping online for tourism products and services in South Korea. *Tourism Management*, 32(2), 256-265.

고, 웹디자인을 통하여 지루하지 않게 작성되어 비교적 긴 설문내용도 응답자들이 쉽게 응답할 수 있다는 장점이 있다. 일반적으로 온라인 조사업체에서는 자신들이 보유하고 있는 패널(panel)들에게 설문조사를 실시하게 된다. 그러나 온라인조사는 인터넷을 사용하지 않는 사람들(예 60대 이상)을 고려할 수 없다는 이른바 표본의 대표성 문제가 있을 수 있다. 이러한 단점을 해결하기 위하여 온라인 조사업체에서는 60대 이상 인구에 대하여서는 오프라인(off-line)조사를 통하여 표본의 대표성 문제를 보완하기도 한다.

관찰조사(Observation Survey) 연구대상을 일정 기간 동안의 관찰을 통해 조사하는 방법을 말한다. 특히 참여관찰은 연구대상집단에 함께 참여하면서 관찰하는 방법이다. 가령, 비행청소년집단을 연구하기 위하여 그 집단에 들어가서 관찰하는 경우가 이에 해당된다. 그러나 관광분야에서는 이러한 방법을 잘 사용하지 않는다.

6. 설문지 작성방법

6-1. 설문지 설계

논문을 쓴다고 가정할 때 설문지에는 연구모형을 추정할 수 있는 모든 내용들이 포함되어야 한다. 가령, "관광지의 이미지가 방문객만족도와 재방문의사에 영향을 미친다"라는 가설을 검정하기 위한 연구모형을 설정하였다고 가정하자. 이 경우, 연구모형을 추정하기 위한 설문지에는 관광지 이미지와 만족도, 그리고 재방문의사를 측정할 수 있는 타당한 항목들이 포함되어야 한다. 이를 위해서는 관련 선행연구를 충분히 읽어 본 후 타당한 측정항목들을 도출하여 설문지에 포함시켜야 한다. 이러한 절차를 통해서 기대하는 연구결과를 얻을 수 있다. 이에 대한 구체적인 절차를 소개하면 다음과 같다.

- 충분한 문헌연구를 통한 측정항목들을 도출한다.
- 전문가에게 의뢰하여 측정항목들이 타당한지를 검토한다.
- 사전조사(pre-test)를 통하여 측정항목들이 충분히 이해되는지를 검토하고 이를 토대로 수정 및 보완한다.
- 이러한 과정이 끝나면 최종설문지를 완성한 후 본 조사에 들어간다.

6-2. 설문지 작성

이제 본격적으로 설문지를 만들어 보자. 설문지에는 조사자가 연구하고자 하는 부분이 빠짐없이 포함되어 있어야 한다. 따라서 조사자는 사전에 조사목적을 분명히 설정하고 설문지를 작성해야 한다.

인사말 설문지의 첫 장에는 설문조사 목적, 응답자에 대한 비밀보장내용, 설문조사 협조 및 감사의 말, 조사자의 소속 등을 제시한다. 특히 조사자의 소속과 응답자에 대한 비밀보장을 확신시켜 줌으로써 응답률을 높일 수 있다.

응답자 식별 이는 응답자를 구분하기 위한 식별번호로 설문지 상단에 추가하는 경우가 있다. 특히 설문조사가 동일인에 대한 사전·사후조사를 실시하는 경우 응답자별 식별번호를 명확히 해야 하며, 후속연구를 위하여 조사자의 이름과 조사일시를 기록하는 것이 바람직하다.

응답방법 설명 설문조사 시 자기기입식방식을 이용할 경우 응답자가 설문지에 정확하게 기입할 수 있도록 지시문을 잘 작성하여야 한다. 가령, 단일응답인지 복수응답인지를 명확히 할 필요가 있다. 예를 들면, 지역축제로 인한 경제적 파급효과를 분석할 경우 1인당 지출액에 관한 설문조사가 필요하다. 이때 각 지출항목(예 숙박비 · 식음료비 · 교통비 등)이 1인당인지, 아니면 가족 모두인지, 축제가 열리는 지역에 지출한 비용인지, 아니면 다른 곳에서 지출한 비용인지를 설문지에서 명확히 설명해 주어야 지출액의 과대평가를 막을 수 있다.

인구통계적 특성 이 부분은 응답자들의 특성을 파악하기 위한 부분으로서 주로 응답자의 사회 · 경제적 변수들을 조사하게 되는데, 응답자의 사생활을 침해하지 않도록 꼭 필요한 문항만을 질문해야 한다.

본론내용(측정항목) 본론내용에는 연구목적을 달성할 수 있는 항목이나 문항들이 포함된다. 따라서 연구목적이나 연구모형을 측정하기 위한 항목들이 빠지지 않았는지를 확인하는 절차가 필요하다. 처음 논문을 쓰는 학생들에게는 특정항목(예 만족도)이 설문지에 포함되지 않아 연구모형을 측정하지 못하는 경우도 발생할 수 있다. 또한 측정항목의 개수가 부족해서 통계분석 시 하나의 요인으로 묶이지 않는 경우도 발생할 수 있다. 반대로 불필요한 항목들을 너무 많이 추가하여 설문지가 길어지는 바람에 응답자들이 오히려 항목들을 대충 체크하는 경우도 있다. 이런 경우 아무리 분석을 시도해도 원하는 결과가 나오지 않아 낭패를 볼 수 있다. 따라서 설문항목들을 작성할 때에는 연구목적에 맞는 측정항목의 내용과 개수를 생각해 보는 것이 중요하다.

연구사례 1-7 설문지 사례

"2006 풍기인삼축제"에 대한 방문객 설문조사

안녕하십니까?
본 설문조사는 영주시의 공식후원 아래 「2006 풍기인삼축제」에 대한 만족도를 평가하기 위하여 실시하고 있습니다. 설문내용은 맞거나 틀린 답은 없으며, 귀하의 고견은 지역축제 육성을 위한 방향 제시에 귀중한 자료로 활용될 것입니다.
바쁘신 중에도 설문조사에 응답해주셔서 대단히 감사합니다.
연구자: 이충기 교수, 경희대학교 관광경영학과(02-961-9430)

2006. 9. 29~10. 3

1. 「풍기인삼축제」가 이 지역을 방문하시게 된 주 동기입니까?

□ ① 예 □ ② 아니오

2. 이번 행사를 처음 방문하셨습니까?

□ ① 처음 □ ② 재방문

3. 축제 개최기간 중 며칠이나 축제를 관람하실 계획이십니까? (또는 관람하셨습니까)

(일)

4. 몇 명이 함께 오셨습니까? (본인 포함)

(명)

5. (외부관광객의 경우) 영주(풍기)에서 며칠이나 머무실 계획이십니까(체류기간 포함)

□ ① 당일 □ ② 1박2일 □ ③ 2박3일 □ ④ 3박4일 이상

6. (숙박관광객인 경우) 어디에서 숙박할 계획이십니까?(숙박한 기간 포함)

□ ① 호텔 □ ② 여관/여인숙 □ ③ 콘도 □ ④ 친구/친지집
□ ⑤ 민박 □ ⑥ 기타(자세히:)

7. 귀하의 현 거주지는?

( )광역시(도) ( )구(군)

8. 이번 행사에 관한 정보를 주로 어디에서 얻으셨습니까?

□ ① 여행사 □ ② 친구/친지 □ ③ TV/라디오 □ ④ 신문/잡지
□ ⑤ 홍보책자 □ ⑥ 인터넷 □ ⑦ 한국관광공사 □ ⑧ 현수막
□ ⑨ 기타

9. 다음은 본 축제행사에 대한 귀하의 만족도를 묻는 항목입니다. 각 항목에 대하여 7점 척도 중 하나의 숫자에 ∨표하여 주시기 바랍니다.

설문내용 \ 만족도		전혀 그렇지 않다	그렇지 않다		보통이다	그렇다		매우 그렇다
접근성	축제행사장까지 쉽고 편하게 찾아올 수 있었다.	1	2	3	4	5	6	7
홍보 안내	사전홍보를 통해 축제의 내용 및 일정을 알고 있다.	1	2	3	4	5	6	7
	행사장 내 안내시설이 잘 되어 있다.	1	2	3	4	5	6	7
	행사장 내 팸플릿이 잘 되어 있다.	1	2	3	4	5	6	7
	행사장 내 안내요원들의 서비스에 만족한다.	1	2	3	4	5	6	7
행사 내용	행사내용이 재미있다.	1	2	3	4	5	6	7
	행사내용이 다양하다.	1	2	3	4	5	6	7
	직접 참여하는 체험 프로그램에 만족한다.	1	2	3	4	5	6	7
	행사내용을 통해 이 지역의 문화를 잘 알게 되었다.	1	2	3	4	5	6	7
축제 상품	축제관련 기념품의 종류가 다양하다.	1	2	3	4	5	6	7
	축제관련 기념품의 품질이 좋다.	1	2	3	4	5	6	7
	축제관련 기념품의 가격이 적당하다.	1	2	3	4	5	6	7
음식	음식의 종류가 다양하다.	1	2	3	4	5	6	7
	음식의 가격이 적당하다.	1	2	3	4	5	6	7
주변 관광	이곳 주변의 유명한 관광지도 방문할 것이다(방문했다).	1	2	3	4	5	6	7
편의 시설	주차시설 이용이 편리하다.	1	2	3	4	5	6	7
	휴식공간(벤치, 휴게실)이 잘 되어 있다.	1	2	3	4	5	6	7
	화장실이 청결하다.	1	2	3	4	5	6	7

10. 이번 축제의 만족도에 대하여 느끼신 정도를 해당되는 곳에 ✓표하여 주시기 바랍니다.

만족도 평가	전혀 그렇지 않다	그렇지 않다		보통이다	그렇다		매우 그렇다
내가 이 축제를 방문하기로 한 결정에 대하여 만족한다.	1	2	3	4	5	6	7
이 축제에 대한 나의 느낌은 좋다.	1	2	3	4	5	6	7
축제 프로그램과 운영 등 전반적으로 축제에 대해 만족한다.	1	2	3	4	5	6	7

11. 축제 재방문 및 추천의사에 대하여 느끼신 정도를 해당되는 곳에 ✓표하여 주시기 바랍니다.

재방문 및 추천의사	전혀 아니다	그렇지 않다		보통이다	그렇다		매우 그렇다
다음에도 이 축제를 방문하겠다.	1	2	3	4	5	6	7
이 축제를 친구나 이웃에게 권유하겠다.	1	2	3	4	5	6	7
이 축제를 타인에게 긍정적으로 이야기하겠다.	1	2	3	4	5	6	7

일반사항

가. 귀하의 성별은?

□ ① 남성 □ ② 여성

나. 귀하의 연령은(만으로)?

□ ① 20세 미만 □ ② 20~29세 □ ③ 30~39세
□ ④ 40~49세 □ ⑤ 50세 이상

다. 귀하의 교육수준은?

□ ① 국졸이하 □ ② 중・고등학교
□ ③ 전문대 □ ④ 대학교 이상

라. 귀하의 결혼 여부는?

□ ① 미혼 □ ② 기혼 □ ③ 기타

마. 귀하의 월평균 소득은?

□ ① 100만원 미만 □ ② 100만~199만원

□ ③ 200만~299만원 □ ④ 300만원 이상

바. 귀하의 직업은?

□ ① 회사원 □ ② 사업가(자영업)

□ ③ 공무원 □ ④ 농수산업 종사자

□ ⑤ 학생 □ ⑥ 주부

□ ⑦ 기술자 □ ⑧ 전문직(방송인/예술인/교수)

□ ⑨ 관광사업 □ ⑩ 도·소매업

□ ⑪ 판매/서비스업 □ ⑫ 기타

♠ 응답해 주셔서 감사합니다. 즐거운 시간되십시오!

6-3. 설문지 작성과정

자료수집방법의 결정 자료수집방법에 따라서 설문지의 길이나 내용이 달라질 수 있기 때문에 미리 자료수집방법이 결정되어야 한다. 가령, 전화조사를 실시할 경우에는 조사시간에 제약을 받기 때문에 설문지를 길게 만들 수 없다. 반면에 온라인 설문조사의 경우에는 웹디자인 기술의 발달로 설문항목들이 많아도 지루하지 않게 설계할 수 있다. 그러나 현지조사의 경우에는 설문내용이 많을 경우 응답자들은 설문지 후반부 항목들을 대충 체크하는 경우가 있으므로 꼭 필요한 항목들만으로 설문지를 구성하여 응답자들이 작성하도록 하는 것이 바람직하다.

설문지 스타일 "보기 좋은 떡이 먹기도 좋다"는 옛 속담도 있듯이 설문지가 보기 좋고 한 눈에 들어 올 수 있도록 작성된다면 응답자들이 기분좋게 설문조사에 응할 것이다. 종이의 질, 글자체 및 크기, 여백 정도, 인쇄의 질 등에 따라 시각적인 효과가 다르게 나타나기 때문에 설문지 작성 시 이러한 점에도 신경을 써야 한다. 특히 글씨가 너무 작거나 질문내용을 한 면에 너무 빽빽하게 작성한다면 중·장년층 응답자들은 설문지를 읽기가 어려울 수 있다. 또한 4장으로 구성된 설문지를 출력한다면, A4용지 4장을 이용하는지, 4면으로 구성된 A3용지 한 장으로 인쇄하는지에 따라서도 응답결과는 영향을 받을 수 있다. 보통 후자의 경우를 이용하면 설문지 인쇄방법이 쉽고 응답을 받기가 용이하다.

6-4. 사전조사(Pre-test)

앞서 설명했듯이 사전조사는 본 조사에 들어가기 전에 본 조사와 동일한 절차와 방법으로 설문지가 잘 작성되었는지를 미리 조사해 보는 것이다. 즉 설문지의 초안이 완성되고 나면, 사전조사를 통해 설문 및 문장의 내용, 설문형태, 설문순서 등에 대하여 이 전에 발견하지 못한 오류를 확인할 수 있게 된다. 사고방식 및 원문의 해석방법 등에 따라 해당 연구분야 전문가와 일반인 사이에서 차이가 있을 수 있고, 이로 인해 오류가 발생할 수 있기 때문에 전문인과 일반인들에게 사전조사를 실시해야 하며, 발견된 오류를 수정한 후에 다시 일반인들에게 사전조사를 실시하는 과정을 반복하여 오류가 없는 설문지를 최종 설문지로 확정하는 것이 바람직하다.

특히 학술논문을 작성하는 경우 영어로 사용한 측정항목들을 번역하여 사용하는 경우가 많은데, 이때 직역을 하다 보면 설문에 응답하는 일반사람들은 모호하여 무슨 뜻인지 알 수 없는 경우가 있다. 따라서 전문가나 일반인을 대상으로 사전조사를 실시하여 모호한 항목들을 수정해 나가는 과정을 거쳐야 한다. 이러한 사전조사를 충분히 거친 대학원생들의 논문은 분석결과가 기대한 대로 잘 나온다는 사실이 사전조사의 중요성을 강조해 주고 있다.

6-5. 설문지 유형

자기기입식 설문지(Self-administered Questionnaire) 응답자 자신이 기입하도록 작성된 설문지이다. 자기기입식 설문지는 우편조사나 현지조사에서 주로 활용된다.

면접자기입식 설문지(Interview-administered Questionnaire) 모든 설문문항에 대하여 면접자가 응답자를 대신해서 기입하도록 작성된 설문지이다. 면접자기입식 설문지는 전화조사나 응답자로부터 충분한 의견을 듣기 위해 실시하는 설문조사에 적합하다.

6-6. 설문지 형태

폐쇄형(Closed-ended) **설문지** 폐쇄형 설문지는 기대되는 모든 설문내용을 사전에 준비해서 응답자들에게 이를 체크만 하도록 작성된 설문지이다. 이 설문형태는 응답결과에 대한 통계처리가 용이하므로 많이 사용되고 있으며, 응답결과를 해석하기에도 용이하다. 그러나 응답자의 의견을 충분히 반영하기 어려운 단점이 있기 때문에 일부 항목(예 제안사항)에 대해서는 개방형 설문형태를 병행하기도 한다.

개방형(Open-ended) **설문지** 개방형 설문지는 응답자가 자유롭게 기입할 수 있는 공간을 만들어 놓은 설문지 형태이다. 개방형 설문은 응답자의 의견·태도·동기 등에 대하여 깊이 있는 내용을 얻어낼 수 있다. 그리고 설문 자체에 융통성을 부여할 수 있기에 새로운 사실을 발견할 수 있는 가능성이 높다. 따라서 이러한 설문은 예비조사나 탐색적 조사 등 문제의 핵심을 파악하려고 할 때 흔히 쓰이며, 대규모 조사보다는 소규모 조사에 적합하다. 가령, 판문점을 방문하는 외래관광객의 동기는 무엇인지를 파악하기 위해서 개방형 설문형태를 이용할 수 있다.

7. 척도(Scale)의 종류

척도란 "일정한 규칙을 가지고 관찰대상을 측정하기 위하여 그 속성을 일련의 기호 또는 숫자로 나타내는 것"(강병서 · 김계수, 2004, p.80)을 말한다. 또한 척도는 통계분석을 실시하기 위하여 질적인 자료를 양적으로 전환해 주는 방법이다. 가령, 설문조사결과를 코딩하는 과정에서 '남자=1, 여자=2'로 표시하는 경우를 예로 들 수 있다. 또한 한국의 이미지가 좋은지에 대하여 리커트(Likert) 5점척도(1=전혀 그렇지 않다, 3=그저 그렇다, 5=매우 그렇다) 등으로 표시하는 경우를 예로 들 수 있다. 따라서 연구대상에 대하여 부여한 척도에 따라 통계분석방법이 달라지기 때문에 사전에 이를 이해하고 사용하는 것이 바람직하다.

명목척도(Nominal Scale) 명목척도는 측정대상의 특성을 분류할 목적으로 부여한 명목적인 숫자를 말한다. 다시 말하면 이것은 단순히 명목적인 척도이지 양적 의미를 갖지는 않는다. 가령, 설문조사 시 남자인 경우 1, 여자인 경우 2를 부여한 경우 '여자=2'라는 숫자는 남자보다 2배가 더 크다는 의미는 아니며, 단지 사람을 분류하기 위해서 사용된 척도이다. 이러한 명목척도는 자료의 코딩이나 통계분석을 위하여 필요하다.

서열척도(Ordinal Scale) 서열척도는 측정대상의 속성에 대하여 순서를 나타내주는 척도이며, 척도 사이의 차이가 양적 의미를 갖는 것은 아니다. 가령, 가장 방문하고 싶은 국가가 1순위는 홍콩, 2순위는 싱가포르였다면 1을 2보다 더 선호한다는 의미이다. 다시 말하면 순서대로 선호도에 대한 비교우위를 설명해 주지만, 서열 간 양적 차이를 구분하지는 않는다.

서열척도(예)

경주 세계문화엑스포장에서 가장 보고 싶은 3곳을 순서대로 적어 주십시오.

1순위 (　　　　　)	2순위 (　　　　　)	3순위 (　　　　　)
① 전승의 마당	② 새천년의 미소관	③ 융화의 마당
④ 세계문명관	⑤ 창조의 마당	⑥ 아사달공원
⑦ 참여자의 마당	⑧ 코스모랜드전시관	⑨ 백결공연장
⑩ 민속잔치마당	⑪ 세계풍물광장	⑫ 우정의 집
⑬ 처용마당	⑭ 화랑인형극장	

등간척도(Interval Scale) 등간척도는 측정대상의 속성의 차이를 양적 차이로 측정하기 위하여 균등한 간격으로 분할한 척도이다. 대표적인 등간척도로는 다음과 같이 응답자의 태도를 측정할 수 있는 리커트 5점 또는 7점 척도나 어의차이척도가 있다. 아래 리커트 5점척도에서 각 간격은 동일하다고 가정되어 있으며, 산술평균이 가능하다.

리커트 5점척도(예)

	전혀 그렇지 않다	그렇지 않다	그저 그렇다	그렇다	매우 그렇다
한국은 안전한 나라이다.	1	2	3	4	5

또 다른 등간척도로는 어의차이(semantic differential)척도가 있으며, 이 척도는 양극점에 서로 반대되는 형용사 등으로 표현되는 5점 또는 7점 척도이다. 가령, '졸린-자극적인,' '불쾌한-유쾌한,' '위험한-안전한' 등을 예로 들 수 있다. 관광지에 대한 이미지 조사에서 정서적 이미지 항목들에 대하여 주로 사용된다.

어의차이척도(예)

	지극히	매우	약간	보통	약간	매우	지극히	
졸린	−3	−2	−1	0	+1	+2	+3	자극적인
불쾌한	−3	−2	−1	0	+1	+2	+3	유쾌한
위험한	−3	−2	−1	0	+1	+2	+3	안전한

비율척도(Ratio Scale) 비율척도는 앞서 설명한 서열척도와 등간척도에 비율개념이 추가된 척도이다. 가령, 시간 · 거리 · 무게 등이 여기에 해당되며, 이 척도들은 덧셈 · 뺄셈 · 곱셈 · 나눗셈이 가능하다. 가령, 몸무게 20kg은 10kg의 2배란 의미를 갖는다. 따라서 비율척도는 모든 양적 계산이 가능하다.

8. 신뢰성(Reliability)과 타당성(Validity)

연구자라면 누구나 신뢰성과 타당성에 대하여 관심이 많을 것이다. 그러나 이 두 개념은 전문가가 아니면 정확하게 이해하기가 어려울 수 있다. 따라서 여기에서는 두 개념에 대하여 살펴보고자 한다.

8-1. 신뢰성

신뢰성이란 측정도구(measuring instrument)를 사용하여 동일한 개념을 여러 번 반복해서 측정해도 동일한 결과가 나오는 경우를 말한다. 다시 말하면 신뢰성이 높으려면 측정도구가 반복성(repeatability)이 있어야 하고, 일관성(consistency)이 있어야 한다. 예를 들면, 밀가루 · 설탕 · 물 · 계란 · 온도 등 동일한 조리법(recipe)을 가지고 빵을 만들 때 여러 번 만들어도 동일한 빵이 만들어지면 신뢰성이 있다고 말할 수 있다. 또 다른 예로는 한 저울을 이용하여 어떤 사람의 몸무게를 측정한다고 가정할 때 첫번째·두번째·세번째 측정치가 각각 다르다면, 이 저울의 신뢰성은 낮다고 볼 수 있다(채서일, 2004). 관광연구의 예를 들어 보자. 상해엑스포 방문동기를 측정할 때 〈표 1-2〉의 측정도구를 사용한다고 가정하자. 이 측정항목들을 여러 방문객들에게 조사할 때 유사한 결과가 나온다면 이 측정도구는 신뢰성이 있다고 말할 수 있다.

그렇다면 신뢰성은 어떻게 측정할까? 상해엑스포 동기의 사례와 같이 여러 항목으로 구성된 개념에 대한 신뢰성을 알아보는 방법 중 하나로 크론바 알파(Cronbach's α) 신뢰계수가 있다. 크론바 알파는 측정항목들 간 내적 일관성(internal consistency)을 하나의 수치로 나타내 주는데, α가 0.6 또는 0.7 이상이면 구성개념(또는 요인)에 대한 신뢰도가 높다고 평가한다. 〈표 1-2〉에서 크론바 알파계수는 0.91로 나타나 동기요인에 대한 신뢰도는 높다고 평가할 수 있다.

〈표 1-2〉 **상해엑스포 방문동기**

엑스포 동기 요인 및 항목	요인적재값	공통성	고유값(분산설명)	α계수
다른 나라의 문화 관람	0.82	0.71	4.68 (25.97)	0.91
세계적 행사 관람/참가	0.81	0.70		
엑스포내 새로운 것을 경험	0.80	0.70		
국내외 문화공연/행사 관람	0.79	0.70		
전시관 및 내용 관람	0.79	0.67		
새로운 과학기술 관람	0.78	0.68		
다양한 건축물 관람	0.71	0.58		

주: 위의 측정항목들은 전체 항목 중에서 일부만 제시함.

8-2. 타당성

타당성이란 측정하고자 하는 구성개념이나 속성(attribute)을 얼마나 정확하게 측정했는지를 나타내주며, 여기에는 다음과 같은 종류의 타당성이 있다(강병서 · 김계수, 2004).

내용타당성(Content Validity) 하나의 개념(또는 요인)을 구성하고 있는 여러 항목들이 이 개념을 정확하게 대표할 수 있는지의 정도를 나타낸다. 가령, 한국의 관광이미지란 개념을 측정한다고 가정할 때 이를 구성하고 있는 항목들이 과연 관광 이미지를 정확하게 표현할 수 있는지의 정도를 나타낸다. 내용타당성은 연구자나 전문가의 주관적 판단에 의하여 이루어진다. 〈표 1-3〉에서 4가지 항목들이 '일상탈출성'이란 개념을 대표할 수 있는지의 정도가 바로 내용타당성이다.

구성개념타당성(Construct Validity) 연구대상의 구성개념이 타당성있게 측정되었는지를 나타내준다. 구성개념이 타당성을 확보하기 위해서는 첫째, 한 구성개념 내의 항목 간에는 상관관계가 높아야 하고 둘째, 구성개념 간에는 상호독립성이 유지되어

〈표 1-3〉 **타당성**

요인명 및 측정항목	요인적재량	고유값	분산설명	신뢰계수
• 가족친화성		2.63	8.0	0.90
–가족이 엑스포를 방문하고 싶기 때문에	0.90			0.85
–가족과의 친목과 화합을 위하여	0.87			0.86
–가족과 더 많은 시간을 보내기 위하여	0.86			0.88
–나의 가족이 외국문화를 배우도록 도와 주기 위하여	0.83			0.89
• 일상탈출성		2.25	6.8	0.86
–판에 박힌 생활에 변화를 주기 위하여	0.89			0.79
–무료함을 달래기 위하여	0.84			0.82
–일상생활의 리듬을 바꿔 보려고	0.82			0.83
–일상적 스트레스를 풀기 위하여	0.78			0.86

주: 위의 측정항목들은 전체 항목 중에서 일부만 제시함.

야 한다. 이때 전자의 경우를 집중타당성, 후자의 경우를 판별타당성이라고 한다. 예를 들면, 〈표 1-3〉에서 가족친화성 요인의 4개 항목(또는 일상탈출성 요인의 4개 항목) 간에는 서로 상관관계가 높은 집중타당성을 유지해야 하고, 두 개의 요인(가족친화성과 일상탈출성) 간에는 상호 독립적인 판별타당성을 갖추어야 한다.

8-3. 신뢰성과 타당성 간 비교

신뢰성이 측정도구의 일관성(consistency of measurement)을 측정한다면, 타당성은 측정도구의 정확성(accuracy of measurement)을 측정한다고 말할 수 있다. 측정도구가 연구대상을 정확하게 측정하지 못한다면 타당성이 없기 때문에 아무 의미가 없다. 따라서 측정도구는 타당성이 먼저 확보되어야 하고, 그 다음으로 신뢰성이 있어야 한다. 다시 말하면 타당성이 확보되면 신뢰성도 확보될 가능성이 있지만, 신뢰성이 확보된다고 해서 반드시 타당성이 확보되는 것은 아니다.

가령, 〈표 1-3〉의 동기요인에서 가족친화성 요인에 "판에 박힌 생활에 변화를 주기 위하여"란 항목을 포함시킬 경우 신뢰성은 약간 떨어질 수 있겠지만, 이 항목이 가족친화성을 대표할 수 있는 개념이 아니므로 내용타당성은 확보될 수 없다.

2장 기초통계

1. SPSS 데이터 입력

여기에서는 SPSS를 처음 사용해 보는 수집한 데이터를 SPSS 프로그램에 입력하는 방법을 설명하고자 한다. 이를 위하여 [연구사례 2-1]의 설문지를 참고하도록 한다.

변수설명 SPSS 프로그램을 실행시킨 뒤 왼쪽 하단에 [변수보기]를 클릭한다.

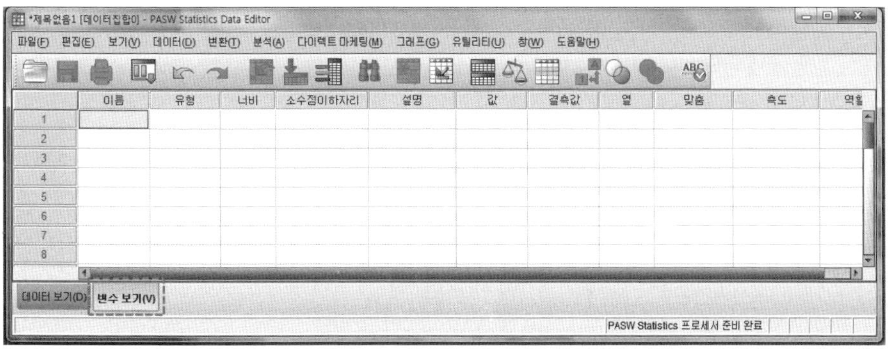

연구사례 2-1 설문지 사례

1. 지금까지 본 축제를 몇 회나 방문하셨습니까?

 ________회(처음인 경우 1회)

2. 「한국의 술과 떡 잔치」축제가 이번 방문의 주목적입니까?

 □ ① 예   □ ② 아니오

3. 누구와 함께 오셨습니까?

 □ ① 가족   □ ② 친구/친척   □ ③ 혼자
 □ ④ 단체   □ ⑤ 기타 ____________

4. 이번 축제에 관한 정보를 주로 어디에서 얻으셨습니까?

 □ ① 여행사   □ ② 친구/친지   □ ③ TV
 □ ④ 라디오   □ ⑤ 신문/잡지   □ ⑥ 홍보책자
 □ ⑦ PC통신/인터넷   □ ⑧ 한국관광공사   □ ⑨ 현수막/광고탑
 □ ⑩ 기타 __________

5. 이 곳까지 주로 이용하신 교통수단은?

 □ ① 자가용   □ ② 전세/관광버스   □ ③ 고속/시외버스
 □ ④ 항공기   □ ⑤ 기차   □ ⑥ 승합차
 □ ⑦ 시내버스   □ ⑧ 자전거   □ ⑨ 기타 ________

6. 이번 축제기간 동안 경주에서 얼마나 체류할 예정입니까(체류한 기간 포함)?

 □ ① 당일로 방문(☞당일로 방문한 경우, 7번 문항으로 가십시오)
 □ ② 숙박관광

 ⬇

 6-1. 체류기간은? ____ 박

 ⬇

 6-2. 주로 이용하신 숙박시설은?

  □ ① 호텔   □ ② 콘도   □ ③ 장 · 여관/여인숙
  □ ④ 친구/친척집   □ ⑤ 민박   □ ⑥ 유스호스텔
  □ ⑦ 기타: ____________

- 〈이름〉에는 설문항목 1~6번('설문지 사례' 참조)에 대하여 변수이름을 각각 입력한다. 가령, 1번 항목의 변수명을 '방문횟수'로 입력한다. 물론 설문지의 ID를 가장 먼저 입력하기도 한다.
- 〈유형〉에는 숫자나 문자를 클릭한다(대부분 숫자를 지정).
- 〈소수점 이하 자리〉에는 소수점이 필요 없는 변수에 대해서 "0"자리로 수정한다.
- 〈설명〉에는 변수를 설명할 수 있는 내용을 입력한다.

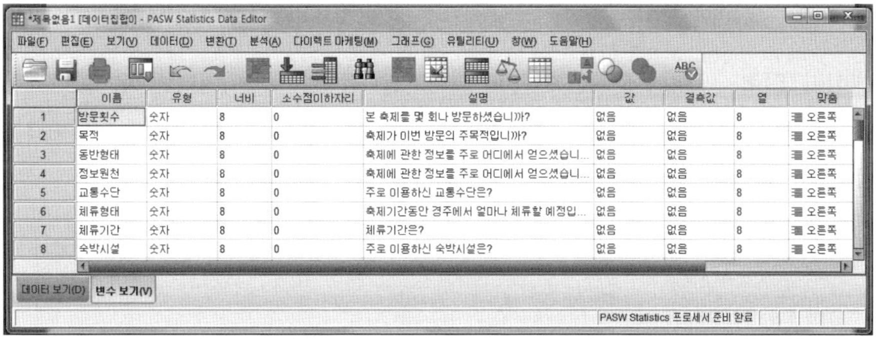

변수값 설명 여기에는 척도의 값을 입력하는 곳이다. 가령, 남=1, 여=2.

- 〈값〉 열의 셀을 클릭하면 [변수값 설명] 대화상자가 나타난다.

- 두 번째 항목인 "방문목적"의 경우 기준값='1,' 설명='예'를 입력하고, 〈추가〉 버튼을 클릭하여 기준값='2,' 설명='아니오'를 입력한 뒤 〈추가〉 버튼을 누르고 최종적으로 〈확인〉을 클릭하면 결과가 화면에 나타난다.

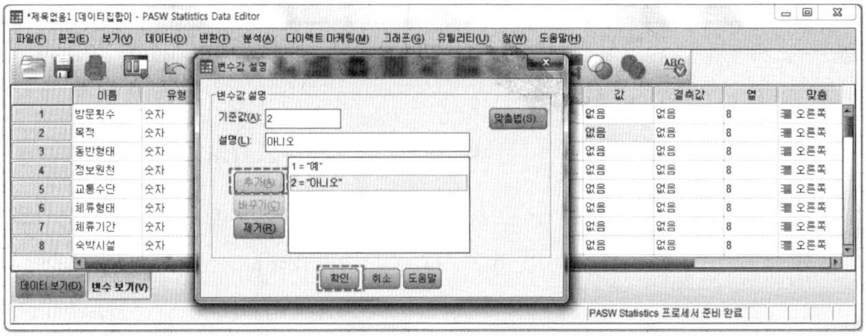

데이터 입력 여기에서는 수집한 데이터를 입력한다. 데이터는 이 프로그램에 직접 입력해도 되고, 엑셀에서 입력한 데이터를 복사해서 이곳에 입력해도 된다.

- 왼쪽 하단에 [데이터 보기]를 클릭한다.

- 각각의 설문지에 표시된 숫자(문자)를 해당변수에 입력한다.

2. 빈도(Frequency)분석

빈도분석은 가장 단순하면서도 일반적으로 많이 사용되는 통계분석이다.

2-1. 빈도분석 실행

Data File: 떡축제(원본).sav / 02떡축제설문지(국문).hwp

Download: www.daewangsa.net([자료실 → 일반자료실]에서 다운로드)

- 메뉴에서 [분석(A)] ▶ [기술통계량(E)] ▶ [빈도분석(F)]을 선택한다.

- 창이 뜨면 왼쪽에 있는 변수 중 분석하고자 하는 변수(예 동반형태)를 아래 그림과 같이 화살표 버튼을 눌러 오른쪽 창으로 보낸다. 그리고 [확인]을 누르면 빈도분석 결과가 산출된다.

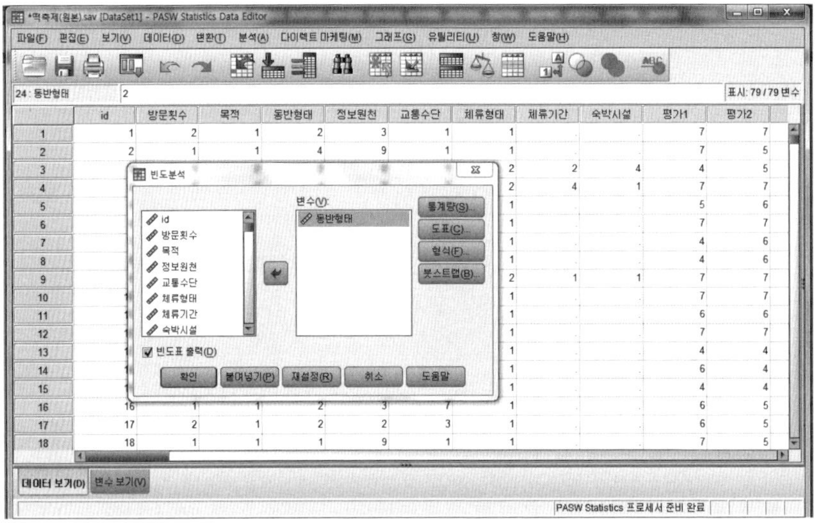

2-2. 빈도분석 결과

빈도분석 결과를 살펴보면, 축제방문 시 동반형태는 가족이 전체의 42.0%로 가장 많고, 다음으로는 친구/친지(38.7%)의 순으로 나타났다. 여기서 퍼센트는 무응답까지 계산해 주지만, 유효 퍼센트는 무응답을 뺀 후 계산해 준다. 누적 퍼센트는 %를 누적한 것이다.

동반형태

		빈도	퍼센트	유효 퍼센트	누적 퍼센트
유효	가족	206	42.0	42.0	42.0
	친구/친지	190	38.7	38.7	80.7
	혼자	23	4.7	4.7	85.3
	단체	56	11.4	11.4	96.7
	기타	16	3.3	3.3	100.0
	전체	491	100.0	100.0	

그 밖에 더 자세한 통계결과를 얻고 싶다면 창 하단의 [통계량(Statistics)]을 누르고 원하는 옵션을 선택한다.

백분위수 값(Percentile Values) **출력 옵션** 다음 중 하나 이상을 선택할 수 있다.

- 사분위수(quartiles): 사분위수로 가장 작은 값에서 큰 값으로 나열했을 때, 아래서부터 25%, 50%, 75%에 해당하는 값이 출력된다.
- 백분위수(percentiles): 사용자가 지정하는 분위수로 0~100 사이의 분위수를 지정하면, 지정한 분위수들이 출력된다.

산포도(Dispersion) **출력 옵션** 분석대상변수가 퍼져 있는 정도를 나타낸다.

- 표준편차(standard deviation): 관측값들이 평균을 중심으로 얼마나 퍼져 있는지를 측정하는 통계량을 말한다.
- 분산(variance): 관측값들이 평균을 중심으로 얼마나 퍼져 있는지를 측정하는 통계량으로 표준편차를 제곱한 값이다.
- 범위(range): 가장 큰 값에서 가장 작은 값을 뺀 값으로 표준편차나 분산의 보조통계량으로 사용된다.
- 최소값(minimum): 관측값 중에서 가장 작은 값으로 데이터 클리닝(data cleaning)에 활용된다. 가령, 5점척도에서 최소값으로 0이 나타난 경우 데이터 코딩이 잘못되었음을 지적해 준다.

• 최대값(maximum): 관측값 중에서 가장 큰 값으로 데이터 클리닝에 활용된다. 가령, 5점척도에서 최대값으로 6이 나타난 경우 데이터 코딩이 잘못되었음을 지적해 준다.

산포도중심경향(Central Tendency) **출력 옵션**

• 평균(mean): 산술평균으로 모든 관측값의 합을 관측값의 수로 나눈 값이다.
• 중위수(median): 중앙값이라고도 하며, 크기의 순서로 가장 작은 값에서 가장 큰 값으로 나열했을 경우 정중앙에 위치하는 값이다. 관측값이 짝수일 경우 중앙에 위치하는 두 값의 산술평균이 중위수가 된다.
• 최빈값(mode): 가장 자주 나타나는 값이다. 두 개 이상의 동일한 값이 나타나지 않으면 최빈값은 없게 된다.

메뉴에서 [분석(A)] ▶ [기술통계량(E)] ▶ [빈도분석(F)]을 선택 창이 뜨면 왼쪽에 있는 변수 중 분석하고자 하는 변수(예 쇼핑비)를 오른쪽 창으로 보낸다. 창 하단의 [통계량(Statistics)]을 누르고, 〈사분위수(Q)〉, 〈평균(M)〉, 〈중위수(D)〉, 〈최빈값(O)〉을 클릭한 후 [계속] ▶ [확인]을 누르면 통계값이 산출된다.

분석결과 쇼핑비의 중위수(중앙값)와 최빈값은 10,000원이지만, 평균값은 약 16,717원이다. 일반적으로 지출비용은 평균값을 사용한다.

통계량

쇼핑비

<table>
<tr><td rowspan="2">N</td><td>유효</td><td>187</td></tr>
<tr><td>결측</td><td>304</td></tr>
<tr><td colspan="2">평균</td><td>16716.58</td></tr>
<tr><td colspan="2">중위수</td><td>10000.00</td></tr>
<tr><td colspan="2">최빈값</td><td>10000</td></tr>
<tr><td rowspan="3">백분위수</td><td>25</td><td>5000.00</td></tr>
<tr><td>50</td><td>10000.00</td></tr>
<tr><td>75</td><td>20000.00</td></tr>
</table>

분포(Distribution) **출력 옵션**

- 왜도(skewness): 분포의 기울어진 정도로 비대칭 정도를 나타낸다. 즉 분포의 모양이 얼마나 좌우대칭인가를 나타내는 통계량으로 왜도의 표준오차가 함께 출력된다.
- 첨도(kurtosis): 분포의 뾰족한 정도를 나타낸다. 분포의 모양이 중심점에서 뾰족한가를 나타내는 통계량으로 첨도의 표준오차가 함께 출력된다.

도표(Chart) **출력 옵션** 만일 도표를 출력하고 싶다면 창 빈도분석 하단의 [도표(Charts)]를 누르고 다음과 같은 옵션을 선택하여 막대도표, 원도표, 히스토그램, 또는 정규분포를 포함한 히스토그램 등을 출력할 수 있다.

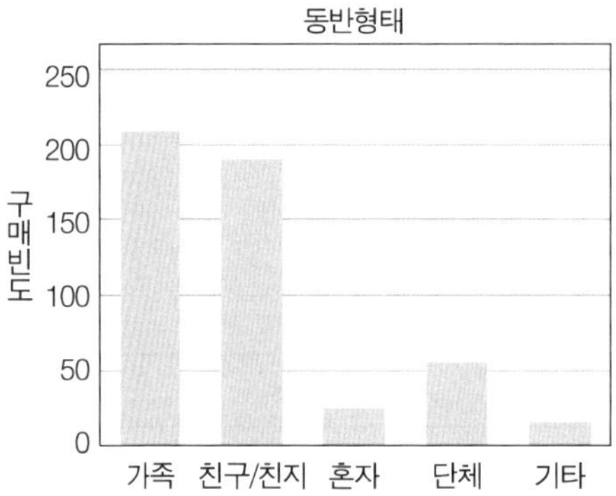

〈막대도표〉

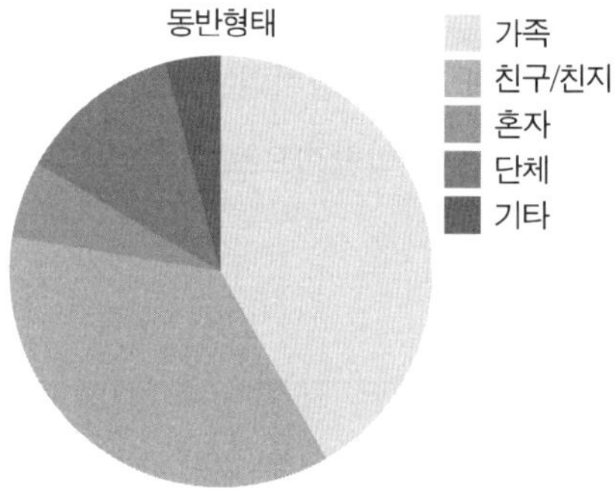

〈원도표〉

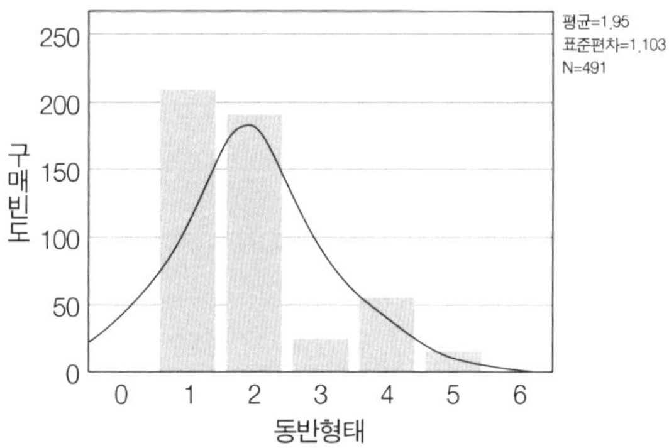

〈히스토그램〉

3. 기술통계분석(Descriptive Statistics)

기술통계는 말 그대로 분석대상의 변수에 대하여 개괄적인 설명을 해 주는 통계 분석이다. 많은 데이터가 주어진 경우 이를 체계적으로 조직화하거나 적절히 요약해서 기술할 필요가 있다. 정보의 손실을 최대한 줄이면서 주어진 데이터를 가장 효과적으로 요약할 수 있는 몇 개의 값을 찾아내는 분석방법이 바로 기술통계이다. 대표적인 기술통계는 다음과 같다.

• 평균: 산술평균을 산출해 준다.

• 최소값과 최대값: 코딩의 오류를 찾아내는 데 유용한 방법이다. 가령, 5점척도를 사용할 경우 측정항목에서 8이나 0이 코딩된 경우 오류로 판단할 수 있다.

기술통계분석 실행

Data File: 떡축제(원본).sav / 02떡축제설문지(국문).hwp

Download: www.daewangsa.net

메뉴에서 [분석(A)] ▶ [기술통계량(E)] ▶ [기술통계(D)]를 선택

• 창이 뜨면 왼쪽에 있는 변수 중 분석하고자 하는 변수(예 방문횟수, 목적, 동반형태, 정보원천)를 오른쪽 창으로 보낸다.

• 최소, 최대, 평균

기술통계량

	N	최소값	최대값	평균	표준편차
방문횟수	490	1	5	1.63	.810
목적	491	1	2	1.28	.449
동반형태	491	1	5	1.95	1.103
정보원천	490	1	10	4.49	2.743
유효 N(목록별)	489				

4. 교차분석(Cross-tabulation)

빈도분석에서는 단일변수의 빈도분석을 출력해 준다. 그러나 두 변수를 결합하여 교차분석을 실시하면 보다 유용한 정보를 얻을 수 있다. 가령, 성별 간 여행 패턴의 차이를 알아보고 싶다든가, 데이터 클리닝 시 문제가 되는 항목에 해당하는 설문지를 확인해낼 수도 있다.

4-1. 교차분석 실행

Data File: 떡축제(원본).sav / 02떡축제설문지(국문).hwp

Download: www.daewangsa.net

두 변수 간 빈도/퍼센트

• 메뉴에서 [분석(A)] ▶ [기술통계량(E)] ▶ [교차분석(C)]을 선택한다.

• 창이 뜨면 왼쪽에 있는 변수 중 분석하고자 하는 변수를 오른쪽 창의 〈행〉에는 목적변수를, 〈열〉에는 성별변수를 이동한다.

• 하단의 〈셀(Cell)〉을 클릭하고 퍼센트에서 행(R), 열(C), 전체(T)를 클릭한다. [계속] ▶ [확인]을 누르면 두 변수 간 빈도 및 퍼센트가 출력된다.

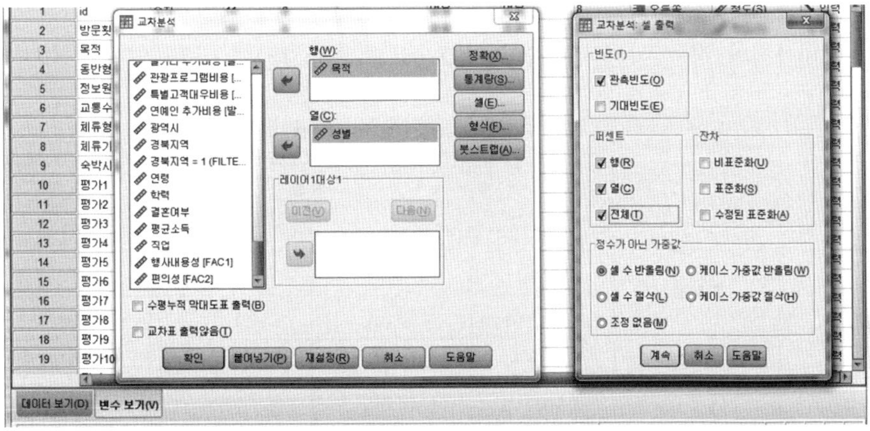

목적별 · 성별 빈도(행 · 열)

① 단순빈도만 분석할 경우

- 주목적의 경우 여성은 200명으로 남성(154명)에 비해 많으며, 비목적의 경우도 여성이 74명으로 남성(63명)에 비해 다소 많다.
- 남성의 경우 주목적이 154명으로 비목적(63명)에 비해 많으며, 여성의 경우도 주목적이 200명으로 비목적(74명)에 비해 많다.

목적 · 성별 Cross-tabulation

			성별		Total
			남	여	
목적	주목적	빈도	154	200	354
	주목적 아님	빈도	63	74	137
전체		빈도	217	274	491

② 목적별(行) 비율(percent)도 알고 싶은 경우

- 주목적의 경우 여성의 비율이 56.5%로 남성(43.5%)에 비해 높다.
- 비목적의 경우 여성의 비율이 54.0%로 남성(46.0%)에 비해 높다.

목적 · 성별 Cross-tabulation

			성별		Total
			남	여	
목적	주목적	빈도	154	200	354
		목적의 %	43.5%	56.5%	100.0%
	주목적 아님	빈도	63	74	137
		목적의 %	46.0%	54.0%	100.0%
전체		빈도	217	274	491
		목적의 %	44.2%	55.8%	100.0%

③ 성별(列) 비율(percent)도 알고 싶은 경우

- 남성의 경우 주목적의 비율이 71.0%로 비목적(29.0%)에 비해 높다.
- 여성의 경우 주목적의 비율이 73.0%로 비목적(27.0%)에 비해 높다.

목적 · 성별 Cross-tabulation

			성별		Total
			남	여	
목적	주목적	빈도	154	200	354
		성별의 %	71.0%	73.0%	72.1%
	주목적 아님	빈도	63	74	137
		성별의 %	29.0%	27.0%	27.9%
전체		빈도	217	274	491
		성별의 %	100.0%	100.0%	100.0%

④ 전체(total) 비율을 알고 싶은 경우

- 전체에서 주목적(72.1%) 중 여성의 비율은 40.7%로 남성(31.4%)에 비해 높다.
- 전체에서 비목적(27.9%) 중 여성의 비율은 15.1%로 남성(12.8%)에 비해 높다.

목적 · 성별 Cross-tabulation

			성별		Total
			남	여	
목적	주목적	빈도	154	200	354
		전체 %	31.4%	40.7%	72.1%
	주목적 아님	빈도	63	74	137
		전체 %	12.8%	15.1%	27.9%
전체		빈도	217	274	491
		전체 %	44.2%	55.8%	100.0%

⑤ 행(行), 열(列), 전체에 대한 비율을 알고 싶은 경우 위의 ①~④ 단계를 동시에 분석하면 다음과 같다.

목적 · 성별 Cross-tabulation

			성별		Total
			남	여	
목적	주목적	빈도	154	200	354
		목적의 %	43.5%	56.5%	100.0%
		성별의 %	71.0%	73.0%	72.1%
		전체 %	31.4%	40.7%	72.1%
	주목적 아님	빈도	63	74	137
		목적의 %	46.0%	54.0%	100.0%
		성별의 %	29.0%	27.0%	27.9%
		전체 %	12.8%	15.1%	27.9%
전체		빈도	217	274	491
		목적의 %	44.2%	55.8%	100.0%
		성별의 %	100.0%	100.0%	100.0%
		전체 %	44.2%	55.8%	100.0%

4-2. 오류설문지 확인 및 수정

Data File: 실습용(Data Cleaning).sav

Download: www.daewangsa.net

메뉴에서 [분석(A)] [기술통계량(E)] [기술통계(D)]를 선택한 후 최소값과 최대값을 출력하고, 이를 토대로 오류 데이터를 확인한다. 다음과 같이 변수값의 범위를 벗어날 경우 오류로 판단하고 ID · 변수 간 교차분석을 실시한다.

기술통계량

	N	최소값	최대값	평균	표준편차
목적	100	0	3	1.27	.510
접근성	100	3	8	5.66	1.320
기본편의시설	100	0	7	5.23	1.355
성별	100	0	3	1.59	.534
결혼여부	100	0	3	1.60	.532
유효 N(목록별)	100				

• ID · 목적 간 교차분석: ID=41, 90이 0으로 코딩오류가 발생하였으며, ID=23이 3으로 코딩오류가 발생하였다. 이 경우 해당번호(ID)의 설문지를 찾아가서 확인한 후 데이터를 수정해야 한다.

		목적				Total
		0	주목적	주목적 아님	3	
id	1	0	1	0	0	1
	:	:	:	:	:	:
	21	0	1	0	0	1
	22	0	1	0	0	1
	23	0	0	0	1	1
	24	0	1	0	0	1
	:	:	:	:	:	:
	39	0	0	1	0	1
	40	0	1	0	0	1
	41	1	0	0	0	1
	42	0	0	1	0	1
	:	:	:	:	:	:
	88	0	0	1	0	1
	89	0	0	1	0	1
	90	1	0	0	0	1
	91	0	1	0	0	1
	:	:	:	:	:	:
	99	0	0	1	0	1
	100	0	0	1	0	1
Total		2	70	27	1	100

- 다음 변수에 대해서도 교차분석을 실시한다.
  ID · 평가 1, ID · 평가 2, ID · 성별, ID · 결혼 여부
- 오류가 확인된 설문지를 검토한 후 데이터를 수정함으로써 데이터 클리닝 과정은 끝이 난다.

이러한 데이터 클리닝작업이 완료되어야 본 분석에 들어갈 수 있다.

5. 조건부 Filtering

가령, 체류형태(당일 또는 숙박관광) 중 숙박 관광객만을 분석하고 싶다면 다음과 같이 조건부 필터링을 실시하면 된다. 또한 특정 케이스(case)를 찾아내는 데도 도움을 준다.

5-1. 조건부 선택

Data File: 떡축제(원본).sav / 02떡축제설문지(국문).hwp

Download: www.daewangsa.net

- 가령, 체류형태 중 숙박관광객만을 분석하고자 할 경우 메뉴에서 [데이터(D)] ▶ [케이스선택(S)]를 선택한다.

• 새로운 창에서 오른쪽의 〈조건을 만족하는 케이스(C)〉를 왼쪽 변수 중 분석하고자 하는 변수(예: 체류형태)를 오른쪽 창으로 이동한 후 조건식을 작성한다. 만일 '체류형태=2'가 숙박관광객이라면 '체류형태=2'를 입력한 후 〈계속〉을 누르고, 〈확인〉 버튼을 누른다.

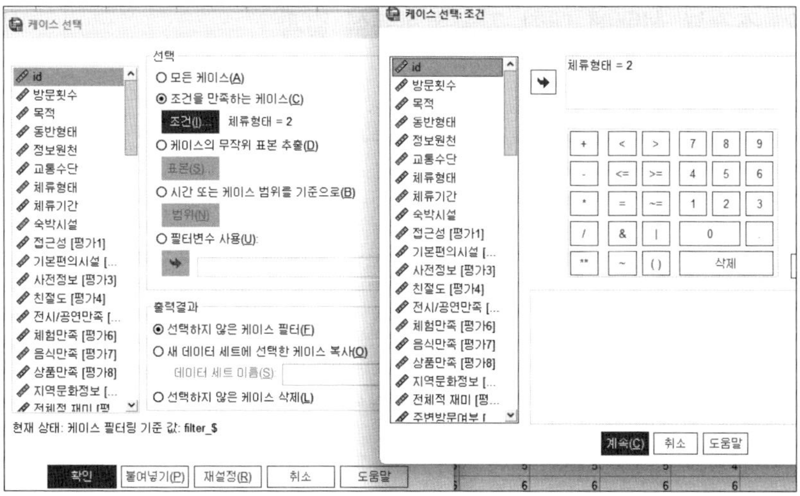

체류형태 변수를 보면 숫자 2로 나타나는데, 이는 숙박관광객만이 분석대상이라는 뜻이다.

파일(F) 편집(E) 보기(V) 데이터(D) 변환(T) 분석(A) 그래프(G) 유틸리티(U) 확장(X) 창(W) 도움말(H)

	id	방문횟수	목적	동반형태	정보원천	교통수단	체류형태	체류기간
3	3	1	2	2	9	1	2	2
4	4	2	2	4	8	7	2	4
9	9	3	1	2	3	1	2	1
26	26	3	1	4	1	1	2	2
41	41	1	1	1	2	3	2	1
42	42	1	2	1	2	3	2	1
54	54	3	1	2	2	1	2	1
68	68	1	1	2	10	2	2	2
76	76	1	1	1	2	1	2	2
77	77	3	1	1	3	1	2	1
78	78	1	2	1	6	1	2	3
85	85	1	2	1	3	1	2	2
86	86	3	1	1	7	1	2	2
101	101	1	1	4	3	6	2	1
102	102	1	1	4	10	6	2	1
103	103	2	1	1	9	1	2	1
109	109	1	1	1	2	1	2	1
110	110	1	1	1	3	1	2	1
116	116	2	1	1	3	1	2	2
123	123	2	2	1	3	2	2	1
130	130	1	1	4	7	3	2	1

5-2. 조건부 선택에 대한 기술통계분석 결과

Data File: 떡축제(원본).sav / 02떡축제설문지(국문).hwp

Download: www.daewangsa.net

조건부 필터링을 통하여 숙박관광객만을 선택한 경우 숙박관광객의 지출액을 산출할 수 있다. 즉 숙박관광객의 1인당 숙박비는 약 39,412원으로 가장 많이 지출했고, 다음으로는 유흥비(29,305원), 식음료비(27,414원), 쇼핑비(21,575원), 교통비(17,742원)의 순으로 나타났다.

기술통계량

	N	최소값	최대값	평균	표준편차
숙박비	45	5000	200000	39412.22	46089.342
식음료비	56	1000	200000	27414.29	36008.895
교통비	42	1000	60000	17742.86	14297.094
쇼핑비	32	1500	50000	21575.00	16972.844
유흥비	17	5000	200000	29305.88	49220.137
기타비용	12	2500	50000	19591.67	14123.511
유효 N(목록별)	5				

6. 다중응답분석

다중응답 분석은 다음 사례와 같이 복수응답으로 질문한 경우 분석하는 방법이다. 관광조사에서는 이러한 설문내용이 포함되곤 한다.

10. 이번 축제 중 가장 재미있거나 인상깊었던 행사를 모두 ∨해 주십시오.

- □ ① 개막행사
- □ ② 폐막행사
- □ ③ 민속놀이경연대회(투호 · 윷놀이 등)
- □ ④ 떡따라만들기
- □ ⑤ 주도(酒道)예절배우기
- □ ⑥ 전시행사
- □ ⑦ 공연행사(예술단/풍물패)
- □ ⑧ 떡메치기
- □ ⑨ 전통혼례 및 전통관례 재현
- □ ⑩ 가래떡썰기
- □ ⑪ 화전만들기
- □ ⑫ 누룩디디기
- □ ⑬ 술이름맞추기
- □ ⑭ 판매행사(술/떡)
- □ ⑮ 술과 떡 제조시연 및 시식
- □ ⑯ 전통다례시연
- □ ⑰ 엿치기
- □ ⑱ 자매도시 떡 시식 및 판매
- □ ⑲ 월드컵축구 사인볼행사
- □ ⑳ 축구알까기대회
- □ ㉑ 기타(자세히): ____________________

6-1. 다중응답 실행

Data File: 떡축제(원본).sav / 02떡축제설문지(국문).hwp

Download: www.daewangsa.net

• 메뉴에서 [분석(A)] ▶ [다중반응(U)] ▶ [변수군 정의(E)]를 선택한다.

• 〈변수들의 코딩형식〉은 〈범주(G)〉를 선택하고, 〈범위(E)〉에는 1에서 21까지를 입력한다. 〈이름(N)〉에는 "재미"라고 입력하고, 변수이름에 설명이 필요하면 〈설명(L)〉에 이를 입력한다(예 다중응답분석).

• 제일 왼쪽창에 있는 변수들(재미1, 재미2, 재미3)을 중간창에 있는 화살표를 이용하여 변수군으로 이동한다. 오른쪽 부분에 〈추가(A)〉를 클릭하면 "$재미"가 나타나는데, 이는 다중응답을 나타내는 변수를 의미한다.

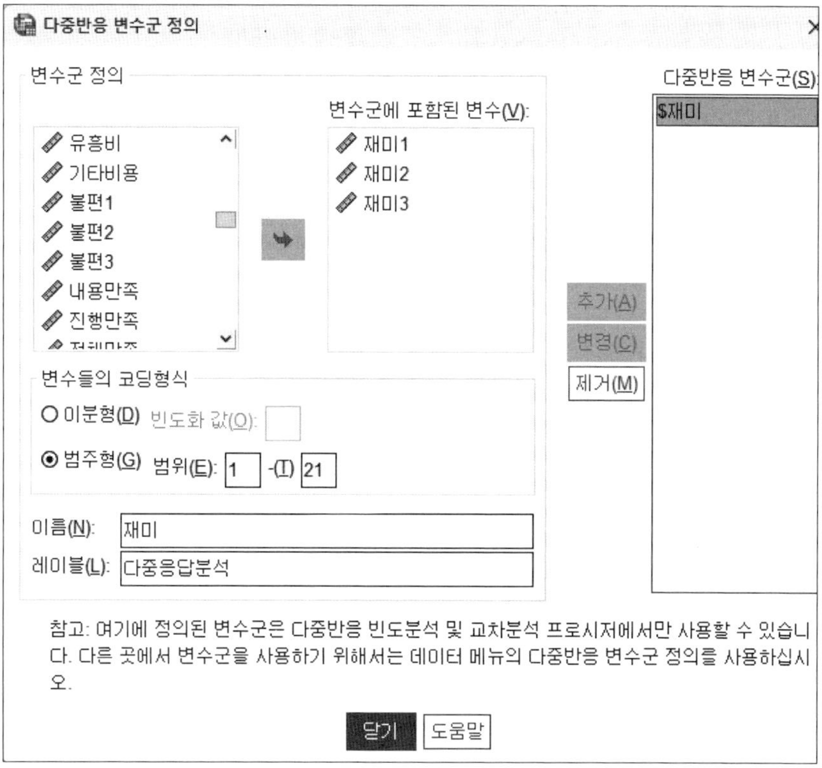

• 분석을 실시하기 위해서는 메뉴에서 [분석(A)] ▶ [다중반응(U)] ▶ [빈도분석(F)]을 선택한다.

• 〈다중반응 변수군(M)〉에서 '$재미'를 화살표를 통해 오른쪽으로 보낸 후 〈확인〉 버튼을 누른다.

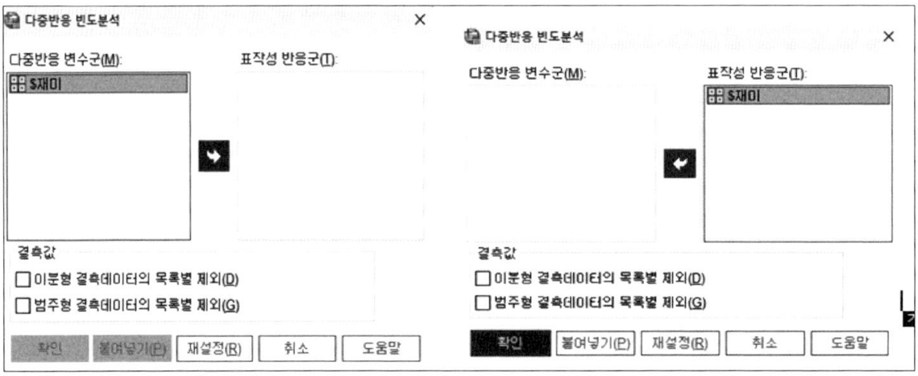

6-2. 다중응답 분석결과

다음은 전체 복수응답건수(N)를 100%로 환산한 것이다. 분석결과 '술과 떡 제조 시연 및 시식'이 12.7%로 가장 재미있었던 것으로 나타났으며, 다음으로는 '민속놀이경연대회'(투호 · 윷놀이 등) (10.3%), 판매행사(술/떡) (7.2%), 떡메치기(7.1%)의 순으로 나타났다.

$재미 빈도

		반응		케이스 중 %
		N	퍼센트	
다중응답분석[a]	개막행사	42	3.5%	8.7%
	폐막행사	18	1.5%	3.7%
	민속놀이경연대회(투호 · 윷놀이 등)	125	10.3%	25.8%
	떡 따라 만들기	65	5.4%	13.4%
	주도(酒道) 예절 배우기	46	3.8%	9.5%
	전시행사	76	6.3%	15.7%
	공연행사(예술단 / 풍물패)	81	6.7%	16.7%
	떡메치기	86	7.1%	17.7%
	전통혼례 및 전통관례 재현	60	5.0%	12.4%
	가래떡 썰기	17	1.4%	3.5%
	화전 만들기	28	2.3%	5.8%
	누룩 디디기	16	1.3%	3.3%
	술이름 맞히기	25	2.1%	5.2%
	판매행사(술 / 떡)	87	7.2%	17.9%
	술과 떡 제조 시연 및 시식	154	12.7%	31.8%
	전통다례시연	44	3.6%	9.1%
	엿치기	33	2.7%	6.8%
	자매도시 떡 시식 및 판매	76	6.3%	15.7%
	월드컵축구 사인볼행사	56	4.6%	11.5%
	축구 알까기대회	68	5.6%	14.0%
	기타	8	0.7%	1.6%
전체		1211	100.0%	249.7%

a. 범주형 변수집단.

3장 가설검정 방법

1. 가설검정(Hypothesis Test)의 개념

가설이란 사회과학 문제의 해결책을 학문적·논리적으로 추론한 것으로 사실인지 또는 거짓인지를 밝히는 것을 말한다(채서일, 2004).

가설은 다음과 같이 두 가지 상반된 형태로 제시된다.

H_0=영가설(null hypothesis)
H_1=대립가설(alternative hypothesis)

가설검정의 목적은 연구자가 제기한 대립가설을 직접 검정하기 어렵기 때문에 대립가설과 상반되는 영가설(귀무가설)을 설정하고, 영가설의 기각 여부에 따라 대립가설의 채택 여부가 결정된다. 중요한 사실은 가설검정은 항상 영가설이 사실이라는 전제하에 실시된다는 것이다.

이해를 쉽게 하기 위하여 우리나라 남녀 간 몸무게가 차이가 있는지를 검정해 본다고 가정하자. 우리나라 전체 인구를 조사하기에는 많은 시간과 비용이 소요되므로 표본을 추출하여 남녀 간 몸무게가 차이가 있는지를 검정할 필요가 있다. 이 경우 가설은 다음과 같이 설정할 수 있다.

H_0: $\mu_{남} = \mu_{여}$(남녀 간 몸무게는 같다 또는 차이가 없다)
H_1: $\mu_{남} \neq \mu_{여}$(남녀 간 몸무게는 다르다 또는 차이가 있다)
여기서 $\mu_{남}$=모집단 남자 몸무게의 평균, $\mu_{여}$=모집단 여자 몸무게의 평균

가설검정이란 위의 두 가지 가설(H_0, H_1) 중에서 하나를 선택하는 과정이므로 H_0를 채택(accept)하면 자동적으로 H_1을 기각(reject)하게 되며, 반대로 H_0를 기각하게 되면 자동적으로 H_1을 채택하게 된다. 다시 말하면 남녀 간 몸무게에 있어서 차이가 있다는 사실을 증명하려고 할 때 통계학적 가설검정은 영가설이 사실이라고 가정하고, 모집단으로부터 추출된 표본이 영가설이 사실이라는 근거를 충분히 제시해 주지 못하면 이 가설을 기각하게 되어 결과적으로 대립가설을 채택하는 의사결정을 내리게 된다(원태연 · 정성원, 2001).

따라서 학술논문에서 연구자는 대립가설에 관련된 내용에 관심을 두게 되며, 이를 검정하고자 영가설을 설정하고 영가설의 기각 여부에 따라서 대립가설의 채택여부를 결정하게 된다.

2. 영가설 또는 대립가설의 채택방법

아래 정규분포를 이용하여 가설검정에 대한 개념을 설명하고자 한다.

H_0: $\mu_{남}=\mu_{여}$(남녀 간 몸무게는 같다 또는 차이가 없다)
H_1: $\mu_{남}\neq\mu_{여}$(남녀 간 몸무게는 다르다 또는 차이가 있다)

[그림 3-1]은 H_0에 대한 이론적 분포도와 표본추출을 통해서 얻을 수 있는 두 가지 표본분포도를 제시한 것이다. 그림에서 A분포는 H_0의 이론적 분포도이다(즉 남녀 간 몸무게는 차이가 없다). 반면에 조사자는 표본추출을 통해서 표본분포도를 그리게 된다. 만일 표본분포도가 이론적 분포도(H_0)와 유사하다면(B분포도) 조사자는

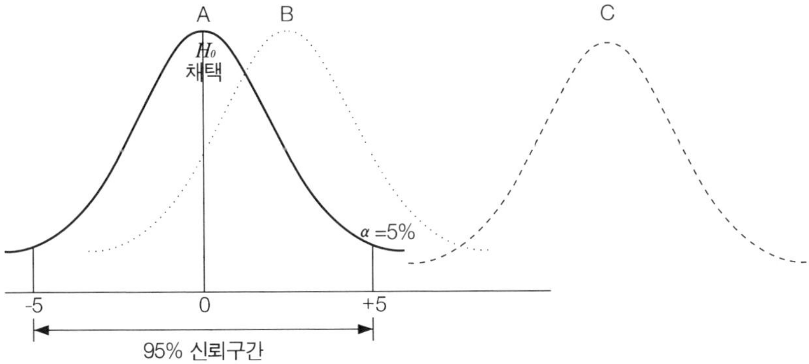

[그림 3-1] **이론적 분포도와 표본분포도**

H_0를 채택하게 된다. 반면에 표본분포도가 이론적 분포도(H_0)와 다르다면(C분포도) 조사자는 H_0를 기각하고 H_1을 채택하게 된다.

예를 들면, 95% 신뢰구간에서 '남녀 간 몸무게에 있어서 차이는 없다'(H_0)라고 가정하자. 여기서 95% 신뢰구간이란 표본추출을 통하여 얻은 통계량의 값이 H_0분포의 95% 내에 존재해야 한다는 것을 의미하며, 나머지 ±5%는 허용오차가 된다.

- 만일 표본추출을 통한 표본분포도가 이론적 분포도의 95% 신뢰구간 안에 들어오면(B) 조사자는 H_0를 채택하게 된다. 즉 '남녀 간 몸무게에는 차이가 없다'라고 결론을 내린다.
- 반대로 표본추출을 통한 표본분포도가 이론적 분포도의 95% 신뢰구간 밖으로 벗어나면(C) 조사자는 H_0를 기각하게 되고 H_1을 채택하게 된다. 즉 '남녀 간 몸무게는 차이가 있다'라고 결론을 내린다.

3. 기각역과 유의수준

[그림 3-2]에서 보는 바와 같이 영가설(H_0)을 기각할 수 있는 범위를 기각역(rejection area)이라고 한다. 또한 유의수준(significance level)이란 영가설을 기각하고 대립가설을 채택할 수 있는 수준으로 보통 α로 표시되며, 일반적으로 $\alpha=1\%$ 또는

$\alpha=5\%$를 주로 사용한다. 유의확률은 표본에서 얻은 표본통계량이 기각역에 들어갈 확률을 의미한다. 또한 신뢰수준이 95%인 경우 기각역에 해당하는 유의수준(α)은 5%가 된다.

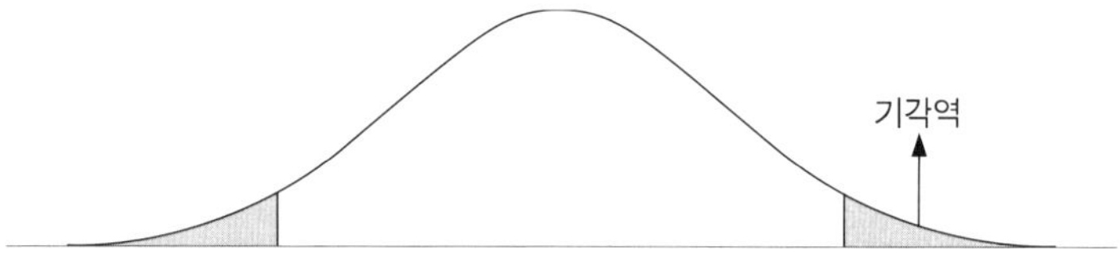

[그림 3-2] H_0 **기각역**

> **용어정의**
>
> - 기각역(rejection area): 영가설(H_0)을 기각할 수 있는 범위.
> - 유의수준(significance level): 영가설을 기각하고 대립가설을 채택할 수 있는 수준으로 보통 α로 표시되며, 일반적으로 $\alpha=1\%$ 또는 $\alpha=5\%$로 설정함.
> - 유의확률(probability): 표본에서 얻은 표본통계량이 기각역에 들어갈 수 있는 확률로 p값으로 표시함. p값이 $p<0.05$라는 말은 유의수준 5%에서 영가설을 기각할 수 있는 유의확률을 의미함. 여기서 p값을 검정통계량이라고도 함.
> - 신뢰(confidence)수준(구간): 영가설(H_0)이 존재하는 구간임. 가령, 신뢰수준이 95%라는 것은 표본추출을 통해 얻은 통계량의 값들이 영가설(H_0)의 95% 내에 존재해야 한다는 것을 의미함. 나머지 ±5%는 허용오차가 되며, 이를 오차범위라고 함. 또한 오차범위(±5%)는 영가설(H_0)을 기각할 수 있는 범위로 유의수준과 같은 개념임.

4. 검정통계량(Test Statistic)

검정통계량은 가설검정을 결정하기 위해 사용되는 표본의 통계량을 말한다. 가령, 연구자가 추출한 표본에서 계산한 두 집단의 평균차이($\overline{X_{남}}-\overline{X_{여}}$)가 검정통계량이다. 앞서 설명했듯이 이론적 분포도가 표본분포도와 동일한지를 검정하기 위하여 유의수준(α)을 설정하게 된다. 표본분포도가 기각역인 유의수준(α) 안에 있는지 또는 밖에 있는지는 표본추출결과 검정통계량(p값)을 가지고 비교한다(p값은 SPSS 통계 프로그램에서 산출해 줌).

유의수준을 $\alpha=1\%$ 수준에서 설정했다고 가정하자. 이 경우는 표본분포가 영가설(H_0)의 99% 신뢰구간에서 나올 확률이며, 반대로 대립가설(H_1)이 1% 수준에서 나타날 확률이다. 만일 표본분포가 99% 신뢰구간 내에 존재하지 않으면 영가설을 기각하게 되고, 반대로 대립가설을 채택하게 된다. 그렇다면 무엇을 가지고 기각여부를 결정할 것인가? 바로 검정통계량인 p값으로 판단한다. p값은 영가설(H_0)이 사실이라는 가정하에서 계산된 통계량이다.

[그림 3-3]을 토대로 다시 한번 예를 들어 설명해 보자. 유의수준을 $\alpha=1\%$에서 설정했다고 가정하자. p값(검정통계량)이 $\alpha=1\%$보다 크면(다시 말하면 99% 신뢰구간 안에 들어 오면) 영가설(H_0)을 채택하게 되고, 대립가설(H_1)을 자동적으로 기각하게 된다. 반대로 p값(검정통계량)이 $\alpha=1\%$보다 작으면(다시 말하면 99% 신뢰구간 밖으로 나가면) 영가설(H_0)을 기각하게 되고, 대립가설을 자동적으로 채택하게 된다.

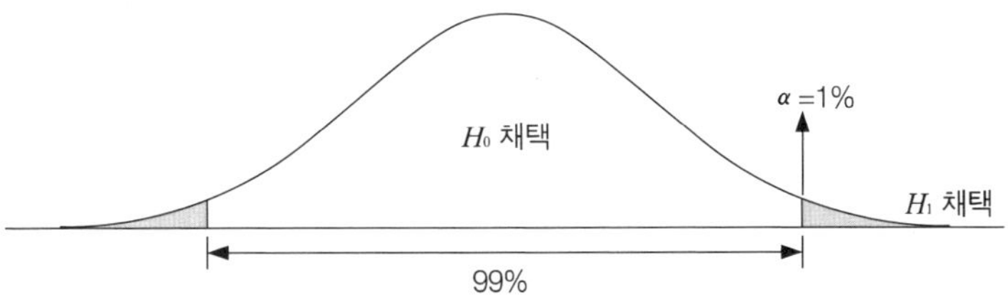

[그림 3-3] **유의수준 α=1%에서의 가설검정**

주의 1) 유의수준을 $\alpha=1\%$ 수준에서 설정할 경우 단측검정은 $\alpha=1\%$ 그대로 표시하지만, 양측검정에서는 원칙적으로 절반으로 나눈 0.5%($\alpha/2$)로 표시해야 한다. 그러나 SPSS 분석결과에서는 보기에 편리하도록 양측검정에서도 단측검정처럼 $\alpha=1\%$로 표시한다.

주의 2) [그림 3-3] 전체 면적(합)이 1 또는 100%이며, 오른쪽 끝으로 갈수록 면적은 작아진다.

이번에는 유의수준을 $\alpha = 5\%$ 수준에서 설정했다고 가정하자. p값(검정통계량)이 $\alpha = 5\%$보다 크면(다시 말하면 95% 신뢰구간 안에 들어오면) 영가설(H_0)을 채택하게 되고, 대립가설(H_1)을 자동적으로 기각하게 된다. 반대로 p값(검정통계량)이 $\alpha = 5\%$보다 작으면(다시 말하면 95% 신뢰구간 밖으로 나가면) 영가설(H_0)을 기각하게 되고, 대립가설(H_1)을 자동적으로 채택하게 된다.

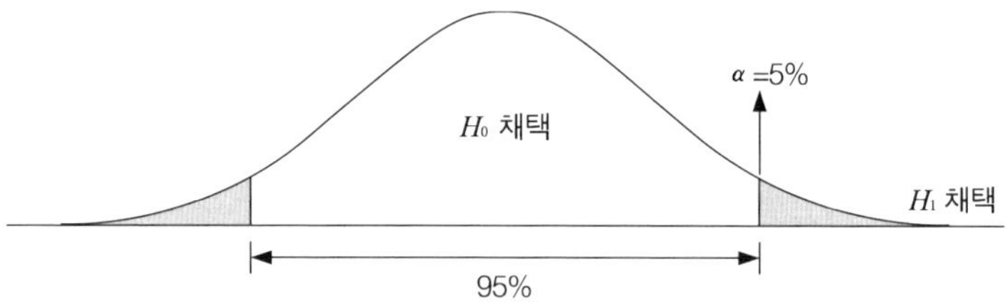

[그림 3-4] **유의수준 α=5%에서의 가설검정**

5. 가설검정 결과

이제 검정통계량의 값을 가지고 남녀 간 몸무게에 있어서 차이가 있는지를 검정해 보자. SPSS를 통해서 검정통계량을 산출한 결과 $p=0.03$이고, 유의수준을 $\alpha = 5\%$로 설정했다고 가정하자. [그림 3-5]에서 보듯이 검정통계량($p=0.03$ 또는 3%)은 H_0 기각역(H_1 채택역)에 속하므로 남녀 간 몸무게는 $\alpha = 5\%$ 유의수준에서 통계적으로 차이가 있다고 결론을 내린다.

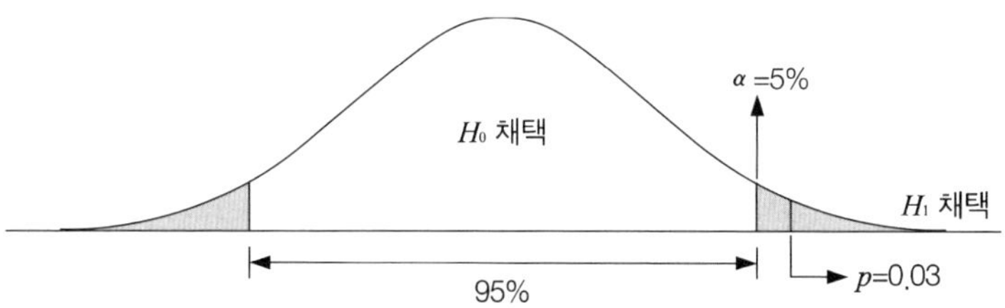

[그림 3-5] **가설검정 결과(α=5%)**

이상을 종합하여 가설검정의 절차를 정리하면 다음과 같다.

가설검정의 절차

- 영가설(H_0)과 대립가설(H_1)을 설정한다.
- 적절한 유의수준을 결정한다(예 $\alpha = 1\%$ 또는 5%).
- 표본을 추출하여 선정된 검정통계량(p값)의 값을 산출한다.
- 기각역의 유의수준(α)과 검정통계량(p값)을 비교하여 영가설의 기각 또는 채택 여부를 판단한다.

6. Type I 및 Type II 오류

유의수준(α)이 크면 클수록 신뢰구간은 작아지므로 영가설(H_0)을 채택할 확률은 낮아진다. 이때 영가설(H_0)이 사실인데 거짓이라고 잘못 판단하는 경우를 Type I 오류라고 한다.

반대로 유의수준(α)이 작으면 작을수록 신뢰구간은 커지므로 영가설(H_0)을 채택할 확률은 높아진다. 이때 영가설(H_0)이 거짓인데 사실이라고 잘못 판단하는 경우를 Type II 오류라고 한다.

〈표 3-1〉 **Type I과 Type II 오류**

실제상황 \ 의사결정	H_0 채택	H_0 기각
H_0 사실	올바른 결정 확률 $= 1 - \alpha$	Type I 오류 확률 $= \alpha$
H_0 허위	Type II 오류 확률 $= \beta$	올바른 결정 확률 $= 1 - \beta$

관광조사 통계분석

Tourism Research & Statistical Analysis

4장 가설검정의 종류

1. T 검정

T 검정은 두 집단 간에 차이가 있는지를 표본의 평균값을 기준으로 검정하는 방법을 말한다. T 검정에는 다음과 같이 두 가지 방법이 주로 사용된다.

독립표본 T 검정(Independent Samples T 검정) 서로 다른 독립된 표본 간에 평균 차이를 검정하는 분석방법이다. 가령, 축제만족도에 대하여 남성 집단과 여성 집단 간 평균값의 차이를 검정할 때 사용될 수 있다.

대응표본 T 검정(Paired-samples T 검정) 동일표본에 대하여 사전과 사후 평균차이를 검정한다. 가령, 동일인(동일표본)에 대하여 한국 방문전 이미지와 방문후 이미지를 검정하거나 동일인에 대하여 중요도와 만족도를 검정할 때 사용될 수 있다.

1-1. 독립표본 T 검정 실행

가령, 축제만족도에 대하여 남녀 간 차이가 있는지를 검정하기 위하여 다음과 같이 가설을 설정한다.

H_0: $\mu_{남}-\mu_{여}=0$(남녀 간 축제만족도에 있어서 차이가 없다)
H_1: $\mu_{남}-\mu_{여}\neq 0$(남녀 간 축제만족도에 있어서 차이가 있다)

Data File: 떡축제(원본).sav / 02떡축제설문지(국문).hwp

Download: www.daewangsa.net

- 메뉴에서 [분석] ▶ [평균비교(M)] ▶ [독립표본 T 검정(T)]을 선택한다.
- 〈검정변수(T)〉에는 검정하고자 하는 변수(전체만족)를, 〈집단변수(G)〉에는 성별 변수를 입력한다.

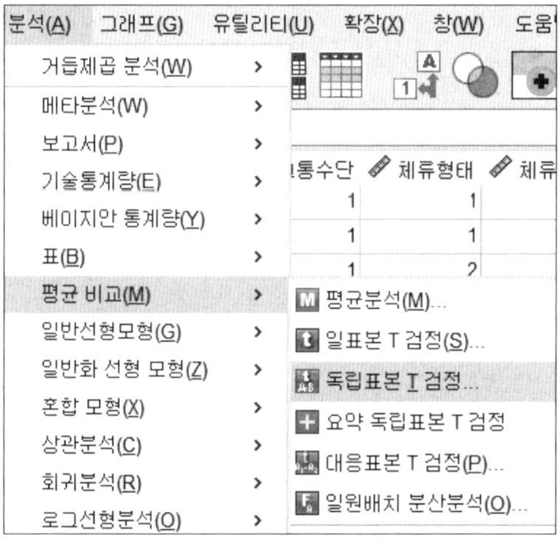

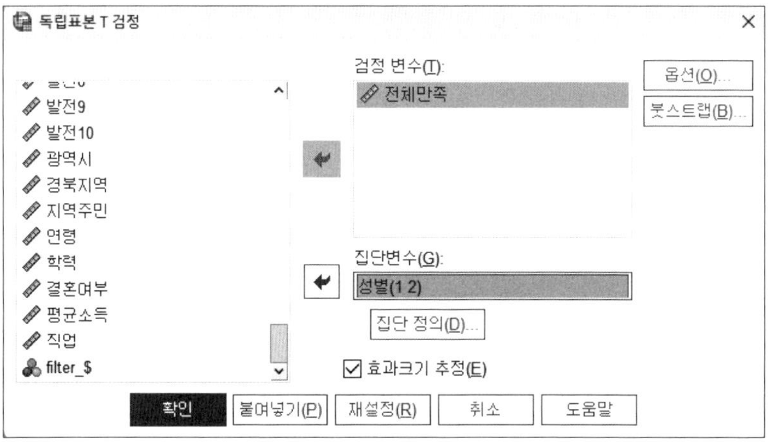

• 〈집단 정의(D)〉에는 집단변수를 표시하는 변수값을 입력한다(예 성별인 경우 집단 1=1, 집단 2=2).

분석결과는 다음과 같다.

집단통계량 검정결과 전체만족도에 관한 집단통계량을 제시해 준다. 여기에는 각 집단의 표본수, 만족도의 평균, 표준편차 등을 설명해 준다.

집단통계량

	성별	N	평균	표준편차	평균의 표준오차
전체만족	남	217	4.65	1.219	.083
	여	274	4.53	1.149	.069

독립표본 검정

		Levene의 등분산 검정		평균의 동일성에 대한 T 검정							
				유의확률						차이의 95% 신뢰구간	
		F	유의확률	t	자유도	단측확률	양측확률	평균차이	표준오차 차이	하한	상한
전체만족	등분산을 가정함	2.542	.112	1.133	489	.129	.258	.122	.107	-.089	.332
	등분산을 가정하지 않음			1.125	450.344	.131	.261	.122	.108	-.091	.334

• 분산(variance): 평균값에서 떨어져 있는 정도를 말한다. 분산을 다음 공식에서 설명하면 편차(관측값－평균)를 제곱하여 모두 합한 후 $(n-1)$로 나눈 값이다. 따라서 분산값이 클수록 평균에서 멀리 떨어져 있다는 것을 의미한다. 만일 두 집단이 등분산이라면 분포가 통계적으로 동일하다는 것을 의미한다.

$$S^2 = \frac{\sum_{i=1}^{n}(X_i - \overline{X})^2}{N-1}$$

여기서 S_2 =표본의 분산, X_i =관측값, $\overline{X}$ =표본평균, N=사례수

- 표준편차(standard deviation): 분산의 제곱근이며, 해당변수가 평균값에서 떨어져 있는 정도를 나타내는 데 사용된다.

$$S = \sqrt{S^2} = \sqrt{\frac{\sum_{i=1}^{n}(X_i - \overline{X})^2}{N-1}}$$

여기서 S=표준편차

등분산(Equal Variance) 두 집단 간 차이를 분석하기 전에 우선 등분산 여부를 검정해야 한다. 즉 두 집단의 분산이 동일한지, 아니면 다른지에 따라 검정통계량을 계산하는 공식이 다르기 때문이다.

등분산에 대한 가설을 다음과 같이 설정할 수 있다.

H_0: 두 집단의 분산은 같다.
H_1: 두 집단의 분산은 다르다.

등분산 검정결과 유의수준인 α=5%로 설정할 때, 검정통계량인 유의확률 p값 =0.112로, 이는 유의수준보다 크므로(영가설 채택영역) 영가설(H_0)을 채택한다. 즉 두 집단의 분산이 같다고 판단할 수 있다. 따라서 두 집단의 분산이 같으므로, 두 집단의 평균치의 검정에는 'Equal Variance Assumed'(등분산이 가정됨)에 해당하는 검정통계량을 사용해야 한다.

다음으로는 남녀 간 만족도에 차이가 있는지를 검정해야 한다.

H_0: $\mu_{남} - \mu_{여} = 0$(남녀 간 축제만족도에 있어서 차이가 없다)
H_1: $\mu_{남} - \mu_{여} \neq 0$(남녀 간 축제만족도에 있어서 차이가 있다)

T 검정 결과 유의수준인 α=5%로 설정할 때, 검정통계량인 유의확률 p값= 0.258로, 이는 유의수준보다 크므로(영가설 채택영역) 영가설을 채택한다.

즉 남녀 간 만족도(평균치)는 같다고 판단할 수 있다. 다시 말하면 통계적으로 남녀 간 만족도에 대한 차이는 없다고 결론내릴 수 있다.

• 자유도(DF: Degree of Freedom): 표본에서 자유롭게 변화할 수 있는 수를 의미한다. 가령, 3명의 학생에게 자신이 좋아 하는 친구를 자유롭게 선택하라고 한다면 자신을 제외한 2명일 것이다($N-1=2$). 따라서 자유도는 표본수(N)에서 제한되는 수(k)를 뺀 $N-k$ 로 계산된다.

• t값 계산방법: 두 모집단의 경우(http://en.wikipedia.org/wiki/T-test)

1) 두 모집단의 분산이 같은 경우

$$t=\frac{\overline{X}_1-\overline{X}_2}{S_{12}\sqrt{\frac{1}{n_1}+\frac{1}{n_2}}}$$

2) 두 모집단의 분산이 다른 경우

$$t=\frac{\overline{X}_1-\overline{X}_2}{\sqrt{\frac{S_1^{\,2}}{n_1}+\frac{S_2^{\,2}}{n_2}}}$$

$\overline{X}_1$ =집단 1의 표본평균, $\overline{X}_2$ =집단 2의 표본평균
S_1 =집단 1의 표준편차, S_2 =집단 2의 표준편차, S_{12} =두 집단의 통합 표준편차
n_1 =집단 1의 표본수, n_2 =집단 2의 표본수

연구사례 4-1 독립표본 T 검정 사례

Motivational Differences Between Domestic and Foreign Visitors

Table 1 presents differences in means between domestic and foreign visitor segments, using T-tests. The T-tests reveal that statistically significant differences existed between domestic and foreign visitors with respect to five of seven motivation factors: 'cultural exploration,' 'novelty,' 'event attraction' and 'external' and 'known group socialization.' However, the two visitor segments were not found significantly different with respect to two motivation factors: 'family togetherness' and 'escape.' The results were similar to those found in the study by Formica and Uysal(1996) in that the two visitor segments were significantly different with respect to 'socialization' and they were not significantly different with respect to 'family togetherness.' However, in the present study the 'novelty'factor was significantly different between the two visitor segments, a statistical difference not found in the study by Formica and Uysal(1996).

For all motivation factors, the mean scores of foreign visitors were found to be consistently higher than those of domestic visitors. This indicates that foreign tourists are likely to have high motivations to be satisfied at a festival or event as compared to domestic tourists. The motivation factors of event attractions and cultural exploration appeared to have the highest mean scores among all factors in both domestic and foreign visitors. The high mean scores might be attributable to the fact that culture was the central theme of the variety of international events. By contrast, the mean score of 'family togetherness' was found to be the second lowest for domestic visitors and the lowest for foreign visitors. The same result was reported by Formica and Uysal(1996). Furthermore, domestic visitors are less likely to be motivated by 'external group socialization,' while foreign visitors are less likely to be driven by 'escape.'

〈Table 1〉 **Motivational differences between domestic and foreign visitors***

Motivational Factors	Domestic visitors (N=558)	Foreign visitors (N=200)	T-value	Significance (Prob>ITI)
Cultural exploration	3.52	3.96	-7.89	0.000
Family togetherness	2.86	3.05	-1.78	0.077
Escape	3.11	3.19	-1.05	0.292
Novelty	3.14	3.62	-7.78	0.000
External group socialization	2.67	3.46	12.12	0.000
Event attractions	3.59	3.99	-6.66	0.000
Known-group socialization	3.07	3.61	-6.69	0.000

* Based on mean value on a 5 Likert-type scale, where 1=strongly disagree and 5=strongly agree.

자료: Lee, C. K. (2000). A comparative study of Caucasian and Asian visitors to a Cultural Expo in an Asian setting. *Tourism Management*, 21(2), 169-176.

1-2. 대응표본 T 검정 실행

Data File: Paired_T_검정(pre-post).sav

Download: www.daewangsa.net

• 카지노 개발이 한 지역에 있어서 "외부투자와 사업이 활성화되었는지"에 대하여 동일인에 대한 사전/사후 설문조사를 실시하였다고 가정하자. 이때 사전과 사후 조사 간 차이가 있는지를 규명해 보자.

• 메뉴에서 [분석] ▶ [평균비교(M)] ▶ [대응표본 T 검정(T)]을 선택한다.

• 〈대응변수(V)〉에는 두 개의 변수인 변수 1(a1_개장전 변수)과 변수 2(pa1_개장후 변수)를 입력한다. 그 후 [확인]을 누르면 분석결과가 출력된다.

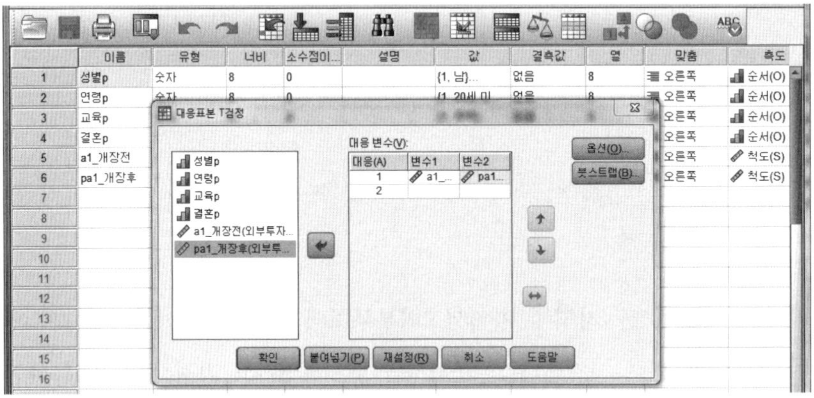

분석결과는 다음과 같다.

대응표본 검정결과 외부투자와 사업이 활성화되었는지에 대하여 카지노 개장 전과 개장 후 간에는 $p<0.000$에서 차이가 있는 것으로 나타났다. 즉 대응표본 통계량 중 평균값을 보면 개장 전은 3.96, 개장 후는 2.89로 응답자들은 개장 전의 기대에 비하여 개장 후에 외부투자와 사업이 활성화되지 못하였다고 느끼는 것으로 나타났다.

대응표본 통계량

		평균	N	표준편차	평균의 표준오차
대응 1	a1_개장전(외부투자와 사업이 활성화 될 것이다)	3.96	402	.833	.042
	pa1_개장후(외부투자와 사업이 활성화되었다)	2.89	402	1.086	.054

대응표본 검정

		대응차					t	자유도	유의확률	
		평균	표준편차	평균의 표준오차	차이의 95% 신뢰구간				단측확률	양측확률
					하한	상한				
대응 1	a1_개장전(외부투자와 사업이 활성화될 것이다) - pa1_개장후(외부투자와 사업이 활성화되었다)	1.072	1.367	.068	.938	1.206	15.730	401	<.001	<.001

연구사례 4-2 대응표본 T 검정 사례

사전·사후조사의 동일표본 간 차이검정

여기에서는 카지노개장 전후에 있어서의 카지노영향에 대한 지역주민의 인식차이와 사후결과를 검증했다. 이를 위해서 사전·사후조사로부터의 동일표본(paired-samples: 각각 n=404매)을 분석에 이용하였다.

〈표 1〉에서 보는 바와 같이 카지노 개장 전후의 영향에 대한 지역주민의 인식에는 차이가 있는 것으로 나타났다. 즉 32개 항목 중 31개 항목에서 차이가 나타났는데, 30개 항목은 $p<0.01$수준에서, 1개 항목은 $p<0.05$ 수준에서 통계적으로 유의한 것으로 나타났다. 특이한 사항은 사전기대가 사후결과에 비하여 대체로 높다는 것이다. 반면에 도박중독증이나 고리대금업과 같은 도박폐해에 대해서는 사후결과가 사전기대에 비하여 훨씬 심각한 것으로 나타났다. 부정적 환경영향 요인에 대하여 지역주민들은 카지노 개장전 조사에서 매우 심각할 것으로 예상했으나, 개장후 조사에서는 이러한 심각성이 다소 낮아진 것으로 나타났다. 그러나 개장후 평균값을 살펴보면, 주민들은 교통체증과 쓰레기 증가를 다소 우려하는 것으로 나타났다. 부정적인 사회영향에 대하여 지역주민들은 카지노 개장전 조사에서 보통 이상으로 예상했으나, 개장후 조사에서는 다소 낮아진 것으로 나타났다. 그러나 주민들은 범죄와 정치적 부패(뇌물고리 등)를 우려하는 것으로 나타났다. 긍정적인 사회영향에 대하여 지역주민들은 기대에 못미치고 있다고 인식하는 것으로 나타났다. 사전·사후 평균차이를 볼 때, 가장 기대에 못미치는 항목은 위락시설의 이용기회이며, 다음으로는 삶의 질 향상, 자부심, 교육환경개선의 순으로 나타났다.

긍정적인 경제영향에 대하여 지역주민들은 사전기대에 훨씬 못미치는 것으로 나타났다. 가장 큰 기대차이를 보이는 항목은 개인소득, 생활수준 향상, 외부투자와 사업활성화로 나타났다. 그러나 기반시설과 관광객 소비지출은 개장후 다소 증가했다고 인식하는 것으로 나타났다. 특히 도박폐해에 대하여 지역주민들은 사전에 기대했던 것보다 훨씬 심각하게 느끼는 것으로 나타났다. 이중에서 카지노 개장후 고리대금업과 도박중독자가 심각하게 증가한 것으로 인식했으며, 다음으로는 사행심과 가정파탄으로 나타났다. 부정적인 경제영향에 대하여 주민들은 사전에 기대한 것보다 다소 낮아진 것으로 나타났다. 그러나 개장후 카지노수입의 외부유출에 대해서는 여전히 부정적인 견해를 나타냈다.

〈표 1〉 **요인분석결과 및 사전 · 사후 동일표본 간 차이검증**

요인명 및 측정항목	요인적재값	고유값	분산설명	신뢰계수	평균값[a]		평균차이[b]	t-값[c]
					사전조사	사후조사		
• F1: 부정적 환경영향		7.02	21.9%	0.88				
– 소음	0.83				4.02	3.36	-0.66	-9.4**
– 수질오염	0.83				4.01	3.22	-0.79	-10.9**
– 쓰레기	0.82				4.16	3.51	-0.64	-9.1**
– 교통체증	0.78				4.02	3.56	-0.46	-6.8**
– 자연자원 파괴	0.77				4.06	3.39	-0.67	-8.9**
– 방문객으로 인한 혼잡	0.57				3.89	3.13	-0.76	-11.6**
• F2: 부정적 사회영향		5.68	17.8	0.87				
– 이혼	0.82				3.45	3.09	-0.36	-4.8**
– 알코올 및 마약중독	0.81				3.51	3.11	-0.40	-4.8**
– 매춘	0.78				3.62	3.21	-0.41	-5.2**
– 정치적 부패(뇌물 등)	0.71				3.47	3.27	-0.20	-2.6*
– 범죄	0.71				3.59	3.36	-0.23	-2.8**
• F3: 긍정적 사회영향		2.46	7.7	0.85				
– 미풍양속 보존	0.75				2.56	2.34	-0.22	-3.6**
– 지역주민 자부심	0.74				3.19	2.55	-0.64	-9.3**
– 자녀의 교육환경 개선	0.73				2.38	1.99	-0.39	-6.0**
– 위락시설 이용기회	0.70				3.66	2.39	-1.26	-18.8**
– 공동체의식/단결심 강화	0.67				2.76	2.50	-0.26	-3.6**
– 삶의 질 향상	0.66				3.11	2.34	-0.77	-11.9**
• F4: 긍정적 경제영향		1.69	5.3	0.80				
– 외부투자 및 사업활성화	0.75				3.96	2.89	-1.07	-15.7**
– 고용기회	0.70				3.63	3.01	-0.62	-9.6**
– 관광객 소비지출	0.70				3.94	3.17	-0.78	-12.0**
– 지방세수 확대	0.69				3.73	3.01	-0.72	-11.3**
– 생활수준 향상	0.61				3.42	2.32	-1.10	-19.3**
– 개인소득	0.54				3.41	2.29	-1.12	-18.2**
– 기반시설 확충	0.43				4.00	3.21	-0.79	-12.0**
• F5: 도박폐해		1.54	4.8	0.88				
– 도박중독증	0.85				3.55	3.94	0.39	4.6**
– 재산탕진	0.85				3.51	3.79	0.28	3.4**
– 사행심	0.83				3.54	3.86	0.32	3.7**
– 가정파탄	0.65				3.47	3.52	0.04	0.5
– 고리대금업	0.43				3.65	4.24	0.58	7.1**
• F6: 부정적 경제영향		1.41	4.4	0.59				
– 생활비부담	0.83				3.24	2.93	-0.32	-4.7**
– 세금부담	0.80				3.35	3.09	-0.26	-4.0**
– 카지노수입의 외부유출	0.43				3.78	3.54	-0.24	-3.1**
총분산			61.9					

주: a 리커트 5점척도(n=404)
b [사후조사-사전조사]
c 사전 · 사후조사의 동일표본(paired-samples)에 대한 차이검증
**: p<0.01, *: p<0.05.

자료: 이충기(2001). 폐광지역 내국인출입 카지노 개장에 따른 開場前後의 지역주민 인식변화와 부작용 저감방안. 『관광학연구』, 25(2), 135-154.

2. 분산분석(Analysis of Variance: ANOVA)

T 검정은 두 집단 간 차이를 검정하는 데 사용되므로 세 집단 이상의 경우에는 검정하기 어렵다. 분산분석(ANOVA)은 하나의 종속변수(예 축제만족도)에 독립변수 내 세 집단 이상[1] 간의 차이가 있는지를 검정할 때 사용되며, 종속변수는 표본의 평균값을 기준으로 차이 유무를 분석하게 된다. 여기에는 일원분산분석과 이원분산분석이 있다.

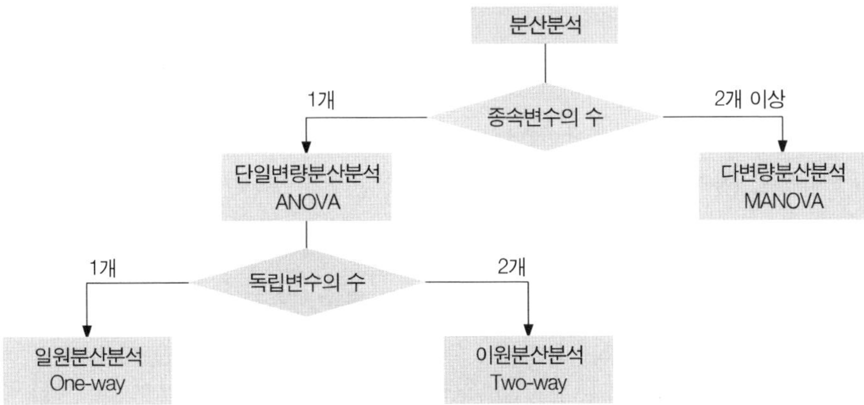

독립변수	종속변수
질적 변수(명목변수/서열변수)	양적 변수(등간변수/비율변수)

[그림 4-1] **분산분석**

1 가령, 교육수준은 하나의 독립변수(요인)이지만, 교육수준 내에는 초졸 · 중졸 · 고졸 · 대졸과 같이 세 집단 이상이 존재한다.

2-1. 일원분산분석(One-way ANOVA)

일원분산분석은 하나의 종속변수에 하나의 독립변수 내의 세 집단 이상 간 차이가 있는지를 검정할 때 사용된다. 물론 종속변수(예 축제만족도)는 표본의 평균값을 기준으로 차이 유무를 분석하게 된다. 예를 들면, 축제만족도에 대하여 교육수준별(초졸 · 중졸 · 고졸 · 대졸)로 차이가 있는지를 검정할 때 일원분산분석이 사용될 수 있다.

> H_0: $\mu1=\mu2=\mu3=\mu4=0$(축제만족도에 있어서 교육수준 간에는 차이가 없다)
> H_1: 축제만족도에 있어서 교육수준 간에는 어느 하나라도 차이가 있다

Data File: 떡축제(원본).sav / 02떡축제설문지(국문).hwp

Download: www.daewangsa.net

일원분산분석 실행은 다음과 같다.

• 메뉴에서 [분석(A)] ▶ [평균비교(M)] ▶ [일원배치 분산분석(O)]를 선택한다.

• 〈ANOVA〉 대화상자가 나오면 우측상단의 〈종속변수〉에는 '전체만족' 변수를, 하단의 〈요인〉에는 '학력' 변수를 입력한다.

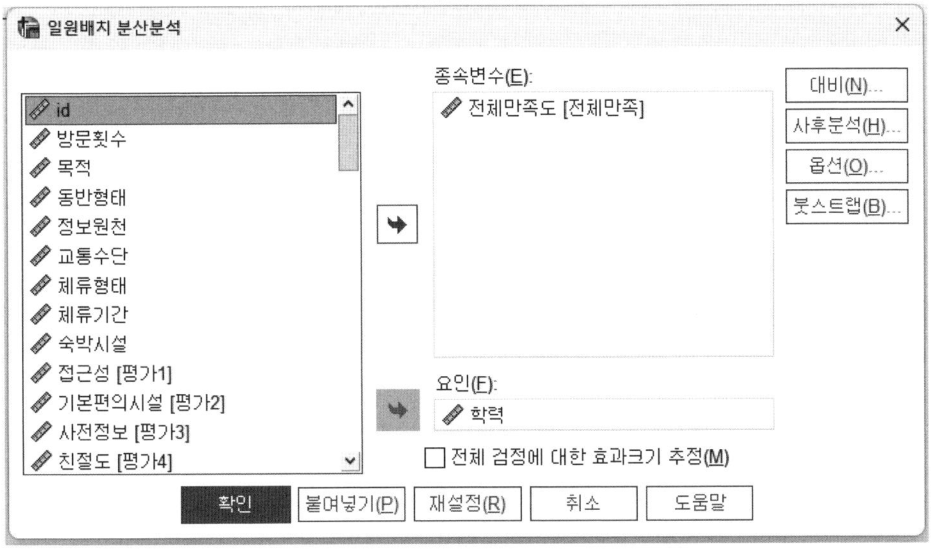

2-1-1. 분석결과

ANOVA 분석결과 검정통계량인 $p<0.001$로 나타났다. 따라서 p값은 유의수준인 $\alpha=1\%$보다 작으므로(H_0 기각역) 영가설을 기각하게 된다. 따라서 "학력수준별 축제만족도에는 차이가 있다"고 결론내릴 수 있다.

ANOVA

전체만족도

	제곱합	자유도	평균제곱	F	CTT 유의확률
집단-간	32.414	5	6.483	4.832	<.001
집단-내	650.657	485	1.342		
전체	683.071	490			

2-1-2. 추가 사후검정 실행

- 위의 결과를 보면, 학력수준별 축제만족도에는 차이가 있다는 사실을 알 수 있지만, 도대체 어느 교육수준 간 차이가 있는지를 구체적으로 나타내주지는 않는다. 이러한 경우 사후검정(post-hoc test)을 실시할 필요가 있다(단, ANOVA 검정 결과 집단 간 차이가 없는 경우에는 사후검정을 실시할 필요가 없다).
- [분석(A)] ▶ [평균비교] ▶ [일원배치 분산분석(O)]를 선택하고, 우측상단의 〈종속변수〉에는 '전체만족' 변수를, 하단의 〈요인〉에는 '학력'변수를 입력한다.
- 오른쪽에 〈사후분석(H)〉을 클릭하면 사후검정기법들이 소개된다. 많이 사용되는 기법으로 〈LSD〉와 〈Duncan〉이 있으며, 여기에서는 〈Duncan〉을 클릭해 보자.

추가 분석결과(Duncan) 다음 분석결과를 살펴보면, 두 그룹으로 나누어지는 것을 알 수 있으며, 두 집단이 $\alpha=5\%$ 유의수준에서 유의한 차이가 있다는 것을 의미한다. 다시 말하면 축제만족도에 있어서 초등학교 졸업(초졸) 이하와 나머지 학력수준 간에는 통계적으로 유의한 차이가 있다고 말할 수 있다. 그러나 초졸을 제외한

나머지 학력수준 간에는 차이가 없는 것으로 나타났다. 즉 초졸과의 차이 때문에 학력 간 차이가 존재하는 것으로 나타났다.

전체만족도

	학력	N	유의수준=0.05에 대한 부분집합	
			1	2
Duncan[a,b]	대학원 이상	25	4.40	
	고등학교	125	4.48	
	전문대	71	4.54	
	대학교	223	4.55	
	중학교	29	4.83	
	초졸 이하	18		5.83
	CTT 유의확률		.154	1.000

등질적 부분집합에 있는 집단에 대한 평균이 표시됩니다..
a. 조화평균 표본크기 38.312을(를) 사용합니다.
b. 집단 크기가 동일하지 않습니다. 집단 크기의 조화평균이 사용됩니다.
I유형 오차수준은 보장되지 않습니다..

- 이번에는 〈사후분석(H)〉 중 〈LSD〉로 검정해 보자.

추가 분석결과(LSD) 다음 분석결과를 살펴보면, 축제만족도에 있어서 초졸이 다른 학력집단과 $\alpha=5\%$ 유의수준에서 유의한 차이가 있음을 알 수 있다. 따라서 Duncan과 LSD의 사후검정결과는 동일한 것으로 나타났다.

다중비교

종속변수: 전체만족도

	(I) 학력	(J) 학력	평균차이 (I-J)	표준오차	CTT 유의확률	95% 신뢰구간	
						하한	상한
LSD	초졸 이하	중학교	1.006*	.348	.004	.32	1.69
		고등학교	1.353*	.292	<.001	.78	1.93
		전문대	1.298*	.306	<.001	.70	1.90
		대학교	1.282*	.284	<.001	.72	1.84
		대학원 이상	1.433*	.358	<.001	.73	2.14
	중학교	초졸 이하	-1.006*	.348	.004	-1.69	-.32
		고등학교	.348	.239	.146	-.12	.82
		전문대	.292	.255	.253	-.21	.79
		대학교	.276	.229	.228	-.17	.73
		대학원 이상	.428	.316	.177	-.19	1.05
	고등학교	초졸 이하	-1.353*	.292	<.001	-1.93	-.78
		중학교	.348	.239	.146	-.82	.12
		전문대	-.055	.172	.749	-.39	.28
		대학교	-.072	.129	.581	-.33	.18
		대학원 이상	.080	.254	.753	-.42	.58
	전문대	초졸 이하	-1.298*	.306	<.001	-1.90	-.70
		중학교	-.292	.255	.253	-.79	.21
		고등학교	.055	.172	.749	-.28	.39
		대학교	-.016	.158	.917	-.33	.29
		대학원 이상	.135	.269	.616	-.39	.66
	대학교	초졸 이하	-1.282*	.284	<.001	-1.84	-.72
		중학교	-.276	.229	.228	-.73	.17
		고등학교	.072	.129	.581	-.18	.33
		전문대	.016	.158	.917	-.29	.33
		대학원 이상	.152	.244	.535	-.33	.63
	대학원 이상	초졸 이하	-1.433*	.358	<.001	-2.14	-.73
		중학교	-.428	.316	.177	-1.05	.19
		고등학교	-.080	.254	.753	-.58	.42
		전문대	-.135	.269	.616	-.66	.39
		대학교	-.152	.244	.535	-.63	.33

* 평균차이는 0.05 수준에서 유의합니다.

연구사례 4-3 일원분산분석(ANOVA) 사례

Motivational Differences between Caucasian and Asian Visitors

Table 1 shows motivational differences in means among visitor segments from four different countries/regions(Korea, Japan, the United States, and Europe), using an ANOVA. The ANOVA reveals that all motivation factors were significantly different among the visitor segments from the four countries/regions. Duncan's multiple-range tests were performed to further examine differences in motivations among the four national/regional types. No significant differences were found between Koreans and Japanese(Asian) with respect to all motivation factors except for 'escape' and 'socializations,' while all seven factors were not significantly different between Americans and Europeans(Caucasian). That is, Asian visitors including Koreans and Japanese show similar motivations, while Caucasian visitors including Americans and Europeans also have similar motivations to each other. Furthermore, statistically significant differences were found between Asian and Caucasian visitors with respect to three motivation factors: 'cultural exploration,' 'novelty' and 'event attraction.'

Caucasian visitors appeared to have higher mean scores for all motivation

[Table 1] **Motivational differences between Asian and Caucasian visitors* using ANOVA**

Motivational Factors	Korean (N=552)	Japanese (N=72)	American (N=61)	European (N=26)	F-value	Significance (Prob>F)
Cultural exploration	3.52B[a]	3.72B	4.14A	3.98A	23.06	0.000
Family togetherness	2.86BC	2.51C	3.44A	3.08AB	8.81	0.000
Escape	3.11B	2.70C	3.36AB	3.54A	7.73	0.000
Novelty	3.14B	3.39B	3.79A	3.82A	21.21	0.000
External group socialization	2.67C	3.16B	3.65A	3.59A	43.54	0.000
Event attractions	3.59B	3.69B	4.21A	4.13A	17.95	0.000
Known-group socialization	3.07B	3.45A	3.73A	3.48A	11.78	0.000

* Based on mean value on a 5 Likert-type scale(1=strongly disagree and 5=strongly agree).
a: Duncan's multiple-range tests: means with the same letter are not significantly different at 5% level.

factors than Asian visitors. It was common that both Caucasian and Asian visitors placed more importance on the motivational factors of event attractions and cultural exploration. By contrast, both Caucasian and Asian visitors placed less importance on the motivational factor of family togetherness.

자료: Lee, C. K. (2000). A comparative study of Caucasian and Asian visitors to a Cultural Expo in an Asian setting. *Tourism Management*, 21(2), 169-176.

2-2. 이원분산분석(Two-way ANOVA)

이원분산분석은 2개 이상의 독립변수(예 성별 · 학력집단)가 하나의 종속변수에 대해서 차이가 있는지를 검정하는 데 사용된다. 여기서 독립변수(예 성별)에 따라서 종속변수(예 만족도)에 차이가 있는 경우를 주효과(main effect)가 있다고 한다. 또한 두 개 이상의 독립변수를 동시에 고려했을 때 종속변수(예 만족도)에 차이가 있는 경우에는 상호작용효과(interaction effect)가 있다고 할 수 있다.

가령, 남녀(독립변수 1) 간 축제만족도(종속변수)에 차이가 있거나 학력(독립변수 2) 간 축제만족도(종속변수)에 차이가 있다면 각각 주효과가 있다고 한다. 남녀와 학력을 동시에 고려했을 때 축제만족도에 차이가 있다면 상호작용효과가 있다고 말할 수 있다.

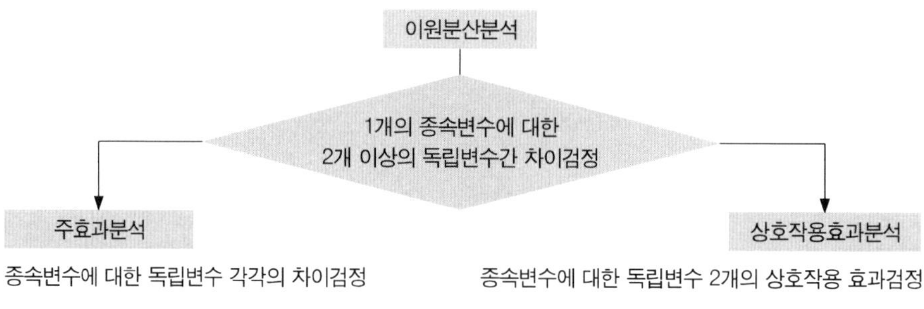

[그림 4-2] **이원분산분석**

이원분산분석 실행은 다음과 같다.

Data File: 떡축제(원본).sav / 02떡축제설문지(국문).hwp

• 메뉴에서 [분석(A)] ▶ [일반선형 모형(G)] ▶ [일변량(U)]를 선택한다. 종속변수(D)에 전체만족, 고정요인(F)에 성별・학력변수를 오른쪽으로 이동한다.

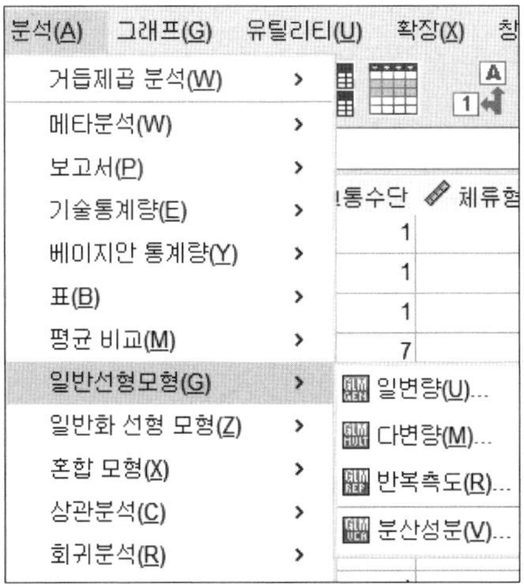

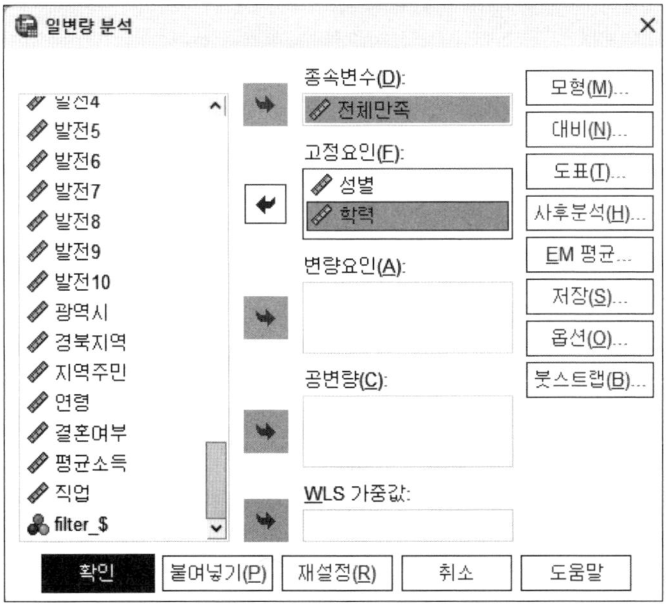

• 모형(M)을 클릭한 후 〈일변량: 모형〉 창이 뜨면, 〈모형에 절편포함(I)〉에 V표를 해제해 준다.

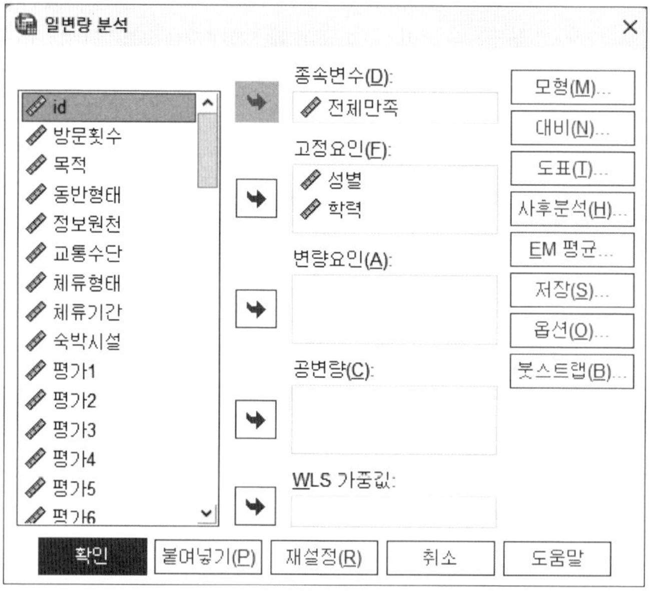

• [사후분석(H)]을 클릭해서 요인분석(F)에 있는 변수들을 사후검정변수(P)로 이동시킨 후 Duncan(D)을 선택한다. 〈계속〉 버튼을 누른 후 ▶ [확인] 버튼을 눌러 분석을 실시한다.

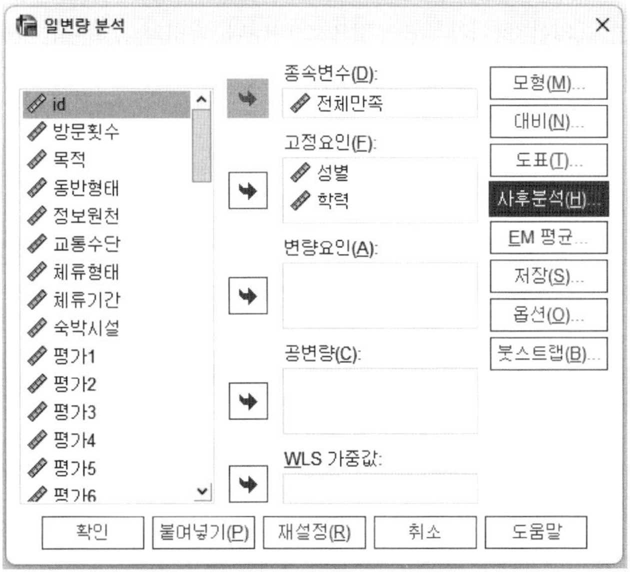

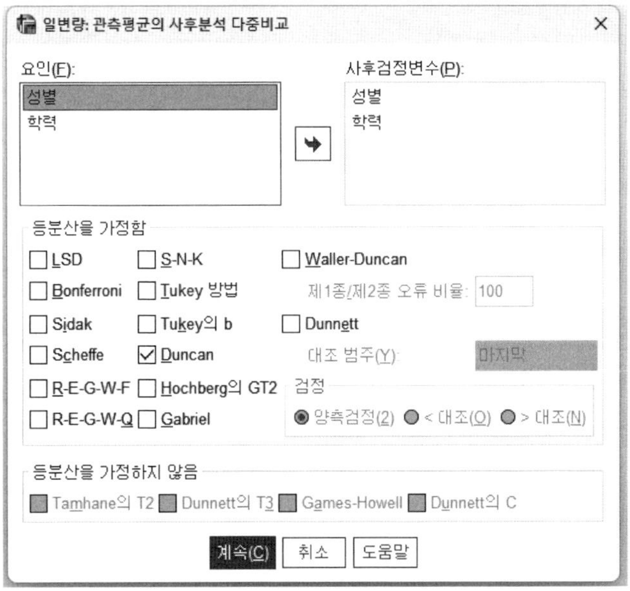

분석결과는 다음과 같다.

개체 간 효과검정 축제만족에 있어서 남녀 간 차이는 없는 것으로 나타나($p=0.452$, $p>0.05$) 성별의 주효과는 없는 것으로 해석된다. 그러나 축제만족에 있어서 학력 간에는 유의한 차이가 있는 것으로 나타나 학력의 주효과는 존재하는 것으로 해석된다($p=0.000$, $p<0.01$).

개체-간 효과 검정

종속변수: 전체만족도

원인	제III유형 제곱합	자유도	평균제곱	거짓	유의확률
모형	10365.745[a]	12	863.812	640.252	<.001
성별	.764	1	.764	.567	.452
학력	32.319	5	6.464	4.791	<.001
성별 · 학력	2.995	5	.599	.444	.818
추정값	646.255	479	1.349		
전체	11012.000	491			

a. R 제곱=.941(수정된 R 제곱=.940).

상호작용효과(Interaction Effect) 두 개의 독립변수(성별 · 학력)를 동시에 고려하여 축제만족도에 있어서 차이가 있는지를 검정한 결과 상호작용효과는 없는 것으로 나타났다($p=0.818$, $p>0.05$).

사후검정(Duncan) 학력에 있어서 주효과가 나타났기 때문에 어느 학력 간 차이가 있는지를 규명하기 위하여 사후검정방법 중 Duncan을 이용하였다. 분석결과 초졸 이하의 만족도가 중졸 이상의 만족도보다 높은 것으로 나타났다. 이는 고학력자일수록 축제경험이 많아 타 축제와 비교하여 이번 축제를 평가절하하였기 때문인 것으로 판단된다.

전체만족도

Duncan[a,b,c]

학력	N	부분집합	
		1	2
대학원 이상	25	4.40	
고등학교	125	4.48	
전문대	71	4.54	
대학교	223	4.55	
중학교	29	4.83	
초졸 이하	18		5.83
유의확률		.155	1.000

등질적 부분집합에 있는 집단에 대한 평균이 표시됩니다.
관측평균을 기준으로 합니다.
오차항은 평균제곱(오차)=1.349입니다.
a. 조화평균 표본크기 38.312을(를) 사용합니다.
b. 집단 크기가 동일하지 않습니다. 집단 크기의 조화평균이 사용됩니다. I유형 오차수준은 보장되지 않습니다.
c. 유의수준=0.05.

연구사례 4-4 이원분산분석(Two-way ANOVA) 사례

Two-way ANOVA Tests on Satisfaction Level by Clusters and Visitor Types

Two-way ANOVA tests were employed to examine the potential importance of four motivation clusters and type of visitors (domestic and foreign) as factors of influencing their overall satisfaction.

As shown in Table 1, the ANOVA tests indicate that there was a significant main effect on overall satisfaction level between four clusters [$F(3, 714)=16.48$, $p<0.001$]. The multi-purpose seekers(mean=3.52) appeared to be more satisfied than any other group(event seekers=3.25, escape seeker=3.02, cultural & family seeker=2.95). The multi-purpose seekers were likely to experience a variety of motivations, such as culture, novelty, escape, event, and socialization, representing the largest sample of respondents(35.4%). The findings imply that the multi-purpose seekers became the most important segment for the Culture Expo in terms of size and satisfaction level.

The ANOVA tests indicate that there was also a significant main effect on overall satisfaction level between type of visitors [$F(1, 714)=79.07$, $p<0.001$]. Foreign visitors(mean=3.76) reported a significantly higher level of satisfaction than domestic visitors(mean=3.04). This might be attributed to the possibility that foreign tourists were more likely to give high evaluation scores to a cultural event that was different from those of their own country or culture. Presumably they are seeking a cultural “experience” and found it to be present at this event.

The two-way ANOVA tests reveal that there was no significant interaction between four clusters and visitor types with respect to overall satisfaction level [$F(3, 714)=1.824$, $p>0.05$]. The findings indicate that type of visitors did not act as a moderator for the effect of motivation on overall satisfaction. As shown in Figure 1, the results might be attributed to generally paralleled satisfaction level between domestic and foreign visitor groups. The multi-purpose seekers who were motivated by culture, novelty, escape, and socialization reported a significantly higher level of satisfaction irrespective of being domestic(mean=3.27) or foreign visitors(mean=4.05) than any other clusters(see Figure 1). Although no significant interaction effect was found, this analysis furthered our understanding of relationship between visitor satisfaction and motivation by considering the impact of visitor types.

〈Table 1〉 **Two-way ANOVA tests on satisfaction level by clusters and visitor types**

	DF	Mean Square	F	Sig.
Main effects				
Four-clusters motivation (M)	3	10.850	16.479	.000
Foreign/domestic visitors (V)	1	52.062	79.073	.000
Interaction effect(M · V)	3	1.201	1.824	.141
Error	714	.658		
Total	722			
Corrected Total	721			

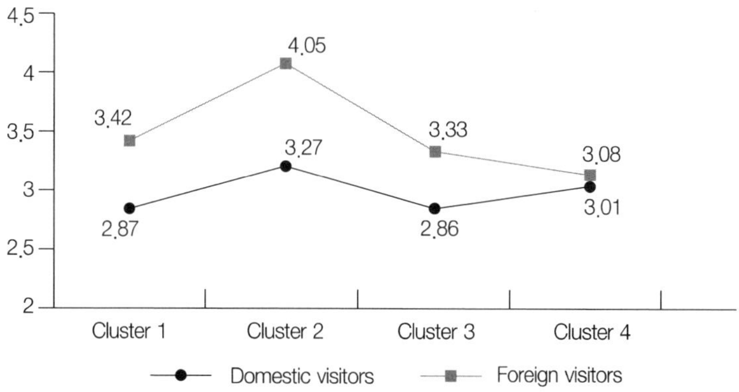

[Figure 1] **Festival satisfaction by type of visitors**

자료: Lee, C. K., Lee, Y. K., & Wicks, B. (2004). Segmentation of festival motivation by nationalty and satisfaction. *Tourism Management*, 25(1), 61-70.

3. 다변량 분산분석(Multivariate Analysis of Variance: MANOVA)

T 검정과 분산분석(ANOVA)은 종속변수가 하나인 경우에 이용되었다. 그러나 종속변수가 2개 이상인 경우에는 다변량 분산분석(MANOVA)을 이용해야 한다. 즉 MANOVA는 모든 종속변수들을 동시에 검정하는 방법이다. 가령, 축제만족과 재방문의사를 각각 종속변수로 하고, 인구통계학적 특성(예 성별, 연령)이나 행동변수(방문형태) 등을 분석할 수 있다.

만일 2개 이상의 종속변수에 대하여 K집단 간 차이를 규명하고 싶다면 영가설은 다음과 같이 표시할 수 있다. 여기서 두 개 이상의 종속변수에 집단 간 차이가 있는지의 유무를 검정하기 위해 [그림 4-3]처럼 영가설은 집단평균의 벡터가 모두 동일하다는 것을 가정한다(Hair, Anderson, Tatham, & Black, 1998).

$$H_0: \begin{bmatrix} \mu_{11} \\ \mu_{21} \\ \mu_{31} \\ \vdots \\ \mu_{p1} \end{bmatrix} = \begin{bmatrix} \mu_{12} \\ \mu_{22} \\ \mu_{32} \\ \vdots \\ \mu_{p2} \end{bmatrix} = \cdots\cdots = \begin{bmatrix} \mu_{1k} \\ \mu_{2k} \\ \mu_{3k} \\ \vdots \\ \mu_{pk} \end{bmatrix}$$

여기서 μ_{pk}=집단 K에 있는 변수 p의 평균

[그림 4-3] **가설설정**

MANOVA 실행은 다음과 같다.

Data File: 떡축제(원본).sav / 02떡축제설문지(국문).hwp

Download: www.daewangsa.net

방문목적과 만족도 및 재방문의사 간 차이검정

방문목적과 만족도 및 재방문의사 간 차이를 검정해보자.

[독립변수: 목적, 종속변수: 재방문, 전체만족]

만일 종속변수 간에 상관관계가 존재하지 않는다면 종속변수 각각에 대하여 ANOVA를 실시해도 문제는 없지만, 종속변수 간 상관관계가 존재한다면 반드시 MANOVA를 실시해야 한다(강병서 · 김계수, 2004).

- 종속변수들 간의 상관관계를 분석해 보기 위해 메뉴에서 [분석(A)] ▶ [상관분석(C)] ▶ [이변량 상관계수(B)]를 선택한다. 종속변수로 설정한 '재방문'과 '전체만족'을 변수(V)로 이동한다. 분석하고자 하는 변수가 등간척도(양적척도)로 구성되어 있으므로 상관계수에서 Pearson을 선택해 주고 [확인]을 선택한다.

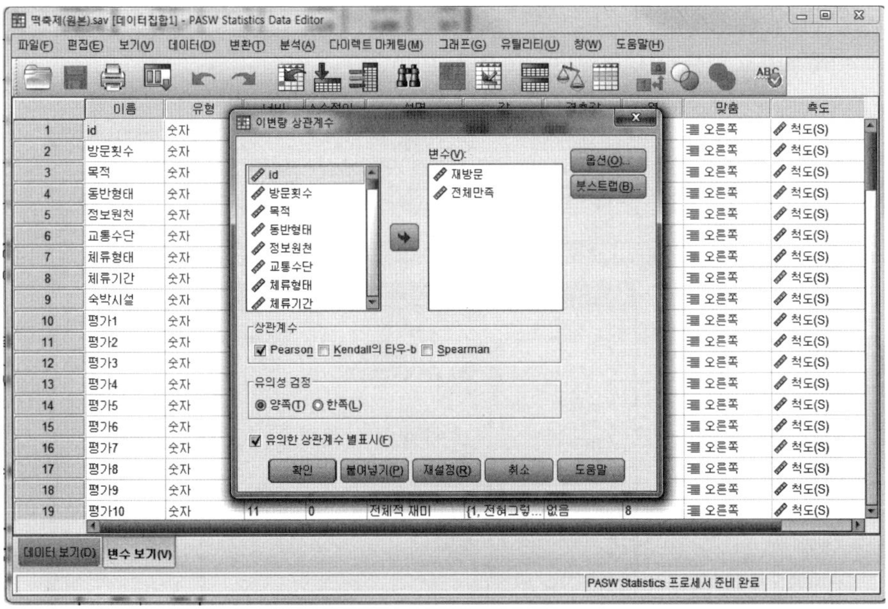

상관관계

		재방문	전체만족도
재방문	Pearson 상관	1	.494**
	유의확률(양측)		<.001
	N	491	491
전체만족도	Pearson 상관	.494**	1
	유의확률(양측)	<.001	
	N	491	491

**. 상관관계가 0.01 수준에서 유의합니다(양측).

- 상관관계 분석결과 재방문과 전체만족 간에는 상관관계가 존재하는 것으로 나타나 MANOVA를 실시해야 한다.
- MANOVA를 실시하기 위해서는 메뉴에서 [분석(A)] ▶ [일반선형모형(G)] ▶ [다변량(M)]를 선택한다. 종속변수(D)에는 '재방문,' '전체만족' 변수를 오른쪽으로 이동시키고, 고정요인(F)에는 '목적'을 이동한다.

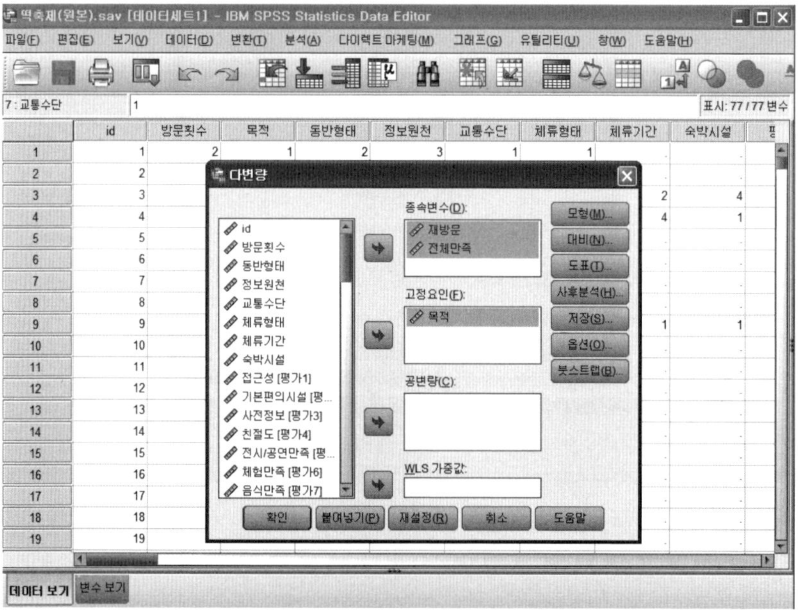

• 옵션(O)에서 기술통계량(D)를 체크하고 [계속] ▶ [확인]을 눌러 결과를 확인한다.

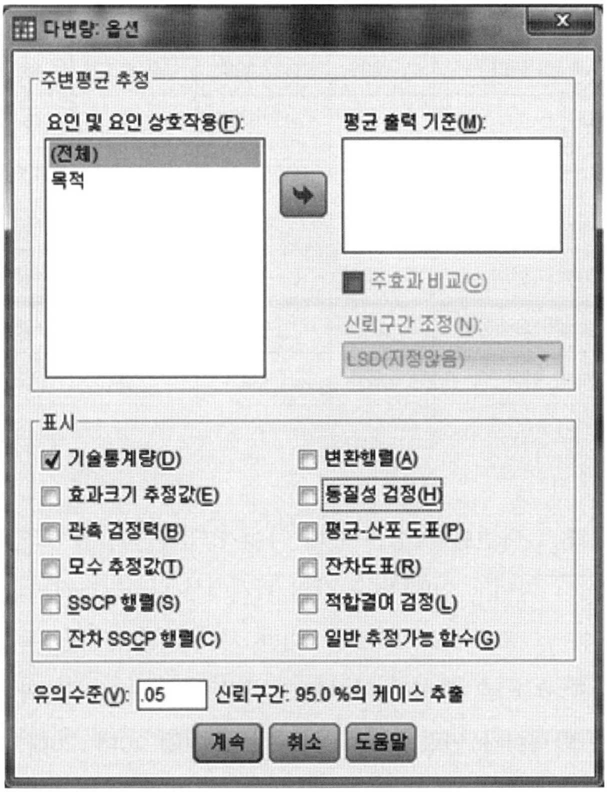

분석결과는 다음과 같다.

다변량 검정 두 개의 종속변수(재방문 · 전체만족)와 독립변수(방문목적) 간 차이가 있는지를 검정하기 위해 통계량(Pillai's Trace, Wilks' Lambda, Hotelling's Trace, Roy's Largest Root)을 확인해 본 결과, 모두 $p=0.008(<0.01)$로 나타나 종속변수와 독립변수 간에 유의한 차이가 존재하는 것으로 분석되었다.

다변량 검정[a]

효과		값	거짓	가설 자유도	오차 자유도	유의확률
절편	Pillai의 트레이스	.934	3457.898[b]	2.000	488.000	<.001
	Wilks의 람다	.066	3457.898[b]	2.000	488.000	<.001
	Hotelling의 트레이스	14.172	3457.898[b]	2.000	488.000	<.001
	Roy의 최대근	14.172	3457.898[b]	2.000	488.000	<.001
목적	Pillai의 트레이스	.019	4.824[b]	2.000	488.000	.008
	Wilks의 람다	.981	4.824[b]	2.000	488.000	.008
	Hotelling의 트레이스	.020	4.824[b]	2.000	488.000	.008
	Roy의 최대근	.020	4.824[b]	2.000	488.000	.008

a. Design: 절편+목적.
b. 정확한 통계량.

개체 간의 효과 다변량 검정을 통해 차이가 있다는 것을 확인하였다면, 개체 간의 효과검정은 그 차이가 어떤 변수 간의 관계에서 나타났는지 제시해 준다. 목적과 재방문 간에는 $p=0.002(<0.05)$로 유의한 차이를 보였지만, 목적과 전체 만족 간에는 $p=0.118(>0.05)$로 유의한 차이를 보이지 않았다는 것을 확인할 수 있다.

※ 독립변수가 학력이나 연령과 같이 다양한 범주(예 10대, 20대, 30대, 40대, 50세 이상 등)로 구성되어 있는 경우 집단 내에 차이가 있는지 추가적으로 검정하는 것이 바람직하다.

개체-간 효과 검정

원인	종속변수	제III유형 제곱합	자유도	평균제곱	거짓	유의확률
수정된 모형	재방문	20.949[a]	1	20.949	9.665	.002
	전체만족도	3.412[b]	1	3.412	2.455	.118
절편	재방문	9408.591	1	9408.591	4340.846	<.001
	전체만족도	8163.249	1	8163.249	5873.281	<.001
목적	재방문	20.949	1	20.949	9.665	.002
	전체만족도	3.412	1	3.412	2.455	.118
추정값	재방문	1059.886	489	2.167		
	전체만족도	679.659	489	1.390		
전체	재방문	13266.000	491			
	전체만족도	11012.000	491			
수정된 합계	재방문	1080.835	490			
	전체만족도	683.071	490			

a. R 제곱=.019(수정된 R 제곱=.017).
b. R 제곱=.005(수정된 R 제곱=.003).

연구사례 4-5 다변량 분산분석 사례

Clusters' Characteristics of Casino Motivation

A cluster analysis was employed to classify subjects into mutually exclusive groups on the basis of the Ward method using the K-means clustering procedure. The results of the cluster analysis indicate that a four-cluster solution appeared to be appropriate for the casino gambling motivations. Specifically, multivariate statistics indicate that statistically significant differences existed between the four clusters at $p<0.001$. The result of ANOVA tests also reveals that all four factors contributed to differentiating the four casino motivation clusters($p<0.001$). In addition, the Scheffe multiple-range tests were employed to examine any differences between clusters with respect to each factor. The results of the Scheffe tests show that statistically significant differences were found between clusters, generally supporting the contention that this represents an appropriate categorization.

As shown in Table 1, among the four cluster groups, the first cluster appeared to have the highest mean score on "winning" and the second highest mean score on "challenge." Based on the mean score characteristics with respect to the four factors, the first cluster was labeled "challenge/winning seekers." The second cluster was found to have the largest mean score on winning among the four motivation factors; hence, the second cluster's label of "only winning seekers." The third cluster had the lowest mean score across four motivation factors as compared to those of other three clusters. In other words, this cluster group is unlikely to have strong gambling motivation when considering mean scores and comparing with other clusters. Thus, the third cluster was named the "light gambling seekers." Finally, the fourth cluster appeared to have the highest mean scores across all the factors except for winning. This cluster group is strongly motivated by winning for money, challenge, escape, and socialization and learning. Because of this, the fourth cluster was labeled the "multi-purpose seekers."

In order to validate the results of casino motivations, a discriminant analysis was performed with four cluster groups and four casino motivation factors. While the discriminant analysis helps determine which variables discriminate between/among the clusters, the classification matrices are calculated to explain the degree to which respondents are correctly classified in their clusters, as well as the degree to which cross-validated grouped cases are correctly classified. This procedure is known as an 'external validity analysis,' which provides less biased hit rate estimates(Huberty, Wisenbaker, & Smith, 1987; Huberty & Lowman, 1997). The function is derived from one sample and applied to another sample in order to estimate the proportion misclassified(Afifi & Clark, 1996).

〈Table 1〉 **Summary statistics of cluster analysis of casino motivations**

	Cluster Ⅰ (n=75)	Cluster Ⅱ (n=118)	Cluster Ⅲ (n=98)	Cluster Ⅳ (n=108)	F-value	Scheffe multiple range tests					
						Ⅰ-Ⅱ	Ⅰ-Ⅲ	Ⅰ-Ⅳ	Ⅱ-Ⅲ	Ⅱ-Ⅳ	Ⅲ-Ⅳ
Socialization & learning	1.565[a]	1.638	2.493	3.337	170.025 ***	n.s[b]	***	***	***	***	***
Challenge	3.688	2.395	2.784	3.812	71.432 ***	***	***	n.s	***	***	***
Escape	2.073	2.868	2.387	3.525	35.232 ***	***	n.s	***	***	***	***
Winning	4.360	4.161	2.612	4.338	182.755 ***	n.s	***	n.s	***	n.s	***
Cluster name	*Challenge & winning seekers*	*Only winning seekers*	*Light gambling seekers*	*Multi-purpose seekers*	Pillai's Trace=1.766(p < 0.001) Wilks' Rambda=0.067(p < 0.001) Hotelling-Lawley Trace=4.443(p < 0.001) Roy's Greatest Root=1.888(p < 0.001)						

*** $p < 0.001$.
a: Mean values measured on the basis of 5 Likert-type scale(1=strongly disagree, 3=neutral, 5=strongly agree).
b: not significant.

From the results of the discriminant analysis shown in Table 2, the classification matrices indicate that for the split half samples, 95.7% of the holdout sample(n=190) and 96.3% of the calibration sample of respondents(n=209) were correctly classified by the discriminant function. Additionally, 93.3% of cross-validated groups in the hold-out sample and 96.3% of cross-validated groups in the calibration sample were correctly classified. Finally, for the whole analysis sample(n=399), 94.7% of respondents are correctly classified, and 94.7% of cross-validated groups were correctly classified(see Table 2). These results enhance our confidence in the reliability and validity of the clusters.

〈Table 2〉 **Results of discriminant analysis of casino motivation clusters**

	Discriminant function	Eigenvalue	Canonical correlation	Wilks' Lamda	Chi-squre significance
Casino Motivation Factors	1 2 3	1.888 1.512 1.042	.809 .776 .714	.067 .195 .490	.000 .000 .000

Standardized canonical discriminant function coefficients

Casino motivation	Function 1	Function 2	Function 3
Socialization & learning	-.567	.914	.446
Challenge	.233	-1.071	1.063
Escape	.432	.879	-.868
Winning	.929	.425	.078

Note: 94.7% of original grouped cases correctly classified
94.7% of cross-validated grouped cases correctly classified

자료: Lee, C. K., Lee, Y. K., Bernhard, B. J., & Yoon, Y. S. (2006). Segmenting casino gamblers by motivation: A cluster analysis of Korean gamblers. *Tourism Management*, 27(5), 856-866.

4. 카이제곱 검정(Chi-square Test)

T 검정, ANOVA, 그리고 MANOVA의 경우에는 기준변수인 종속변수에 평균값이 사용된다(가령, 등간척도로 된 축제만족도). 반면에 χ^2 검정은 명목척도(예 성별, 연령별)에 사용된다.

카이제곱 검정의 실행은 다음과 같다.

국가별 · 성별 차이 유무를 검정해 보자.

Data File: 동기통합(내외국인)_1.sav

Download: www.daewangsa.net

메뉴에서 [분석(A)] ▶ [기술통계(E)] ▶ [교차분석(C)]을 선택한다.

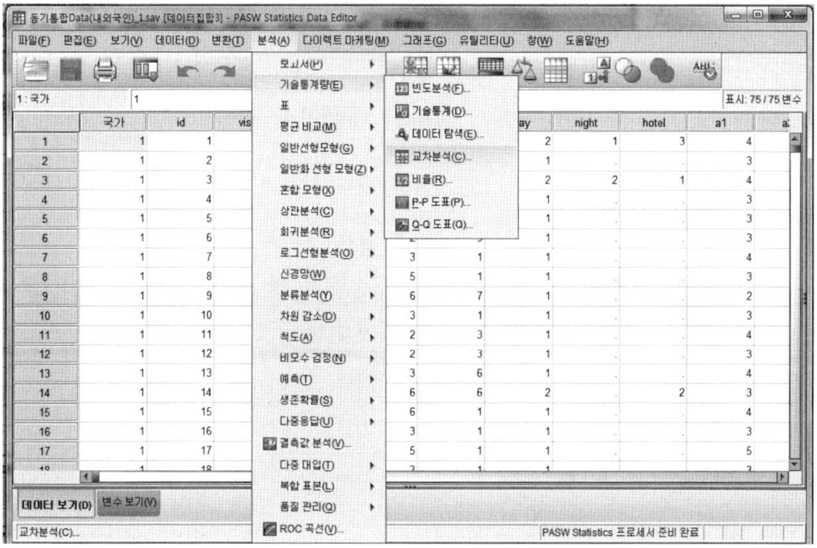

• 교차분석창에서 행에 성별 변수, 열에 국가 변수를 입력하고, 하단의 〈통계량(S)〉을 누른 후 〈카이제곱(H)〉을 클릭한다.

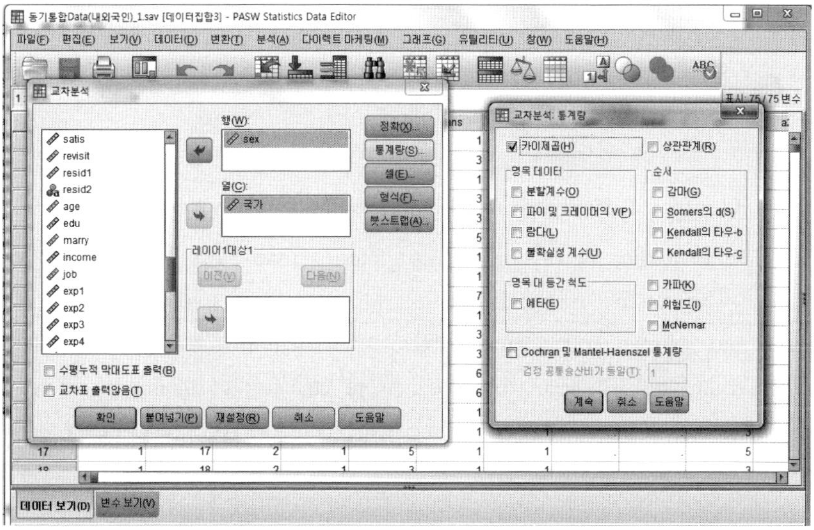

분석결과는 다음과 같다.

Pearson Chi-square Pearson Chi-square 통계치 중 점근유의확률(Asymp. Sig.)을 살펴보면, $p=0.014(<0.05)$ 수준에서 내국인과 외국인에 있어서 남녀 간 차이가 있다는 것을 나타내준다. 다시 말하면 내국인과 외국인의 남녀 간 분포는 다르다는 것을 의미한다.

카이제곱 검정

	값	자유도	근사 유의확률 (양측검정)	정확 유의확률 (양측검정)	정확 유의확률 (단측검정)
Pearson 카이제곱	6.086[a]	1	.014		
연속성 수정[b]	5.683	1	.017		
우도비	6.140	1	.013		
Fisher의 정확검정				.016	.008
선형 대 선형결합	6.077	1	.014		
유효 케이스 수	724				

a. 0셀(0.0%)은(는) 5보다 작은 기대빈도를 가지는 셀입니다. 최소 기대빈도는 91.86입니다.
b. 2x2 표에 대해서만 계산됨.

연구사례 4-6 카이제곱 검정 사례

Clusters Differences by Casino Gamblers' Characteristics

In order to further identify the profile of four clusters, each cluster was cross-tabulated with external variables such as casino gamblers' socio-economic characteristics and selected behavioral variables. As shown in Table 1, the results of the Chi-squire tests indicate that there were statistically significant differences among the four clusters with respect to gamblers' socio-economic characteristics and the behavioral variables.

〈Table 1〉 **Clusters differences by casino gamblers' characteristics**

Characteristics	Cluster Ⅰ (n=75) Challenge & winning seekers	Cluster Ⅱ (n=118) Only winning seekers	Cluster Ⅲ (n=98) Light gambling seekers	Cluster Ⅳ (n=108) Multi-purpose seekers	
Primary purpose					
Gambling	74	104	58	60	$\chi^2=66.553$, df=3
No gambling	1	14	40	48	$p<0.001$
Length of time					
Day visit	19	37	51	32	$\chi^2=17.681$, df=3
1 night or more	56	81	47	76	$p<0.001$
Accompanied by					
Alone	38	39	19	43	$\chi^2=67.962$, df=12
Friends/relatives	37	58	47	41	$p<0.001$
Family	-	10	12	17	
Group	-	11	9	7	
Other	-	-	11	-	
Preferred game					
Blackjack	39	41	7	28	$\chi^2=134.036$, df=12
Baccarat	8	39	22	36	$p<0.001$
Roulette	12	6	21	6	
Slot Machine	-	20	15	38	
Others	16	12	33	-	
Amount of betting (US$1=1,200won)					
$83 and less	17	8	46	12	$\chi^2=171.996$, df=12
$92 - 408	-	-	13	-	$p<0.001$
$417 - 825	-	11	5	33	
$833 - 8,325	36	54	34	32	
More than $8,333	22	45	-	31	
Gender					
Male	59	105	66	107	$\chi^2=43.200$, df=3
Female	16	13	32	1	$p<0.001$
Age					
20 - 29	16	7	17	13	$\chi^2=29.417$, df=6
30 - 39	36	31	37	40	$p<0.001$
40 - 49	23	56	34	36	
50 or more	-	24	10	19	
Education					
High school or less	13	38	19	21	$\chi^2=17.372$, df=6
Junior College	23	42	29	26	$p<0.008$
University or graduate school	39	38	50	61	

The results of the study reveal that for the "challenge/wining seekers" and "only winning seekers," gambling was primary purpose of their visit to casino. Meanwhile, gambling was not the major purpose of the casino visit for light gambling seekers and multi-purpose seekers. Predictably, length of stay for the light gambling seekers appeared to be shorter relative to the other cluster segments. Put another way, other clusters such as the challenge/winning, only winning, and multi-purpose seekers appear to stay for more nights than the light gambling seekers. The challenge/winning seekers and only winning seekers are more likely to be alone or accompanied by friends/relatives, whereas the light gambling seekers and multi-purpose seekers tended to be accompanied by friends/relatives or family. The challenge/winning seekers are unlikely to be accompanied by family members. The challenge/winning seekers were characterized by the fact that they preferred blackjack and not the slot machines, whereas the multi-purpose seekers were characterized by preference of slot machines as well as table games. The light gambling seekers appeared to prefer roulette and baccarat most, whereas the only winning seekers tended to prefer blackjack and baccarat most.

Respondents were also asked how much money they bet on casino gambling during this visit. On this measure, only winning seekers and challenge/winning seekers were characterized by higher betting on casino games, and hence might be classified as high roller groups in casino marketing terms. Meanwhile, in a predictable development, the light gambling seekers were characterized by the lowest betting on casino games, and hence might be classified as a grind player group. On the other hand, the multi-purpose seekers were characterized by medium to high level players. Generally speaking, all clusters were dominated by males, the age group from 30-49 years of age, and high educational levels.

자료: Lee, C. K., Lee, Y. K., Bernhard, B. J., & Yoon, Y. S. (2006). Segmenting casino gamblers by motivation: A cluster analysis of Korean gamblers. *Tourism Management*, 27(5), 856-866.

5장 요인분석(Factor Analysis)

1. 요인분석의 목적

요인분석은 많은 변수들의 상호 관련성을 집약하는 방법의 하나로 이들 변수들을 서로 관련성이 높은 소수의 기본적인 요인(factor)으로 집약하는 방법이다. 요인분석의 주요 목적은 다음과 같다.

- 많은 변수들 중에서 주요 요인들을 확인해내기 위해
- 데이터의 양을 줄여 정보를 요약하기 위해
- 줄여진 요인들을 이용하여 회귀분석이나 상관분석 등을 실시하기 위해

한 연구자가 축제방문동기를 분석한다고 가정하자. 이를 위하여 동기에 관한 선행연구를 토대로 40개의 측정항목들을 도출하였다고 가정하자. 이러한 항목들을 모두 분석에 이용한다면, 분석 및 설명이 매우 복잡해질 것이다. 이때 항목들을 몇 개의 요인으로 간단히 묶을 수 있다면 이러한 문제를 해결할 수 있을 것이다.

2. 요인의 회전

유사한 변수들을 어느 한 요인에 묶이게 하기 위해서는 요인축을 회전시키게 되는데, 여기에는 다음과 같은 방법이 있다.

직각회전방식(Orthogonal Rotation Procedure) 직각회전방식은 회전축이 직각을 유지하며 회전하여 요인들 간의 상관계수가 "0"이 된다. 따라서 요인 간 상호 독립성을 확보하기 위한 경우에 사용된다. 이 방식은 다중공선성[1](multicollinearity)을 피하기 위하여 사용될 수 있다. 이 방식에는 베리맥스(varimax), 쿼티맥스(quartimax), 이쿼맥스(equimax) 등이 있는데, 베리맥스방식이 가장 많이 사용된다. 관광분야 연구자들은 직각회전방식(예 베리맥스방식)을 많이 사용하고 있는데, 그 이유는 다중공선성을 피할 수 있기 때문이다.

사각회전방식(Oblique Rotation Procedure) 요인 간 상호 독립적이지 않고 상관관계가 존재한다고 가정할 때 사용하는 방법이다. 이 방식에는 오블리민(oblimin), 코베어리민(covarimin), 쿼티민(quartimin), 바이쿼티민(biquartimin) 등이 있는데, 이 중에서 오블리민방식이 주로 이용된다.

주성분분석(Principal Component Procedure)

변수들의 총분산을 이용하여 요인을 추출해주는 방법으로 변수의 직교변환을 찾아내기 위한 기법이다. 처음에는 성분(component)이 커지다가 연속될수록 점점 작아지는데, 이는 성분에 따른 요인별 고유값이 점점 작아지는 것과 관련이 있다.

---

1 종속변수에 영향을 미치는 독립변수들은 각각 상호 독립적이어야 한다. 그러나 두 설명변수간에 상관관계가 존재한다면 다중공선성이 발생하게 된다(자세한 내용은 회귀분석을 참조).

3. 주요 지표와 기준치

요인분석결과 도출된 요인들이 타당성과 신뢰성을 갖기 위해서는 다음과 같은 지표들에 대한 기준치를 검토해야 한다.

〈표 5-1〉 **주요 지표와 기준치 범위**

KMO	구형성	공통성	요인적재값	고유값	신뢰도
≧0.5	$p<0.05$	≧0.4	≧0.4	≧1	≧0.6 또는 ≧0.7

KMO(Kaiser-Meyer-Olkin) 표본의 적합도를 나타내는 통계로 그 값이 0.5 이상이면 수집된 표본이 요인분석에 적합하다는 것을 의미한다.

Bartlett's Test of Sphericity(구형성 검정) 변수 간의 상관행렬이 단위행렬(identity matrix)인지를 검정하는 테스트로 "상관행렬이 단위행렬이다"라는 영가설이 기각

〈표 5-2〉 **변수 간 상관관계 분석**

		프로그램	디자인	접근성	편의시설
프로그램	Pearson 상관	1	.580**	.345**	.331**
	유의확률(양측)		.000	.000	.000
	N	385	385	385	385
디자인	Pearson 상관	.580**	1	.454**	.238**
	유의확률(양측)	.000		.000	.000
	N	385	385	385	385
접근성	Pearson 상관	.345**	.454**	1	.207**
	유의확률(양측)	.000	.000		.000
	N	385	385	385	385
편의시설	Pearson 상관	.331**	.238**	.207**	1
	유의확률(양측)	.000	.000	.000	
	N	385	385	385	385

** 상관관계가 0.01 수준에서 유의함(양측).

될 경우 수집된 데이터가 요인분석에 적합하다는 것을 나타내준다. 여기에서 "상관행렬이 단위행렬"이란 말은 변수 간 상관관계가 존재하지 않고 하나의 행렬로 이루어진다는 뜻이다. 참고로 〈표 5-2〉에서는 변수 간 상관관계가 존재하고 하나의 행렬이 아니므로 단위행렬이 아니라는 것을 보여준다.

공통성(Communality) 여러 요인들에 의하여 공통적으로 설명되어질 수 있는 한 변수의 분산의 양을 백분율로 나타낸 것이다. 쉽게 말하면 다양한 축제동기변수(항목)들이 있다고 가정할 때 각 변수가 전체 축제 동기개념을 얼마나 잘 설명해 주는지를 나타내주는 정도를 공통성이라고 한다. 한 변수(항목)가 요인분석결과 의미가 있기 위해서는 공통성은 0.4 이상이어야 한다.

요인적재값(Factor Loadings) 변수와 요인 간의 상관계수로, 요인적재값의 제곱은 해당변수가 한 요인에 의하여 설명되는 분산의 비율을 나타낸다. 가령, 한 축제동기 변수가 한 요인에 포함되기 위해서는 그 변수와 요인 간 상관관계가 존재해야 한다는 뜻이며, 그 기준은 요인적재값이 0.4 이상이어야 한다.

고유값(Eigenvalue) 한 요인에 대한 변수들의 분산총합으로, 변수들의 요인적재값을 제곱하여 더한 값이다. 요인이 되기 위해서는 고유값이 1 이상이어야 하는데, 이는 한 요인이 변수 1개 이상의 분산을 설명해 준다는 것을 의미한다. 반면에 고유값이 1보다 작다면 한 요인이 1개 변수의 분산도 설명해 주지 못하므로 요인으로서 의미가 없다. 따라서 많은 변수들을 몇 개의 요인으로 추출할 것인가에 관한 결정은 고유값이 1보다 작을 경우에는 의미가 없으므로 1보다 큰 경우에만 선정한다.

신뢰도(Reliability) 한 요인 내에서 변수 간의 상관관계, 즉 내적 일관성(internal consistency)을 나타내준다. 가령, 한 축제동기 요인을 이루고 있는 항목들 간 상관관계가 높다면 신뢰계수는 높게 나타난다. 그러나 이 요인에 상관관계가 낮은 항목이 포함되어 있다면 신뢰계수는 낮아진다. 일반적으로 신뢰계수는 학자에 따라 다르지만, 주로 0.6 이상(Lee, Lee, Bernhard, & Yoon, 2006) 또는 0.7 이상(Nunnally &

Bernstein, 1994)이어야 적합하다고 한다. 신뢰도는 크론바 알파(Cronbach's alpha)로 표시되기도 한다.

분산설명력(Variance Explained) 한 요인에 의하여 설명되는 분산비율을 나타내준다. 분산비율이 높을수록 좋으며, 일반적으로 분산설명력이 60% 이상이면 양호하다.

4. 요인분석 실행

Data File: 떡축제(원본).sav

Download: www.daewangsa.net

- 메뉴에서 [분석(A)] ▶ [차원축소(D)] ▶ [요인분석(F)]를 선택한다.

• 새로운 창에서 분석하고자 하는 변수들(축제공통 평가항목: 접근성[평가1]~주변방문여부[평가11]을 오른쪽으로 이동한다.

• 오른쪽 하단의 〈요인회전(T)〉을 클릭한 후 〈베리맥스(V)〉를 선택한다.

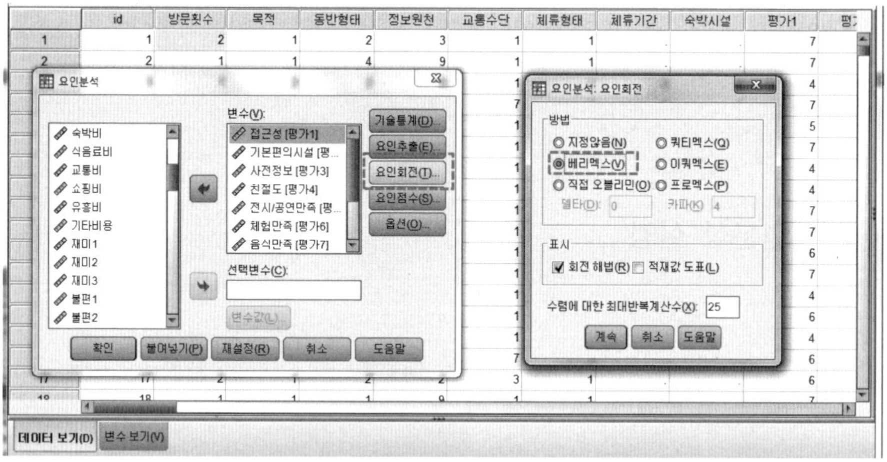

• 오른쪽 하단의 〈옵션(O)〉을 클릭한 후 〈계수출력형식〉을 〈크기순 정렬(S)〉로 선택하고 〈작은 계수 표시 안함(U)〉을 선택한 후 절대값(아래)(A)에 요인적재값의 Cut-off값인 0.4를 입력한다. 크기순으로 지정할 경우 요인적재값이 큰 것부터 작은 순으로 정렬되어 보기에 편리하다.

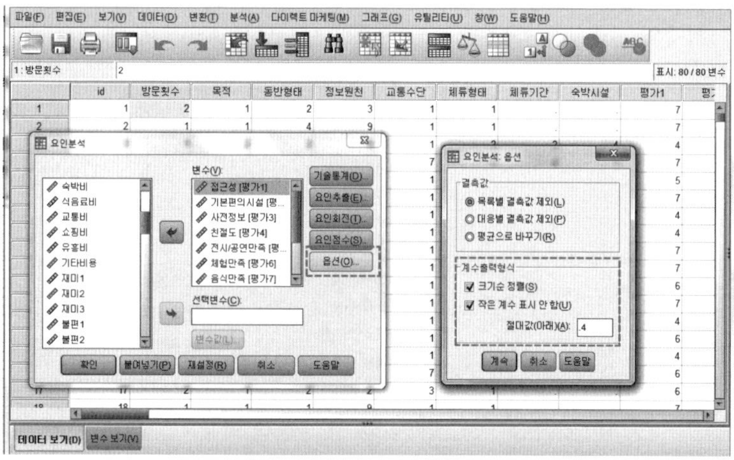

• 다음으로는 하단의 〈기술통계(D)〉를 클릭한 후 〈KMO와 Bartlett의 구형성 검정(K)〉을 클릭한다.

요인분석의 결과는 다음과 같다.

KMO(Kaiser-Meyer-Olkin)　KMO=0.859로 0.5 이상이므로 수집된 표본이 요인분석을 실시하기에 적합하다고 판단할 수 있다.

Bartlett's Test of Sphericity(구형성 검정)　구형성 검정결과 $p=0.000(<0.001)$에서 통계적으로 유의하여 상관행렬이 단위행렬이라는 영가설을 기각하게 되어 수집된 데이터가 요인분석에 적합하다는 것을 나타내준다. 즉 변수 간 상관관계가 존재한다는 것을 의미한다.

KMO와 Bartlett의 검정

표본 적절성의 Kaiser-Meyer-Olkin 축도		.859
Bartlett의 구형성 검정	근사 카이제곱	1542.918
	자유도	55
	유의확률	<.001

공통성(Communality) 한 변수(항목)의 공통성이 0.4 이상이어야 적합하다. 분석결과를 살펴보면 '주변방문 여부' 항목이 0.245로 Cut-off=0.4를 밑돈다. 따라서 이 항목은 전체 개념과의 연관성이 매우 낮다는 것을 의미하므로 삭제하는 것이 바람직하다.

공통성

구분	초기	추출
접근성	1.000	.572
기본편의시설	1.000	.631
사전정보	1.000	.521
친절도	1.000	.438
전시/공연만족	1.000	.492
체험만족	1.000	.458
음식만족	1.000	.533
상품만족	1.000	.571
지역문화정보	1.000	.519
전체적 재미	1.000	.540
주변방문여부	1.000	.245

추출방법: 주성분 분석.

분산설명력(Variance Explained) 분산설명력은 50.2%로 나타났다. 60%에 도달하지는 못했지만, 전체 설명력에는 큰 문제는 없다고 판단된다.

설명된 총분산

성분	초기 고유값			추출 제곱합 적재량			회전 제곱합 적재량		
	전체	% 분산	누적 %	전체	% 분산	누적 %	전체	% 분산	누적 %
1	4.229	38.447	38.447	4.229	38.447	38.447	3.191	29.009	29.009
2	1.292	11.747	50.194	1.292	11.747	50.194	2.330	21.185	50.194
3	.989	8.994	59.187						
4	.798	7.251	66.439						
5	.713	6.485	72.924						
6	.652	5.928	78.852						
7	.548	4.981	83.833						
8	.487	4.428	88.261						
9	.481	4.369	92.630						
10	.454	4.126	96.756						
11	.357	3.244	100.000						

추출방법: 주성분 분석.

고유값(Eigenvalue) 요인수는 변수의 개수만큼 산출된다. 그러나 이 중에서 고유값이 1.0 이상인 경우에만 요인으로서 의미가 있다. 이렇게 볼 때 2개의 요인이 선정되었음을 알 수 있다.

요인적재값(Factor Loading) 각 요인에 포함될 변수(항목)는 요인적재값이 0.4 이상인 경우에만 선정된다. 요인적재값이 0.4 미만인 경우에 그 의미가 미약하기 때문이다. 가령, 각 요인에 상품만족의 요인적재값은 0.754이다. 그러나 주변방문 여부의 요인적재값은 0.4 미만이므로 점수가 나타나지 않는다.

회전된 성분행렬[a]

구분	성분	
	1	2
상품만족	.754	
음식만족	.727	
전체적 재미	.709	
지역문화정보	.656	
체험만족	.641	
전시/공연만족	.634	
주변방문 여부		
기본편의시설		.762
접근성		.750
사전정보		.709
친절도		.569

추출방법: 주성분 분석.
회전방법: 카이저 정규화가 있는 베리 맥스.
a. 3 반복계산에서 요인회전이 수렴되었습니다.

변수 삭제 후 요인분석 재실시 만일 한 변수의 요인적재값이 0.4 미만이면[2] 그 변수를 빼고 요인분석을 다시 실시해야 한다. 가령, '주변방문 여부' 변수는 앞에서 공통성이 0.4 미만이기 때문에 삭제하였으며, 여기에서는 이를 삭제하고 요인분석을 다시 실시해본다. 이제 공통성이 0.4 미만인 항목들은 존재하지 않는다.

---

2 때로는 한 변수의 요인적재값이 0.4 이상인 경우가 2개 요인에 교차적재(cross-loading)되는 경우에도 이를 삭제해야 한다.

공통성

구분	초기	추출
접근성	1.000	.579
기본편의시설	1.000	.635
사전정보	1.000	.524
친절도	1.000	.448
전시/공연만족	1.000	.508
체험만족	1.000	.463
음식만족	1.000	.556
상품만족	1.000	.587
지역문화정보	1.000	.499
전체적 재미	1.000	.526

추출방법: 주성분 분석.

- 적합하지 않은 변수를 제거하면 분산설명력이 50% ⇒ 53%로 향상되게 된다.

설명된 총분산

성분	초기 고유값			추출 제곱합 적재량			회전 제곱합 적재량		
	전체	% 분산	누적 %	전체	% 분산	누적 %	전체	% 분산	누적 %
1	4.031	40.313	40.313	4.031	40.313	40.313	3.053	30.531	30.531
2	1.292	12.922	53.234	1.292	12.922	53.234	2.270	22.703	53.234
3	.846	8.457	61.692						
4	.745	7.446	69.138						
5	.677	6.772	75.910						
6	.609	6.091	82.001						
7	.501	5.010	87.011						
8	.486	4.862	91.873						
9	.455	4.554	96.427						
10	.357	3.573	100.000						

추출방법: 주성분 분석.

• 주변방문 여부 항목을 제거하고 다시 분석하면 다음과 같이 나타난다. 이제 요인적재값이 0.4 미만인 변수는 존재하지 않는다.

회전된 성분행렬[a]

	성분	
	1	2
상품만족	.763	
음식만족	.741	
전체적 재미	.700	
체험만족	.643	
지역문화정보	.643	
전시/공연만족	.642	
기본편의시설		.765
접근성		.755
사전정보		.712
친절도		.575

추출방법: 주성분 분석.
회전방법: 카이저 정규화가 있는 베리 맥스.
a. 3 반복계산에서 요인회전이 수렴되었습니다.

요인의 명명 SPSS 프로그램은 위와 같이 2개 요인으로 분류해 주지만 각 요인에 대한 이름까지 지어 주지는 않는다. 이것은 연구자의 몫으로 한 요인에 묶인 변수(항목)들의 내용을 보고 이름을 명명해주면 된다. 가령, 제1요인은 '행사만족,' 제2요인은 '편리성'이라고 명명할 수 있겠다. 만일 한 요인에 포함된 특정 변수가 적합하지 않다고 판단되면 이를 삭제하고 다시 요인분석을 실시해야 한다.

5. 신뢰도분석

5-1. SPSS 실행

- 메뉴에서 [분석(A)] ▶ [척도분석(A)] ▶ [신뢰도분석(R)]을 선택한다.
- 새로운 창에서 분석하고자 하는 특정요인의 변수들을 오른쪽으로 이동하고, 〈확인〉 버튼을 누른다.

※참고로 신뢰계수의 Cut-off=0.6 이상이다.

- 신뢰도값을 산출하기 위해서 요인 1에 속하는 변수들인 상품만족, 음식만족, 전체적 재미, 체험만족, 지역문화정보, 그리고 전시공연만족을 오른쪽으로 이동한다.
- 하단의 〈통계량(S)〉을 클릭한 후 새로운 창이 나오면 〈항목(I)〉, 〈항목제거 시 척도(A)〉을 클릭한다.

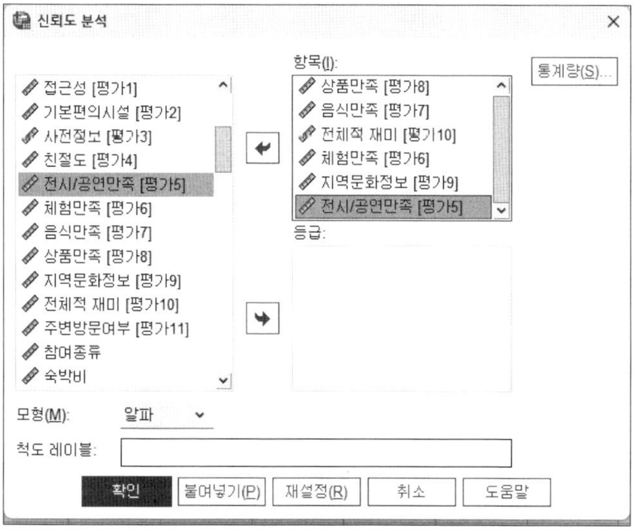
신뢰도 분석
항목(I):
통계량(S)...
접근성 [평가1]
기본편의시설 [평가2]
사전정보 [평가3]
친절도 [평가4]
전시/공연만족 [평가5]
체험만족 [평가6]
음식만족 [평가7]
상품만족 [평가8]
지역문화정보 [평가9]
전체적 재미 [평가10]
주변방문여부 [평가11]
참여종류
숙박비
상품만족 [평가8]
음식만족 [평가7]
전체적 재미 [평가10]
체험만족 [평가6]
지역문화정보 [평가9]
전시/공연만족 [평가5]
등급:
모형(M):
알파
척도 레이블:
확인
붙여넣기(P)
재설정(R)
취소
도움말

신뢰도 분석: 통계량
다음에 대한 기술통...
항목(I)
척도(S)
항목제거시 척도(A)
항목간
상관계수(L)
공분산(E)
요약값
평균(M)
분산(V)
공분산(O)
상관계수(R)
분산분석표
없음(N)
F-검정
Friedman 카이제곱(Q)
Cochran 카이제곱
평정자 간 일치도: 플레이스 카파(Fleiss' Kappa)
개별 범주에 대한 합치도 표시
문자열 대소문자 무시(Y)
문자열 범주 레이블이 대문자로 표시됨
근사 유의수준(%): 95
결측값
사용자 결측값과 시스템 결측값 제외(B)
사용자 결측값을 유효로 처리함
Hotelling의 T 제곱(G)
Tukey의 가법성 검정
급내 상관계수(T)
모형(D): 이차원 혼합
유형(P): 일치도
신뢰구간(C): 95 %
검정값(U): 0
계속(C)
취소
도움말

5-2. 분석결과

신뢰도 1 1요인(6개 항목으로 구성)의 신뢰도는 0.81로 Cut-off(0.6)를 넘고 있어 이 요인의 신뢰도(내적 일관성)는 비교적 높은 것으로 해석된다.

신뢰도 통계량

Cronbach의 알파	항목 수
.811	6

항목제거 시 척도 〈항목제거 시 척도〉를 선택하면 [Cronbach's alpha if item deleted]이라는 칸에 각 변수에 대한 신뢰계수가 제시된다. 여기서 제시되는 신뢰계수는 해당항목(변수)을 제거하였을 때, 변경된 전체 신뢰계수를 의미한다. 가령, 6개 항목의 전체 신뢰계수는 앞에서 언급한 바와 같이 0.811로 나타났다. 여기서 '상품만족'이라는 항목을 제거하게 되면, 전체 신뢰계수는 0.775로 낮아지게 된다. 다시 말하면 '상품만족' 항목은 요인의 전체 신뢰계수($\alpha=0.811$)에 기여하는 항목이기 때문에 삭제할 필요가 없음을 의미한다. 반대로 만일 항목을 제거했을 때 전체 신뢰계수가 올라가게 되면, 그 항목은 전체 신뢰계수를 저해하는 항목이기 때문에 해당항목을 제거한 후 다시 신뢰도분석을 실시하는 것을 고려해야 한다. 따라서 다음 표에 제시된 각각의 〈항목제거 시 척도〉의 신뢰계수는 전체 신뢰계수인 0.811보다 낮기 때문에 신뢰도를 저해하는 항목은 없다는 것을 알 수 있다. 참고로 요인내 2개의 항목만이 남았을 때는 [Cronbach's alpha if item deleted]에는 신뢰계수가 표시되지 않는다. 이는 측정항목이 2개인데, 1개를 삭제하게 되면 1개의 측정항목만 남기 때문에 상대적인 비교를 통한 신뢰계수를 도출하지 못하기 때문이다.

항목 총계 통계량

	항목이 삭제된 경우 척도평균	항목이 삭제된 경우 척도분산	수정된 항목-전체 상관계수	항목이 삭제된 경우 Cronbach 알파
상품만족	23.64	20.014	.602	.775
음식만족	23.53	19.878	.573	.782
전체적 재미	23.35	20.608	.586	.779
체험만족	23.44	20.949	.544	.788
지역문화정보	23.37	20.343	.563	.784
전시/공연 만족	23.52	20.907	.565	.784

신뢰도 2 또한 2요인(4개 항목으로 구성)의 신뢰도=0.72로 Cut-off(0.6)를 넘고 있어 이 요인의 신뢰도(내적 일관성)는 비교적 높은 것으로 해석된다.

신뢰도 통계량

Cronbach의 알파	항목 수
.715	4

항목 총계 통계량

	항목이 삭제된 경우 척도평균	항목이 삭제된 경우 척도분산	수정된 항목-전체 상관계수	항목이 삭제된 경우 Cronbach 알파
기본편의시설	14.89	10.409	.588	.601
접근성	14.74	10.339	.494	.659
사전정보	15.21	10.711	.489	.661
친절도	14.76	11.693	.444	.685

연구사례 5-1 탐색적 요인분석 사례 1

탐색적 요인분석

본 연구에서는 각 요인별 선행연구를 토대로 측정변수를 추출하였다. 추출한 변수에 대한 타당성과 신뢰성을 검정하기 위하여 탐색적 요인분석과 신뢰도분석을 실시하여 다음 〈Table 2〉와 같이 나타났다. 탐색적 요인분석은 다중공선성을 피하기 위

〈Table 2〉 **Results of exploratory factor analysis**

Factor		Variable	λ	C	EV	VE	α
Transfor-mational Leader-ship	Charisma	My supervisor expresses confidence that we will achieve our goals.	.768	.839	3.188	26.569	925
		My supervisor shows the confidence associated with the work.	.804	.832			
		My supervisor articulates a compelling vision of the future.	.826	.846			
		My supervisor talks to us about values and beliefs.	.720	.769			
	Individu-alized considera-tion	My supervisor understands the grievance of the subordinates.	.826	.793	3.128	26.064	.892
		My supervisor helps group members to develop their strengths.	.740	.747			
		My supervisor pays me attention indivi-dually.	.722	.749			
		My supervisor respects the subordina-tes' opinions.	.719	.839			
	Intellec-tual stimula-tion	My supervisor demands the validity of the opinion.	.706	.700	2.655	22.129	.818
		My supervisor reminds me of basic tasks.	.769	.696			
		My supervisor makes use of up-to-date information related to jobs.	.590	.641			
		My supervisor suggests new ways of ding work.	.741	.611			
KMO: .939, Bartlett's Test of Sphericity: x^2=2921.612(p〈.001), Total variance explained: 74.762							

Notes. λ: Factor Loadings, C: Communality, EV: Eigenvalue, VE: Variance explained, α: Cronbach's alpha.

하여 직각회전방식인 베리맥스(varimax)를 이용한 주성분 분석을 실시하였다. 첫 번째 요인인 변혁적 리더십에 대한 탐색적 요인분석을 실시한 결과, KMO(Kaiser-Meyer-Olkin)는 .939로 기준치(≥.5)보다 높아 요인분석을 위한 표본이 적합하다는 것을 나타내주고, Bartlett의 구형성(Bartlett's test of sphericity) 검정은 x^2=2921.612(p<.001)로 상관행렬이 단위행렬이 아니며 수집된 데이터가 요인분석에 적합하다는 것을 나타내준다. 탐색적 요인분석결과 변혁적 리더십은 카리스마, 개별적 배려, 그리고 지적자극의 세 개 요인으로 도출되었으며, 요인적재값은 .590~.826(≥.4), 고유값은 2.655~3.188(≥1.0), 신뢰계수는 .818~.925(≥.7)로 모두 기준치를 상회하는 것으로 나타났다(이충기, 2016). 또한 총 분산설명력은 74.76%로 비교적 설명력이 높은 것으로 나타났다. 구체적으로 카리스마는 4개 항목으로 구성되었고, 신뢰계수는 .925, 설명력은 26.57%로 나타났다. 개별적 배려는 4개 항목으로 구성되었고, 신뢰계수는 .892, 설명력은 26.06%로 나타났다. 지적자극은 4개 항목으로 구성되었고, 신뢰계수는 .818, 설명력은 22.13%로 나타났다.

자료: 김진옥 · 이충기(2016). 여행사 상사의 변혁적 리더십이 직무만족에 미치는 영향: 신뢰와 조직몰입의 매개효과 검정을 중심으로. 『관광연구저널』, 30(12), 51-66.

연구사례 5-2 탐색적 요인분석 사례 2

본 연구에서는 탐색적 요인분석(EFA)을 실시하여 타당도를 검증하였다. 요인분석은 주성분분석을 사용하여 Varimax 회전방식을 통해 요인을 추출하였으며, 개별요인의 상대적 중요도를 나타내는 고유값이 1 이상인 요인을 추출하였다. 요인분석결과 공통성 기준(≥.4)에 미달하는 지각된 행동통제의 1문항('승마체험을 할 수 있는 충분한 시간을 가지고 있다')을 삭제한 후 총 3개 요인이 도출되었다.

〈Table 2〉 **Results of exploratory factor analysis of attitude, subjective norm, and perceived behavioral control**

Factors	Items	Factor Loading	Commu-nality	Eigen Value	%	α
Attitude	Horseback riding experience is a beneficial behavior	.837	.792	5.177	47.065	.867
	Horseback riding experience is a valuable behavior	.829	.747			
	Horseback riding experience is a positive behavior	.795	.714			
	Horseback riding experience is an attractive behavior	.725	.621			
Subjective-norm	People who are important to me will understand that I will experience horseback riding.	.784	.734	1.395	12.686	.828
	People who are important to me will support that I will experience horseback riding.	.769	.635			
	People who are important to me will think that my experience of horseback riding will be desirable.	.754	.677			
	People who are important to me will agree that I will experience horseback riding.	.717	.677			

Perceived Behavioral Control	If I want I can experience horseback riding.	.784	.668	1.077	9.789	.747
	My family has enough economic power to experience horseback riding.	.780	.729			
	I am capable of experiencing horse-back riding.	.767	.657			
KMO: .888, Bartlett's test of sphericity: x^2=1621.896(p<.001).						

Notes. λ: Factor Loadings, C: Communality, EV: Eigenvalue, VE: Variance explained, α: Cronbach's alpha.

〈Table 2〉에서 보는 바와 같이 태도, 주관적 규범, 지각된 행동통제에 대한 요인분석결과, KMO=.888(기준≥.5), 구형성 검증(Bartlett's test of sphericity): x^2= 1621.896(p<.001)으로 수집된 표본이 요인분석을 실시하기에 적합한 것으로 나타났다. 요인분석결과 각 요인의 고유값은 기준치(≥1)를 모두 상회하고, 요인적재값과 공통성도 각각 기준치(≥.4)를 모두 상회하며, 신뢰계수(α)는 .747~.867로 모두 기준치(≥.7)를 상회하는 것으로 나타났다(이충기, 2017). 또한 분산설명력은 69.54%로 설명력이 비교적 높은 것으로 나타났다.

자료: 이충기 · 류재숙 · 고성규(2017). 승마체험 계획행동과정에서 체험효과의 조절역할: 유소년을 대상으로. 『관광연구저널』, 31(11), 5-17.

연구사례 5-3 탐색적 요인분석 사례 3

Analysis

Items examining respondents' perceptions of casino impacts were first factor analyzed using the principal components method to reduce the number of variables and delineate underlying dimensions. Varimax rotation was used to maximize the differences among the dimensions extracted. Only factors with eigenvalues greater than 1 and individual items with a factor loading of 0.4 and above were selected for the study analysis. Remaining items were factor analyzed again with a varimax rotation procedure. A reliability coefficient (Cronbach's alpha) was computed for each factor to estimate the internal consistency of each factor. A T-test was performed to examine the significant differences in perception items, benefits, and community support level between Gangwon and Colorado respondents.

Results of factor analyses

Thirty-three perception items for Gangwon Province data were also factor analyzed using the principal components method with varimax rotation. Five items with factor loading lower than 0.4 or inappropriate loading were removed and remaining 28items were factor analyzed again. As shown in Table 1, all six factors were identified with eigenvalue greater than 1 and 61.47% of the total variance. These factors appeared to be close to or exceed the minimum required reliability coefficients recommended by Nunnally and Bernstein(1994). The factor structure of Gangwon Province data appeared to show almost similar pattern to that of Colorado data except one factor. Specifically, Colorado data delineated a single factor of Negative Social Impact, whereas Gangwon Province data generated two factors: Negative Social Impacts with direct gambling costs and indirect gambling costs as evidenced in the study of Lee et al.(2003). Therefore, the previous studies suggested that either dimension might be acceptable.

Disaggregated factors of Negative Social Impact might provide researchers better with information when comparing two different data sets. Thus, this study followed more disaggregated factors identified for Gangwon Province data since identical dimensions of residents' perceptions, benefits, and support were needed to compare data from the two collection sites.

〈Table 1〉 **Results of factor analysis for residents' perceptions, benefits, and support for casino development in Gangwon Province**

Factors and items*	Factor loading	Eigen value	Variance explained (%)	Reliability
Perceptions Factor 1: Negative social impact with direct gambling costs		6.69	23.90	0.90
Casino development caused more bankruptcies	0.844			
Casino development resulted in more gambling addictions	0.836			
Casino development caused more speculative betting	0.825			
Casino development caused more destruction of families	0.738			
Casino development brought more usury to my community	0.697			
Factor 2: Negative environmental impact		3.54	12.64	0.73
Casino development increased noise	0.819			
Casino development caused more litters	0.801			
Casino development caused more water pollution	0.767			
Casino development caused more traffic congestion	0.713			
Casino development destroyed the natural environment	0.666			
Casino development made my community more crowded	0.568			
Factor 3: Negative social impact with indirect gambling costs		2.46	8.80	0.85
Casino development caused more alcohol and drug problems	0.782			
Casino development brought more crimes	0.754			
Casino development caused more divorces	0.686			
Casino development increased the problem of prostitution	0.665			
Casino development brought more political corruption	0.645			
Factor 4: Positive social impact		1.82	6.50	0.78
Casino development contributed to traditional and cultural preservation	0.775			
Casino development enhanced the community spirits	0.766			
Casino development improved residents' pride	0.703			
Casino development improved educational environment including funding	0.668			

Casino development helped the preservation of historic/cultural sites	0.658			
Factor 5: Positive economic impact		1.40	4.99	0.72
Casino development increased tourists' spending Casino development increased employment opportunities Casino development increased external investments and businesses Casino development increased local tax revenues I have higher income because of the casino development	0.747 0.729 0.710 0.641 0.529			
Factor 6: Negative economic impact		1.30	4.64	0.65
Casino development increased tax burdens Casino development increased the cost of living	0.856 0.795			
Total variance extracted			61.47	
Benefits		1.65	82.33	0.79
The casino development benefits myself The casino development benefits local residents	0.907 0.907			
Support		3.37	67.32	0.88
The casino development makes this community a better place to live I am proud of living in a casino town The casino development is the right choice for my community The future of my community looks bright due to the casino development I have supported the casino development in my community	0.862 0.834 0.821 0.813 0.769			
* 5 Likert-type scale, where 1=strongly disagree, 3=neutral, and 5=strongly agree.				

자료: Lee, C. K., Kang, S. K., Long, P., & Reisinger, Y. (2010). Residents' perceptions of casino impacts: A comparative study. *Tourism Management*, 31(2), 189-201.

6장 회귀분석(Regression Analysis)

1. 회귀모델(Regression Model)

회귀모델은 독립변수(또는 '설명변수'라고도 함)와 종속변수 사이에 원인(cause)과 결과(effect)의 관계가 존재한다는 사실을 가정하고 있다. 예를 들면, 관광객 수는 관광객의 소득, 항공료, 물가, 환율 등의 함수로 나타낼 수 있다. 회귀모델과 같은 인과 모델의 목적은 종속변수를 논리적으로 설명해 줄 수 있는 독립변수를 찾아내고, 이 두 관계를 잘 설명해 줄 수 있는 모델을 개발하여 관광수요를 예측하는 데 있다.

가령, 축제동기요인이 문화체험성・신기성・일상탈출성이라고 가정할 때, 이러한 동기요인이 만족도에 영향을 주는지를 확인할 때도 사용될 수 있다. 또한 축제방문객의 만족도는 어느 동기요인에 의하여 더 큰 영향을 받는지를 확인해내는 데에도 이용될 수 있다.

회귀모델에는 단순회귀모델(simple regression model)과 다중회귀모델(multiple regression model)이 있다. 단순회귀모델은 종속변수에 하나의 독립변수만을 포함한다. 가령, 관광수요(종속변수)를 예측함에 있어서 개인소득만을 설명변수로 사용하는 것을 예로 들 수 있다. 또한 축제에서 만족도에 영향을 미치는 설명변수로 일상탈출성만을 포함시키는 경우를 예로 들 수 있다. 반면에 다중회귀모델은 종속변수에 2개 이상의 독립변수를 포함한다. 가령, 국제관광수요(종속변수)를 예측함에 있어서 설명변수를 개인소득변수뿐만 아니라, 물가와 환율 등의 변수를 추가시키는 경우를 예로 들 수 있다. 축제의 경우 만족도(종속변수)에 영향을 미치는 요인으로 일상탈출요인

뿐만 아니라, 문화체험성과 신기성을 포함시키는 경우를 예로 들 수 있다.

2. 회귀모델의 이론적 배경

회귀모델의 이론적 배경을 설명하기 위하여 단순회귀모델을 예로 들어 보기로 하자. 단순회귀모델은 다음과 같이 표현될 수 있다.

$$y = \beta_0 + \beta_1 x + \epsilon$$

여기서 y=종속변수, X=독립변수, β_0=상수, β_1=x변수의 계수, ε=잔차(residual)

잔차 ε는 실제값(y)과 예측값($\hat{y}$)의 차이를 나타내며, 다음과 같이 표현될 수 있다.

$$\epsilon = y - \hat{y} = y - (\hat{\beta}_0 + \hat{\beta}_1 x)$$

또한 [그림 6-1]에서 물방울과 같은 점들은 실제값(y)을 나타내고, 직선은 예측값($\hat{y}$)을 나타낸다. 각 점에서 $y - \hat{y}$이 잔차인 것이다.

예를 들면, 1980년에서 2000년까지의 관광객수 자료가 있다면, 이 자료는 실제값을 의미하며, 예측값(fitted forecasts)은 위의 예측모델에 의하여 산출된 직선그래프의 값을 말한다.

회귀모델의 주요 목적은 ε(잔차)의 제곱을 최소화하는 것이다. 여기서 잔차가 최소화된다는 의미는 회귀모델이 실제자료를 잘 따라 간다는 것을 의미한다. 만일 ε(잔차)=0이라면 회귀모델은 실제자료를 완벽하게 따라 가기 때문에 예측값의 정확도가 아주 높은 모델이라고 할 수 있다. 반대로 ε(잔차)가 크면 클수록 회귀모델은 실제자료를 잘 따라가지 못하여 예측값의 정확도는 낮아진다고 할 수 있다. 시계열자료에서 이러한 ε(잔차)의 제곱을 최소화하는 직선을 만들어 주는 방법에는 여러 가지

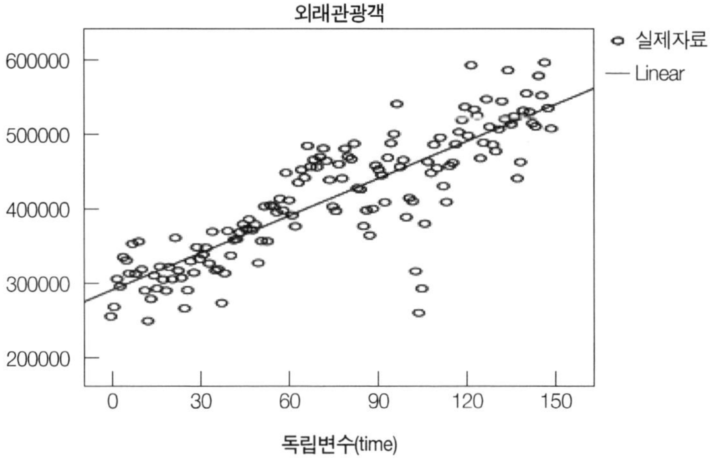

[그림 6-1] **실제값과 예측값**

가 있는데, 이 중 가장 많이 사용되는 방법은 최소자승법(least square method)이라고 한다.

3. 회귀모델의 유의성

회귀식이 구해지면 그 식이 통계적으로 의미가 있는지를 검정해야 한다. 다시 말하면 우리가 분석하고자 하는 회귀식이 통계적으로 의미가 없다면 설명력이 없으므로, 우리는 이 회귀모델을 사용할 이유가 없다. 회귀모델을 검정할 때는 ① 우선 모델 자체의 유의성을 검정한다. 즉 모델의 F값을 기준으로 모델 자체가 통계적으로 유의한지를 검정한다. ② 설명변수(독립변수)에 대한 검증을 실시한다. 이를 위해서는 다음과 같은 가설검정이 필요하다.

$H_0 : \beta_1 = 0$(회귀계수는 의미가 없다)
$H_1 : \beta_1 \neq 0$(회귀계수는 의미가 있다)

다시 말하면 독립변수 x가 종속변수 y를 설명해주지 못하면 x의 계수인 기울기는 0과 같다. 즉, 기울기가 0이라는 것은 x와 y간에 인과관계가 없다는 뜻이다(H_0 : $\beta_1 = 0$). 다시 말해서 추정된 회귀계수(β_1)가 "0"이라는 말은 회귀식이 통계적으로 의미가 없어 특정 독립변수가 종속변수를 설명하지 못한다는 것을 뜻한다. 가령, 관광수요에 관한 회귀모델을 분석할 때 소득변수의 계수값이 통계적으로 "0"에 가깝다면 관광수요를 예측하는 데 소득변수는 아무런 설명력을 갖지 못한다는 것을 의미한다.

[그림 6-2]에서 $\widehat{\beta_1}$은 x와 y간에 아무 인과관계가 존재하지 않는 경우이고, $\widehat{\beta_2}$는 x와 y간에 정(+)의 상관관계(인과관계)가 존재하는 경우이다.

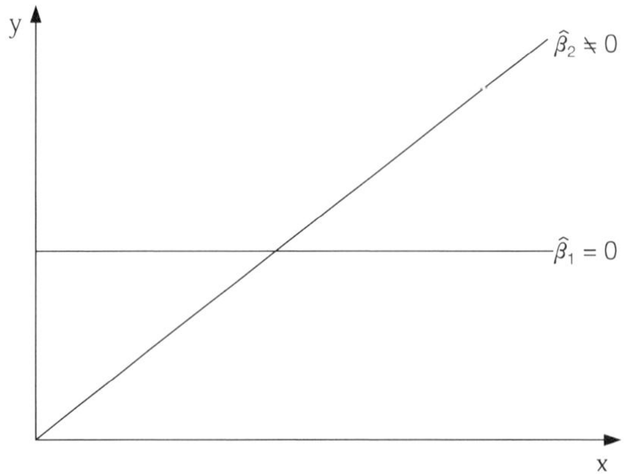

[그림 6-2] **회귀모델의 기울기**

일반적으로 회귀모델을 이용하여 추정된 회귀계수인 $\hat{\beta}$은 BLUE(Best Linear Unbiased Estimator)이어야 한다(Pindyck & Rubinfeld, 1981). 다시 말하면 E($\hat{\beta}$)(expected value of $\hat{\beta}$)은 β(true value)이어야 하며, 이를 식으로 표시하면 E($\hat{\beta}$)=β이다. [그림 6-3]의 왼쪽 그림은 Biased Estimator로, 추정된 회귀계수인 $\hat{\beta}$이 True Value (β)로부터 왼쪽으로 떨어져 있어서 Bias되어 있고, 반면에 오른쪽 그림은 Unbiased Estimator로서 E($\hat{\beta}$)=β로 서로 같아서 Bias되어 있지 않다.

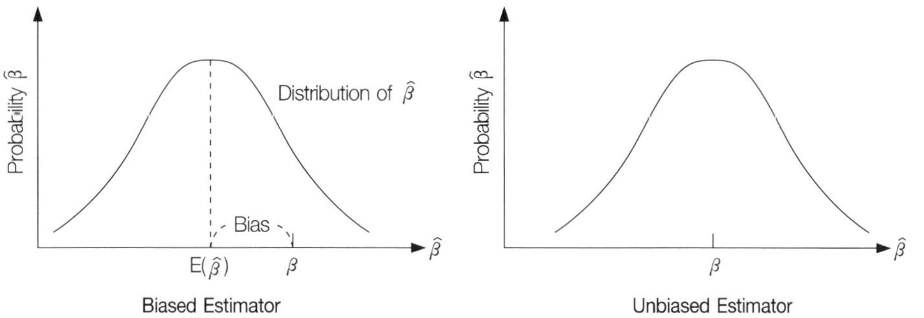

자료: Pindyck, R. S., & Rubinfeld, D. (1981). *Econometric models and economic forecasts*. 2nd ed. New York: McGraw-Hill, p. 28.

[그림 6-3] Biased Estimator와 Unbiased Estimator

또한 회귀계수인 $\hat{\beta}$은 [그림 6-4]의 굵은 선 분포와 같이 높게 위치할수록 유의한 결과를 가져오게 된다. 그 이유는 회귀계수($\hat{\beta}$)값이 클수록 t값이 커지고, t값이 커지면 그 변수가 통계적으로 유의해지기 때문이다. 이러한 경우를 가리켜 회귀계수가 효율적 추정치(efficient estimator)를 갖는다고 한다. 다음 공식에서 t값은 회귀계수에 의하여 영향을 받을 뿐만 아니라 표준오차(standard error)에 의해서도 영향을 받는다. 즉 회귀계수가 크면 클수록(이를 efficient하다고 함), 표준오차가 작으면 작을수록 t값은 커지게 되어 변수의 통계적 유의성을 높여 준다.

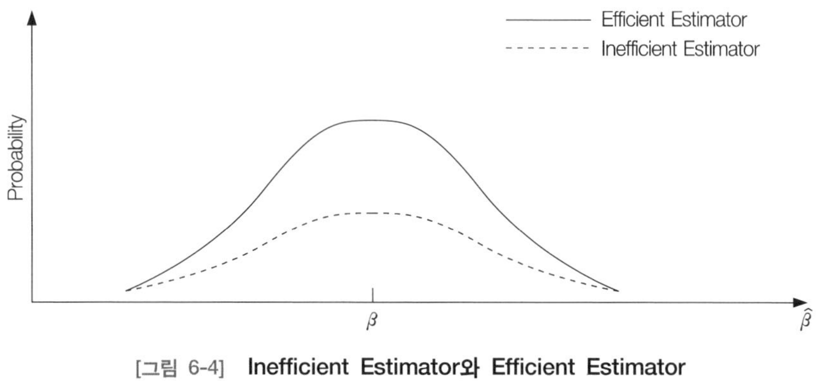

[그림 6-4] Inefficient Estimator와 Efficient Estimator

$$t_1 = \frac{\hat{\beta}}{S_{\hat{\beta}}}$$

여기서 $S_{\hat{\beta}}$ =표준오차(standard error)

결국 회귀계수가 BLUE가 되기 위해서는 추정계수가 'Unbiased'해야 하고 'Efficient'해야 한다는 것을 의미한다.

4. 회귀모델의 실행

Data File: 떡축제(원본).sav

Download: www.daewangsa.net

'떡축제(원본).sav' 데이터를 이용하여 축제공통 평가항목 a1~a11에 대하여 요인분석을 실시하였다고 가정하자.

4-1. 단순회귀분석

- 요인분석한 결과를 회귀분석에 사용하기 위해서는 [분석(A)] ▶ [차원축소(D)] ▶ [요인분석(F)]을 선택한 후, 새로운 창에서 분석하고자 하는 변수들을 오른쪽으로 이동한다.

※ 주변방문 여부 항목은 요인적재값이 0.4 미만이므로 삭제한 후 다시 요인분석을 실시하기 바람. 신뢰계수는 적합한 수준이라고 가정함.

• 〈점수(S)〉를 클릭한 후 〈변수로 저장(S)〉을 선택하며, 〈방법〉에서 〈회귀(R)〉를 선택한다.

• 요인분석결과 첫번째 요인(FAC1)은 행사내용성, 두번째 요인(FAC2)은 편의성으로 명명하자.

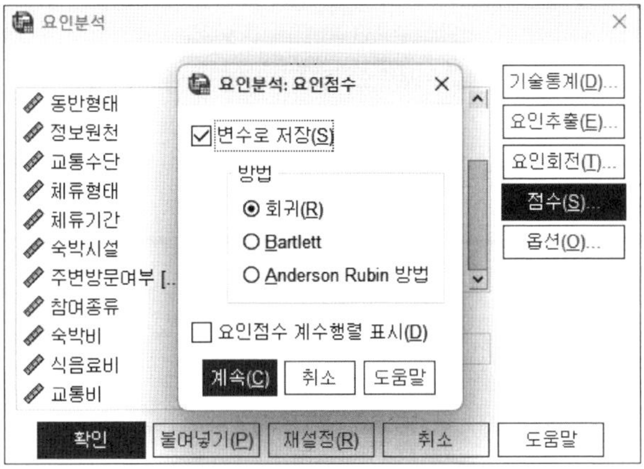

▶ SPSS 단순회귀분석 실행

• [분석(A)] ▶ [회귀분석(R)] ▶ [선형(L)]을 선택한 후, 새로운 창에서 분석하고자 하는 변수들을 오른쪽으로 이동한다.

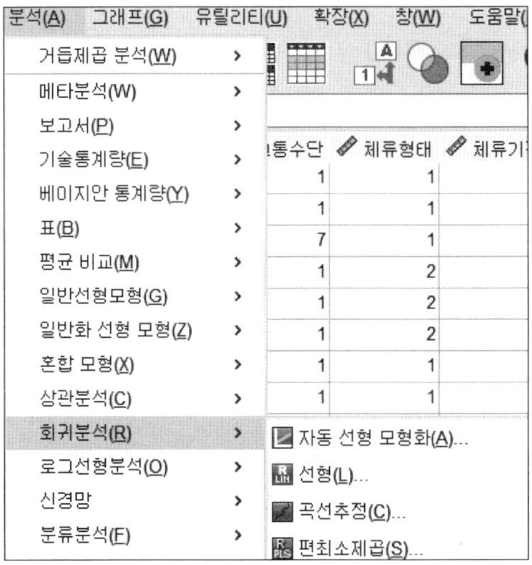

• 창이 뜨면 〈종속변수〉에는 "전체만족" 변수를, 〈독립변수〉에는 "행사내용성[FAC1]" 변수를 입력한 후 〈확인〉 버튼을 누른다. 참고로 〈방법(M)〉은 분석방식을 의미하는데, 일반적으로 입력방식이 많이 사용되어 디폴트로 설정되어 있다.

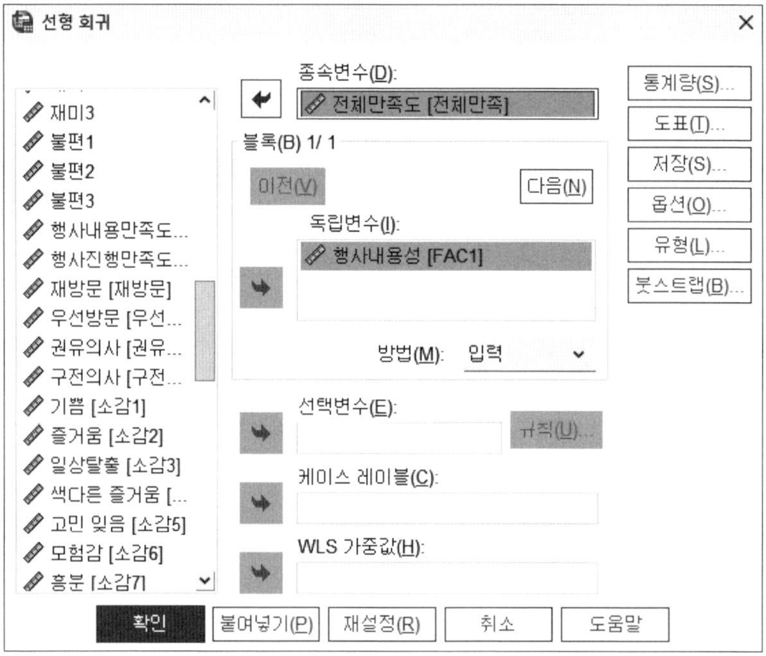

단순회귀분석 결과는 다음과 같다.

상관계수(Correlation Coefficient) 두 변수 간의 상관관계의 정도를 나타내는 지표로 상관계수를 사용하고, R로 표시한다. 상관계수는 -1에서 $+1$까지의 값을 취하며, 상관계수가 -1에 가까울수록 부$(-)$의 상관관계가 높고, $+1$에 가까울수록 정의 상관관계가 높으며, 0에 가까울수록 상관관계가 존재하지 않는다. 다음 표에서 $R=0.407$은 종속변수인 전제만족도와 설명변수인 행사내용성 간에 정$(+)$의 상관관계가 존재한다는 것을 나타내준다.

모형 요약

모형	R	R 제곱	수정된 R 제곱	추정값의 표준오차
1	.407[a]	.166	.164	1.079

a. 예측자: (상수), 행사내용성.

기여율(R^2) 기여율인 R^2는 모델의 적합도를 나타내준다. 기여율은 종속변수 y의 변동 중에서 설명변수 x에 의하여 설명되는 변동비율을 나타낸다. 표에서 R^2= 0.166이라함은 설명변수인 행사내용성이 종속변수인 전체만족의 변동을 16.6%만큼 설명한다는 것을 의미한다.

Model의 유의성 검증(ANOVA) 회귀모델 F의 유의확률은 $p<0.001$로, $\alpha=1\%$ 수준에서 통계적으로 유의한 것으로 나타났다. 따라서 본 회귀모델은 통계적으로 유의한 모델임을 나타내준다. 물론 이는 설명변수(행사내용성)의 계수(β)값이 유의하기 때문이며, 다음에서 이를 자세히 설명하고자 한다.

ANOVA[a]

모형		제곱합	자유도	평균제곱	F	유의확률
1	회귀	113.274	1	113.274	97.211	<.001[b]
	잔차	569.798	489	1.165		
	전체	683.071	490			

a. 종속변수: 전체만족도
b. 예측자: (상수), 행사내용성.

F값의 공식 다음과 같은 공식에 의하여 산출될 수 있다. 다음 공식을 이용하여 위의 표의 수치를 대입하면 F값(97.211)이 산출된다.

$$F_{\text{독립변수개수}, n-k-1} = \frac{SS_{Regression}}{MS_{Error}} = \frac{113.274}{1.165} = 97.2118$$

여기서 $SS_{Regression} = \sum_{n=1}^{n} (\hat{y_i})^2$

$$\text{SSE(Sum of Squared Error)Residual} = \sum_{n=1}^{n} (y_i - \hat{y_i})^2$$

$$\text{MSE(Mean Squared Error)} = \frac{\sum_{n=1}^{n} (y_i - \hat{y_i})^2}{n-2}$$

임계치(Critical Value) 또한 임계치[1]를 기준으로 모형을 검정해 보자. 5%에서의 임계치: F1(489)=3.84<F값(97.211), 1%에서의 임계치: F1(489)=6.63<F값(97.211)로 본 회귀모델은 통계적으로 유의하다는 것을 알 수 있다.

자유도(Degree of Freedom) 앞에서도 설명하였듯이 자유롭게 사용할 수 있는 수(정도)를 의미한다. 가령, A, B, C의 평균이 50이라고 가정하자. A와 B 숫자는 자유로운 값을 취할 수 있지만, 마지막 C는 평균값=50이 되기 위해 A와 B에 따라 결정되므로 C는 박탈되어 자유도는 3−1로 2가 된다.

회귀계수(Coefficient) 회귀계수란 독립변수의 계수를 의미한다. 독립변수(FAC1)의 계수(B)값은 0.481로 $p<0.001$에서 통계적으로 유의한 것으로 나타났다. 따라서 독립변수인 FAC1(행사내용성)은 종속변수인 전체만족도를 설명하는 데 유의한 것으로 나타났다. 여기서 표준화계수(베타)는 표준화된 회귀계수를 나타낸다.

계수[a]

모형		비표준화 계수		표준화 계수	t	유의확률
		B	표준화 오류	베타		
1	(상수)	4.587	.049		94.150	.000
	행사내용성	.481	.049	.407	9.860	<.001

a. 종속변수: 전체만족도.

1 F값을 기각할 수 있는 영역의 수치. 기각역이나 유의수준과 유사한 개념이라고 볼 수 있다.

4-2. 다중회귀분석

- [분석(A)] ▶ [회귀분석(R)] ▶ [선형(L)]을 선택한 후, 새로운 창에서 분석하고자 하는 변수들을 오른쪽으로 이동한다.
- 창이 뜨면 〈종속변수〉에는 "전체만족" 변수를, 〈독립변수〉에는 "행사내용성[FAC1]," "편의성[FAC2]" 변수를 입력한 후 〈확인〉 버튼을 누른다. 참고로 〈방법(M)〉은 분석방식을 의미하는데, 일반적으로 입력방식이 많이 사용되어 디폴트로 설정되어 있다.

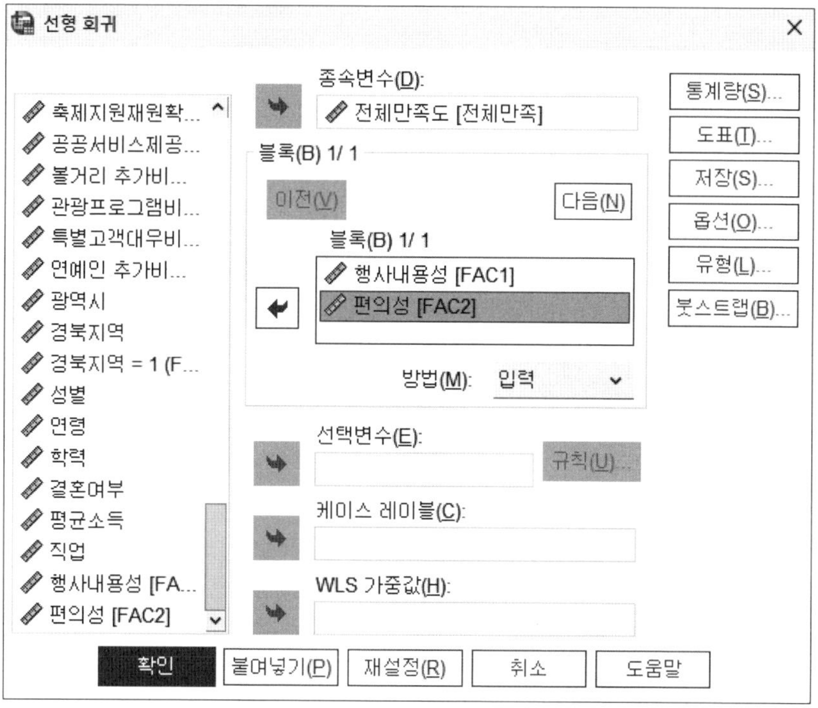

4-2-1. 다중회귀 분석결과

상관계수(Correlation Coefficient) 다음 표에서 R=0.447은 종속변수인 전체만족과 설명변수인 행사내용성 및 편의성 간에 정(+)의 상관관계가 존재한다는 것을 나타내준다.

모형 요약

모형	R	R 제곱	수정된 R 제곱	추정값의 표준오차
1	.447[a]	.199	.196	1.059

a. 예측자: (상수), 편의성, 행사내용성.

기여율(R^2) 위의 표에서 R^2=0.199라 함은 두 설명변수들이 종속변수인 전체 만족도를 19.9%만큼 설명한다는 것을 의미한다. 또한 Adjusted R^2=0.196은 R^2보다 약간 적다. 일반적으로 회귀분석에서는 설명변수가 추가될수록 기여율(R^2)은 높아지는 경향이 있다. 다시 말하면 모델의 적합도를 나타내주는 R^2는 설명변수가 중요하지 않은 경우에도 높아질 수 있기 때문에 잘못된 결과를 보여 줄 수 있다. 이러한 경우를 방지하기 위하여 수정된 R^2(Adjusted R^2)란 지표가 있다. 이는 회귀식이 새로운 독립변수를 포함시킬 때 중요하지 않은 변수만큼의 자유도(n-k-1)를 빼주고 계산하게 된다. 다음 표에서는 수정된 R^2(0.164)는 R^2보다 약간 작다. 아래 공식에서 수정된 R^2은 중요하지 않은 독립변수 개수(K)만큼을 빼주고 있다.

$$\overline{R^2}=1-\frac{N-1}{N-K-1}(1-R^2)$$

Model의 유의성 검증(ANOVA) 회귀모델(Model 1) F의 유의확률은 $p<0.001$로, 통계적으로 유의한 것으로 나타났다. 따라서 본 회귀모델은 통계적으로 유의한 모델임을 나타내준다.

ANOVA[a]

모형		제곱합	자유도	평균제곱	F	유의확률
1	회귀	136.180	2	68.094	60.763	<.001[b]
	잔차	546.882	488	1.121		
	전체	683.071	490			

a. 종속변수: 전체만족도.
b. 예측자: (상수), 편의성, 행사내용성.

회귀계수(Coefficient) 설명변수인 행사내용성의 계수(B1)값은 0.481, 편의성의 계수(B2)값은 0.216으로, 각각 $p<0.001$에서 통계적으로 유의한 것으로 나타났다. 따라서 이들 두 설명변수들은 종속변수인 전체만족도를 설명하는데 각각 통계적으로 유의한 것으로 나타났다. 한편 전체만족도에 대한 설명변수의 상대적 중요성을 알아보기 위해서는 표준화계수(베타)를 비교해 보면 된다. 다음 표에서 행사내용성의 표준화계수=0.407로, 편의성의 표준화계수=0.183보다 크다. 이는 전체만족도를 설명함에 있어서 행사내용성이 편의성에 비하여 더 중요하다는 것을 설명해준다. 또한 분석결과를 회귀식으로 표현하면 다음과 같다(이때는 비표준화계수(B)를 사용함).

$$\hat{y} = 4.587 + 0.481FAC1 + 0.216FAC2$$

계수[a]

모형		비표준화 계수		표준화 계수	t	유의확률
		B	표준화 오류	베타		
1	(상수)	4.587	.048		96.004	.000
	행사내용성	.481	.048	.407	10.054	<.001
	편의성	.216	.048	.183	4.522	<.001

a. 종속변수: 전체만족도.

t값 우리가 가설검정에서 두 집단 간 차이 여부에 대하여 T 검정을 사용한 바 있다. 마찬가지로 회귀계수의 유의성을 검증하는 데에도 T 검정이 사용된다. t값이 크면 클수록 종속변수(y)를 설명하는 데 독립변수의 기여도가 높다는 것을 의미한다. t 값을 계산하는 공식은 다음과 같이 표현된다. 여기서 ε(잔차)가 작을수록 표준오차(Standard Error: SE)는 작아지고, 표준오차가 작을수록 t값은 커지며 추정된 회귀선이 적합하거나 유의하다고 판단할 수 있다.

$$t_2 = \frac{\hat{\beta}_2}{S_{\hat{\beta}_2}} = \frac{0.216}{0.048} = 4.50$$

표준화계수(Beta Coefficient) 앞서 설명했듯이 표준화계수는 표준화한 자료로 회귀모델을 실시하여 얻어진 계수이다. 가령, '$y = 112 + (0.23$ · 몸무게$) + (0.39$ · 허리둘레$)$'라고 할 때 위의 변수의 단위가 다르다(이훈영, 2008). 따라서 어느 독립변수가 종속변수에 더 큰 영향을 미치는지에 대하여 상대적 영향력을 파악하기가 어렵다. 이러한 측면에서 표준화계수는 독립변수의 측정단위와 분포의 평균에 따라 영향을 받지 않도록 독립변수들을 표준화한 자료로 회귀분석한 후 얻은 계수다. 그러나 회귀식에서는 비표준화계수를 사용해야 한다. 왜냐하면 종속변수의 값을 예측하기 위해서는 원래 독립변수의 값을 회귀식에 직접 대입해야하기 때문이다.

다중공선성(Multicollinearity) 다중회귀모델의 가정 중 하나는 두 설명변수 간 독립적이어야 한다는 것이다(Lee, Var, & Blaine, 1996). 만일 두 설명변수 간에 상관관계가 존재한다면 종속변수를 실제보다 더 크게 설명할 수도 있다. 이 문제가 발생하면 추정된 회귀계수의 표준오차가 커져서 모수의 추정치가 불완전하게 되고, 결국 t값을 작게 하여 통계적으로 중요한 변수를 중요하지 않은 것으로 오판하게 한다. 다중공선성이 존재할 경우 Ridge Regression 등의 모델로 그 함수를 다시 추정해야 한다(Lee, Var, & Blaine, 1996).

그러나 요인분석에서 베리맥스 회전방식을 선택하여 요인분석과 회귀분석을 실시할 경우 다중공선성 테스트는 할 필요가 없다. 그 이유는 베리맥스는 직교회전방식으로 요인 간 독립성이 유지된다는 것을 전제로 하기 때문이다.

4-2-2. 분석결과 요약

본 연구에서는 독립변수인 행사내용성과 편의성이 종속변수인 전체만족에 미치는 영향관계를 규명하고자 다중회귀모델을 실시하였다. 다음 〈표 6-1〉에서 보는 바와 같이 분석결과 회귀모델의 유의성을 설명해 주는 F값은 60.76으로 $p<0.001$수준에서 통계적으로 유의하게 나타났다. 또한 독립변수의 설명력을 나타내주는 수정된 R^2 $=0.196$으로, 독립변수인 행사내용성과 편의성이 종속변수인 전체만족을 19.6%만큼 설명하는 것으로 나타났다.

한편 독립변수인 행사내용성(B=0.481)과 편의성(B=0.216)은 $p<0.001$ 수준에서 통계적으로 유의하게 나타났다.[2] 다시 말하면 행사내용성과 편의성이 높을수록 전체만족은 높아진다는 것을 나타내준다. 또한 어느 독립변수가 전체만족을 설명하는데 더 중요한지는 표준화계수를 이용하여 판단하는데, 〈표 6-1〉에서 행사내용성(Beta=0.407)이 편의성(Beta=0.183)보다 더 중요한 것으로 나타났다.

〈표 6-1〉 **행사내용성 및 편의성과 전체만족 간의 회귀분석결과**

독립변수	비표준화계수		표준화계수	t-값	유의수준 (Sig.)
	B	표준오차 (Standard Error)	Beta		
상수	4.587	0.048		96.004	0.000
행사내용성	0.481	0.048	0.407	10.054	0.000
편의성	0.216	0.048	0.183	4.522	0.000

F 값=60.763 ($p<0.001$), $R^2=0.199$, 수정된 $R^2=0.196$.
종속변수: 전체만족.

2 만일 연구모형에서 다음과 같은 가설을 설정하였다고 가정하자. H_1: 행사내용성은 전체만족에 정(+)의 영향을 미칠 것이다. H_2: 편의성은 전체만족에 정(+)의 영향을 미칠 것이다. 이 경우 가설검정결과에 대한 표현은 다음과 같다. 행사내용성이 전체만족에 미치는 가설 H_1과 편의성이 전체만족에 미치는 가설 H_2는 각각 채택되었다.

위의 분석결과를 [그림 6-5]와 같이 간단한 그림으로 나타낼 수도 있다.

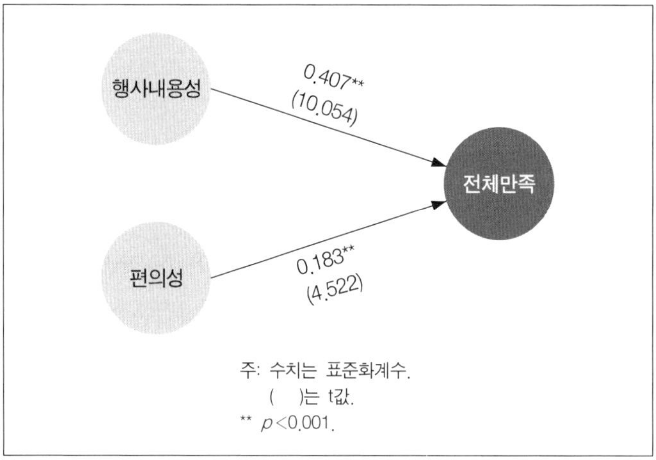

[그림 6-5] **행사내용성과 편의성이 전체만족에 미치는 회귀분석결과**

연구사례 6-1 회귀분석 사례 1

회귀분석 결과

지역주민들이 인식하는 카지노개발 영향이 그들의 카지노 지지도에 어떠한 영향을 미치는지를 살펴보고자 다중회귀분석을 실시하였다. 〈표 4〉에서 보는 바와 같이 카지노 영향과 지지도 간 회귀분석결과, 한국의 경우 수정된 설명력(Adjusted R^2)이 17%로 나타났으며, F값은 23.39로 $p<0.001$에서 통계적으로 유의한 회귀모델임이 확인되었다. 회귀분석결과 부정적 사회영향(b=-0.16, t=-3.64), 긍정적 경제영향(b=0.32, t=7.29), 긍정적 사회영향(b=0.23, t=5.16)이 $p<0.001$ 유의수준에서 카지노 지지도에 유의한 영향을 미치는 것으로 나타났다. 그러나 부정적 환경영향(b=-0.03, t=-0.75)은 카지노 지지도에 유의한 영향을 미치지 않는 것으로 나타났다. 이는 카지노 지역주민들이 카지노 개발로 인한 긍정적 경제영향과 긍정적 사회영향을 높게 인식할수록 카지노개발을 적극 지지하는 반면, 부정적 사회영향을 높게 인식할수록 카지노개발에 대한 지지도는 낮아지는 것으로 나타나 사회교환이론을 지지하는 것으로 나타났다. 특히 긍정적 경제영향(Beta=0.32)이 긍정적 사회영향(Beta=0.23)보다 카지노 지지도에 더 큰 영향을 미치는 것으로 나타났다.

〈표 4〉 **회귀분석 결과 및 Z-test**

종속 변수	독립 변수	한국				일본				Z-test
		b1	SE1	Beta1	t-value1	b2	SE2	Beta2	t-value2	
카지노 지지도	(상수)	0.00	0.04		0.00	0.00	0.04		0.00	0.00
	부정적 사회영향	-0.16	0.04	-0.16	-3.64[a]	-0.34	0.04	-0.34	-9.48[a]	3.24[b]
	부정적 환경영향	-0.03	0.04	-0.03	-0.75	-0.18	0.04	-0.18	-4.93[a]	2.57[c]
	긍정적 경제영향	0.32	0.04	0.32	7.29[a]	0.56	0.04	0.56	15.41[a]	-4.21[a]
	긍정적 사회영향	0.23	0.04	0.23	5.16[a]	0.30	0.04	0.30	8.20[a]	-1.25
	Adj.R^2=0.17, F=23.39 (df=4, p〈.001)					Adj.R^2=0.55, F=104.73 (df=4, p〈.001)				

a. p〈0.001; b. p〈0.01; c. p〈0.05.

일본의 경우 수정된 설명력(Adjusted R^2)이 55%로 매우 높게 나타났으며, F값은 104.73으로 p〈0.001 유의수준에서 통계적으로 유의한 회귀모델임이 확인되었다. 회귀분석결과 부정적 사회영향(b=-0.34, t=-9.48), 부정적 환경영향(b=-0.18, t=-4.93), 긍정적 경제영향(b=0.56, t=15.41), 긍정적 사회영향(b=0.30, t=8.20) 등 4개의 독립변수 모두 p〈0.001 유의수준에서 카지노 지지도에 유의한 영향을 미치는 것으로 나타났다. 이는 카지노 지역주민들이 카지노 개발로 인한 긍정적 경제영향과 긍정적 사회영향을 높게 인식할수록 카지노개발을 적극 지지하는 반면, 부정적 사회영향과 부정적 환경영향을 높게 인식할수록 카지노개발에 대한 지지도는 낮아지는 것으로 나타나 사회교환이론을 지지하는 것으로 나타났다. 특히 긍정적 경제영향(Beta=0.56)이 긍정적 사회영향(Beta=0.30)보다 카지노 지지도에 더 큰 영향을 미치는 것으로 나타났다.

한편 두 국가 간 영향력 계수의 차이를 분석하기 위하여 Z-test를 검증한 결과, 지지도에 대한 부정적 사회영향(Z=3.24, p〈0.01), 부정적 환경영향(Z=2.57, p〈0.05), 긍정적 경제영향(Z=-4.21, p〈0.001)의 계수에 있어서는 두 국가 간 유의한 차이를 보였으나, 긍정적 사회영향의 계수에 있어서는 두 국가 간 차이가 없는 것으로 나타났다. 다시 말하면 부정적 사회영향과 부정적 환경영향 및 긍정적 경제영향이 지지도에 미치는 영향력은 일본의 오키나와 지역주민이 한국의 강원랜드 지역주민보다 더 강하다는 것을 의미한다. 반면에 긍정적 사회영향이 지지도에 미치는 영향력은 두 국가 간 유사하다는 것을 의미한다.

자료: 이충기 · 양형은 · 이재석(2011). 한 · 일 간 카지노 지역주민의 인식과 지지도 비교분석. 『관광연구』, 26(3), 129-144.

연구사례 6-2 회귀분석 사례 2

Comparison of relationship between impacts and benefits

This study explored whether derived impact factors have any significant effects on perceptions of benefits in each data collection site. To this end, the benefit factor was regressed on the impact factors where the regression models were found to be statistically significant at $p<0.01$ for both Gangwon($F=28.15$, Adj. $R^2=0.22$) and Colorado($F=77.00$, Adj. $R^2=0.57$). As shown in Table 1, the three factors of Positive Social Impact, Negative Social Impact with indirect gambling costs, and Positive Economic Impact were found to have significant effects on the benefit factor for Gangwon respondents. On the other hand, two factors, Positive Social Impact and Positive Economic Impact, appeared to have significant effects on the benefit factor for Colorado respondents. In summary, those who perceived social and economic impacts positively in both communities would perceive benefits more strongly, thus supporting the social exchange theory across the two country samples.

Furthermore, a Z-test was performed between regression coefficients of the significant explanatory variables for he two countries. Only the effect of Positive Social Impact on the benefit factor was significantly different between Gangwon and Colorado residents($Z=-1.662$), indicating that the effect of Positive Social Impact on the benefit factor was stronger among Colorado residents than those in Gangwon Province.

〈Table 1〉 **Results of regression models for Gangwon Province and Colorado**

	Gangwon Province (N=604)				Colorado (N=380)				
Benefit regressed on residents'erceptions	b1	SE	β	t-value	b2	SE	β	t-value	Z-test
(Constant)	1.719	0.298		5.777	0.916	0.418		2.193	1.567
Negative social (direct costs)	-0.066	0.057	-0.055	-1.145	-0.148	0.102	-0.086	-1.444	0.698
Negative environmental	-0.055	0.058	-0.039	-0.958	-0.035	0.071	-0.023	-0.492	-0.220
Negative social (indirect costs)	-0.199	0.065	-0.152	-3.080**	-0.147	0.083	-0.114	-1.775	-0.493
Positive social	0.244	0.060	0.159	4.069**	0.399	0.071	0.296	5.580**	-1.662*
Positive economic	0.491	0.055	0.352	9.003**	0.563	0.071	0.395	7.977**	-0.804
Negative economic	0.031	0.045	0.026	0.685	-0.011	0.046	-0.010	-0.248	0.656
	F=28.15 (p<0.01) Adj. R^2=0.22				F=77.00 (p<0.01) Adj. R^2=0.57				
Support regressed on residents'erceptions	b1	SE	β	t-value	b2	SE	β	t-value	Z-test
(Constant)	-0.004	0.037		-0.113	1.478	0.326		4.535	-4.519
Negative social (direct costs)	-0.171	0.037	-0.170	-4.618**	-0.030	0.079	-0.019	-0.386	-1.613
Negative environmental	-0.024	0.037	-0.024	-0.652	-0.221	0.056	-0.151	-3.986**	-2.954**
Negative social (indirect costs)	-0.165	0.037	-0.164	-4.457**	-0.209	0.064	-0.171	-3.264**	0.592
Positive social	0.231	0.037	0.229	6.235**	0.503	0.056	0.395	9.064**	-4.077**
Positive economic	0.338	0.037	0.336	9.117**	0.407	0.055	0.303	7.410**	-1.051
Negative economic	0.035	0.037	0.035	0.945	-0.016	0.036	-0.015	-0.455	0.996
	F=27.38 (p<0.01) Adj. R^2=0.21				F=143.41 (p<0.01) Adj. R^2=0.72				
Support regressed on benefit	b1	SE	β	t-value	b2	SE	β	t-value	Z-test
(Constant)	1.413	0.083		16.985	0.648	0.105		6.192	5.729
Benefit	0.568	0.027	0.658	21.391**	0.835	0.034	0.790	24.738**	-6.231**
	F=457.58 (p<0.01) Adj. R^2=0.43				F=611.96 (p<0.01) Adj. R^2=0.62				

** $p<0.01$, * $p<0.05$.

자료: Lee, C. K., Kang, S. K., Long, P., & Reisinger, Y. (2010). Residents' perceptions of casino impacts: A comparative study. *Tourism Management*, 31(2), 189-201.

7장 상관분석(Correlation Analysis)

1. 상관관계분석

축제만족도와 재방문의사를 각각 x와 y라고 할 때, x가 변화함에 따라 y도 변화하는 관계를 상관관계라고 한다. 여기서 x가 증가함에 따라 y도 증가하는 관계를 정(+)의 상관관계라고 말한다. 반면에 x가 증가함에 따라 y가 감소하는 관계를 부(−)의 상관관계라고 말한다.

그러나 상관관계분석에서는 단순히 서로의 상관관계의 존재유무만을 분석할 뿐이며, 회귀모델과 같이 원인(cause)과 결과(effect)까지를 밝히는 것은 아니다. 가령, 키와 몸무게 간에는 일정한 상관관계가 존재할 수 있다. 그러나 키와 몸무게 중 어느 것이 원인변수이고, 결과변수인지를 말하기는 어렵다. 이와 같이 상관관계 분석은 두 변수 간 밀접한 관계가 있다는 것만을 알려 준다. 일반적으로 항공료가 상승하면 관광객의 수는 감소하는데, 이 경우에는 항공료가 원인변수이고, 관광객 수가 결과변수이다. 이와 같이 서로의 상관관계뿐만 아니라, 원인과 결과까지를 분석하는 경우는 앞서 살펴본 회귀분석이 유용하다.

두 변수(x, y) 간 상관계수(r)는 다음과 같이 계산할 수 있다.

$$r = \frac{S(xy)}{\sqrt{S(xx)S(yy)}}$$

여기서 $SS(xx) = \sum_{i=1}^{n}(x_i - \bar{x})^2$, $SS(yy) = \sum_{i=1}^{n}(y_i - \bar{y})^2$, $SS(xy) = \sum_{i=1}^{n}(x_i - \bar{x})(y_i - \bar{y})$

2. 상관계수

두 변수 간에 상관관계가 존재하는지의 유무를 나타내는 지표를 상관계수(r)라고 하며, 다음과 같이 −1에서 +1까지의 값을 취하게 된다.

$-1 \leq r < 0$: 음(−)의 상관관계인 경우
$0 < r \leq 1$: 양(+)의 상관관계인 경우

상관관계의 유의성은 SPSS 프로그램에서 피어슨 상관관계(Pearson correlation)를 참고하면 된다.

3. 상관관계 실행

- 메뉴에서 [분석(A)] ▶ [상관분석(C)] ▶ [이변량상관계수(B)]를 선택한다.

• 〈창〉이 뜨면 두 변수인 전체만족도와 재방문의사를 입력하고 〈확인〉을 누른다.

단순상관계수분석의 결과는 다음과 같다.

상관관계 전체만족도와 재방문의사 간의상관계수는 0.494로 정(+)의 상관관계가 존재하는 것으로 나타났다. 또한 두 변수 간의 상관관계는 $\alpha = 1\%$ 수준에서 통계적으로 유의한 것으로 나타났다. 이러한 분석결과는 축제에 대한 만족도와 재방문의사 간에는 서로 밀접한 관계가 있다는 것을 지적해 준다.

구분		전체만족	재방문
전체만족	Pearson Correlation	1	.494**
	Sig. (2-tailed)		.000
	N	491	491
재방문	Pearson Correlation	.494**	1
	Sig. (2-tailed)	.000	
	N	491	491

주:**. 상관계수는 0.01 수준(양쪽)에서 유의하다.

8장 로짓분석(Logit Analysis)

1. 로짓모델(Logit Model)

로짓모델은 종속변수가 이선선택형('예' 또는 '아니오')일 때 사용하는 기법이다(Lee & Mjelde, 2007). 다시 말하면 로짓모델(로지스틱 회귀모델)은 종속변수가 질적 변수로 이변량(dichotomous choice)일 때 사용하는 기법이다. 가령, 여수엑스포를 방문할 의사가 있는지($y=1$), 아니면 없는지($y=0$)와 같은 이선선택형 자료에 사용될 수 있다.

> 여수엑스포 방문의사를 추정하기 위한 이선선택형 질문형태는 다음과 같이 설계될 수 있다.
>
> **귀하께서는 2012년에 개최되는 여수세계박람회에 방문하실 의사가 있으십니까?**
>
> □ ① 예 □ ② 아니오

여수엑스포 방문의사를 종속변수('예' 또는 '아니오'), 방문의사에 영향을 미칠 것으로 예상되는 연령, 소요시간, 전라도 거주 여부를 독립변수라고 가정하자. 여기서 종속변수인 방문의사는 2개의 반응범주를 취하는 형태로 설정하고, 이에 영향을 줄 것으로 고려되는 연령, 소요시간, 전라도 거주 여부를 독립변수로 설정할 때 이를 로짓모형으로 표현하면 다음의 식과 같다(이충기 · 윤설민, 2008).

$$\log_e \frac{P(Y=1 \mid x_1,\ x_2,\ x_3)}{P(Y=0 \mid x_1,\ x_2,\ x_3)} = \beta_0 + \beta_1 x_1 + \beta_2 x_2 + \beta_3 x_3$$

여기서, $Y=1$: 여수엑스포를 방문할 의사가 있는 경우
$Y=0$: 여수엑스포를 방문할 의사가 없는 경우
x_1: 연령
x_2: 거주지에서 여수엑스포장까지의 소요시간
x_3: 전라도에 거주하는지 여부

위의 식을 확률함수로 다시 정리하면 다음의 식과 같이 표현된다.

$$P(Y=1 \mid x_1, x_2, x_3) = \frac{\exp(\beta_0 + \beta_1 x_1 + \beta_2 x_2 + \beta_3 x_3)}{1 + \exp(\beta_0 + \beta_1 x_1 + \beta_2 x_2 + \beta_3 x_3)}$$

위의 식을 다시 정리하면 다음과 같다.

$$P(Y=1 \mid x_1, x_2, x_3) = \frac{1}{1 + \exp[-(\beta_0 + \beta_1 x_1 + \beta_2 x_2 + \beta_3 x_3)]}$$

2. 로짓모델 실행

Data File: Logit_Data_Y_Expo.sav

Download: www.daewangsa.net

- 변수설명: 일반적으로 종속변수와 독립변수를 설명하는 표를 〈표 8-1〉과 같이 제시하는 것이 바람직하다.

〈표 8-1〉 **로짓모델의 변수설명**

변수명		변수설명
종속변수		여수엑스포 방문의사(예=1, 아니오=0)
독립변수	age	연령(1=20대, 2=30대, 3=40대, 4=50대 이상)
	time	소요시간(비율척도: 통계청 자료를 토대로 여수까지 도로로 접근할 때 걸리는 소요시간. 단, 제주지역은 제외)
	res	전라도 거주 여부(1=전라도 거주, 0=전라도 비거주)

- 로짓모델 설정: 위의 로짓모델은 다음과 같이 간단히 표현할 수도 있다(이충기, 2017).

$$\pi_1 = \frac{1}{1+\exp(-\Delta v)}$$

여기서 $\Delta v = \beta_0 + \beta_1 age + \beta_2 time + \beta_3 res$

로짓모델의 종속변수는 여수엑스포 방문의사(1=예, 0=아니오)이며, 여기에 영향을 미칠 것으로 예상되는 독립변수는 연령(age), 소요시간(time), 전라도 거주 여부(res)를 포함한다. 여기에서는 분석결과 유의한 변수만을 포함시키고자 한다.

- 메뉴에서 [분석(A)] ▶ [회귀분석(R)] ▶ [이분형 로지스틱(G)]을 선택한다.

• [종속변수(D)]에 종속변수인 〈방문의사〉 변수를 선택한다. 그리고 [공변량(C)]에 '연령,' '소요시간,' '전라도 거주 여부'와 같은 독립변수를 선택한다.

• [옵션(O)]에서 [분류도표(C)]를 선택한다. [분류도표(C)]는 각 집단에 속한 케이

스(즉 응답자)의 예측집단 분류표를 출력해준다. 또한 〈반복계산정보〉를 선택한다. 이 지표는 초기 -2 Log 우도값을 출력해주며, 로짓모델의 적합성을 평가하는 Chi-square 점수를 계산할 때 필요한 정보이다.

- [방법(M)]은 독립변수의 입력방식을 의미하는데, 일반적으로 입력방식이 많이 사용되어 디폴트로 설정되어 있다. 다만 추정모형의 의미 있는 변수(즉 유의한 독립변수)만을 도출하여 모형에 사용할 때는 전진 또는 후진 방식을 사용한다.

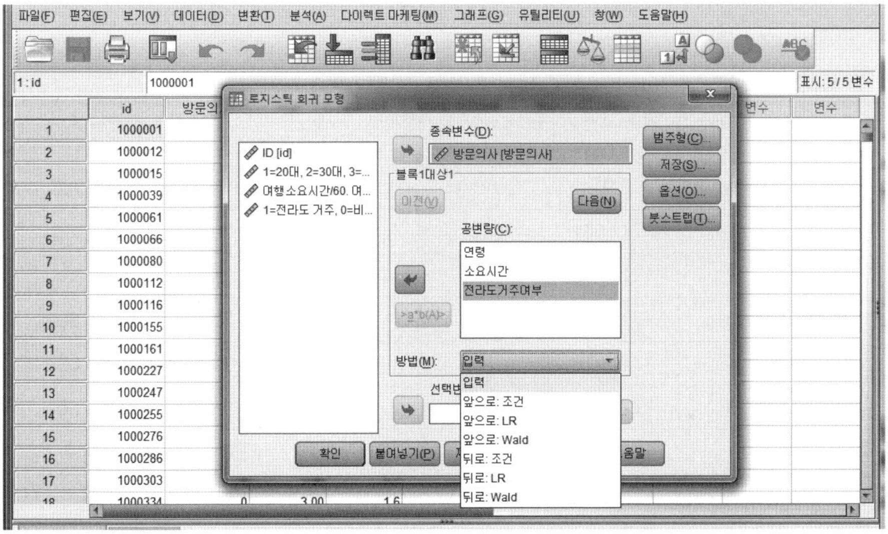

로짓모델의 분석결과는 다음과 같다.

모형검정 [-2 Log 우도]는 모형의 적합도를 의미하는데, 일반적으로 0에 가까울수록 완벽한 모형임을 의미한다. 여기에서 〈모형요약〉 표에 나와 있는 초기 -2 Log 우도값(1919.693)은 상수항만으로 구성된 모형의 적합도 값이고, 〈반복계산정보〉 표에 나와 있는 -2 Log 우도값(1711.518)은 모든 독립변수를 포함한 모형의 적합도를 나타낸다. 따라서 상수항만으로 구성된 모형에 비해 독립변수들이 포함된 경우의 -2 Log 우도값이 작아졌기 때문에 모형의 적합도가 더 높아졌다는 것을 알 수 있다. -2 Log 우도값이 독립변수들을 추가함으로써 얼마나 줄어들었는지를 통계적으로 검정하는 방법이 바로 Chi-square test이다. 분석결과 χ^2(208.175)은 유의확률=0.00으로 $p<0.01$에서 통계적으로 유의하여 적합한 모델임을 나타내준다.

모형계수 전체 테스트

구분		카이제곱	자유도	유의확률
1 단계	단계	208.175	3	.000
	블록	208.175	3	.000
	모형	208.175	3	.000

반복계산정보[a, b, c, d]

반복계산		-2 Log 우도	계수			
			Constant	연령	소요시간	전라도거주 여부
1 단계	1	1717.551	-.354	.525	-.314	.600
	2	1711.598	-.366	.584	-.361	.936
	3	1711.518	-.369	.588	-.363	1.000
	4	1711.518	-.369	.588	-.363	1.002
	5	1711.518	-.369	.588	-.363	1.002

a. 방법: 입력.
b. 모형에 상수항이 있다.
c. 초기 -2 Log 우도: 1919.693.
d. 모수추정값이 .001보다 작게 변경되어 계산반복수 5에서 추정을 종료했다.

모형설명력 Cox와 Snell의 R^2와 Nagelkerke R^2는 회귀분석에서 R^2와 유사한 개념으로 그 값이 클수록 모형의 설명력은 우수하다고 판단할 수 있다. 분석결과 Cox와 Snell의 R^2=13.6%, Nagelkerke R^2=18.4%로, 전자는 로짓모델을 13.6%, 후자는 로짓모델을 18.4%만큼 설명해 준다는 것을 나타내준다.

모형 요약

단계	-2 Log 우도	Cox와 Snell의 R^2	Nagelkerke R^2
1	1711.518[a]	.136	.184

a. 모수추정값이 .001보다 작게 변경되어 계산반복수 5에서 추정을 종료했다.

분류표 분류표는 실제집단과 예측집단의 분류의 일치 정도를 의미하는 표로서 여기에서 방문의사가 없는 집단에 소속된 572명 중 264명이 제대로 분류되었고, 방문의사가 있는 집단에 소속된 853명 중 693명이 제대로 분류되었음을 의미한다. 이에 분류정확도는 67.2%로 절대적이지는 않으나 비교적 예측력이 보통수준임을 나타내준다.

분류표[a]

감시됨			예측		
			방문의사		분류정확 %
			없다	있다	
1 단계	방문의사	없다	264	308	46.2
		있다	160	693	81.2
	전체 퍼센트				67.2

a. 절단값은 .500이다.

방정식에 포함된 변수 이 표에서는 여수엑스포 방문의사에 영향을 미치는 독립변수의 영향력을 확인할 수 있는 부분이다. 먼저 독립변수의 유의확률을 살펴 볼 때 연령=0.000, 소요시간=0.000, 전라도 거주 여부=0.000으로 나타나, 연령, 소요시간, 전라도거주 여부는 모두 $p<0.01$ 수준에서 통계적으로 유의한 변수임을 나타내준다. 한편 연령과 전라도 거주 여부는 각각 정(+)의 부호를 나타냈는데, 이는 나이가 많을수록 전라도에 거주할수록 방문의사가 높다는 것을 의미한다. 또한 소요시간의 부호가 음(−)인 것은 거주지에서 여수엑스포장까지 시간이 많이 걸릴수록 방문의사는 낮아진다는 것을 의미한다.

방정식에 포함된 변수

구분		B	S.E.	Wald	자유도	유의확률	Exp(B)	EXP(B)에 대한 95% 신뢰구간	
								하한	상한
1단계[a]	연령	.588	.051	130.724	1	.000	1.800	1.627	1.991
	소요시간	-.363	.089	16.458	1	.000	.696	.584	.829
	전라도 거주 여부	1.002	.284	12.473	1	.000	2.723	1.562	4.749
	상수항	-.369	.278	1.762	1	.184	.691		

a. 변수가 1: 단계에 진입했다(연령, 소요시간, 전라도거주 여부).

Wald 회귀모델에서 t값과 같은 의미로 변수의 유의성을 판단하는 데 사용된다.

Exp(B) 이는 독립변수가 1단위 변화함에 따라 종속변수가 변화하는 확률을 의미한다. 가령, 연령변수의 경우 Exp(0.588)=1.800인데, 이는 연령이 1단위 증가(예 20대→30대)하면 여수엑스포 방문의사는 1.8배 증가한다는 것을 의미한다. 소요시간 변수의 경우 Exp(-0.363)=0.696인데, 소요시간이 1단위 증가(예 1시간→2시간)하면 여수엑스포 방문의사는 0.696배 감소한다는 것을 의미한다.

범주형 데이터 처리 독립변수로 연속형 데이터(즉 등간척도와 비율척도)가 아닌 범주형 데이터(명목척도)가 사용될 때는 이를 범주형 데이터로 변환한 후 사용하는 것이 바람직하다. 가령, 앞서 사용한 연령을 Recoding하여 1=20대, 2=30대, 3=40대, 4=50대, 5=60대 이상으로 범주화한 후 적용할 수 있다.

연구사례 8-1 로짓모델 사례 1

로짓모형의 추정결과

이러한 로짓모델의 추정은 최우추정법(maximum likelihood estimation)을 이용했다. 최우추정법에 의한 추정치는 유효추정량(efficient)이며, 일치추정량(consistent)을 만족한다(Maddala, 1983). 로짓모델의 추정결과는 〈표 1〉과 같이 요약되며, 응답자 특성변수들의 값은 〈표 1〉과 동일하게 적용되었다.

Wald 통계량을 살펴보면, 세 모형 모두에서 파라미터의 추정치가 5% 또는 10% 유의수준에서 통계적 유의성이 있는 변수로는 제시금액 · 연령 · 축제만족도 · 자연환경태도로 나타났다. 성별에 대한 파라미터 추정치는 실제상황(주소 및 이름)모형에서만 10% 유의수준에서 통계적으로 유의한 것으로 나타났다. 반면에 소득에 대한 파라미터 추정치는 세 모형 모두에서 통계적 유의성이 없는 것으로 나타났다.

제시금액에 대한 파라미터의 부호는 음(−)으로 나타나, 환경보존기금이 높을수록 갯벌생태관광자원의 보존 프로그램에 참여할 확률이 감소하는 것으로 나타났다. 성별에 대한 파라미터의 부호는 음(−)으로 추정되어 여성에 비해 상대적으로 남성

〈표 1〉 **로짓모형의 추정결과**

변수	가설적 상황		실제 상황(지로)		실제 상황(주소 및 이름)	
	추정계수	Wald통계량	추정계수	Wald통계량	추정계수	Wald통계량
제시금액	-0.00002	23.4794**	-0.00001	8.9781**	-8.16×10^{-6}	3.6390*
성별	-0.0078	0.0012	-0.0998	0.2019	-0.4458	3.2924*
연령	0.2566	3.4619*	0.2323	2.9834*	0.3676	6.1128**
소득	0.1044	0.7341	0.0826	0.4984	-0.0872	0.4301
축제만족도	0.2794	4.2122**	0.3428	5.9418**	0.3085	3.7747*
자연환경태도	0.1737	9.8594**	0.1357	5.9061**	0.1957	9.0307**
상수	-3.4311	13.3031**	-3.8127	15.7128**	-4.6289	17.6001**
N Model χ^2 -2 Log 우도 % of right prediction	378 51.44 469.15 72.2		378 31.36 472.92 67.5		378 29.97 402.67 69.1	

주: * 10% 유의수준에서 유의함, ** 5% 유의수준에서 유의함.

이 갯벌생태관광자원의 보존 프로그램에 참여할 확률이 높다는 것을 나타낸다. 연령에 대한 파라미터의 부호는 양(+)으로 나타났는데, 이는 연령이 높을수록 갯벌생태관광자원의 보존 프로그램에 참여할 확률이 증가한다는 것을 의미한다. 축제만족도에 대한 파라미터의 부호도 양(+)으로 나타났으며, 이는 보령 머드축제 방문결정에 대한 만족도가 높을수록 갯벌생태관광자원의 보존 프로그램에 참여할 확률이 증가한다는 것을 의미한다. 또한 예상한 바와 같이 자연환경태도의 파라미터는 양(+)으로 나타났으며, 이는 환경친화적인 태도를 갖는 사람일수록 갯벌생태관광자원의 보존프로그램에 참여할 확률이 증가한다는 것을 의미한다.

자료: 이충기 · 김태균 (2010). CVM을 이용한 보령머드축제 생태관광자원의 경제적 가치 평가: 가설적 편의의 최소화 방법을 중심으로. 『관광연구』, 25(4), 129-144.

연구사례 8-2 로짓모델 사례 2

Empirical results

Logit models may be estimated with either linear or logarithmic functional forms in measuring both use and preservation values. However, the linear-logit models were employed in this study because the linear functional form was much easier to compute mean WTP. This research included several variables: bid, income, education, sex, age, environmental attitude items, and push and pull factor items, respectively. Although their estimated coefficients showed the expected signs, variables with statistical insignificance were excluded in the following logit models to help derive the best models.

Estimating logit model for Soraksan National Park

Table 1 presents the parameter estimates of the linear-logit models of measuring use and preservation values for Soraksan national park. Two variables, offer(Bid 1) and pull factor, were included in the logit model to measure use value. The income variable was found to have the expected sign but was not significant. The estimated coefficient of offer, which is the most important explanatory variable of Probability of WTP, was found statistically significant at the

1 percent level with the expected negative sign. This indicates that the probability of WTP 'yes' decreases(increases) as the price of offer increases(decreases) under the hypothetical market scenario. The estimated coefficient of pull factor was found statistically significant at the 5 percent level, and the sign was positive as expected. The pull factor was comprised of 12 items, representing characteristics of national parks, such as attractiveness and accessibility. The finding suggests that the probability of WTP 'yes' increases as the pull factor is stronger. The results reveal that almost 77 percent of respondents were correctly allocated to predicted WTP either 'yes' or 'no' in the model, indicating a relatively good-fit to the data(see also Cox & Snell R^2 and Nagelkerke R^2). The variable of offer(Bid 2) was only significant in the model of measuring preservation value. The estimated coefficients of offer were found to be statistically significant at the 1 percent level, with the expected negative sign. In this case, sixty percent of respondents were correctly allocated to predicted WTP, either 'yes,' or 'no,' in the model.

〈Table 1〉 **Results of logit models for Soraksan national park**

Use value				Preservation (or non-use) value			
Variable	Coefficient	t-value	Significance	Variable	Coefficient	t-value	Significance
Constant	-0.1130	-0.15	0.8781	Constant	0.2462	2.31	0.0206
Bid 1	-0.0001	-8.55	0.0000	Bid 2	-4.9E-05	-5.92	0.0000
Pull factor	0.5335	2.23	0.0239				
	-2 log likelihood: 479 Cox & Snell R^2: .312 Nagelkerke R^2: .444 Percent of right prediction: 77%			-2 log likelihood: 673 Cox & Snell R^2: .091 Nagelkerke R^2: .122 Percent of right prediction: 60%			

자료: Lee, C. K. & Han, S. Y. (2002). Estimating the use and preservation values of National Parks' tourism resources using a contingent valuation method. *Tourism Management*, 23(5), 531-540.

4.4. Estimated logit models

The logit models are estimated using the maximum likelihood estimation method using IBM SPSS 25.0. As shown in TABLE 4, donation amount, sustainable intelligence, residents' support, behavioral intention toward preservation, period of residency, and age in both hypothetical and real settings significantly influence residents' WTP to donate for the preservation of Jeju Batdam at $p < .05$. The donation amount coefficient is negative, indicating the higher (lower) the donation amount, the lower (higher) the probability of donating to Jeju Batdam preservation. This result follows economic theory. Furthermore, the higher the respondent's sustainable intelligence, residents' support, and behavioral intention,

〈Table 4〉 **Estimation results of the logit models for WTP for preservation of Jeju Batdam**

Variable	Hypothetical setting				Real setting			
	β	SE	Wald	p-value	β	SE	Wald	p-value
Donation (bid) price	-.133	.018	55.728	.000	-.172	.021	70.705	.000
Sustainable intelligence	.980	.315	9.669	.002	.876	.342	6.567	.010
Resident support	.730	.332	4.829	.028	.934	.349	7.183	.007
Behavioral intention	.607	.251	5.832	.016	.515	.260	3.930	.047
Gender	.204	.283	.521	.470	.015	.291	.003	.958
Period of residency	1.008	.387	6.794	.009	1.357	.386	12.352	.000
Age	2.068	.440	22.051	.000	1.692	.432	15.317	.000
Education	.319	.475	.453	.501	.415	.465	.796	.372
Monthly income	-.187	.419	.199	.655	-.568	.421	1.816	.178
Constant	-9.256	1.140	65.877	.000	-9.089	1.171	60.284	.000
Model x2	233.338				255.268			
-2 Log Likelihood	326.127				310.095			
% Correction Predicted	83.6%				84.6%			

along with having lived on the Island more than 40 years, the larger the pro bability is to donate to Jeju Batdam preservation. Education level and gender appear to not influence WTP. Surprisingly, income level did not significantly influence WTP until the 17% level, which may go against the economic theory.

자료: Park, Y. N., Lee, C. K., Mjelde, J. W., & Kwon, Y. J. (2022). Policy implications of willingness to pay for sustainable development of a world agricultural heritage site: The role of stakeholders' sustainable intelligence, support, and behavioral intention. *Sustainable Development*, 30, 636-646.

9장 위계적 회귀분석(Hierarchical Regression Analysis)

1. 위계적 회귀모델(Hierarchical Regression Model)

회귀모델은 독립변수와 종속변수 간 인과관계를 설명하는데, 이 두 인과관계에서 다른 독립변수에 의하여 영향을 받을 수 있다. 가령, 아래 그림은 계획행동이론(TPB: Theory of Planned Behavior)에서 태도(AT: attitude), 주관적 규범(SN: subjective norm), 그리고 지각된 행동통제(PBC: perceived behavioral control)가 행동의도(BI: behavioral intention)에 영향을 미치는 관계를 설명하고 있다(이충기 · 류재숙 · 고성규, 2017). 이때 승마 체험효과(EF: experiential effect)가 독립변수(AT, SN, PBC)와 종속변수(BI) 사이에서 영향을 미친다면 조절효과(moderating effect)가 있는 것이다. 이때 조절효과는 위계적 회귀모델을 이용하여 분석할 수 있다.

위계적 회귀모델을 통해 조절효과를 분석하는 절차와 검증방법은 다음과 같다(이충기 · 류재숙 · 고성규, 2017).

Step 1: 독립변수와 종속변수 간 회귀모델을 분석하고(Model 1),

Step 2: Model 1에 조절변수(예: 체험효과)를 포함한 회귀모델을 분석하며(Model 2),

Step 3: Model 2에 각 독립변수와 조절효과 간의 상호작용항을 포함한 회귀모델을 분석한다(Model 3).

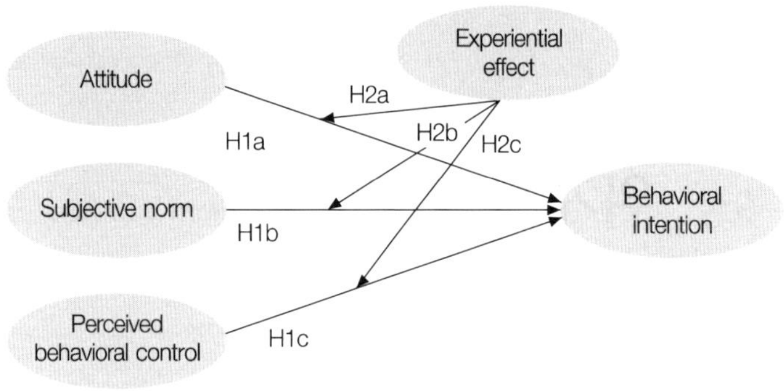

자료: 이충기 · 류재숙 · 고성규(2017). 승마체험 계획행동과정에서 체험효과의 조절역할: 유소년을 대상으로. 『관광연구저널』, 31(11), 5-17.

[그림 9-1] **Proposed research model**

또한 위계적 회귀모델 분석결과 조절효과가 존재하기 위해서는 다음과 같은 결과가 나와야 한다. 첫째, 위의 3가지 회귀모델의 F값은 각각 통계적으로 유의해야 하고, 둘째, R^2는 3개 모델에서 순차적으로 증가해야 하며, 셋째, F 변화량은 통계적으로 유의해야 하고, 넷째, 상호작용항도 통계적으로 유의해야 한다.

2. 위계적 회귀모델 실행

Data File: 조절효과(학생승마체험).sav

• 조절효과를 분석하기 위해서는 사전에 상호작용항(독립변수×조절변수)을 생성해야 한다. 이를 위해서는 SPSS 메뉴에서 [변환(T)] ▶ [변수계산(C)]을 클릭한 후 상호작용항을 아래 그림과 같이 생성한다.

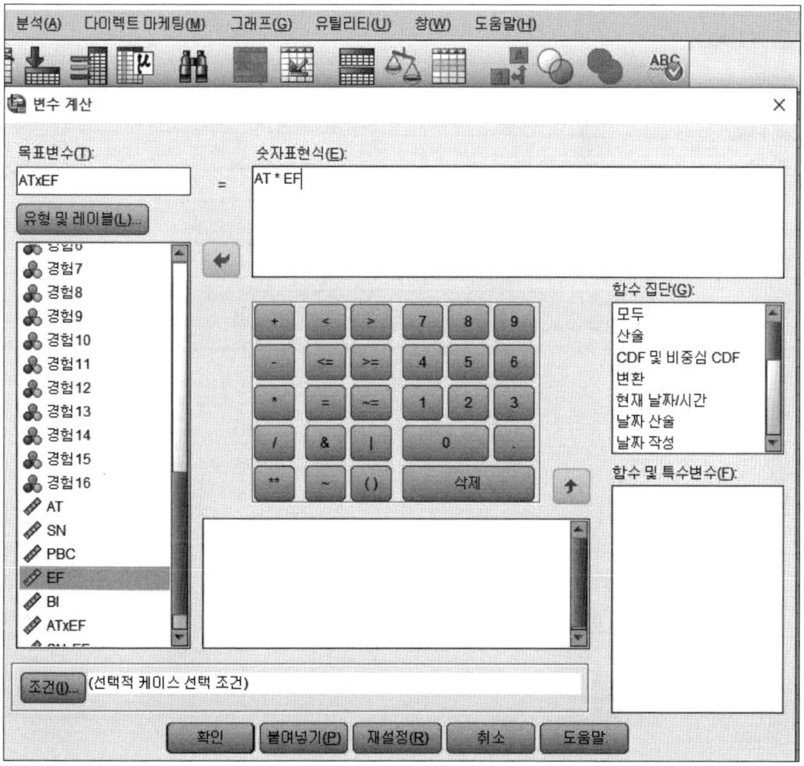

• 메뉴에서 [분석(A)] ▶ [회귀분석(R)] ▶ [선형(L)]을 선택한다.

Step 1: [종속변수]에 BI, [독립변수]에 AT, SN, PBC를 입력한다. 이를 Model 1 이라고 하자.

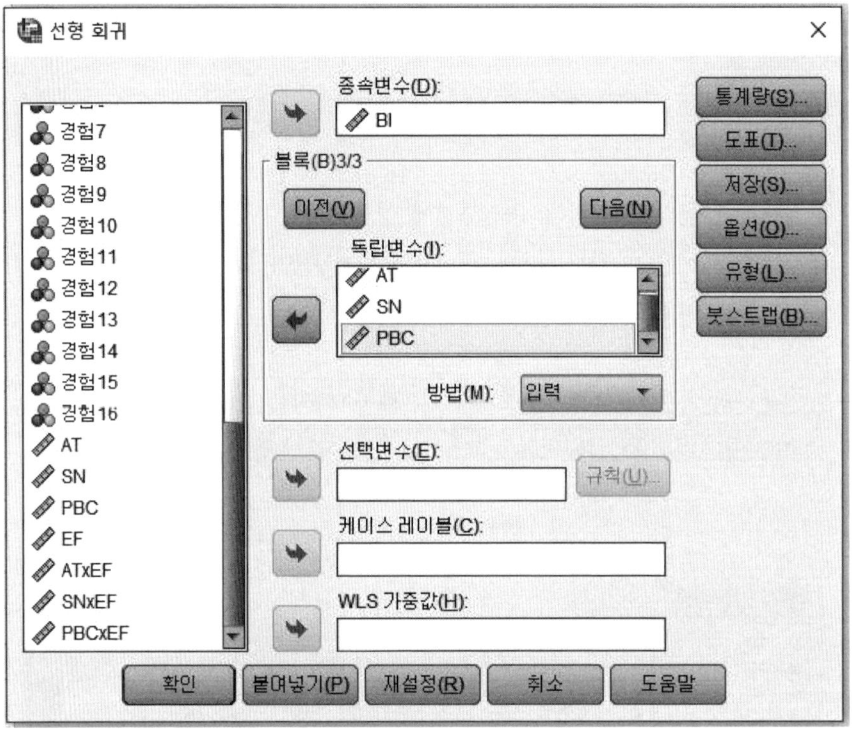

Step 2: [다음(N)]을 클릭하여 ⟨Model 2⟩ 설정으로 이동한다. 여기서 독립변수에 AT, SN, PBC, EF(조절변수)를 입력한다.

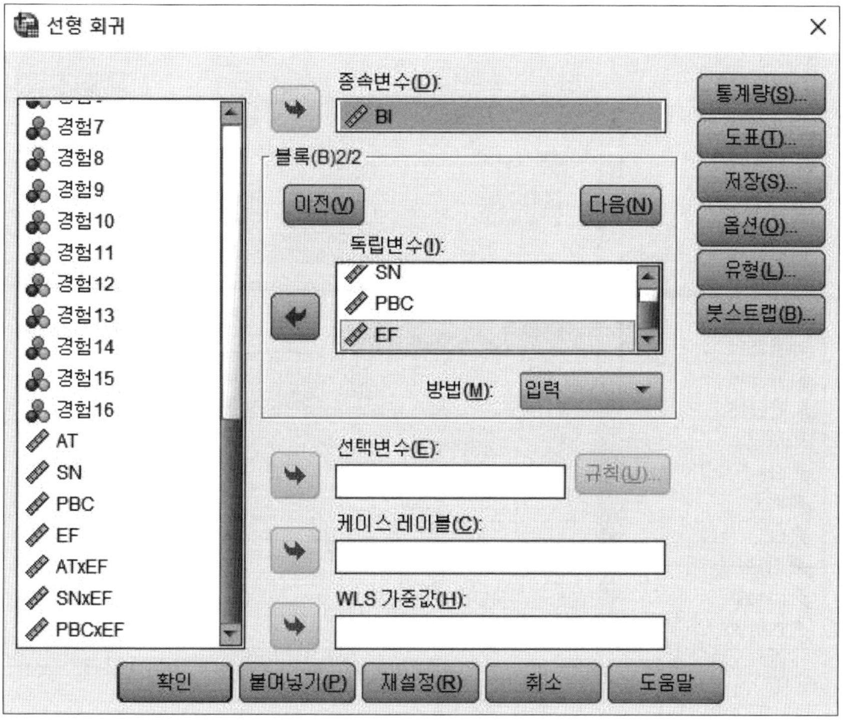

Step 3: [다음(N)]을 클릭하여 〈Model 3〉 설정으로 이동한다. 여기서 독립변수에 AT, SN, PBC, EF, 상호작용항(AT × EF, SN × EF, PBC × EF)을 입력한다.

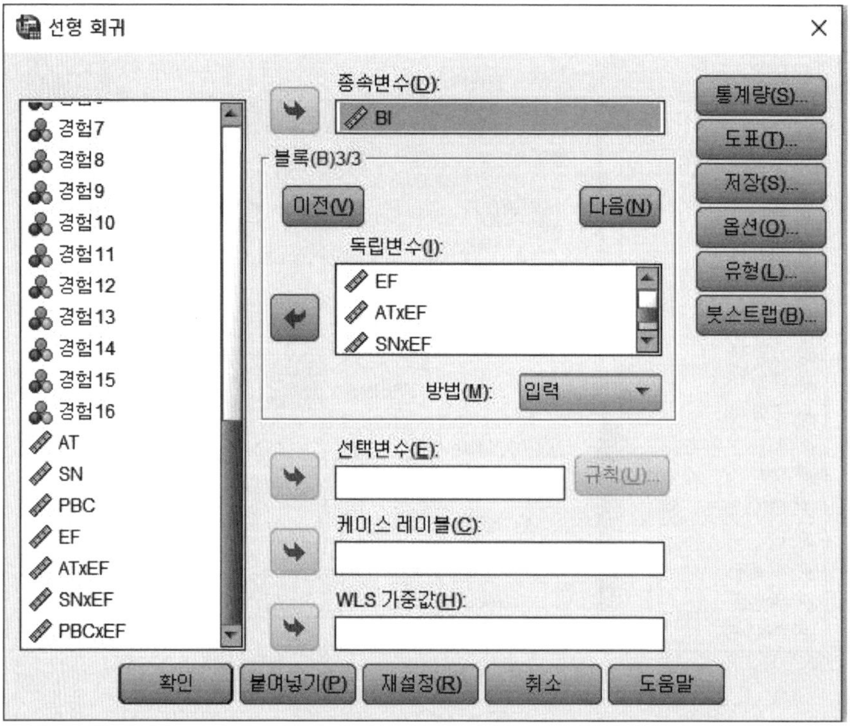

Step 4: [통계량(S)] 옵션을 클릭하여 [R제곱 변화량]을 체크한 후 [계속] ▶ [확인]을 클릭하여 조절효과분석을 실시한다.

※조절변수가 여러 개가 있는 경우는 조절변수별로 Step 1~Step 4를 반복한다.

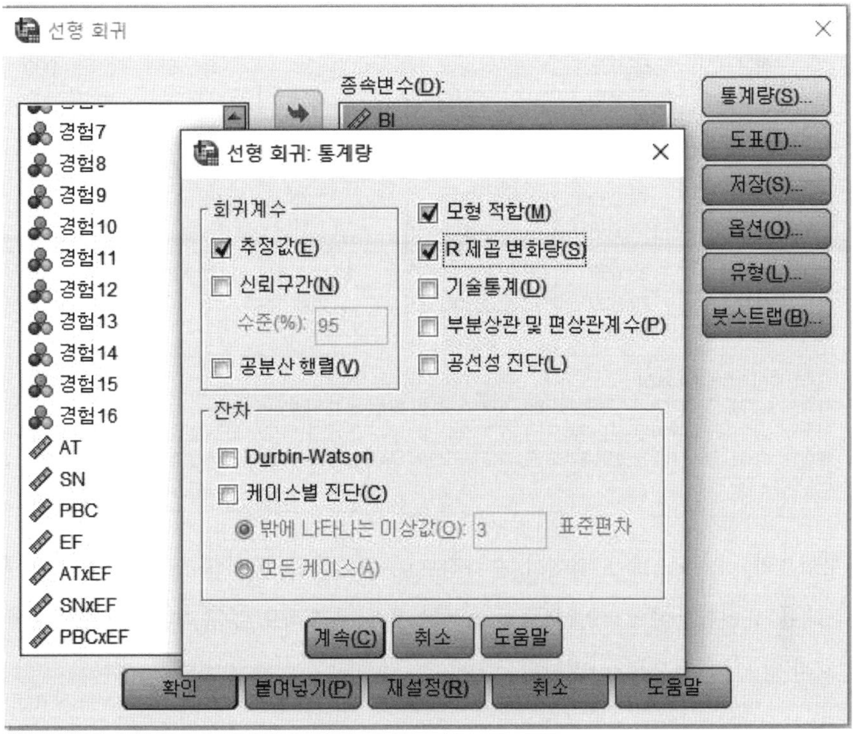

• 분석결과의 해석: 〈ANOVA〉 Model 1, Model 2, Model 3의 F값은 모두 $p < 0.001$에서 통계적으로 유의한 것으로 나타났다.

ANOVA[a]

모형		제곱합	자유도	평균제곱	F	유의확률
1	회귀	69.923	3	23.308	84.167	.000[b]
	잔차	85.845	310	.277		
	전체	155.768	313			
2	회귀	80.916	4	20.229	83.508	.000[c]
	잔차	74.852	309	.242		
	전체	155.768	313			
3	회귀	82.969	7	11.853	49.820	.000[d]
	잔차	72.800	306	.238		
	전체	155.768	313			

주: a. 종속변수: BI(행동의도요인)
b. 예측자: (상수), PBC(지각된 행동통제요인), AT(태도요인), SN(주관적 규범요인)
c. 예측자: (상수), PBC(지각된 행동통제요인), AT(태도요인), SN(주관적 규범요인), EF(체험효과요인)
d. 예측자: (상수), PBC(지각된 행동통제요인), AT(태도요인), SN(주관적 규범요인), EF(체험효과요인), PBC × EF, SN × EF, AT × EF

〈모형요약〉 R^2는 3개 모델에서 순차적으로 증가함과 동시에 Model 3에서 F 변화량에 대한 유의확률이 $p=0.036$으로 $\alpha=5\%$에서 통계적으로 유의한 결과를 보여주어 조절효과가 있는 것으로 나타났다.

모형 요약

모형	R	R제곱	수정된 R제곱	추정값의 표준오차	통계량 변화량				
					R제곱 변화량	F 변화량	자유도 1	자유도 2	유의확률 F 변화량
1	.670[a]	.449	.444	.526	.449	84.167	3	310	.000
2	.721[b]	.519	.513	.492	.071	45.380	1	309	.000
3	.730[c]	.533	.522	.488	.013	2.876	3	306	.036

주: a. 예측자: (상수), PBC(지각된 행동통제요인), AT(태도요인), SN(주관적 규범요인)
b. 예측자: (상수), PBC(지각된 행동통제요인), AT(태도요인), SN(주관적 규범요인), EF(체험효과요인)
c. 예측자: (상수), PBC(지각된 행동통제요인), AT(태도요인), SN(주관적 규범요인), EF(체험효과요인), PBC × EF, SN × EF, AT × EF

[계수] AT와 EF 간 상호작용항(AT×EF)만이 통계적으로 유의한 조절효과(β=-1.608, t=-2.456, $p<0.05$)가 있는 것으로 나타났다.[1]

계수[a]

모형		비표준화 계수		표준화 계수	t	유의확률
		B	표준오차	베타		
1	(상수)	-.044	.276		-.158	.874
	AT(태도요인)	.521	.071	.387	7.357	.000
	SN(주관적 규범요인)	.314	.062	.279	5.047	.000
	PBC(지각된 행동통제요인)	.133	.050	.132	2.694	.007
2	(상수)	-.125	.259		-.483	.629
	AT(태도요인)	.368	.070	.274	5.257	.000
	SN(주관적 규범요인)	.232	.060	.206	3.906	.000
	PBC(지각된 행동통제요인)	.098	.047	.097	2.112	.036
	EF(체험효과요인)	.316	.047	.324	6.737	.000
3	(상수)	-2.629	1.338		-1.965	.050
	AT(태도요인)	1.268	.380	.943	3.337	.001
	SN(주관적 규범요인)	-.457	.365	-.406	-1.251	.212
	PBC(지각된 행동통제요인)	.431	.270	.426	1.598	.111
	EF(체험효과요인)	1.033	.375	1.061	2.752	.006
	AT×EF	-.243	.099	-1.608	-2.456	.015
	SN×EF	.172	.091	1.184	1.886	.060
	PBC×EF	-.083	.066	-.560	-1.261	.208

주: a. 종속변수: BI(행동의도요인)

1 그런데 여기서 표준화계수가 -1.608로 부(-)의 관계를 갖는 것으로 나타났는데, 이는 태도가 행동의도에 미치는 영향은 체험효과가 낮을수록 높아진다는 것을 의미한다(이충기 · 류재숙 · 고성규, 2017). 바꾸어 말하면, 체험효과가 강할수록 태도가 행동의도에 미치는 영향은 오히려 약해질 수 있다는 것을 뜻한다. 이는 승마체험효과가 태도와 행동의도 간에 있어서 중요한 조절역할을 하고 있다고 해석할 수 있다. 그러나 대부분의 연구에서 조절효과는 정(+)의 영향을 미치는 경우가 보통이다.

연구사례 9-1 위계적 회귀모델(조절효과) 사례 1

가설검증 결과

본 연구에서는 계획행동이론의 가설(H1a~H1c)뿐만 아니라 조절효과(H2a~H2c)를 검증하기 위해 위계적 회귀분석을 실시하였다. 〈Table 5〉에서 보는 바와 같이 회귀모델 분석결과(Model 1), F=84.167(p<.001)로 통계적으로 유의하며, R^2=.449로 세 가지 독립변수들(태도, 주관적 규범, 지각된 행동통제)이 행동의도를 44.9% 정도 설명해주는 것으로 나타났다. 또한 태도(β=.387, t=7.357, p<.001), 주관적 규범(β=.279, t=5.047, p<.001), 지각된 행동통제(β=.132, t=2.694, p<.001)는 행동의도에 유의한 영향을 미치는 것으로 나타났다. 따라서 가설 H1a, H1b, H1c는 각각 지지되었다. 이러한 분석결과는 유소년 승마체험에 계획행동모델이 잘 적용된다는 사실을 입증해준다. 특히 3가지 요인 중 행동의도에 가장 큰 영향을 주는 것은 태도(β=.387)로 나타났으며, 다음으로 주관적 규범(β=.279), 행동통제(β=.132)의 순으로 나타났다. 또한 Model 2에서는 3개의 독립변수에 체험효과를 포함시켰으며, 분석결과 체험효과(β=.324, t=6.737, p<.001)는 행동의도에 긍정적인 영향을 미치는 것으로 나타났다.

조절효과를 파악하기 위해 체험효과 변수뿐만 아니라 독립변수와 체험효과의 상호작용항들을 Model 3에 포함시켰다. 〈Table 5〉에서 보는 바와 같이, Model 1, Model 2, Model 3의 F값은 모두 통계적으로 유의하고, R^2는 3개 모델에서 순차적으로 증가함과 동시에 Model 3에서 F 변화량은 p=.036으로 α=5%에서 통계적으로 유의한 결과를 보이고 있어 조절효과가 있는 것으로 확인되었다. 분석결과 태도와 체험효과의 상호작용항(AT×EF)만이 통계적으로 유의한 조절효과(β=-1.608, t=-2.456, p<.05)를 갖는 것으로 나타났으며, 따라서 H2a는 지지되었다. 다시 말하면 체험효과는 태도와 행동의도 사이에서 조절역할을 수행한다는 것을 의미한다. 그런데 표준화 계수는 -1.608로 부(-)의 관계를 갖는 것으로 나타났는데, 이는 태도가 행동의도에 미치는 영향은 체험효과가 낮을수록 높아진다는 것을 의미한다. 바꾸어 말하면 체험효과가 강할수록 태도가 행동의도에 미치는 영향은 오히려 약해질 수 있다는 것을 뜻한다. 이는 승마체험효과가 태도와 행동의도 간에 있어서 중요한 조절역할을 하고 있다고 해석할 수 있다. 한편 조절변수가 부(-)의 영향을 미치는 연구는 계획행동

이론을 적용한 체육분야 연구에서 팀 동일시와 관람의도 사이에 과거행동을 조절변수로 사용한 사례에서도 제시되었으며(양성진 · 원도연 · 곽민석, 2015), 유기농음식 구매 태도와 구매의도 사이에서 음식편여도에 대한 개인의 특성을 조절변수로 사용한 사례에서도 제시된 바 있다(Chen, 2007). 그러나 체험효과는 주관적 규범 및 지각된 행동통제와 행동의도 간에는 조절역할을 수행하지 않는 것으로 나타나 H2b와 H2c는 기각되었다.

〈Table 5〉 **Moderating effect of the experiential effect of horseback riding**

	Model 1		Model 2		Model 3	
	β	t-value	β	t-value	β	t-value
Attitude(AT)	.387	7.357***	.274	5.257***	.943	3.337**
Subjective norm(SN)	.279	5.047***	.206	3.906***	-.406	-1.251
Perceived behavioral control(PBC)	.132	2.694***	.097	2.112*	.426	1.598
Experiential effect(EF)			.324	6.737***	1.061	2.752**
AT×EF					-1.608	-2.456*
SN×EF					1.184	1.886
PBC×EF					-.560	-1.261
F	84.167***		83.508***		49.820***	
R^2	.449		.519		.533	
$\triangle F$			45.380***		2.876*	
$\triangle R^2$			.071		.013	

Note: Dependent variable is behavioral intention, *p<.05, **p<.01, ***p<.001

자료: 이충기 · 류재숙 · 고성규(2017). 승마체험 계획행동과정에서 체험효과의 조절역할: 유소년을 대상으로. 『관광연구저널』, 31(11), 5-17.

Results of hierarchical regression models

Table 4 presents the results of hierarchical regression analyses of the four models, namely, TRA, ETRA (TRA+CW), TPB, and ETPB (TPB+CW). First, attitude and subjective norm constructs were entered into the equation to examine the overall effect of TRA. Overall, this model was statistically significant in predicting behavioral intention (F=153.540, p<.001, R2=.490), accounting for 49% of the variance in visitors' behavioral intention. In terms of predictive power, subjective norm (β=.512, t=12.819, p<.001) contributed slightly more to predicting behavioral intention than attitude (β=.477, t=11.948, p<.001) in this model. The results supported the main tenet of TRA: that positive attitude toward visit intention and strong subjective norm to visit Hanok Village made significant unique contributions to predicting travelers' visit intention of the heritage site.

Second, this study examined if CW explained the significantly unique proportion of the variance in visitors' behavioral intention, beyond being accounted for the attitude and subjective norm components of TRA. The ETRA model with the CW construct was statistically significant (F=68.175, p<.001, R2=.518). Along with the two dimensions of TRA model, all of CW's three dimensions, ICW (β=.129, t=3.237, p<.01), TCW (β=.087, t=2.104, p<.05), and UCW (β=.091, t=2.308, p< .05), were significant in predicting respondents' behavioral intention. Specifically, ICW demonstrated the highest predictive ability compared with the other CW dimensions. The addition of CW dimensions to the previously tested TRA significantly improved the fit of the model by 3% (F=6.238, p<.001).

Third, we tested whether the perceived behavioral control component of TPB significantly explained a unique proportion of the variance in visitors' behavioral intention, beyond being accounted for by the attitude and subjective norm components of TRA. The TPB model was statistically significant in predicting behavioral intention (F=148.677, p<.001, R2=.583). Moreover, attitude (β=.477, t=13.197, p<.001), subjective norm (β=.512, t=14.159, p<.001), and perceived behavioral control (β=.305, t=8.450, p<.001) were statistically significant.

Lastly, by including CW, the ETPB model was statistically significant in predicting behavioral intention (F=74.461, p<.001, R2=.586). Similar to the TPB model, attitude (β=.459, t=11.798, p<.001), subjective norm (β=.499, t=13.324, p<.001), and perceived behavioral control (β=.284, t=7.179, p<.001) were statistically significant; whereas CW's three dimensions, ICW, TCW, and UCW, were not significant in their predicative ability, accounting for less than 1% of the variance in behavioral intention beyond being explained by the attitude, subjective norm, and the perceived behavioral control components of TPB. This finding may be ascribed to the fact that PBC and all three CW dimensions were moderately correlated (r=0.445 with ICW; 0.402 with TCW; 0.466 with UCW) as

〈Table 4〉 **Results of hierarchical regression model.**

Model	Indepen-dent variable	Unstandardized coefficient		Standardized coefficient	t-value	F	R^2	△F	△R^2
		b	Std. error	β					
Model 1: TRA	AT SN	.477 .512	.040 .040	.477 .512	11.948*** 12.819***	153.540***	.490		
Model 2: ETRA	AT SN ICW TCW UCW	.426 .473 .129 .087 .091	.042 .040 .040 .041 .039	.426 .473 .129 .087 .091	10.238*** 11.791*** 3.237** 2.104* 2.308*	68.175***	.518	6.238***	.028
Model 3: TPB	AT SN PBC	.477 .512 .305	.036 .036 .036	.477 .512 .305	13.197*** 14.159*** 8.450***	148.677***	.583		
Model 4: ETPB	AT SN PBC ICW TCW UCW	.459 .499 .284 .047 .032 .020	.039 .037 .040 .039 .039 .038	.459 .499 .284 .047 .032 .020	11.798*** 13.324*** 7.179*** 1.216 .818 .527	74.461***	.586	.685	.003

Note: Dependent variable: behavioral intention, ETRA(TRA+CW), ETPB(TPB+CW); AT: attitude, SN: subjective norm, PBC: perceived behavioral control, ICW: identity / preservation, TCW: tangible attachment, UCW: understanding/ concerns; *p<.05, **p<.01, ***p<.001.

presented in Table 3 when CW was entered in the model (Moore et al., 2013); the unique contribution of PBC became diminished but remained significant. Overall, subjective norm contributed most in predicting visitors' behavioral intention from all four models within the context of heritage tourist behavior.

자료: Lee, C. K., Kang, S. K., Ahmad, M. S., Park, Y. N., Park, E. K., & Kang, C. W. (2021). Role of cultural worldview in predicting heritage tourists' behavioral intention. *Leisure Studies*, 40(5), 645-657.

10장 군집분석(Cluster Analysis)

1. 군집분석의 개념

축제를 방문하는 사람들의 욕구나 동기는 다양하듯이, 이러한 방문객들을 대상으로 한 설문항목들의 속성도 다양하다. 이러한 항목이나 개체들의 다양한 속성들을 유사한 특성에 따라 몇 개의 동질적인 집단으로 분류해 주는 방법을 군집분석이라고 한다. 가령, 군집분석을 통하여 보령 머드축제를 방문하는 사람들의 동기를 기준으로 유사한 동기를 가진 동질적인 몇 개의 집단으로 분류할 수 있다. 이를 통하여 축제방문객의 동기에 따라 소극적·중도적·적극적 축제방문집단으로 나눌 수도 있고, 단순 축제방문객집단과 다목적 축제방문객집단으로 분류할 수도 있다. 이러한 군집분석 결과를 토대로 축제의 연구자나 실무자들로 하여금 축제시장을 세분화하고 세분시장별 마케팅전략을 수립하는 데 활용될 수 있다.

2. 군집분석 절차

군집분석은 연구대상의 변수(또는 관측치) 간에 얼마나 유사한지를 평가하고 이를 토대로 유사한 집단으로 묶어 주는 방법이다. 군집분석의 절차는 첫째, 변수들 간 유사성을 측정하고(예 Euclidean 거리측정법) 둘째, 군집화방법을 선택하며(계층적 방법과 비계층적 방법 또는 두 방법의 결합) 셋째, 군집수를 결정하고 넷째, 군집분석의 타당성을 검정하는 단계로 진행된다(강병서 · 김계수, 2004; Hair, Black, Babin, & Anderson, 2010).

[그림 10-1] **군집분석절차**

2-1. 변수의 선정

변수의 선정은 군집분석에서 가장 먼저 결정되어야 할 사항이다(강병서 · 김계수, 2004). 다시 말하면 어떤 변수를 가지고 시장을 세분화할 것인지를 고민해야 한다. 가령, 축제의 경우 방문동기 변수를 기준으로 할 수도 있고, 관광지의 이미지 변수를 기준으로 할 수도 있다. 군집분석에서는 중요한 변수를 사용하되, 가능하다면 동일한 비중으로 평가될 수 있는 변수를 선정하는 것이 바람직하다.

2-2. 유사성 측정방법

여기에서는 유사성의 차이를 어떻게 측정할 것인지에 관한 방법을 설명한다. 군집분석은 각 변수들의 유사성을 거리로 환산하여 가장 가까이에 있는 것끼리 묶어 주게 된다. 따라서 거리의 유사성에 대한 측정방법은 다음과 같은 방식이 있다(Hair et al., 2010).

유클리디언 거리(Euclidean Distance) 가장 잘 알려진 거리측정방법으로 직선거리로 측정된다. 가령, 2차원에서 두 좌표(X_1, Y_1), (X_2, Y_2)가 있다고 가정하자. 여기서 두 좌표 지점의 유클리디언 거리는 직각삼각형의 빗변의 거리와 같이 계산된다. 유클리디언 거리측정방법은 두 변수 이상에 대해서도 쉽게 적용이 가능하다.

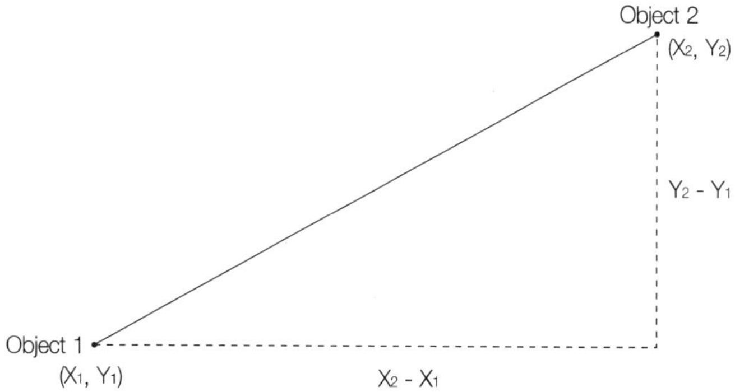

자료: Hair et al.(2010).

[그림 10-2] **두 좌표 지점 사이의 유클리디언 거리의 예**

$$d = \sqrt{(X_2 - X_1)^2 + (Y_2 - Y_1)^2}$$

유클리디언 제곱거리(Squared Euclidean Distance) 변수값들의 차이를 제곱하여 합산한 거리이다. 위의 유클리디언 거리측정공식에서 제곱근(squared root)을 없애 준 경우로 신속한 계산이 가능하다는 장점이 있다. 유클리디언 제곱거리는 계층적 군집화방법 중 중심선(Centroid)이나 워드법(ward)법에 이용된다.

2-3. 군집화방법

여기에서는 연구대상들을 어떻게 유사한 집단으로 묶을 것인지에 관한 방법들을 설명한다. 이러한 군집화 방법에는 크게 ① 계층적 군집화방법, ② 비계층적 군집화 방법이 있다.

2-3-1. 계층적 군집화방법(Hierarchical Clustering Method)

간단히 말해서 군집분석을 실시하는 데 있어 가장 가까운 관측치끼리 순차적으로 묶어가는 방법이 군집화방법이다(Hair et al., 2010). 가령, 100개의 변수 또는 관측치(observation)가 있다고 가정하자. 첫번째 단계는 가장 유사한 두 개의 관측치가 묶이게 되며, 이때 99개의 관측치가 남게 된다($n-1$).[1] 다음 단계는 이웃한 두 개의 유사한 관측치를 묶게 되며, 이때 98개의 관측치가 남게 된다($n-2$).[2] 이러한 과정은 마지막 남은 두 군집(또는 관측치)이 단일군집으로 묶일 때까지 계속된다.

계층적 군집화방법에는 [그림 10-3]과 같이 응집방법(agglomerative method)과 분할방법(divisive hierarchical method)이 있는데, 전자는 앞서 관측치를 순차적으로 묶어 나가는 방법이고, 후자는 응집방법과는 반대로 전체를 하나의 군집으로 시작하여 관측치들을 분할해 나가는 방법이다(Hair et al., 2010).

여기에서는 앞서 예를 들어 설명한 응집방법을 중심으로 다음과 같이 구체적인 하위방식들을 설명하고자 한다(Hair et al., 2010).

---

1 정확히 말하면 1개의 군집과 98개의 관측치가 남았다고 말할 수 있다.
2 여기서 두 개의 유사한 관측치는 처음 단계에서 묶인 군집과 인접한 관측치를 묶을 수 있다.

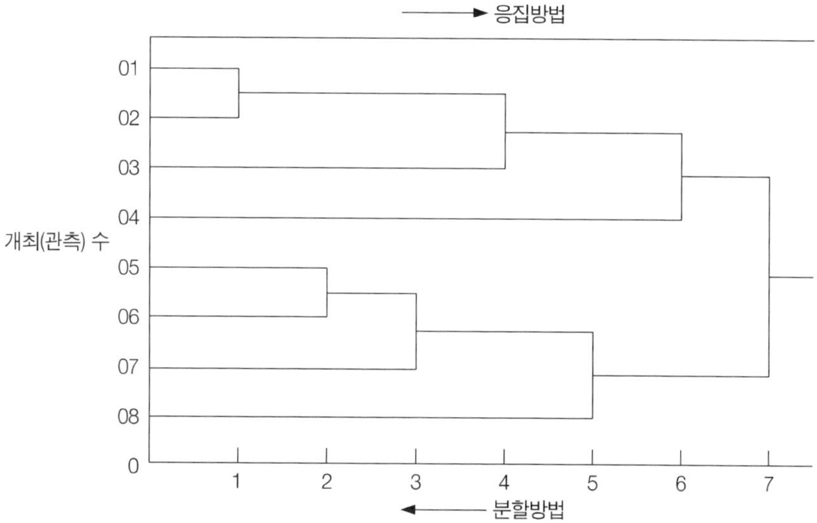

자료: Hair et al.(2010).

[그림 10-3] **계층적 군집화방법을 보여 주는 덴드로그램**(Dendrogram)

단일연결법(Single Linkage Method) 연구대상의 데이터가 임의의 군집으로 응집되어 있다고 가정하자. 여기서 어느 한 군집(X)에 속해 있는 관측치와 다른 군집(Y)에 속해 있는 관측치 사이의 거리(d_{xy})가 가장 가까울 때 하나의 새로운 군집으로 묶어 나가는 방식이다. 즉 이웃한 두 관측치 간의 최단거리를 기준으로 묶어 나가기 때문에 Nearest Neighbor Method라고 부르기도 한다.

완전연결법(Complete Linkage Method) 어느 한 군집(W)에 속해 있는 관측치와 다른 군집(Z)에 속해 있는 관측치 사이의 거리(d_{wz}) 중 가장 먼 거리를 기준으로 군집을 묶어가는 방식이다. 이는 단일연결법과는 대조적인 방법으로 두 관측치 간의 최장거리를 중심으로 군집을 묶어 나가기 때문에 Farthest Neighbor Method라고 부른다.

평균연결법(Average Linkage Method) 한 군집(X)에 속해 있는 모든 관측치의 평균과 다른 군집(Y)에 속해 있는 모든 관측치의 평균 사이의 거리를 중심으로 군집을 묶어 나가는 방식이다.

중심선법(Centroid Method) 이 방법은 두 군집의 중심선 간 거리를 중심으로 군집을 묶어가는 방법이다. 이 방법에서 군집의 중심선은 군집화가 진행됨에 따라 바뀌게 된다. 다시 말하면 중심선은 새로운 변수나 군집이 최근 군집에 추가됨에 따라 중심선은 변화하게 된다.

워드방법(Ward Method) 이 방법은 다른 군집방법들과는 달리 각 군집에 포함된 측정치들의 제곱합(SS: sum of squares)을 기준으로 군집을 묶어가는 방식이다. 다시 말하면 각 단계별로 형성되는 두 군집(X, Y) 간의 총제곱합(total SS)의 증가량을 최소화하는 방식으로 군집을 묶어가게 된다. 따라서 각 군집의 제곱합은 그 군집에 속해 있는 관측치의 수와 직접 관련되므로 관측치의 수가 작은 군집들 간을 묶는 경향이 있다. 계층적 군집화방법 중에서는 워드방법이 많이 사용된다.

2-3-2. 비계층적 군집화방법(Nonhierarchical Clustering Method)

계층적 군집화방법에서는 응집방법과 같이 유사한 거리끼리 순차적으로 묶어가는 과정을 거치지만, 비계층적 군집화방법은 이러한 과정을 거치지 않는다. 즉 군집의 수는 연구자의 주관적 판단에 의하여 결정되고, 결정 후에는 각 군집에 관측치들을 할당하게 된다. 비계층적 군집화 방법인 K-평균 군집분석은 자료의 수가 많은 경우 유용한 방법이나, 군집 수에 따라 결과해석이 다르게 나타나기 때문에 최적의 군집 수를 찾는 것이 중요하다. 비계층적 군집화방법은 다음과 같이 두 가지 단계를 거쳐 진행하게 된다(Hair et al., 2010).

군집 시드(Cluster Seed)**의 지정** 첫번째 해야 할 일은 각 군집을 위한 초기값을 지정해야 하는데, 이를 군집 시드라고 한다. 군집 시드는 연구자에 의하여 임의로 사전에 지정될 수 있다. 연구자는 이전의 연구에서 군집의 특성(profile)을 토대로 군집 시드를 결정하거나 다변량분석 또는 계층적 군집화방법을 이용하여 군집 시드를 결정할 수 있다.

할당(Assignment) 군집 시드가 결정되면 다음 단계는 각 관측치를 유사성에 기준하여 군집 시드 중 하나에 할당 또는 배정하게 된다. 다시 말하면 각 관측치를 가장 유사한 군집 시드에 배정하는 것이 할당의 기본적인 목적이다.

K-평균 군집화방법(K-Means Clustering Method) 이 방법은 군집수를 결정하는 방법으로 비계층적 군집화방법 중에서 가장 보편적으로 사용된다. 여기서 K는 사전에 결정되어야 하는 군집의 수를 의미한다. K-평균 군집화방법에서는 대상자료에 대하여 연구자가 몇 개의 군집으로 나누면, 관측치들은 각 군집에 반복적으로 할당되게 된다(Hair et al., 2010). 이러한 과정은 각 군집내 관측치 간 거리를 최소화 해주고, 반면에 군집 간 거리를 극대화(멀리 떨어지게)해 주는 데 목적이 있다.

구체적으로 K-평균군집화 방법에서는 하나의 군집을 묶을 때마다 각 군집의 평균을 중심으로 군집내 관측치 간 유클리디안 거리의 합을 구하게 되며, 이 과정에서 오류가 생기는데, 이 오류를 최소화하는 방향으로 군집화가 이루어진다(강병서 · 김계수, 2004). 비계층적 군집화방법은 계층적 군집화방법에 비하여 군집화과정에 있어서 속도가 빠르기 때문에 많은 양의 자료들을 신속하게 처리할 수 있는 장점이 있다.

2-3-3. 군집화방법 및 절차의 선택

위에서 살펴본 바와 같이 계층적 군집화방법과 비계층적 군집화방법은 각각 장 · 단점을 가지고 있다. 따라서 이 두 가지 군집화방법을 결합하여 사용한다면 군집분석을 유용하게 실시할 수 있다.

두 가지 군집화방법을 결합하는 방법으로는 첫째, 계층적 군집화방법(예 워드법)을 이용하여 군집의 수를 결정하고 둘째, 계층적 군집화방법을 토대로 군집 시드를 확보하고 군집수를 적용하여 비계층적 군집화방법(예 K-평균군집화방법)을 실시한다. 셋째, 군집의 타당성을 검정하는 순서로 진행된다(예 MANOVA, 판별분석).

3. 요인분석결과를 토대로 군집분석 실행

Data File: 판타스틱국제영화제시장세분화.sav

Download: www.daewangsa.net

군집화방법 및 절차　여기에서는 계층적 군집화방법과 비계층적 군집화방법을 결합하여 군집분석을 실시하고자 한다. 또한 군집의 대상은 축제방문동기를 사용하고자 하며, 이를 위하여 요인분석을 먼저 실시한다.

요인분석 실시　[분석(A)] ▶ [차원축소(D)] ▶ [요인분석(F)]를 선택한 후, 새로운 창에서 분석하고자 하는 변수(동기 1~28)들을 오른쪽으로 이동한다(요인분석에 관한 자세한 내용은 [5장 요인분석]을 참고바람).

요인 도출 기준치 미달 항목들(공통성, 요인적재값, 교차적재 등)을 삭제하고 요인분석을 다시 실시한 결과 신기성, 일상탈출성, 가족친화성, 문화체험성, 사교성, 이벤드매력성 6개의 동기요인이 노출되었다.

Rotated Component Matrix[a]

	Component					
	신기성	일상 탈출성	가족 친화성	문화 체험성	사교성	이벤트 매력성
내가 모험을 좋아 하기 때문	.841					
내가 신비감을 추구하기 때문	.817					
영화축제는 흥미를 자아내기 때문	.693					
영화제에 호기심이 많기 때문에	.652					
개인적인 욕구를 충족할 수 있기 때문	.622					
판에 박힌 생활에서 벗어나기 위해		.860				
무료함을 달래기 위해		.855				
일상생활의 리듬을 바꿔 보려고		.812				
스트레스를 풀기 위해		.739				
가족 모두가 영화제를 좋아 하기 때문			.939			
가족들과 함께 많은 시간 보내려고			.923			
가족의 친목과 화합을 위해서			.915			
영화제에 대한 더 많은 지식을 얻으려고				.794		
영화제에 대해 구체적으로 알고 싶어서				.748		
영화제를 경험하고 싶어서				.656		
부천 영화제를 경험하고 싶어서				.559		
새로운 것을 경험하고 싶어서				.502		
동료들과 함께 영화를 관람하기 위해					.911	
친구들과 함께 영화를 관람하기 위해					.872	
단체로 영화를 영화를 관람하기 위해					.721	
특이한 분위기를 느끼고 싶어서						.814
색다른 것을 구경하고 싶어서						.792
영화제에 대해 들은 후 재미있다고 생각						.570

Extraction Method: Principal Component Analysis.
Rotation Method: Varimax with Kaiser Normalization.
a. Rotation converged in 6 iterations.

총합평균척도의 산출 요인분석결과를 토대로 군집분석을 실시하기 위해서는 각 동기요인의 평균치를 고려한 총합평균척도[3]를 산출해야 한다.

총합평균척도를 산출하려면 [변환(T)] ▶ [변수계산]을 클릭하면 다음 그림과 같은 창이 뜬다. 이때 대상변수(T)에는 새로운 요인명(FAC1)을 명명하고, 오른쪽 창에는 이 요인을 구성하고 있는 5개 동기항목들을 평균하는 산술식을 만들어준다[가령, (동기22+동기23+동기21+동기20+동기24)/5]. 나머지 요인에 대해서도 동일한 방법으로 총합평균척도를 만들어 준다(FAC2, FAC3, FAC4, FAC5, FAC6). SPSS 프로그램에서 각 요인에 대한 설명부분에는 신기성, 일상탈출성, 가족친화성, 영화체험성, 사교성, 영화매력성으로 명명하도록 한다.

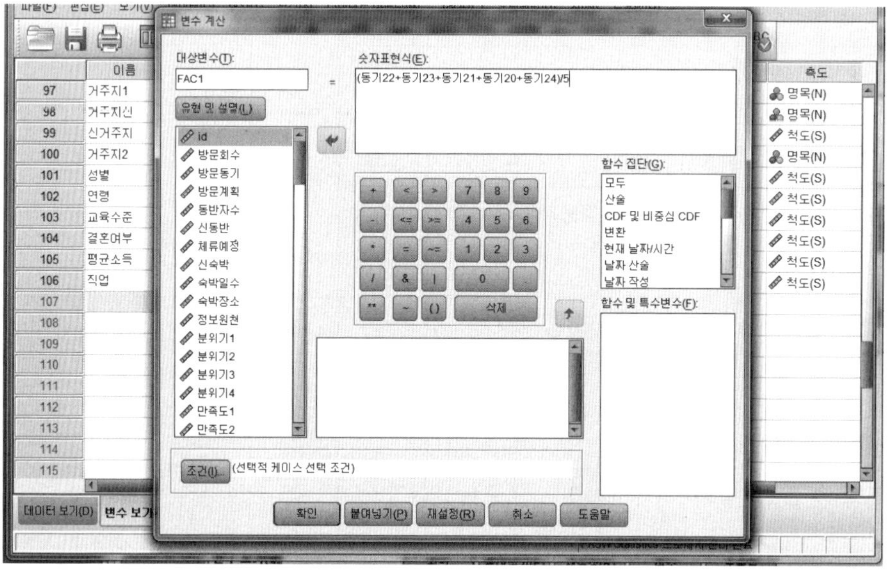

계층적 군집분석 실시 군집의 수를 결정하기 위해서 계층적 군집분석을 우선적으로 실시하도록 한다. [분석(A)] ▶ [분류분석(F)] ▶ [계층적 군집분석(H)]을 선택한 후 총합평균척도들을 〈변수〉로 이동해 준다. 그 다음 [방법(M)]을 누르고 〈Ward

3 총합평균이란 각 요인의 평균값으로 이는 각 요인을 구성하고 있는 항목들을 평균한 값이다. 가령, 신기성 요인의 평균값은 이를 구성하고 있는 5개 동기항목들을 평균하면 산출될 수 있다.

방법〉을 선택한다(여운승, 2006; Hair et al., 1998). 워드방법은 선행연구(Lee et al., 2006; Lee, Lee, & Wicks, 2004)에서도 많이 사용되고 있다.

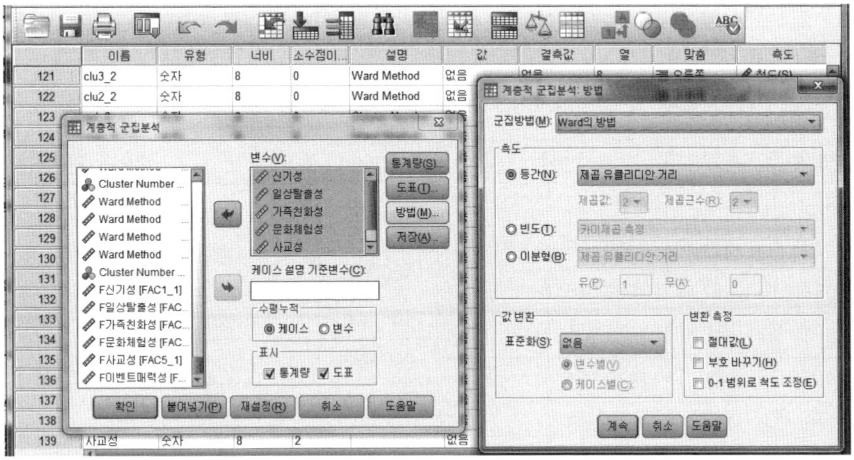

군집수의 결정 [저장(A)]에서 〈해법범위〉를 2(최소군집수)~5(최대군집수)로 설정한다. 그 후 [계속] ▶ [확인]을 누른다.

군집수의 결정방법 군집의 수를 결정하는 방법은 군집화계수가 크게 증가하는 전단계에서 군집의 수를 결정한다(원태연 · 정성원, 2001; Hair et al., 1998). 위의 분석결과 계수의 변화율이 큰 폭으로 증가한 경우는 2 또는 3개의 군집수로 나타났다. 2개 군집으로 설정할 경우 단순한 집단분류가 될 가능성이 높기 때문에 여기에서는 군집수를 3개로 결정하고자 한다.

군집의 수	단계	계수		계수의 증가량		계수의 증가율	
8	438	2238.142	A				
7	439	2359.530	B	121.388	C	5.4%	D
6	440	2509.646		150.116		6.4%	
5	441	2672.901		163.255		6.5%	
4	442	2873.584		200.683		7.5%	
3	443	3253.893		380.309		13.2%	
2	444	4024.407		770.514		23.7%	
1	445	4981.408		957.001		23.8%	

※ 계산방법 예: C=B-A, D=C/A · 100.

K-평균 군집분석을 위한 Initial Seed의 확보 및 분산분석 실시 [분석(A)] ▶ [평균비교(M)] ▶ [일원배치 분산분석(O)]을 선택한 후 〈종속변수(E)〉에는 6개 요인을, 〈요인분석(F)〉에는 3개 군집변수(Ward Method [CLU3_1])를 이동한다. 그 후 [옵션(O)]에서 기술통계를 선택한다.

기술통계 분석표 동기요인별 · 군집별 평균값 · 표준편차 · 최소값 · 최대값 등 기술통계를 보여준다.

Descriptives

구분		N	Mean	Std. Deviation	Std. Error	95% Confidence Interval for Mean		Minimum	Maximum
						Lower Bound	Upper Bound		
신기성	1	219	5.5014	1.00410	.06785	5.3676	5.6351	2.40	7.00
	2	64	3.3594	1.01116	.12640	3.1068	3.6120	1.00	5.20
	3	163	5.2896	.94859	.07430	5.1429	5.4363	1.00	7.00
	Total	446	5.1166	1.22235	.05788	5.0028	5.2303	1.00	7.00
일상 탈출성	1	219	5.2374	1.28399	.08676	5.0664	5.4084	1.00	7.00
	2	64	2.9766	1.21802	.15225	2.6723	3.2808	1.00	5.25
	3	163	5.0537	1.07394	.08412	4.8876	5.2198	1.00	7.00
	Total	446	4.8459	1.42527	.06749	4.7132	4.9785	1.00	7.00
가족 친화성	1	219	1.3516	.56003	.03784	1.2770	1.4262	1.00	3.00
	2	64	1.5052	.85034	.10629	1.2928	1.7176	1.00	4.00
	3	163	4.0613	1.05944	.08298	3.8975	4.2252	2.00	7.00
	Total	446	2.3640	1.52656	.07228	2.2219	2.5060	1.00	7.00
문화 체험성	1	219	5.2311	.97291	.06574	5.1015	5.3606	2.40	7.00
	2	64	3.9813	1.11425	.13928	3.7029	4.2596	1.20	6.20
	3	163	5.3202	.88904	.06963	5.1827	5.4578	3.40	7.00
	Total	446	5.0843	1.06451	.05041	4.9852	5.1834	1.20	7.00
사교성	1	219	3.8280	1.64801	.11136	3.6085	4.0475	1.00	7.00
	2	64	3.5990	1.34673	.16834	3.2626	3.9354	1.00	6.00
	3	163	4.9121	1.04614	.08194	4.7503	5.0739	2.00	7.00
	Total	446	4.1913	1.51374	.07168	4.0505	4.3322	1.00	7.00
이벤트 매력성	1	219	5.0959	1.19906	.08103	4.9362	5.2556	1.67	7.00
	2	64	3.0417	1.31401	.16425	2.7134	3.3699	1.00	7.00
	3	163	5.3292	1.02439	.08024	5.1708	5.4877	1.00	7.00
	Total	446	4.8864	1.38335	.06550	4.7577	5.0151	1.00	7.00

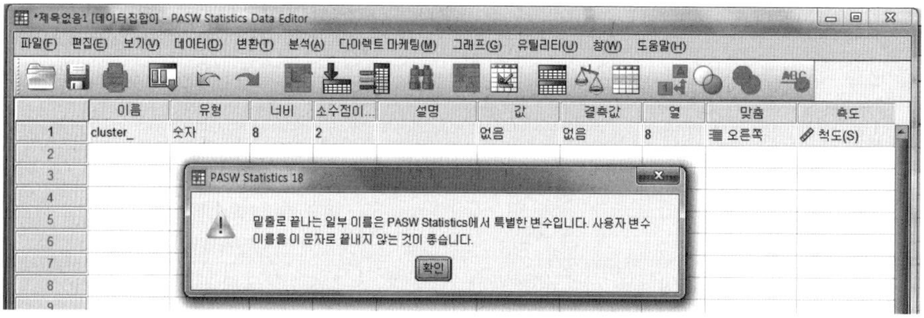

※ 주의: 〈변수보기(V)〉에서 이름을 'cluster_'로 지정해 주어야 한다. 이 경우 위와 같이 경고창이 뜨는데, 〈확인〉을 클릭한 뒤 그대로 진행하면 된다.

Cluster 파일 생성 위의 기술통계 분석결과를 이용하여 별도의 새로운 데이터창을 열어 〈변수보기(V)〉에서 〈이름〉에 'cluster_,' 'FAC1 ~ FAC6'을 차례대로 입력한 뒤 〈데이터보기(D)〉를 클릭하고 다음과 같이 기술분석표의 평균값을 입력한 뒤 cluster.sav 파일로 별도로 저장한다.

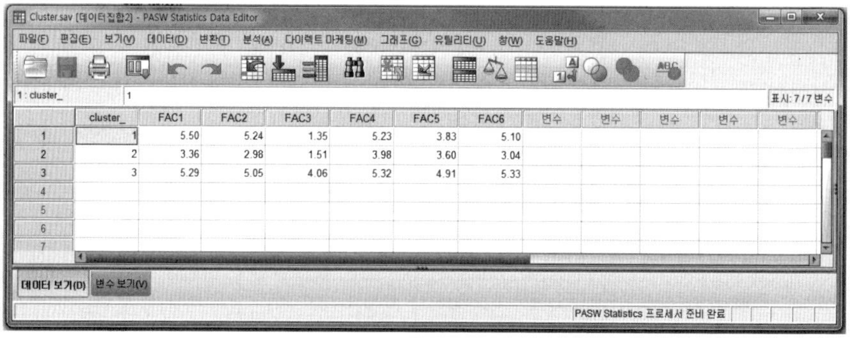

비계층적 군집분석(K-평균) **실시** 여기에서는 K-평균 군집화방법을 이용해서 군집분석을 실시하고자 한다. K-평균 군집화방법은 계층적인 군집화방법을 통해 미리 군집의 수 및 적절한 군집의 중심을 선정하는 것이 중요하다(Hair et al,, 1998). [분석(A)] ▶ [분류분석(F)] ▶ [K-평균 군집분석(K)]을 선택한 후 6개의 동기요인변수를 오른쪽으로 이동한다. 〈군집의 수(U)〉 난에는 초기 값이 '2'로 지정되어 있으나 앞의 계층적 군집분석 결과를 토대로 군집의 수를 3으로 수정한다. 그 후 군집중심에서 〈초기값 읽기(E)〉를 체크한 뒤 〈파일(F)〉을 클릭하여 이전에 생성한 cluster.sav를 경로로 지정해 준다. 〈저장(S)〉에서는 〈소속군집(C)〉을, 〈옵션(O)〉에서는 〈분산분석표(A)〉를 각각 체크해 준다.

초기군집중심과 최종군집중심 계층적 군집분석에서 생성된 초기군집의 중심과 K-평균 군집분석에서 생성된 최종군집의 중심값이 다음과 같이 산출된다.

Initial Cluster Centers(계층적 군집분석에서 생성된 초기군집의 중심)

	Cluster		
	1	2	3
신기성	5.50	3.36	5.29
일상탈출성	5.24	2.98	5.05
가족친화성	1.35	1.51	4.06
문화체험성	5.23	3.98	5.32
사교성	3.83	3.60	4.91
이벤트매력성	5.10	3.04	5.33

Final Cluster Centers(K-평균 군집분석에서 생성된 최종군집의 중심)

	Cluster		
	1	2	3
신기성	5.76	3.87	5.24
일상탈출성	5.43	3.55	5.08
가족친화성	1.40	1.46	4.19
문화체험성	5.47	4.15	5.30
사교성	4.00	3.41	4.98
이벤트매력성	5.44	3.41	5.28

군집명 군집이름은 군집을 구성하고 있는 요인의 점수를 기준으로 연구자가 명명하게 된다. 여기서 제1군집의 경우에는 가족친화성을 제외한 나머지 요인들의 점수가 대체로 높기 때문에 군집명 표기 시 '영화마니아 축제관광객,' 제2군집은 요인점수들이 대체적으로 낮은 편이기 때문에 '일반영화 축제관광객,' 제3군집의 경우에는 가족친화성을 포함한 모든 요인점수가 높기 때문에 '다목적 영화축제 관광객'으로 각각 명명한다.

분산분석(ANOVA) 여기에서는 세 군집이 각 요인에 대하여 차이가 있는지를 검정해주는 단계이다. 다음 ANOVA 분석결과를 살펴보면, 세 군집이 $p<0.01$ 수준에서

모든 동기요인에 있어서 차이가 있다는 것을 나타내준다.

ANOVA

구분	Cluster		Error		F	Sig.
	Mean Square	DF	Mean Square	DF		
신기성	125.584	2	.934	443	134.469	.000
일상탈출성	127.875	2	1.463	443	87.392	.000
가족친화성	383.047	2	.612	443	626.319	.000
문화체험성	65.022	2	.845	443	76.972	.000
사교성	84.203	2	1.922	443	43.819	.000
이벤트매력성	159.761	2	1.201	443	133.020	.000

다른 군집의 여러 케이스 간 차이를 최대화하기 위해 군집을 선택하였으므로 F 검정은 기술통계를 목적으로만 사용되어야 한다. 이 경우 관측유의수준은 수정되지 않으므로 군집평균이 동일하다는 가설을 검정하는 것으로 해석될 수 없다.

또한 다음 표는 각 군집이 몇 개의 표본수(N)로 구성되어 있는지를 나타내준다. 즉 표본수가 1군집=184명, 2군집=110명, 3군집=152명으로 구성되어 있음을 나타내준다.

Number of Cases in each Cluster

Cluster	1	184.000
	2	110.000
	3	152.000
	Valid	446.000
	Missing	10.000

타당성 확보[4]를 위한 MANOVA 실시 마지막으로는 군집분석을 통해서 분류된 군집들이 통계적으로 타당한지를 검정하는 절차가 필요하다. [분석(A)] ▶ [일반선형

4 군집분석의 신뢰성과 타당성을 확보하기 위하여 전체 데이터를 반으로 나누어 반분군집을 전체 데이터의 군집과 비교하는 경우도 있다.

모형(G)] ▶ [다변량(M)]을 선택 후 〈종속변수(D)〉에는 6개의 동기요인(총합평균척도 기준), 〈고정요인(F)〉에는 K-평균 군집분석에 의해 생성된 군집변수(케이스 군집번호)를 이동해 준다.

[사후분석(H)]을 클릭한 뒤 K-평균 군집분석 통해 생성된 변수 QCL_1을 사후검정변수(P)로 이동시키고 〈Scheffe(C)〉를 선택하고 〈계속〉을 누른다.

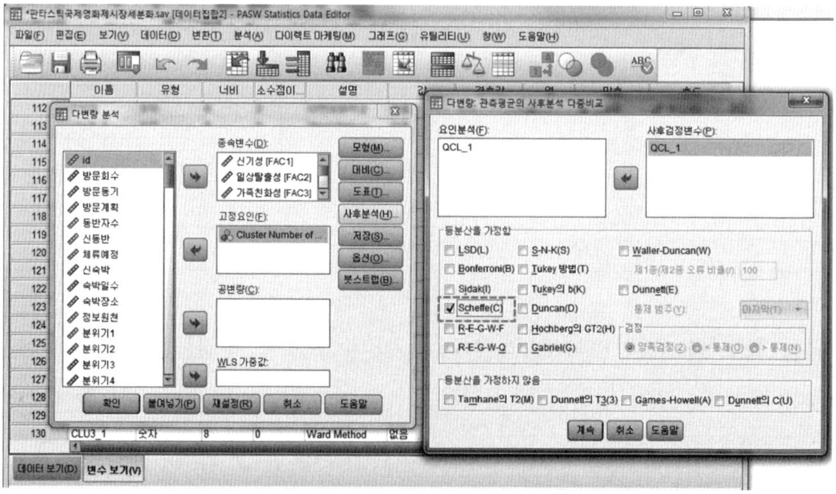

다변량분산분석(MANOVA) **결과** 다변량분산 분석결과 다음 통계치(Pillai's Trace, Wilks' Lambda, Hotelling's Trace, Roy's Largest Root)들이 모두 $p<0.01$ 수준에서 군집 간 유의한 차이가 있음을 나타내준다. 다시 말하면 모든 동기요인에 있어서 세 군집 간 차이가 있다는 것을 나타내주며, 이는 세 개의 군집이 타당함을 입증해 준다.

Multivariate Tests[c]

Effect		Value	F	Hypothesis df	Error df	Sig.
Intercept	Pillai's Trace	.985[a]	4850.267	6.000	438.000	.000
	Wilks' Lambda	.015[a]	4850.267	6.000	438.000	.000
	Hotelling's Trace	66.442[a]	4850.267	6.000	438.000	.000
	Roy's Largest Root	66.442[a]	4850.267	6.000	438.000	.000
QCL_1	Pillai's Trace	1.295	134.342	12.000	878.000	.000
	Wilks' Lambda	.114[a]	143.276	12.000	876.000	.000
	Hotelling's Trace	4.190	152.578	12.000	874.000	.000
	Roy's Largest Root	2.990[b]	218.756	6.000	439.000	.000

a. Exact statistic.
b. The statistic is an upper bound on F that yields a lower bound on the significance level.
c. Design: Intercept + QCL_2.

사후분석(Scheffe Multiple Range Tests) **결과** 앞서 ANOVA와 MANOVA 분석에서는 거시적(macro) 차원에서 검정했다면, 사후분석은 앞의 두 가지 통계방법에서 검정하지 못한 미시적(micro) 차원에서 군집별·요인별 구체적인 차이를 검정해 준다. Scheffe 테스트결과 전반적으로 각 요인에 있어서 군집 간에 차이가 있는 것으로 나타났다. 가령, 신기성 요인에 있어서는 세 군집 모두 차이가 있는 것으로 나타났다. 또한 일상탈출성 요인에 있어서는 1군집과 2군집, 2군집과 3군집 간에 각각 유의한 차이가 있는 것으로 나타났다. 반면에 1군집과 3군집 간에는 차이가 없는 것으로 나타났다. 그러나 전반적으로 각 요인에 대하여 군집 간에 차이가 있다는 것을 설명해 준다.

Multiple Comparisons

Scheffe

Dependent Variable	(I) Cluster Number of Case	(J) Cluster Number of Case	Mean Difference (I-J)	Std. Error	Sig.	95% Confidence Interval	
						Lower Bound	Upper Bound
신기성	1	2	1.8965*	.11647	.000	1.6104	2.1826
		3	.5212*	.10592	.000	.2610	.7813
	2	1	-1.8965*	.11647	.000	-2.1826	-1.6104
		3	-1.3753*	.12097	.000	-1.6725	-1.0782
	3	1	-.5212*	.10592	.000	-.7813	-.2610
		2	1.3753*	.12097	.000	1.0782	1.6725
일상 탈출성	1	2	1.8775*	.14579	.000	1.5195	2.2356
		3	.3414*	.13259	.037	.0158	.6670
	2	1	-1.8775*	.14579	.000	-2.2356	-1.5195
		3	-1.5362*	.15142	.000	-1.9081	-1.1643
	3	1	-.3414*	.13259	.037	-.6670	-.0158
		2	1.5362*	.15142	.000	1.1643	1.9081
가족 친화성	1	2	-.0621	.09425	.805	-.2935	.1694
		3	-2.7879*	.08572	.000	-2.9984	-2.5773
	2	1	.0621	.09425	.805	-.1694	.2935
		3	-2.7258*	.09790	.000	-2.9662	-2.4854
	3	1	2.7879*	.08572	.000	2.5773	2.9984
		2	2.7258*	.09790	.000	2.4854	2.9662
문화 체험성	1	2	1.3172*	.11077	.000	1.0452	1.5893
		3	.1676	.10074	.252	-.0798	.4150
	2	1	-1.3172*	.11077	.000	-1.5893	-1.0452
		3	-1.1496*	.11505	.000	-1.4322	-.8670
	3	1	-.1676	.10074	.252	-.4150	.0798
		2	1.1496*	.11505	.000	.8670	1.4322
사교성	1	2	.5915*	.16707	.002	.1812	1.0018
		3	-.9788*	.15194	.000	-1.3520	-.6057
	2	1	-.5915*	.16707	.002	-1.0018	-.1812
		3	-1.5703*	.17353	.000	-1.9965	-1.1441
	3	1	.9788*	.15194	.000	.6057	1.3520
		2	1.5703*	.17353	.000	1.1441	1.9965
이벤트 매력성	1	2	2.0299*	.13208	.000	1.7055	2.3543
		3	.1613	.12012	.407	-.1337	.4563
	2	1	-2.0299*	.13208	.000	-2.3543	-1.7055
		3	-1.8686*	.13719	.000	-2.2055	-1.5316
	3	1	-.1613	.12012	.407	-.4563	.1337
		2	1.8686*	.13719	.000	1.5316	2.2055

Based on observed means.

The error term is Mean Square(Error) = 1.201.

* The mean difference is significant at the .05 level.

사후분석결과 정리 판별분석결과를 논문으로 작성한다면 다음과 같이 간략하게 정리된 표를 제시하는 것이 바람직하다.

구분	Scheffe multiple range tests					
	신기성	일상탈출성	가족친화성	문화체험성	사교성	이벤트매력성
I-II	***	***	n/s	***	n/s	***
I-III	***	n/s	***	n/s	***	n/s
II-III	***	***	***	***	***	***

*** $p<0.001$, n/s(not significant): 유의하지 않음.

판별분석 군집분석 결과에 대한 타당성을 확보하는 방법에는 ANOVA나 MANOVA 분석 외에도 판별분석을 실시하는 경우도 있다.

- 판별분석(discriminant analysis)의 목적: 관찰대상들이 어느 집단에 속하는지를 판별하는 데 이용되며, 이를 위해서 독립변수에 일정한 가중치를 부여한 선형판별함수를 산출하고 이를 통하여 산출된 판별점수를 기준으로 집단을 분류한다(강병서 · 김계수, 2004).
- 판별분석 실시: [분석(A)] ▶ [분류분석(F)] ▶ [판별분석(D)]을 선택한 후 〈집단변수〉에는 K-평균 군집분석에 의해 생성된 변수(QCL_1)를, 범위지정(D)을 클릭

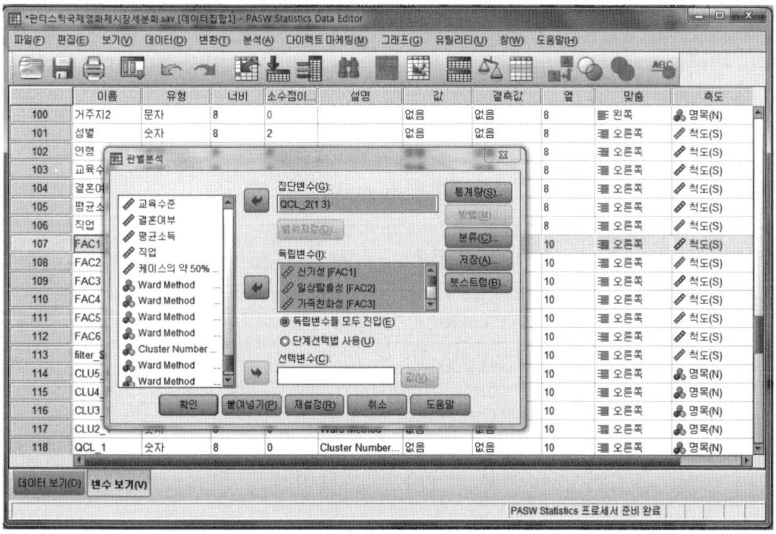

한 후 최소값에는 1, 최대값에는 3을 입력, 〈독립변수〉에는 동기요인들(총합평균척도 기준)을 이동해 준다.

〈분류(C)〉를 클릭한 뒤 〈표시〉에서 〈각 케이스에 대한 결과(E)〉, 〈요약표(U)〉, 〈순차제거복원 분류(V)〉를 각각 체크하고, 〈저장(A)〉에서는 〈예측소속집단(P)〉, 〈판별점수(D)〉, 〈소속집단확률(R)〉을 모두 체크한 후 [계속] ▶ [확인] 버튼을 누른다.

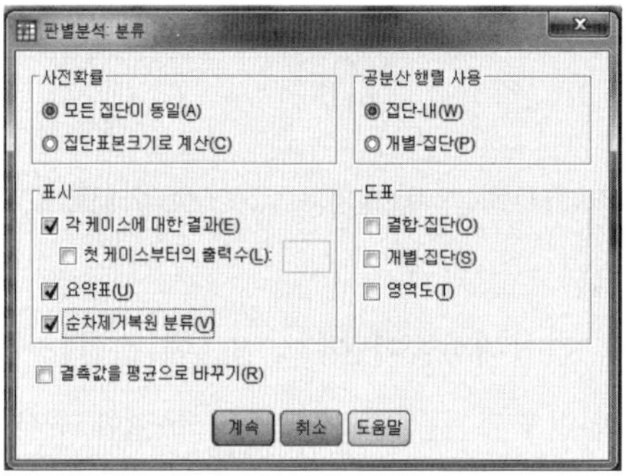

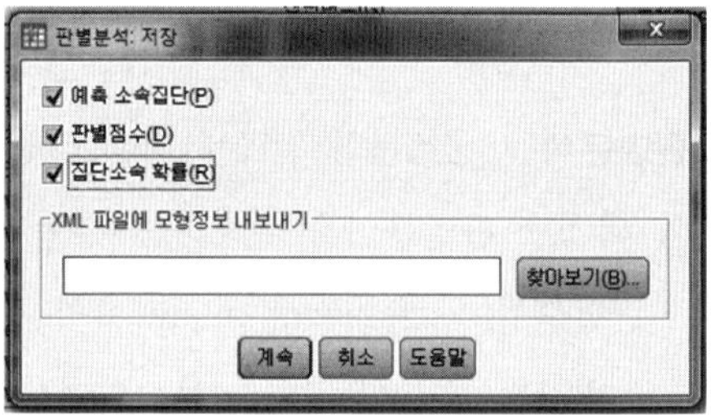

판별분석결과 해석 본 연구에서는 3개의 군집에 대하여 판별분석을 실시하였다. 따라서 판별함수는 다음과 같이 2개의 함수(n−1)가 추정되며, 판별분석 결과는 다음과 같이 해석할 수 있다(강병서 · 김계수, 2004).

- 고유치(eigenvalue): 고유치([집단 간 분산]÷[집단 내 분산])는 판별함수가 총분산을 얼마나 설명해 주는지를 나타내준다. 다음 판별함수 1의 고유치는 2.990으로 판별함수 2(1.200)보다 설명력이 높다는 것을 알 수 있다.

Eigenvalues

Function		Eigenvalue	% of Variance	Cumulative %	Canonical Correlation
	1	2.990	71.4	71.4	.866
	2	1.200	28.6	100.0	.739

a. First 2 canonical discriminant functions were used in the analysis.

- 분산설명력(variance): 판별함수 1의 분산설명력은 전체의 71.4%로 판별함수 2

(28.6%)보다 크다는 것을 알 수 있으며, 고유치와 유사한 결과를 나타낸다.

- 정준상관관계(canonical correlation): 정준상관관계는 판별함수의 판별능력을 나타내주는데, 1에 가까울수록 판별력이 높다고 할 수 있다. 판별함수 1의 정준상관관계는 0.866, 판별함수 2의 경우는 0.739로 두 함수 모두 판별능력이 비교적 높다고 평가할 수 있다.
- 판별함수(discriminant function): 세 군집의 경우 다음과 같이 두 개(n-1)의 판별함수가 추정된다. 판별함수 1에서는 가족친화성의 설명력이 가장 높고, 판별함수 2에서는 이벤트매력성의 설명력이 가장 높은 것으로 나타났다.

Standardized Canonical Discriminant Function Coefficients

	Function	
	1	2
신기성	.172	.452
일상탈출성	.036	.404
가족친화성	.955	-.251
문화체험성	-.064	.210
사교성	.188	.103
이벤트매력성	.099	.476

- Wilks' Lambda: 집단내 분산을 총분산으로 나눈 비율로 그 값이 작을수록 판별함수의 설명력이 높아지며, 이 값과 자유도를 고려한 χ^2값이 산출되므로 이를 토대로 한 확률값을 기준으로 판별함수의 통계적 유의성을 검정할 수 있다. 판별함수 1의 $\chi^2=956.850$, 판별함수 2의 $\chi^2=347.309$로 두 판별함수 모두 $p<0.01$ 수준에서 통계적으로 유의함을 나타내준다.

Wilks' Lambda

Test of Function(s)		Wilks' Lambda	Chi-square	df	Sig.
	1 through 2	.114	956.850	12	.000
	2	.455	347.309	5	.000

• 판별적중률(hit ratio): 판별적중률은 각 판별함수가 군집대상을 얼마나 잘 분류하였는지를 나타내는 비율로 로짓모델의 분류예측비율(% of right prediction)과 유사한 개념이다. 아래의 표를 살펴보면 군집 1에 소속된 184개의 개체(표본) 중 177개가 군집 1로 판별되어 적중률은 96.2%를 나타낸다. 또한 군집 2는 이 군집에 소속된 110개의 개체 중 102개가 이 군집으로 판별되어 적중률은 92.7%, 군집 3은 152개의 개체 중 150개가 이 군집으로 판별되어 적중률은 98.7%로 나타났다. 따라서 전체의 판별적중률은 96.2%로 세 군집으로 분류한 것이 판별타당성이 있음을 나타내준다.

• 교차유효성 또는 타당성(cross-validated): 교차유효성(타당성)을 실시하기 위해서는 동일한 표본을 두 파트로 나누게 되는데, 하나는 판별함수를 추정하는 데 사용되는 분석표본(analysis sample), 다른 하나는 그 분석결과의 타당성을 입증하는 데 사용되는 홀드아웃표본(holdout sample)이다(Hair et al., 2010). 다시 말하면 교차타당성은 표본을 두 부분으로 분리하는 과정으로 완전히 분리된

Classification Results

		Cluster Number of Case	Predicted Group Membership			Total
			1	2	3	
Original	Count	1	177	2	5	184
		2	4	102	4	110
		3	1	1	150	152
	%	1	96.2	1.1	2.7	100.0
		2	3.6	92.7	3.6	100.0
		3	.7	.7	98.7	100.0
Cross-validated	Count	1	177	2	5	184
		2	6	100	4	110
		3	2	2	148	152
	%	1	96.2	1.1	2.7	100.0
		2	5.5	90.9	3.6	100.0
		3	1.3	1.3	97.4	100.0

Cross validation is done only for those cases in the analysis. In cross validation, each case is classified by the functions derived from all cases other than that case.
Hit Ratio: 96.2% of original grouped cases correctly classified.
95.3% of cross-validated grouped cases correctly classified.

표본의 타당성을 통해 판별함수의 과대적합도를 예방하는 데 있다. 교차유효성(타당성)의 분석결과를 살펴보면, 군집 1=96.2%, 군집 2=90.9%, 군집 3=97.4%로 전체적으로는 95.3%의 우수한 교차타당성을 보인다.

판별분석결과 종합표 판별분석결과를 논문으로 작성한다면 아래와 같이 표를 제시하는 것이 바람직하다. 분석결과 세 군집에 대하여 두 개의 판별함수(n-1)가 추정되었다. 집단 간 판별력을 나타내는 정준상관관계는 판별함수 1과 판별함수 2가 각각 0.87, 0.74로 판별력이 비교적 높은 것으로 나타났다. Wilk's Lambda 통계량을 이용한 판별함수의 유의성을 검정한 결과, 두 판별함수 모두 $p<0.01$ 수준에서 유의한 것으로 나타났다. 한편 판별함수가 군집대상을 얼마나 잘 분류할 수 있는지를 나타내는 적중률은 96.2%, 교차유효성은 95.3%로 각 개체들이 올바르게 분류되었음을 나타내준다. 이러한 통계분석결과를 종합적으로 판단해볼 때 세 군집에 대한 분류는 타당성이 있다고 판단할 수 있다.

한편 분산설명력은 판별함수 1(71.4%)이 판별함수 2(28.6%)보다 큰 것으로 나타

판별분석결과

구분	함수	분산설명력		판별력	판별함수의 유의성		
		고유값	분산비율	정준상관	Wilks' 람다	χ^2	유의확률
축제동기요인	1	2.990	71.4	.866	.114	956.850	.000
	2	1.200	28.6	.739	.455	347.309	.000
축제동기요인				함수 1		함수 2	
표준화정준 판별함수	요인 1: 신기성			.172		.452	
	요인 2: 일상탈출성			.036		.404	
	요인 3: 가족친화성			.955		-.251	
	요인 4: 문화체험성			-.064		.210	
	요인 5: 사교성			.188		.103	
	요인 6: 이벤트매력성			.099		.476	

주: * 적중률(hit ratio)=96.2.
교차유효성(cross-validated)=95.3%.

났다. 판별함수 1의 경우에는 가족친화성의 설명력이 가장 높고, 다음으로는 사교성, 신기성, 이벤트매력성, 문화체험성, 일상탈출성의 순으로 나타났다. 또한 판별함수 2의 경우에는 이벤트매력성과 신기성 및 일상탈출성의 설명력이 가장 높고, 다음으로는 가족친화성, 문화체험성, 사교성의 순으로 나타났다.

연구사례 10-1 군집분석 사례 1

군집분석결과

도출된 5개의 카지노 동기요인들을 통한 외국인 카지노방문객 시장세분화를 위해서 각 요인들의 총합평균척도를 산출한 후, 유클리드 제곱거리를 이용하여 계층적 군집분석을 실시하였다. 군집분석에서는 군집의 수를 결정하는 것이 매우 중요한데, 이러한 의사판단에 있어 군집화일정표는 유용한 정보를 제공한다(Hair et al., 1998; 고재윤 등, 2007). 즉 군집화일정표에서 군집계수가 갑자기 큰 폭으로 증가하기 전의 단계에서 군집의 형성을 종료하면 결과적으로 군집의 수를 몇 개로 해야 하는지를 알 수 있는데, 본 연구에서는 군집의 수가 2개에서 1개로 갈 때 군집계수의 증가율이 가장 큰 폭(12%⇒23%)으로 증가하여 군집의 수는 2개로 결정되었다. 군집분석결과 5개의 카지노 동기요인 모두 군집 간에 유의한 차이가 있는 것으로 나타났다.

군집분석결과 제1군집은 모든 카지노 동기요인들의 값이 제2군집보다 비교적 낮게 나타나서 '중도적 카지노방문객'으로 명명하였으며, 제2군집은 제1군집과 비교해 볼 때 모든 카지노 동기값이 높게 나타나 '적극적 카지노방문객'으로 명명하였다. 이는 외국인전용 카지노방문객들이 ① 카지노를 주목적으로 방문하는 그룹(VIP고객 포함)과 ② 여행 스케줄의 일부로 방문하는 겸목적 그룹으로 대별되고 있음을 시사해 주며, 이러한 연구결과는 외국인전용 카지노 연구조사에서도 잘 나타나고 있다(한국카지노업관광협회, 2010a). 한편 계층적 군집분석과 비계층적 군집분석방법 중 하나인 K-means 방법을 비교해 보았을 때, 각 총합평균값과 군집별 개체수가 비슷하게 나타나서 본 연구의 군집분석결과는 비교적 안정적인 것으로 나타났다. 또한 군집분석의 1차 타당성을 확보하기 위해 탐색적 요인분석에 의해 도출된 5개의 카지노동기를 기준으로 다변량 분산분석(MANOVA)을 실시하였다.

분석결과 Pillai's Trace, Wilks's Lambda, Hotelling's Trace, Roy's Largest Root 값

들은 모두 유의하여(p<0.000) 하위집단 간 카지노 동기요인은 통계적으로 유의한 차이가 있는 것으로 분석되었다. 이와 같은 결과는 5개의 카지노 동기요인을 이용한 군집분석결과가 1차 타당성을 확보하고 있음을 나타내주고 있다(〈표 2〉 참조). 이

〈표 2〉 **군집분석 결과**

구분	신기성	도전	일상 탈출성	사교성	돈 따기	구분	T 검정				
							신기성	도전	일상 탈출성	사교성	돈 따기
계층적 군집방법 군집 I[a](n=142) 군집 II[b](n=169)	 4.036[c] 4.936	 3.458 4.983	 3.880 5.010	 3.596 4.791	 3.880 4.976	I-II	**	**	**	**	**
K-means 방법 군집 I[a](n=135) 군집 II[b](n=176)	 4.021 4.912	 3.363 4.995	 3.910 4.942	 3.510 4.809	 3.828 4.973						
K-means significance	87.444 **	280.154 **	128.232 **	182.554 **	118.067 **	Pillai's Trace: 0.571(p<0.001), Wilks's Lamda:0.429(p<0.001) Hotelling's Trace: 1.330(p<0.001) Roy's Largest Root: 1.330(p<0.001)					

** p<0.01.
a: 중도적 카지노방문객, b: 적극적 카지노방문객, c: 리커트 7점척도 기준(1=전혀 그렇지 않다; 7=매우 그렇다).

〈표 3〉 **판별분석을 통한 군집분석의 타당성 검증**

구분	함수	분산설명력		판별력	판별함수의 유의성		
		고유값	분산비율	정준상관	Wilks' 람다	χ^2	유의확률
축제동기 요인	1	1.330	100.0	0.756	0.429	259.29	0.000

	축제동기 요인	함수 1
표준화 정준 판별함수	요인 1: 신기성	0.001
	요인 2: 도전	0.551
	요인 3: 일상탈출성	0.328
	요인 4: 사교성	0.337
	요인 5: 돈 따기	0.255

주: 적중률(hit ratio)=96.5%. 교차유효성(cross-validated)=95.8%.

처럼 군집분석의 타당성 확인을 위해 다변량 분산분석을 실시하는 이유는 다수의 종속변수들을 고려하지 못하는 단변량(univariate) 분산분석에 비해서 다변량 분산분석은 여러 개의 종속변수를 동시에 비교함으로써 종속변수조합에 대한 효과를 고려할 수 있기 때문이다.

마지막으로 카지노동기를 통해 실시된 군집분석의 2차 타당성 검증을 위해 도출된 군집을 종속변수로 하고, 카지노 동기요인들을 독립변수로 하는 판별분석을 실시하였다(〈표 3〉 참조).

이러한 2차 타당성 검증방법은 정형화된 분석방법이 확립되어 있지 못한 다변량 분석방법 중의 하나인 군집분석의 결과에 대한 추가적인 타당성을 확보할 수 있다(송학준 등, 2007). 판별분석결과 판별함수 1의 χ^2값이 259.29(p<0.01)로, 99% 신뢰수준에서 판별함수가 통계적으로 유의한 것으로 나타났다. 판별함수의 판별력을 나타내는 정준상관관계는 판별함수와 집단 간의 관련 정도를 의미하는데, 판별함수 1의 정준상관관계는 0.756으로 판별력이 비교적 우수한 것으로 나타났다. 각 판별함수들의 계수에 대한 절대값 크기를 비교해 보면, 판별함수 1에서 도전, 사교성, 일상탈출성, 돈 따기, 신기성의 순으로 설명력이 높은 것으로 나타났다. 또한 적중률(hit ratio)과 교차유효성(cross-validated)이 각각 96.5%와 95.8%로 각 케이스가 올바르게 분류되어 있으므로 본 연구에서 실시된 군집분석 결과는 타당하다고 할 수 있다.

세분시장별 프로파일(Profile)

인구통계학적 특성과 카지노 갬블링 특성에 따라 세분화된 군집 간에 차이가 있는지를 알아보기 위해 교차분석을 실시하였다. 〈표 4〉에서 보는 바와 같이 인구통계학적 특성의 경우에는 성별을 제외한 국적, 교육수준, 결혼 유무, 연령에 따라 군집 간에 통계적으로 유의한 차이가 있는 것으로 나타났다. 군집별 인구통계학적 특성을 자세히 살펴보면, 군집 I(중도적 카지노방문객)은 주로 일본인이면서 대학교이상의 고학력자들이 많고, 연령대가 다양한 기혼자들로 구성되어 있는 것을 알 수 있다. 군집 II(적극적 카지노방문객)는 주로 중국인이면서 전문대 정도의 학력소지자들이 많고, 30~40대의 중장년층들로 구성되어 있는 것으로 나타났다.

〈표 4〉 **군집별 인구통계학적 특성**

구분	군집 I[a](%)	군집 II[b](%)	χ^2	p값
국적				
일본	64.4	40.9	16.94	0.000
중국	35.6	59.1		
성별				
남성	72.4	76.3	0.61	0.435
여성	27.6	23.7		
교육수준별				
초졸 이하	5.2	1.7	10.71	0.030
중·고등학교	26.1	27.0		
전문대	26.9	40.8		
대학교	36.6	24.7		
대학교 이상	5.2	5.7		
결혼 유무				
미혼	30.6	15.5	18.33	0.000
기혼	58.2	56.3		
기타	11.2	28.2		
연령별				
20세 미만	16.4	6.8	8.80	0.032
20~29세	24.6	22.2		
30~39세	36.6	40.3		
40~49세	22.4	30.7		
전체에서 차지하는 비율(%)	43.4	56.6		

주: * 기대빈도(명)가 5 이하(군집 1 기준: 3.7%, 군집 2 기준: 2.8%)일 때 분석 시 주의를 요함.
a: 중도적 카지노 동기 방문객; b: 적극적 카지노 동기 방문객.

〈표 5〉에서 보는 바와 같이 카지노 갬블링 특성의 경우에는 방문목적, 한국방문 횟수, 동반자, 선호 게임, 해외 카지노경험에 따라 군집 간에 통계적으로 유의한 차이가 있는 것으로 나타났다. 군집별 카지노 갬블링 특성을 자세히 살펴보면, 군집 II(적극적 카지노방문객)는 주로 카지노방문을 주목적으로 한국을 주기적으로 방문한 해외 카지노경험이 많은 관광객으로 혼자 또는 친구·친지들과 함께 카지노를 방문하는 편이며, 선호하는 게임은 바카라인 것으로 나타났다. 이에 비해 군집 I(중도적 카지노방문객)은 군집 II와 비교할 때, 카지노 이외에 목적을 가지고 주로 한국을 처음 방문한 해외 카지노경험이 비교적 적은 관광객으로 혼자보다는 단체로 카지노를 방문하는 편이며, 선호하는 게임은 바카라·룰렛·블랙잭 등의 테이블 게임과 함께 슬롯머신도 선호하는 것으로 분석되었다. 요약하면 군집 II는 상대적으로

주목적의 특성이 강하고 주로 VIP고객인 고액 베팅자(high roller)에게 나타나는 특성을 갖고 있는 반면, 군집 I은 군집 II에 비하여 겸목적의 비율이 높고, 일반 카지노고객인 저액 베팅자(grind player)의 특성에 가까운 것으로 판단된다(이충기 · 권경상 · 김기엽, 2009).

〈표 5〉 **군집별 카지노 갬블링 특성**

구분	군집 I[a](%)	군집 II[b](%)	χ^2	p값
방문목적				
주목적	61.5	80.7	14.08	0.000
겸목적	38.5	19.3		
한국 방문횟수				
1회	33.1	10.3		
2~4회	27.8	33.1		
5~9회	14.3	22.3	26.13	0.000
10~회	9.8	10.3		
15~29회	2.3	5.1		
30회 이상	12.8	18.0		
동반자				
혼자	24.4	40.9		
친구친지	38.5	42.6		
가족	19.3	10.8	21.58	0.000
단체	14.1	3.4		
기타	3.7	2.3		
선호게임				
블랙잭	13.5	13.1		
바카라	50.4	72.2		
룰렛	17.3	10.8	24.58	0.000
슬롯머신	15.0	3.4		
다이사이	1.5	0.0		
기타	2.3	0.6		
해외카지노 경험				
있음	68.7	81.8	7.25	0.007
없음	31.3	18.2		
전체에서 차지하는 비율(%)	43.4	56.6		

주: * 빈도(명)가 5 이하(군집 1 기준: 3.7%, 군집 2 기준: 2.8%)일 때 분석 시 주의를 요함.
a: 중도적 카지노 방문객, b: 적극적 카지노 방문객.

자료: 이충기 · 송학준 · 이대은(2011). 카지노방문객 시장세분화 연구: 방한 일본 및 중국 관광객을 대상으로. 『호텔경영학연구』, 20(1), 1-59.

10-2 군집분석 사례 2

기업의 사회적 책임에 의한 시장세분화

사회적 책임에 의한 시장세분화

기업의 사회적 책임에 따른 세분집단 분류를 위하여 사회적 책임 요인을 기준으로 계층적 군집분석과 비계층적 군집분석방법인 K-평균 군집분석을 조합하여 사용하였다. 적절한 수의 군집 수를 찾아내기 위하여 계층적 군집분석의 군집화 일정표(Agglomeration Schedule)에서 유사성 거리계수(Coefficients)의 증가치를 참고하여 최적의 군집 수를 결정할 수 있는 Ward 군집계산법을 이용한 계층적 군집분석을 실시하였다. 군집화 일정표를 검토한 결과, 적합한 기업의 사회적 책임에 대한 군집 수는 잠정적으로 3개로 결정할 수 있었다. 또한 계층적 군집분석을 통해 얻은 군집 해로부터 각각의 최초 군집중심(Initial Seed)값을 산출한 후 비계층적 방법인 K-평균 군집분석을 실행하여 계층적 군집분석에서 잠정적으로 결정한 군집 해에 대한 검증을 실시하였다. 군집 수를 3개로 입력하여 K-평균 군집분석을 통해 특성을 파악한 결과, 데이터의 특성을 잘 반영하고 있다고 판단해 군집 수를 3개로 결정하였다. 기업의 사회적 책임 요인의 평균점수를 이용한 다변량 분산분석 결과에서도 1% 수준에서 유의한 차이가 발견되었으며, 사후검증을 통해 각각의 3개 집단 간에서도 통계적 차이가 있는 것으로 나타나 최종적으로 3개의 군집으로 결정하였다.

〈표 4〉 **기업의 사회적 책임에 의한 군집분석**

	Cluster I	Cluster II	Cluster III	F	Scheffe 사후검증		
	(n=153/46.2%)	(n=114/34.4%)	(n=64/19.3%)		I-II	I-III	II-III
자선적 CSR	3.57	3.17	4.26	103.260***	***	***	***
법적 CSR	3.95	3.32	4.45	212.458***	***	***	***
윤리적 CSR	3.67	2.97	4.21	152.033***	***	***	***
경제적 CSR	3.74	3.20	4.07	82.887***	***	***	***
군집명	사회적 책임 중도적 인식 집단	사회적 책임 저인식 집단	사회적 책임 고인식 집단	Pillai'sTrace=.830*** Wilks'Lambda=.199*** Hotelling'sTrace=3.880*** Roy'sLargestRoot=3.842***			

*** p<.001.

분석결과 〈표 4〉에서 보는 바와 같이, 사회적 책임 요인에 대한 평균값이 군집 II는 모두 낮게 나타났고, 군집 III은 모두 높게 나타났으며, 군집 I은 중도적으로 나타났다. 이를 바탕으로 군집 I은 사회적 책임 중도적 인식 집단(n=153, 46.2%), 군집 II는 사회적 책임 저인식 집단(n=114, 34.4%), 군집 III은 사회적 책임 고인식 집단(n=64, 19.3%)으로 각각 명명하였다.

군집분석을 통해 분류된 기업의 사회적 책임 군집에 대한 타당성 검증을 위하여 사회적 책임 요인과 3개의 군집을 이용한 판별분석을 실시하였는데, 이는 판별함수들이 각각의 군집에 대한 분류를 어느 정도 정확하게 실시했는지를 파악할 수 있다(Lee et al., 2006). 판별함수 도출에 사용한 표본(n=331)을 기업의 사회적 책임에 의한 군집분석의 결과와 비교해 볼 때, 사회적 책임 중도적 인식 집단의 153명 중 95.4%에 해당하는 146명을 정확히 판별하였고, 사회적 책임 저인식 집단은 114명 중 99.1%에 해당하는 113명을, 그리고 사회적 책임 고인식 집단은 64명 중 100.0%에 해당하는 64명을 정확히 판별하였다. 도출된 판별함수로 전체 표본의 97.6%를 교차유효성 97.0%로 정확하게 분류하고 있어 매우 높은 분류정확도로 판단할 수 있다.

〈표 5〉 **판별분석을 통한 군집분석의 타당성 검증**

함수	고유값	분산설명	정준상관	Wilks' λ	x^2
1	3.842	99.0	.891	.199	527.230***
2	.038	1.0	.192	.963	12.249**
표준화 정준 판별 함수 계수	함수	자선적 CSR	법적 CSR	윤리적 CSR	경제적 CSR
	1	.576	.587	.588	.400
	2	.816	-.133	-.245	-.346
		사회적 책임 중도적 인식 집단	사회적 책임 저인식 집단	사회적 책임 고인식 집단	합계
원래값	Cluster I	146(95.4%)	4(2.6%)	3(2.0%)	153(100.0%)
	Cluster II	1(.9%)	113(99.1%)	0(.0%)	114(100.0%)
	Cluster III	0(.0%)	0(.0%)	64(100.0%)	64(100.0%)
교차 유효값	Cluster I	144(94.1%)	4(2.6%)	5(3.3%)	153(100.0%)
	Cluster II	1(.9%)	113(99.1%)	0(.0%)	114(100.0%)
	Cluster III	0(.0%)	0(.0%)	64(100.0%)	64(100.0%)

** p<.01, *** p<.001, 분류정확도=97.6%, 교차유효성=97.0%.

사회적 책임에 의한 세분집단별 특성

표본의 일반적 특성과 기업의 사회적 책임에 의해 세분화된 군집 간에 차이가 있는지를 살펴보기 위하여 교차분석을 실시하였다. 〈표 6〉에서 보는 바와 같이, 성별($p<.001$), 결혼($p<.001$), 연령($p<.001$), 월소득($p<.001$), 직위($p<.001$), 부서($p<$

〈표 6〉 **사회적 책임에 의한 세분집단별 특성**

		사회적 책임 중도적 인식 집단	사회적 책임 저인식 집단	사회적 책임 고인식 집단	
성별	남성	73	44	53	$\chi^2=33.593$, df=2 p=.000***
	여성	80	70	11	
결혼	미혼	93	79	24	$\chi^2=17.451$, df=2 p=.000***
	기혼	60	35	40	
연령	20-29세	50	34	11	$\chi^2=30.656$, df=6 p=.000***
	30-39세	68	70	32	
	40-49세	30	9	12	
	50세 이상	5	1	9	
월소득	200만원 미만	6	5	2	$\chi^2=33.619$, df=8 p=.000***
	200만-299만원	65	45	9	
	300만-399만원	35	43	30	
	400만-499만원	22	10	4	
	500만원 이상	25	11	19	
직위	계약직	17	16	0	$\chi^2=27.644$, df=8 p=.001***
	사원급	52	37	17	
	대리급	35	42	19	
	과장급	25	12	11	
	차/부장급 이상	24	7	17	
부서	판촉부	31	17	3	$\chi^2=75.123$, df=8 p=.000***
	환전/뱅커	1	6	5	
	영업(머신/테이블)	98	77	25	
	관리직	21	5	30	
	식음료 등 기타	2	9	1	
경력	5년 이하	64	49	20	$\chi^2=17.496$, df=8 p=.025*
	6-10년 이하	40	42	24	
	11-15년 이하	23	14	4	
	16-20년 이하	12	7	8	
	20년 이상	14	2	8	

* p〈.05, *** p〈.001.

.001), 경력(p<.05)에 따라 군집 간에 통계적으로 유의한 차이가 있는 것으로 나타났다. 세분집단별 인구통계학적 특성을 자세히 살펴보면, 사회적 책임 중도적 인식 집단은 주로 20~39세의 미혼자들로 월소득이 200~299만원인 사원급으로 영업(머신/테이블)과 관촉부에 근무하는 5년 이하 및 6~10년 이하의 경력자들로 구성되었다. 사회적 책임 저인식 집단은 주로 30~39세의 미혼 여성들로 구성되어 있으며, 이들은 월평균 200~399만원의 소득을 갖는 사원급과 대리급으로 영업(머신/테이블) 부서에 근무하는 10년 이하의 경력자들로 구성되었다. 마지막으로 사회적 책임 고인식 집단은 주로 30~39세의 기혼 남성 집단으로 구성되었으며, 월평균 300~399만원의 소득을 보이고 있었다. 또한 이들은 대리급, 사원급 및 차/부장급의 관리직으로 6~10년 정도의 경력을 보이고 있는 것으로 분석되었다.

사회적 책임 세분집단별 책임도박, 내부마케팅, 조직몰입, 고객지향의 차이

사회적 책임에 대한 세분집단에 따라 카지노 기업 종사자의 책임도박, 내부마케팅, 조직몰입, 고객지향에 대한 차이를 알아보고자 다변량 분산분석(MANOVA)를 실시하였다. 본 연구에서는 단변량 분산분석(ANOVA) 대신 다변량 분산분석을 실시하였는데, 이는 각 종속변수별로 별개의 분석을 하게 되면 응답의 연계성으로 인해 종속변수 간의 관련성을 통제할 수 없기 때문에 다수의 종속변수들을 동시에 분석함으로써 오차의 확률을 줄이고, 종속변수 간 상관관계와 다중공선성을 고려하기 위함이다(김상혁 · 오현주, 2013).

사회적 책임에 대한 세분집단과 카지노 기업 종사자의 책임도박, 내부마케팅, 조직몰입, 고객지향에 대한 다변량 분산분석을 실시한 결과는 〈표 7〉과 같다. 다변량 검증결과 Pillai 트레이스=.453(p<.001), Wilks 람다=.564(p<.001), Hotelling 트레이스=.744(p<.001), Roy 최대근=.701(p<.001)로 유의한 차이가 나타났다.

다변량 분산분석 결과 강제적 책임도박활동(p〈.05)과 보완적 책임도박활동(p<.01)은 사회적 책임 세분집단 간에 유의한 인식 차이가 있는 것으로 나타났다. 사후검증 결과 강제적 책임도박활동은 사회적 책임 중도적 인식집단(3.88)과 사회적 책임 저인식 집단(3.79) 간 통계적 차이가 있었으며, 보완적 책임도박활동은 사회적 책임 고인식 집단(2.20)과 사회적 책임 중도적 인식 집단(2.59) 및 사회적 책임 저인식 집단(2.57) 간에 차이가 있는 것으로 분석되었다. 또한, 내부마케팅의 복리후생, 교육훈련, 공정보상과 조직몰입 및 고객지향은 p<.001에서 사회적 책임 세분집단 간에 유의한 인식 차이가 있는 것으로 나타났다. 내부마케팅의 복리후생 요인과 조직몰

〈표 7〉 **사회적 책임 세분집단별 책임도박, 내부마케팅, 조직몰입, 고객지향에 대한 차이**

	사회적 책임 중도적 인식 집단	사회적 책임 저인식 집단	사회적 책임 고인식 집단	F	Scheffe 사후검증		
					I-II	I-III	II-III
강제적 책임도박활동	3.88	3.70	3.79	3.456*	*	-	-
보완적 책임도박활동	2.59	2.57	2.20	7.050**	-	**	**
복리후생	3.59	3.15	4.04	47.190***	***	***	***
교육훈련	3.61	3.24	3.85	25.950***	***	*	***
공정보상	3.25	2.73	3.53	42.354***	***	**	***
조직몰입	3.58	3.11	4.17	45.599***	***	***	***
고객지향	3.84	3.52	4.17	38.751***	***	***	***
Pillai 트레이스=.453(p〈.001), Wilks 람다=.564(p〈.001) Hotelling 트레이스=.744(p〈.001), Roy 최대근=.701(p〈.001)							

* p〈.05, ** p〈.01, *** p〈.001

입 및 고객지향에서는 모든 세분 집단 간 p<.001에서 통계적 차이가 나타났으며, 사회적 책임에 대한 인식이 높은 집단일수록 높은 평균값(사회적 책임 고인식 집단〉사회적 책임 중도적 인식 집단〉사회적 책임 저인식 집단)을 보이고 있는 것으로 나타났다. 내부마케팅의 교육훈련 요인과 공정보상 요인에서 역시 사회적 책임에 대한 인식이 높은 집단일수록 내부마케팅 요인의 교육훈련과 공정보상에 대한 인식이 높은 것으로 나타났다. 또한, 사후검증결과 사회적 책임 저인식 집단과 사회적 책임 중도적 인식 집단 및 사회적 책임 고인식 집단 간 p<.001에서 통계적 차이가 나타났으며, 사회적 책임 중도적 인식 집단과 사회적 책임 고인식 집단에서는 각각 p<.05(교육훈련), p<.01(공정보상)에서 사회적 책임 세분집단 간에 유의한 인식 차이가 있는 것으로 나타났다.

자료: 오민재 · 이충기 · 송수정(2014). 사회적 책임(CSR)을 이용한 카지노 종사자의 시장세분화 연구: 책임도박, 내부마케팅, 조직몰입 및 고객지향에 대한 인식 차이를 중심으로. 『관광연구』, 29(3), 61-81.

연구사례 10-3 군집분석 사례 3

Clusters' characteristics of casino motivation

A cluster analysis was employed to classify subjects into mutually exclusive groups on the basis of the Ward method using the K-means clustering procedure. The results of the cluster analysis indicate that a four-cluster solution appeared to be appropriate for the casino gambling motivations. Specifically, multivariate statistics indicate that statistically significant differences existed between the four clusters at $p<0.001$. The result of ANOVA tests also reveals that all four factors contributed to differentiating the four casino motivation clusters($p<0.001$). In addition, the Scheffe multiple-range tests were employed to examine any differences between clusters with respect to each factor. The results of the Scheffe tests show that statistically significant differences were found between clusters, generally supporting the contention that this represents an appropriate categorization.

As shown in Table 2, among the four cluster groups, the first cluster appeared to have the highest mean score on "winning" and the second highest mean score on "challenge." Based on the mean score characteristics with respect to the four factors, the first cluster was labeled "challenge/winning seekers." The second cluster was found to have the largest mean score on winning among the four motivation factors hence, the second cluster's label of "only winning seekers." The third cluster had the lowest mean score across four motivation factors as compared to those of other three clusters. In other words, this cluster group is unlikely to have strong gambling motivation when considering mean scores and comparing with other clusters. Thus, the third cluster was named the "light gambling seekers." Finally, the fourth cluster appeared to have the highest mean scores across all the factors except for winning. This cluster group is strongly motivated by winning for money, challenge, escape, and socialization and learning. Because of this, the fourth cluster was labeled the "multi-purpose seekers."

〈Table 2〉 **Summary statistics of cluster analysis of casino motivations**

	Cluster Ⅰ (n=75)	Cluster Ⅱ (n=118)	Cluster Ⅲ (n=98)	Cluster Ⅳ (n=108)	F-valuo	Scheffe multiple range tests					
						Ⅰ-Ⅱ	Ⅰ-Ⅲ	Ⅰ-Ⅳ	Ⅱ-Ⅲ	Ⅱ-Ⅳ	Ⅲ-Ⅳ
Socialization & learning	1.565[a]	1.638	2.493	3.337	170.025 ***	n.s[b]	***	***	***	***	***
Challenge	3.688	2.395	2.784	3.812	71.432 ***	***	***	n.s	***	***	***
Escape	2.073	2.868	2.387	3.525	35.232 ***	***	n.s	***	***	***	***
Winning	4.360	4.161	2.612	4.338	182.755 ***	n.s	***	n.s	***	n.s	***
Cluster name	Challenge & winning seekers	Only winning seekers	Light gambling seekers	Multi-purpose seekers	Pillai's Trace=1.766(p<0.001) Wilks' Rambda=0.067(p<0.001) Hotelling-Lawley Trace=4.443(p<0.001) Roy's Greatest Root=1.888(p<0.001)						

*** p<0.001.

a: Mean values measured on the basis of 5 Likert-type scale(1=strongly disagree, 3=neutral, 5=strongly agree).

b: n.s indicates 'not significant.'

In order to validate the results of casino motivations, a discriminant analysis was performed with four cluster groups and four casino motivation factors. While the discriminant analysis helps determine which variables discriminate between/among the clusters, the classification matrices are calculated to explain the degree to which respondents are correctly classified in their clusters, as well as the degree to which cross-validated grouped cases are correctly classified. This procedure is known as an 'external validity analysis,' which provides les biased hit rate estimates(Huberty, Wisenbaker, & Smith, 1987; Huberty & Lowman, 1997). The function is derived from one sample and applied to another sample in order to estimate the proportion misclassified(Afifi & Clark, 1996).

From the results of the discriminant analysis shown in Table 3, the classification matrices indicate that for the split half samples, 95.7% of the holdout sample(n=190) and 96.3% of the calibration sample of respondents(n=209) were correctly classified by the discriminant function. Additionally, 93.3% of cross-validated groups in the hold-out sample and 96.3% of cross-validated groups in the calibration sample were correctly classified. Finally, for the whole analysis sample(n=399), 94.7% of respondents are correctly classified, and 94.7% of cross-validated groups were correctly classified(see Table 3). These results enhance our confidence in the reliability and validity of the clusters.

〈Table 3〉 **Results of discriminant analysis of casino motivation clusters**

	Discriminant function	Eigenvalue	Canonical correlation	Wilks' Lamda	Chi-squre significance
Casino	1	1.888	.809	.067	.000
Motivation	2	1.512	.776	.195	.000
Factors	3	1.042	.714	.490	.000

Standardized canonical discriminant function coefficients

Casino motivation	Function 1	Function 2	Function 3
Socialization & learning	-.567	.914	.446
Challenge	.233	-1.071	1.063
Escape	.432	.879	-.868
Winning	.929	.425	.078

Note: 94.7% of original grouped cases correctly classified.
94.7% of cross-validated grouped cases correctly classified.

자료: Lee, C. K., Lee, Y. K., Bernhard, B. J., & Yoon, Y. S. (2006). Segmenting casino gamblers by motivation: A cluster analysis of Korean gamblers. *Tourism Management*, 27(5), 856-866.

10-4 군집분석 사례 4

Characteristics of four motivation clusters

To enhance our understanding of the factor structure a cluster analysis was performed on the motivation factors. A K-means clustering method, a nonhierarchical algorithm(Hair et al., 1998), was used to determine the best number of clusters based on the motivation factors. Initial cluster centers were selected by SPSS and iterated until the Euclidean distance between centroids changed less than 2 percent. Use of this iterative approach reduced the changes of biases entering the designation of initial cluster seeds, and assured stable clusters once the procedure met the 2 percent convergent criterion.

Cluster analysis suggests that a four cluster solution was most appropriate for the data of Expo visitors' motivations. Multi-variate statistics indicated that significant differences existed between the four clusters($p<0.001$). ANOVA test also indicates that all six factors contributed to differentiating the four motivation clusters($p<0.001$ or $p<0.05$). In addition, Scheffe multiple-range tests were further employed to explore any differences between clusters with respect to each factor. The result of the Scheffe test indicates that there were statistically significant differences between clusters except for family togetherness. This finding generally supports the appropriateness of each category shown in Table 2 and described below.

Cluster I: Culture and Family Seekers. This cluster contained 136 visitors. This cluster appeared to have the highest mean score on 'family togetherness' and the second highest mean score on 'cultural exploration' among the four cluster groups, respectively. This cluster was named as the 'culture and family seekers,' based on the mean score characteristics with respect to the factors. However, this cluster had relatively low mean scores on the rest of the factors (novelty, escape, event attractions and socialization).

Cluster II: Multi-purpose Seekers. This cluster contained 257 visitors, represen ting the largest sample of the respondents. This cluster was found to have the highest mean scores across all the factors except 'family togetherness.' Thus, this cluster was labeled as the 'multi-purpose seekers.' It is clearly indicated that this cluster is most important market segment.

Cluster III: Escape Seekers. This cluster contained 152 visitors. This cluster had the second largest mean scores on 'escape' and 'novelty,' but had the least mean score on 'cultural exploration.' Thus, this cluster was named as the 'escape seekers.'

Cluster IV: Event Seekers. This cluster contained 181 visitors. This cluster was found to have the second largest mean score on 'event' and 'socialization.' Thus, this cluster was labeled as the 'event seekers.' However, this cluster had the least mean score on 'escape.'

〈Table 2〉 **Results of cluster analysis for Expo visitors' motivations**

	Cluster I (n=136)	Cluster II (n=257)	Cluster III (n=152)	Cluster IV (n=181)	F-value	Scheffe multiple range tests					
						I-II	I-III	I-IV	II-III	II-IV	III-IV
Cultural exploration	3.70[a]	3.90	2.88	3.60	161.59 ***	*	***	***	***	***	***
Family togetherness	3.39	3.06	3.10	3.29	3.40 *	*	n.s[b]	n.s	n.s	n.s	n.s
Novelty	2.44	3.53	3.05	2.74	87.94 ***	***	***	n.s	n.s	***	***
Escape	2.80	4.02	3.46	2.70	154.40 ***	***	***	***	***	***	***
Event attractions	2.86	3.99	2.99	3.85	211.624 ***	***	**	***	***	***	***
Socialization	2.43	3.36	3.08	3.18	47.07 ***	***	***	***	n.s	***	n.s
Cluster name	Culture & family seekers	Multi -purpose seekers	Escape seekers	Event seekers	Pillai Trace=1.53(p<0.001); Wilks' Rambda=0.12 (p<0.001); Hotelling-Lawley Trace=3.12(p<0.001); and Roy's Greatest Root=1.17(p<0.001).						

a: Mean values were computed on the basis of 5 Likert scale(1=strongly disagree, 3=neutral, 5=strongly agree).

b: n.s indicates 'not significant'.

*** $p<.001$, ** $p<.01$, * $p<.05$.

The findings indicate that in general the cultural factor hadthe highest mean scores except for the third cluster, supporting the factor analysis finding that cultural components were an important motive for the Expo visitors. Cluster analysis identified the most important market segment of the multi-purpose seekers. They are characterized by the largest segment of the market(35.4%) with the largest mean scores across six motivation factors and the highest mean scores on satisfaction level. The findings suggest that festival and event managers should place high marketing efforts in attracting potentially large and highly satisfied market in terms of positive word-of mouth and increased re-visitation.

자료: Lee, C. K., Lee, Y. K., & Wicks, B. (2004). Segmentation of festival motivation by nationalty and satisfaction. *Tourism Management*, 25(1), 61-70.

연구사례 10-5 군집분석 사례 5

4.3. Segmenting visitors by using DSR

This study performed a cluster analysis to classify samples into mutually exclusive segments using the Ward method with the K-means procedure. The results of the cluster analysis revealed two appropriate cluster solutions (Table 4). The two clusters were classified by employing the non-hierarchical cluster analysis using the K-means technique: low DSR group (N=187, 45.1%) and high DSR group

〈Table 4〉 **Results of cluster analysis for DSR.**

Variable	Cluster I (N=187, 45.1%) Low DSR group	Cluster II (N=228, 54.9%) High DSR group	F-value
Environmental responsibility	3.14 (.53)	4.22 (.49)	462.154***
Socio-cultural responsibility	3.07 (.53)	4.14 (.50)	442.319***
Economic responsibility	3.14 (.53)	4.20 (.53)	406.262***
Multivariate tests	Pillai's trace=.639***, Wilks' Lambda=.361***, Hotelling-Lawley trace=1.770***, Roy's greatest root=1.770***		

Note: ***p<.001.

(N=228, 54.9%) out of 415 respondents. Multivariate ANOVA also indicates that two DSR clusters were differentiated from DSR factors with significant difference (p<.001), thus confirming that distinct clusters were identified.

Discriminant analysis was performed with two clusters and DSR factors to further validate the DSR clusters. A random sampling procedure was employed to divide the sample into two parts (Hair et al., 2010). Table 5 shows that the discriminant function that correctly classified the divided half samples: 97.1% of the holdout sample (N=207) and 99.5% of the analysis sample (N=208). This study also correctly classified 99.0% of respondents and 99.0% of cross-validated groups for the entire sample.

〈Table 5〉 **Results of discriminant analysis and classification for DSR.**

Sample	Function	Eigenvalue	% of variance	Canonical correlation	Wilks' lambda	χ^2	df
Analysis sample	1	1.905	100.0	.810	.344	218.065***	3
Holdout sample	1	1.695	100.0	.793	.371	201.731***	3
Whole sample	1	1.770	100.0	.799	.361	419.206***	3

Sample	Clusters	Predicted group membership		Total
		Low DSR	High DSR	
Analysis sample (N=208, 50.1%)	Low DSR	93 (100.0%)	0 (.0%)	93 (100.0%)
	High DSR	1 (.9%)	114 (99.1%)	115 (100.0%)
Holdout sample (N=207, 49.1%)	Low DSR	94 (100.0%)	0 (.0%)	94 (100.0%)
	High DSR	6 (5.3%)	107 (94.7%)	113 (100.0%)
Whole sample (N=415, 100.0%)	Low DSR	187 (100.0%)	0 (.0%)	187 (100.0%)
	High DSR	4 (1.8%)	224 (98.2%)	228 (100.0%)

Note: Analysis sample (hit ratio=99.5%, cross-validated ratio=99.0%), holdout sample (hit ratio=97.1%, cross-validated ratio=96.1%), whole sample (hit ratio=99.0%, cross-validated ratio=99.0%), ***p<.001.

자료: Lee, C. K., Olya, H., Ahmad, M. S., Kim, K. H., & Oh, M. J. (2021). Sustainable intelligence, destination social responsibility and pro-environmental behaviour of visitors: Evidence from an eco-tourism site. *Journal of Hospitality and Tourism Management*, 47, 365-376.

11장 구조방정식 모델링(Structural Equation Modeling)

1. 구조방정식 모델링의 개념

앞서 배운 회귀모델은 단지 독립변수와 종속변수 간 단일관계(single relationship)만을 분석할 수 있다. 가령, 회귀모델은 관광지 이미지와 만족도 간의 관계나 만족도와 재방문의사 간의 관계를 따로 따로 분석하게 된다. 그러나 연구자들은 이미지-만족도-재방문의사 간의 3가지 관계를 동시에 규명해보고 싶어 할 것이다. 이를 분석할 수 있는 기법이 구조방정식 모델링(SEM: Structural Equation Modeling)이다. SEM은 일련의 다중방정식(multiple equations)의 상호관계에 대한 구조를 파악하는 다변량기법(multivariate technique)으로 요인분석과 회귀분석이 결합된 형태라고 할 수 있다(Hair et al., 2010).

SEM은 다음과 같은 3가지 특징으로 구별된다(Hair et al., 2010).

첫째, 다수의 종속관계를 측정한다. SEM은 구조모델을 설정하여 독립적인 다수의 방정식을 동시에 측정하게 된다. 다시 말하면 SEM은 독립변수와 종속변수로 구성된 여러 개의 방정식으로 구성되기 때문에 한 방정식에서의 종속변수가 다른 방정식에서 독립변수로 사용될 수 있다.

둘째, SEM은 잠재변수(latent variable 또는 construct)를 분석에 포함할 수 있다. 우선 측정변수(measured variable 또는 manifest variable)와 잠재변수(또는 잠재 구성개념)를 설명하는 것이 필요할 것 같다. 측정변수란 연구자가 이론적 근거나 선행

〈표 11-1〉 **관측변수와 잠재변수**

구분	관측변수 (observed variable)	잠재변수 (latent variable)
정의	측정변수(manifest variable) 또는 지표(indicator)라고도 하며, 직접 측정되어지는 변수	구성개념으로서 직접 관찰되거나 측정이 되지 않는 변수
측정방법	잠재변수와 연결되어 잠재변수를 측정	관측변수에 의해 간접적으로 측정
표기법	사각형	타원형

연구를 통하여 측정항목들을 개발하고 이를 응답자에게 제시하여 실제로 측정한 것을 말하며, 관측된 변수(observed variable)라고도 한다. 반면에 잠재변수란 구조관계에 있어서 아직 확인되지 않은, 다시 말하면 관측되지 않은 이론적 개념(construct)으로 측정변수들 간에 일관성이 있는지를 확인함으로써 간접적으로 측정될 수 있다. 가령, 동기요인(잠재변수)을 측정하기 위하여 이론적 근거를 토대로 5개의 측정변수들을 도출한 뒤, 설문조사를 실시하여 측정했다고 가정하자. 이때 확인적 요인분석(CFA: Confirmatory Factor Analysis)을 통하여 5개의 측정변수들로 동기요인이 도출되었다면 이를 잠재변수 또는 잠재 구성개념이라고 한다. 일반적으로 관측변수는 사각형, 잠재변수는 타원형으로 표시한다.

그런데 측정변수들은 일관성이 결여되는 정도에 따라 측정오차(measurement error)가 발생하는데, 한 개념을 측정하는 변수들이 많을수록 측정오차는 작아지게 된다. 가령, 하나의 측정변수로 동기개념을 설명하는 것보다 다수의 측정변수로 동기개념을 설명하는 것이 측정오차가 작아질 수 있다. SEM은 측정모델(measurement model)을 통하여 측정오차의 정도를 확인할 수 있기 때문에 연구모델을 구성하고 있는 잠재변수들이 인과관계를 규명하기에 적합한지를 계량적으로 제시해준다. 즉 측정모델은 측정변수와 잠재변수 간의 대응규칙(rules of correspondence)을 명시해주며, 이 규칙이 적합한지를 여러 적합도 지수를 토대로 판단할 수 있게 해준다.

셋째, 하나의 모델은 이론을 토대로 설정된다. 다시 말하면 한 모델은 기본적인 이론이 없으면 만들어질 수 없다. SEM은 두 개의 모델로 구성되는데, 하나는 측정모델(measurement model)이고 다른 하나는 구조모델(structure model)이다. 측정모델은 각 측정변수와 잠재변수(또는 잠재 구성개념)와의 관계를 명시해주고, 각 잠재변수의 타당성을 평가하는 데 이용된다. 반면에 구조모델은 연구모델의 잠재변수들 간의 상호 인과관계를 규명한다.

2. 구조방정식 모델링 절차

구조방정식 모델을 이용하여 연구논문을 작성할 때는 먼저 선행연구를 토대로 측정변수들을 도출하고, 변수들 간의 인과관계에 대한 가설을 설정하며, 확인적 요인분석을 실시하여 모델의 타당성과 신뢰성을 확보한 뒤에 잠재변수 간의 인과관계를 검정한다. 즉 측정모델과 구조모델을 통한 2단계 분석을 실시한다(Hair et al., 2010). 물론 새롭게 측정변수를 개발한 경우에는 탐색적 요인분석(EFA: Explanatory Factor

선행연구를 토대로 측정변수 도출

⇩

1단계: 확인적 요인분석 실시(모델의 타당성과 신뢰성 평가)

- Chi-square test: 가설적 모형이 자료로부터 잘 지지되는지를 검정(p값 > 유의수준)
- GFI, AGFI, NFI, NNFI: 0.9 이상
- RMR, RMSEA: 0.08 이하
- 집중타당성, 판별타당성, 신뢰성 확인: 표준화 적재값, CR, AVE값 확인

⇩

2단계: 구조방정식 모델링 실시(인과관계 검정)

- 모델적합도 확인
- 개별 모수에 대한 평가: t값은 개별 모수의 통계적 유의성을 검정

⇩

인과관계에 대한 해석(영향력, 관계의 방향성 등을 기록)
추가적으로 직접(direct), 간접(indirect), 총(total) 효과 등을 확인

[그림 11-1] **구조방정식 모델링 절차**

Analysis)을 먼저 실시하여 잠재변수를 확인한 뒤에 확인적 요인분석을 실시하는 것이 바람직하다.

2-1. 측정모델(Measurement Model)

잠재변수 간의 인과관계분석을 위한 구조방정식 모델을 실시하기 전에 확인적 요인분석을 통하여 측정모델의 신뢰성과 타당성을 확보해야 한다. 측정모델의 신뢰성과 타당성은 다양한 기준과 과정을 통하여 판단한다(〈표 11-2〉 참조).

〈표 11-2〉 **타당성 및 신뢰성 기준**

적합도 지수		기준치
적합도지수	절대부합지수	$\chi^2(p \geq 0.05)$, 표준화된 $\chi^2(CMIN/df = \chi^2/df)(\leq 3)$, GFI($\geq$ 0.9), RMSEA($\leq$ 0.08), RMR($\leq$ 0.08)
	증분부합지수	NFI($\geq$ 0.9), TLI(=NNFI)($\geq$ 0.9), CFI($\geq$ 0.9)
집중타당성*	표준화적재값	($\geq$0.5 또는 $\geq$0.7)
	평균분산추출값(AVE)	($\geq$ 0.5)
판별타당성	• 평균분산추출값이 상관관계 제곱값보다 커야함 • 잠재변수 간 상관계수의 신뢰구간이 1을 포함하지 말아야 함 • 제약모델과 비제약모델 간 카이스퀘어 차이 분석결과 통계적으로 유의하게 나타나야 함	
신뢰성	개념신뢰도(CR)	($\geq$ 0.7)
	내적 일관성 (Cronbach's α)	($\geq$ 0.7)

* 개념신뢰도(CR)를 포함하는 경우도 있음.

주: • 카이제곱이 $p \geq 0.05$라는 것은 영가설 'H_0: 이론모델과 연구모델은 같다'를 기각하기 때문에 $\chi^2/df(\leq 3)$를 충족하면 된다.

• 집중타당성은 표준화계수($\geq$0.5 또는 $\geq$0.7, 유의성은 p〈0.05)와 AVE값($\geq$0.5)을 기준으로 판단하는 방법과 여기에 CR값($\geq$0.7)을 함께 제시하여 판단하는 방법이 있다. 연구자에 따라서 신뢰도를 집중타당성을 판단하기 위한 기준으로 사용하기도 한다(Hair et al., 2010). 따라서 이 경우에는 CR이 집중타당성을 확인하는 지표로 이용된다.

자료: 김계수(2010); Bearden, Sharma, & Teel(1982); Hair et al.(2010).

2-1-1. 적합도지수(Fit Indices)

적합도지수는 수집된 데이터가 연구모델에 적합(fit)한지, 즉 데이터가 연구모델을 제대로 설명해주는지를 확인해준다. 절대부합지수(absolute fit measures)와 증분부합지수(incremental fit measures)가 있으며, 이를 구체적으로 설명하면 다음과 같다(Hair et al., 2010).

절대부합지수(Absolute Fit Measures) 절대부합지수는 관찰된 데이터에 의해 얼마나 그 모델이 잘 설명되는지를 직접적으로 측정한 지수를 의미하며, 여기에는 χ^2 통계량(p-value), 기초부합지수(GFI: Goodness of Fit Index), 근사평균제곱오차제곱근(RMSEA: Root Mean Square Error of Approximation), 평균제곱잔차제곱근(RMR: Root Mean square Residual), 표준화된 χ^2(CMIN/$df = \chi^2/df$)가 있다.

증분부합지수(Incremental Fit Measures) 증분부합지수는 절대부합지수와는 달리 추정된 모델이 다른 대안 모델들과 어떻게 잘 부합하는지를 평가하는 것으로 표준부합지수(NFI: Normed Fit Index), 비표준부합지수(TLI: Tucker-Lewis Index), 비교부합지수(CFI: Comparative Fit Index)가 있다.

이렇게 다양한 적합도지수들 중 어떤 적합도지수가 가장 정확한지, 또한 각각의 적합도지수들의 기준치는 얼마인지에 대한 논란이 있다(Hair et al., 2010). 특히 χ^2 검정은 표본의 크기에 민감하기 때문에 모델의 적합도를 판단하는 데 적절하지 않을 수 있어 항상 자유도를 함께 보고하는 경향이 있다. 이에 Hair et al.(2010)은 모델적합도를 판단하기 위해 다른 유형의 다양한 적합도지수를 사용할 것을 제안하고 있다. 적합도지수는 표본의 크기에 민감하지 않고, 모형의 간명성을 고려해야 하며, 명확한 해석기준이 있는 지표를 사용하는 것이 바람직하다(홍세희, 2000; Hu & Bentler, 1995).

한편 적합도지수로서는 χ^2, CFI, NFI, NNFI, RMSEA를 제시하는 것이 바람직하다(김대업, 2008; 배병렬, 2006; 홍세희, 2000; Kline, 2005). 또한 Hair et al.(2010)에 따르면 모델의 적합도는 모델의 표본수와 관측변수의 수에 따라 유동적인 특성을 가지므로, 이를 반영해야 한다고 언급한다. 따라서 본 교재에서는 위와 같은 선행 연구들의 논의를 종합하여 χ^2통계량(p-value), 표준화된 χ^2(CMIN/$df=\chi^2/df$), NFI, NNFI, CFI, RMSEA를 제시하고자 한다. 각각의 기준치는 χ^2은 $p \geq 0.05$,[1] 표준화된 χ^2(CMIN/df)은 3 이하, NFI, NNFI, CFI는 0.9 이상, RMSEA는 0.08 이하로 설정한다(Bearden et al., 1982; Hair et al., 2010).

2-1-2. 집중타당성(Convergent Validity)

개념타당성(construct validity)에는 집중타당성(content validity)과 판별타당성(discriminant validity)으로 구성된다. 집중타당성은 한 구성개념(construct)이 관련 측정항목들로 잘 구성되었는지를 의미하며, 판별타당성은 두 개념 간에 차별화가 되었는지를 의미한다. 다시 말하면 집중타당성이란 잠재변수를 구성하는 관찰변수(observable variable)들이 타당하게 구성되어 있는지를 확인하는 것이다. 집중타당성을 확인하기 위해서는 표준화적재값이 0.5 또는 0.7 이상과 유의성(t값) 평균분산추출값(AVE: Average Variance Extracted)이 0.5 이상인 기준치를 충족하는지를 확인해야 한다(개념신뢰도〈CR〉를 포함하는 경우도 있음). 각 기준치에 대한 설명은 다음과 같다.

표준화적재값(Standard Factor Loading) 표준화적재값은 잠재변수와 측정변수(관찰변수) 간의 상관관계를 의미한다. 잠재변수와 관찰변수들 간의 상관관계가 높게 나타나야 잠재변수를 구성하고 있는 관찰변수들이 타당하게 구성되었다고 할 수 있다. 또한 관찰변수들의 표준화적재값의 제곱(λ^2)의 평균이 0.5보다 커야하는데, 만일 표준화적재값의 제곱의 평균이 0.5보다 작게 나타났다는 것은 잠재변수가 측정변수들이 가지고 있는 정보의 양을 절반도 설명하지 못하고 있다는 것을 의미한다(Fornell & Larcker, 1981). 따라서 표준화적재값은 0.7(표준화적재값을 제곱하면 평균분산추출값으로 0.5 이상이어야 하기 때문) 이상이 되어야 적합하다. 하지만 하나의 잠재

1 원칙적으로는 이론모형과 측정모형은 동일하므로 유의하지 말아야 한다(Ho). 그러나 대부분의 연구결과에서는 유의하게 나오므로 그 대안으로 CMIN/df<3 기준을 사용한다.

변수는 단일항목이 아니라 다항목으로 이루어져 있어서 수치가 높은 측정변수들이 낮은 측정변수들을 상쇄시켜줄 수 있기 때문에 표준화적재값이 0.5~0.7의 항목이 일부 허용되기도 한다.

평균분산추출값(AVE: Average Variance Extracted) 평균분산추출값은 표준화적재값을 제곱한 값(λ^2)들의 평균으로 측정변수들에 대한 설명력의 합이다. 앞서 언급한 것처럼 이는 잠재변수가 측정변수들이 가지고 있는 정보의 양을 얼마나 설명하고 있는지에 관련된 내용으로 적어도 절반은 설명해야 하기 때문에 기준치는 0.5 이상이 되는 것이 바람직하다. 평균분산추출값은 다음 식에 의하여 계산될 수 있다.

$$AVE = \frac{\sum_{i=1}^{n} \lambda_i^2}{\sum_{i=1}^{n} \lambda_i^2 + \sum_{i=1}^{n} \delta_i}$$

여기서, AVE＝평균분산추출값

λ＝표준화적재값

δ＝오차(일부 연구자는 오차항을 추가하지 않는 경우도 있음)

2-1-3. 판별타당성(Discriminant Validity)

판별타당성이란 잠재변수 간 구분될 수 있어야 한다는 것을 의미한다. 측정모델의 잠재변수에 대한 판별타당성을 입증하기 위한 방법으로는 평균분산추출값, 잠재변수 간 상관계수의 신뢰구간, 카이스퀘어 차이분석을 활용하는 3가지 방법이 있는데 각각에 대한 자세한 내용은 다음과 같다.

평균분산추출값을 이용하는 방법 판별타당성을 확인하는 세 가지 방법 중 평균분산추출값을 이용한 방법이 가장 보수적인 방법이다. 이 방법은 평균분산추출값과 잠재변수 간 상관자승치(squared correlation)를 비교하여 평균분산추출값이 상관자승치보다 큰지 여부를 확인하는 것이다. 다시 말하면 평균분산추출값이 다른 두 잠재변수 간 상관관계 제곱값보다 크면 판별타당성이 확보되었다고 할 수 있다(Fornell & Larcker, 1981).

신뢰구간(Confidence Interval)**을 이용하는 방법** 판별타당성을 확인하기 위하여 상관계수의 표준오차 신뢰구간(상관계수±2×표준오차) 값의 범위가 1을 포함하지 않는지를 확인하는 방법이다(Anderson & Gerbing, 1992). 신뢰구간 값이 1을 포함한다는 것은 두 잠재변수가 완전한 상관관계를 가질 수 있는 가능성이 있다는 것을 의미하기 때문이다. 이때 모든 잠재변수 간의 상관관계를 모두 분석하는 것이 바람직하지만, 실제 논문에서는 간명하게 제시하기 위하여 가장 높은 상관관계를 가지고 있는 잠재변수 간의 신뢰구간이 1을 포함하는지 확인해주는 경우가 많다(윤설민·박진아·이충기, 2012).

카이스퀘어 차이분석(χ^2 Difference Test)**을 이용하는 방법** 제약모델(constrained model)과 비제약모델(unconstrained model)을 이용해서 카이스퀘어 차이분석 결과를 확인하는 방법으로, 이것이 통계적으로 유의한 차이가 있다면 판별타당성을 확보한다고 판단한다(송학준·이충기, 2010; 윤설민·박진아·이충기, 2012; Bagozzi & Phillips, 1982; Steenkamp & Trijp, 1991). 제약모델은 두 잠재변수 간의 상관관계를 1로 고정한 모델이고, 비제약모델은 잠재변수 간의 상관관계를 자유롭게 추정한 모델이다. 비제약모델의 χ^2(잠재변수 간 상관관계를 자유롭게 추정)과 제약모델의 χ^2(잠재변수 간 완전한 상관관계가 있다고 가정, 즉 동일한 개념이라고 가정) 간에 유의한 차이가 나타났다면 두 잠재변수 간에 완전한 상관관계가 없다는 것을 입증해줄 수 있어 판별타당성을 확보하는 것으로 판단할 수 있다.

2-1-4. 신뢰성(Reliability)

개념신뢰도(CR: Construct Reliability) 개념신뢰도(CR)[2]는 측정변수들 간의 공유된 분산을 나타내며, 모든 잠재변수들의 개념신뢰도(합성신뢰도)가 기준치인 0.7 이상이

2 t값을 지칭하는 C.R.과 혼동할 수 있어 CCR(Composite Construct Reliability)로 표기하는 경우도 있다.

어야 신뢰도를 확보한다고 할 수 있다. 개념신뢰도는 다음 식을 이용하여 계산할 수 있다.

$$CR = \frac{(\sum_{i=1}^{n} \lambda_i)^2}{(\sum_{i=1}^{n} \lambda_i)^2 + \sum_{i=1}^{n} \delta_i}$$

여기서, CR=개념신뢰도

λ=요인적재값

δ=오차

내적 일관성(Cronbach's Alpha) Cronbach's α는 잠재변수 간 내적 신뢰도를 측정하는 것으로 기준치는 0.7 이상이다(Nunnally, 1978).

2-2. 구조모델(Structure Model)

2-2-1. 적합도지수

측정모델과 마찬가지로 구조모델에서도 적합도지수가 기준치에 부합하는지를 확인해야 한다. χ^2 통계량(p-value), 표준화된 χ^2(CMIN/$df=\chi^2/df$), 표준부합지수(NFI), 비표준부합지수(NNFI), 비교부합지수(CFI), 근사평균제곱오차제곱근(RMSEA)을 확인한다.

〈표 11-3〉 **적합도지수**

적합도 지수	기준치
절대부합지수	χ^2($p \geq 0.05$), 표준화된 χ^2(CMIN/$df=\chi^2/df$)(≤ 3), GFI(≥ 0.9), RMSEA(≤ 0.08)
증분부합지수	NFI(≥ 0.9), TLI(=NNFI)(≥ 0.9), CFI(≥ 0.9)
간명부합지수	Parsimonious NFI(≥ 0.5), Parsimonious CFI(≥ 0.5)

2-2-2. 외생변수와 내생변수

외생변수는 독립변수의 개념으로 다른 변수에 영향을 주는 변수인 반면, 내생변수는 종속변수의 개념으로 최소한 한 번 이상 직접 또는 간접적으로 영향을 받게 되는 변수이다. 구조방정식 모델에서는 잠재변수 · 관측변수 · 외생변수 · 내생변수가 조합되어, 외생잠재변수 · 내생잠재변수 · 외생관측변수 · 내생관측변수로 나타난다. [그림 11-2]는 구조모델에서의 변수를 지칭하는 용어를 제시해준다.

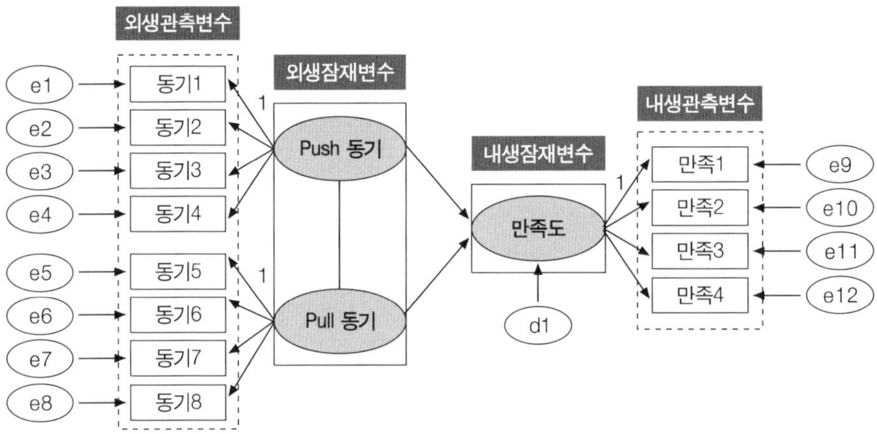

[그림 11-2] **구조모델에서의 변수 지칭용어**

2-2-3. 비표준화계수와 표준화계수

비표준화계수란 독립변수의 계수를 의미하는 반면, 표준화계수는 비표준화계수를 평균은 0, 표준편차는 1인 변수로 표준화 한 계수를 의미한다. 비표준화계수는 변수를 측정할 때 척도를 반영하여 독립변수가 종속변수에 미치는 고유한 영향력의 크기를 제공하고, 표준화계수는 독립변수가 종속변수에 미치는 영향력의 크기를 상대적으로 비교할 수 있도록 해준다. 연구모델에는 표준화계수를 제시해주는 경향이 있다.

2-2-4. 결정계수(R^2)

결정계수는 상관관계의 제곱값으로 회귀분석에서 기여율과 유사한 의미를 가진다. 즉 독립변수들이 종속변수의 변동을 얼마만큼 설명하는지에 대한 정보를 제공해준다. AMOS에서는 SMC(Squared Multiple Correlations)의 값을 통해서 확인할 수 있다.

2-2-5. 효과분해(직접효과 · 간접효과 · 총효과)

구조방정식 모델링은 공분산[3]이나 상관관계를 이용하여 인과관계를 규명하는 데 유용한 분석방법이다. 이러한 인과관계는 직접효과와 간접효과로 구분할 수 있는데, 이 두 효과를 합친 것을 총효과라고 한다.

연구모델에는 주로 직접효과만 제시해주며, 연구목적에 따라 간접효과와 총효과를 선택적으로 제시해주기도 한다. 또한 부트스트래핑(bootstrapping)[4] 방법을 이용하면 각 효과에 대한 유의성도 확인할 수 있다.

총효과＝직접효과＋간접효과

직접효과란 직접적인 인과관계를 나타내는 것으로 독립변수가 직접적으로 종속변수에 미치는 효과를 의미한다. 반면에 간접효과란 독립변수의 효과가 하나 이상의 중간 변수를 매개로 하여 종속변수에 미치는 효과를 의미한다.

---

3 공분산(covariance)이란 두 변수간의 공통된 분포로 두 변수간의 선형적 연관성을 나타내는 지표이며, 공분산을 표준화하면 상관관계가 된다(이훈영, 2012). 다시 말하면 두 확률변수간 공유하는 변화량으로 같은 방향으로 변화하면 정(＋)의 공분산, 반대방향으로 변화하면 부(－)의 공분산이라고 한다.

4 부트스트래핑은 재표집(resampling) 방법으로 모수값이나 표준오차를 추정하기 위해 컴퓨터가 원래 데이터를 반복적으로 샘플링하는 방법이다.

3. 구조방정식 모델링 실행

• Data File: 서울등축제_구조방정식 모델링_미싱제거.sav
• 설문지 File: 설문지(서울등축제).hwp

Download: www.daewangsa.net

구조방정식 모델링을 실시하기 전에 잠재변수 간 인과관계에 대한 이론적 근거가 필요하다. 논문을 작성할 때 이론적 배경 부분에 선행연구를 토대로 모델을 구성하고 있는 잠재변수를 각각 정의하고, 개념들 간 인과관계에 대한 연구모델의 이론적 근거를 제시해주어야 한다.5

예시로 등축제의 축제품질, 가치, 그리고 만족도 간 인과관계를 규명하는 연구목적을 가지고 [그림 11-3]과 같은 연구모델을 설정하였다고 가정하자.6

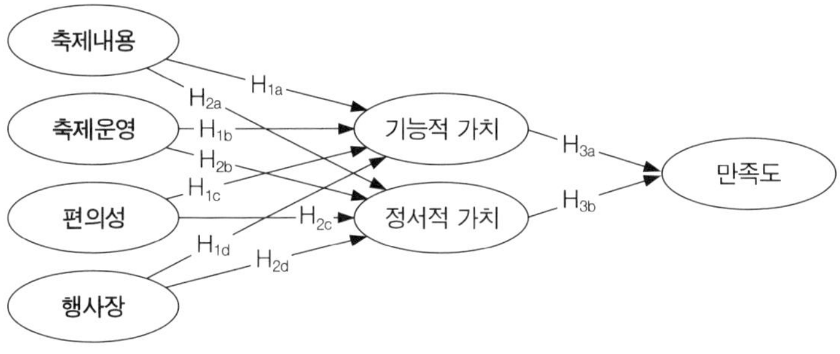

[그림 11-3] **연구모델**

5 연구모형의 이론적 배경에 대해서는 다음 논문을 참고하기 바란다.
 • 이충기(2016). 카지노기업의 사회적 책임(CSR)과 책임도박(RG)이 지역주민의 신뢰와 지지도에 미치는 구조관계 연구. 『관광학연구』, 40(3), 71-87.

6 이와 관련된 연구모델과 가설은 다음 논문들을 참고하기 바란다.
 • Lee, J. S., Lee, C. K., & Choi, Y. (2011). Examining the role of emotional and functional values in festival evaluation. *Journal of Travel Research*, 50(6), 685-696.

가설 1: 축제품질은 기능적 가치에 정(+)의 영향을 미칠 것이다.

가설 1a: 축제내용은 기능적 가치에 정(+)의 영향을 미칠 것이다.

가설 1b: 축제운영은 기능적 가치에 정(+)의 영향을 미칠 것이다.

가설 1c: 편의성은 기능적 가치에 정(+)의 영향을 미칠 것이다.

가설 1d: 행사장은 기능적 가치에 정(+)의 영향을 미칠 것이다.

가설 2: 축제품질은 정서적 가치에 정(+)의 영향을 미칠 것이다.

가설 2a: 축제내용은 정서적 가치에 정(+)의 영향을 미칠 것이다.

가설 2b: 축제운영은 정서적 가치에 정(+)의 영향을 미칠 것이다.

가설 2c: 편의성은 정서적 가치에 정(+)의 영향을 미칠 것이다.

가설 2d: 행사장은 정서적 가치에 정(+)의 영향을 미칠 것이다.

가설 3: 가치는 만족도에 정(+)의 영향을 미칠 것이다.

가설 3a: 기능적 가치는 만족도에 정(+)의 영향을 미칠 것이다.

가설 3b: 정서적 가치는 만족도에 정(+)의 영향을 미칠 것이다.

다음과 같은 가설을 검정하기 위한 구조방정식 모델링을 실행하면 다음과 같다.

- AMOS Graphics 프로그램을 실행시킨다.

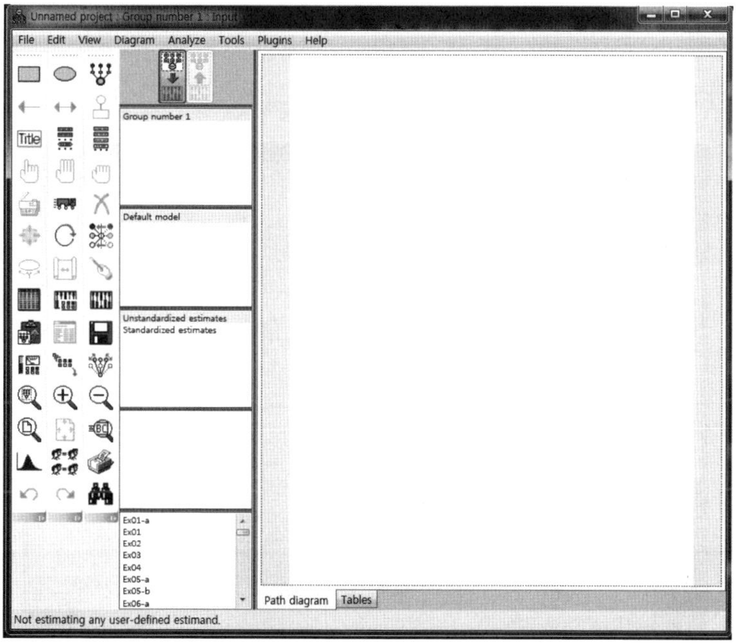

• 메뉴에서 [File] ▶ [Data Files]를 선택하거나 을 클릭한다.

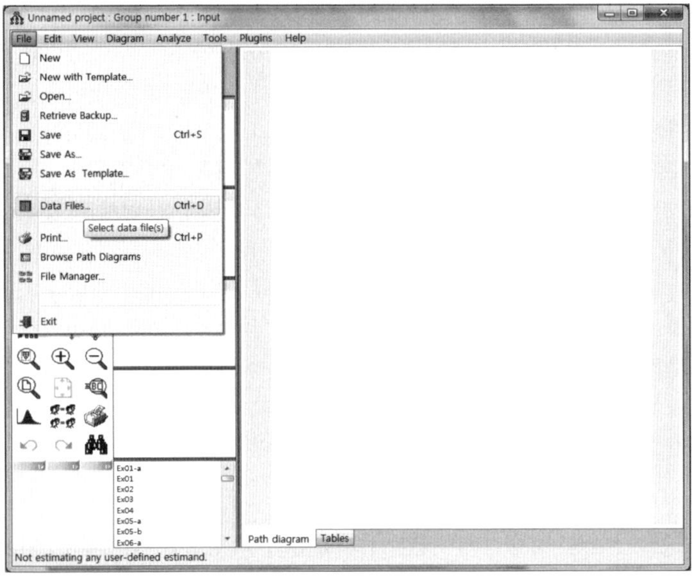

• 〈Data Files〉 대화상자가 나오면 [File Name]을 선택하여 원하는 데이터를 불러온 후 〈OK〉를 누른다. 본 분석에서는 "서울등축제_구조방정식 모델링_미싱제거" 파일로 분석을 실시하고자 한다.

• 먼저 측정모델을 분석하기 위하여 아이콘 및 도형을 이용하여 모델을 만든다. 아이콘에 대한 설명은 다음과 같다.

아이콘	설명	아이콘	설명
	관찰변수를 그리기		데이터 파일 선택
	비관찰변수(잠재변수, 개념) 그리기		분석방법 지정
	잠재변수를 그리거나 잠재변수에 관찰변수 및 오차항 추가		분석 실시(Ctrl+F9)
	경로(단방향 화살표), 인과관계		경로도형을 클립보드로 복사
	경로(양방향 화살표), 공분산 / 상관관계		경로도형 저장
	오차항 추가		객체속성 지정
Title	간단한 결과 및 내용 확인		객체에서 다른 객체의 속성을 이동
	모델에 있는 변수 리스트 확인		좌우대칭 유지
	데이터에 있는 변수 리스트 확인		선택영역 보기 확대
	한 객체 선택		보기 확대
	모든 객체 선택		보기 축소
	선택취소		전체 페이지 표시
	복사		페이지에 맞춰서 경로도형 크기 조정
	이동		특정 부분을 확대해서 보여줌
	삭제		베이지안 추정법 이용
	객체 크기 변화		다중집단분석(조절효과 분석시)
	요인과 연결된 변수들을 회전		선택한 경로도형 인쇄
	요인과 관련된 변수들의 위치 변경		실행취소(되돌리기)
	모수값(요인점수)의 위치 변경		다시실행
	해당 변수나 요인을 지정		대안 모델 찾기

3-1. 측정모델 분석방법

• 이론적 배경을 토대로 측정한 관찰변수 및 잠재변수를 다음과 같이 AMOS 아이콘(예 ▭, ◯, ←,)을 이용하여 그려준다. 본 예시에서는 잠재변수 7개와 관찰변수 26개(축제품질 14개, 가치 8개, 만족도 4개)로 구성되어 있다.

• 여기서 잠재변수는 측정변수와 측정변수를 설명하지 못하는 오차로 구성된다.

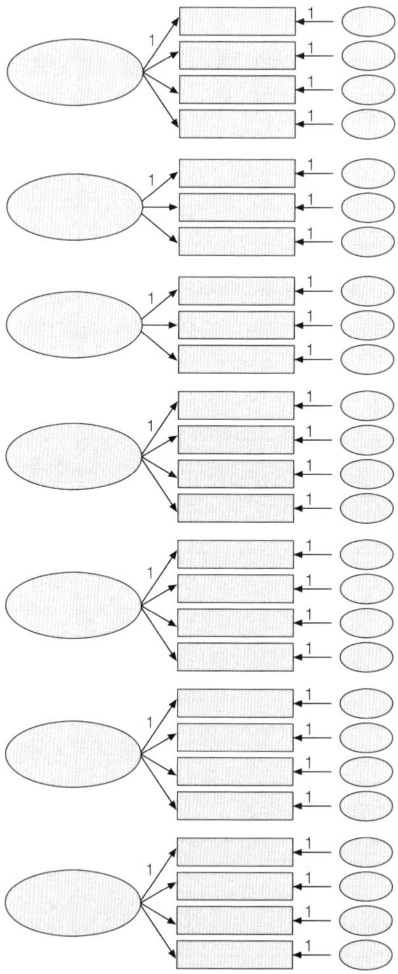

- 메뉴에서 [View] ▶ [Variables in dataset]를 선택하거나 을 선택하여 열린 데이터 안의 변수들을 그려놓은 관찰변수( )에 드래그하여 데이터를 입력한다. 잠재변수에는 연구자 또는 선행연구를 토대로 적합한 변수명(variable name)을 입력하고, 오차항[7]을 입력한다. 요인명을 입력하기 위해서는 해당 동그라미를 더블클릭하여 화면(object properties)이 나타나면 Variable name에 요인명을 입력한다.
- 다음으로 잠재변수에 적재되는 측정변수들 간 상관관계를 비교하기 위하여 잠재변수에 적재되는 측정변수들 중에서 하나의 변수에 임의적인 수치(여기서는 1)로 고정시키고(Object Properties ▶ Parameters ▶ Regression weight에 1을 입력), 잠재변수 간 공분산 관계를 설정[8]해준다. 다음과 같은 연구모델을 그린다.

7 잠재변수 및 오차항의 이름을 입력할 때는 메뉴의 [Plugins] ▶ [Name Unobserved Variable]을 이용하면 편리하다. 또한 잠재변수를 수정하려면 타원형을 더블클릭하면 된다.

8 잠재변수 간 공분산을 설정할 때는 손가락 모양을 클릭한 후 공분산을 연결하고 싶은 잠재변수들을 선택한 뒤, [Plugins] ▶ [Draw Covariance]를 이용하면 편리하다. 이 경우 공분산이 파란색으로 활성화되어 있기 때문에 주먹모양을 이용하여 이를 풀어야 한다.

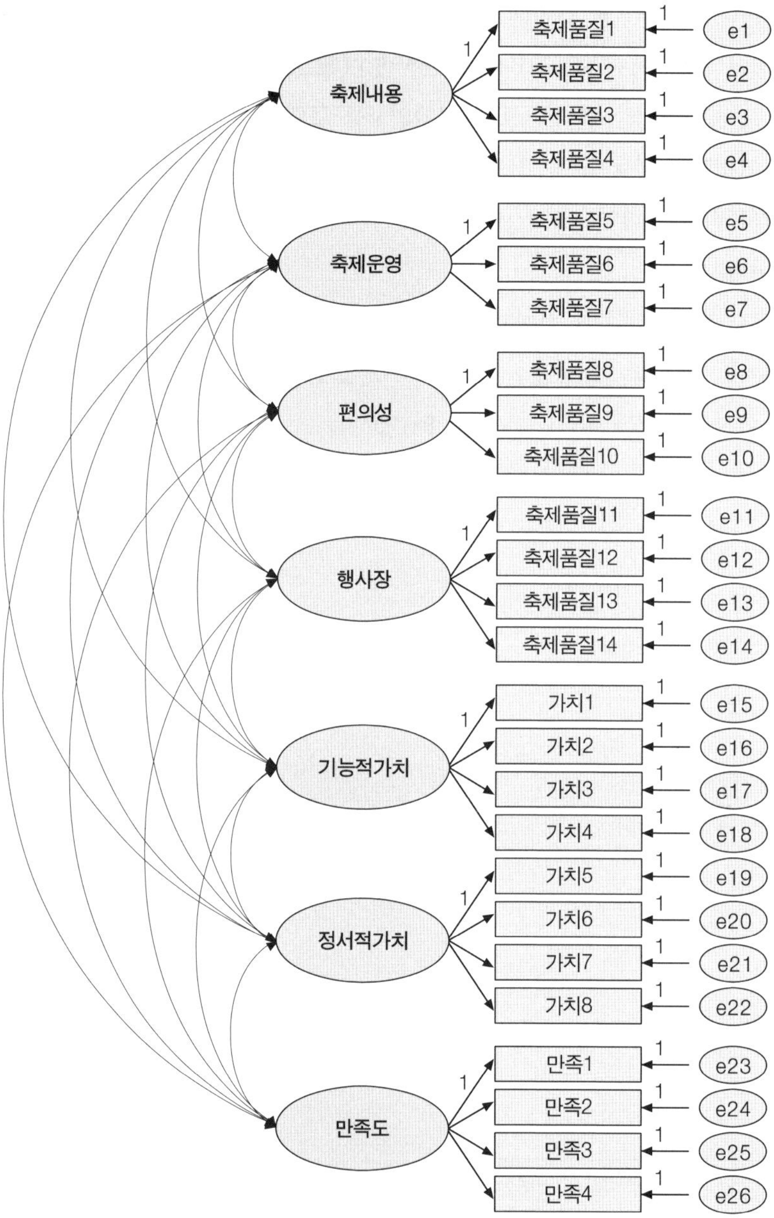

주: AMOS에서는 단어 사이를 띄우면 에러가 발생하니 반드시 붙여야 함.

• 을 클릭하여 분석방법 및 결과 리포트와 관련된 설정을 조정할 수 있다.

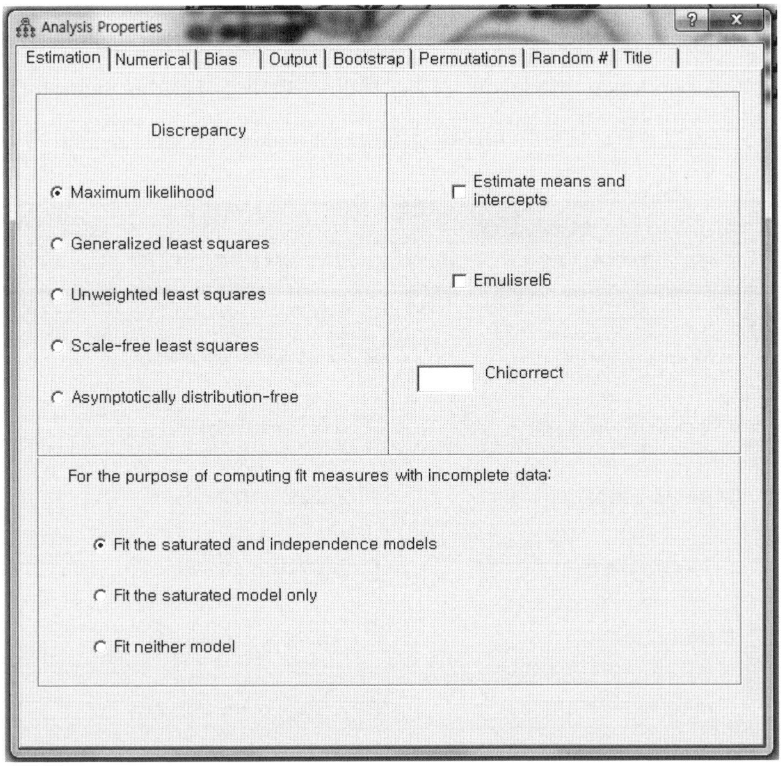

• Estimation: 추정방법에 대해서 설정할 수 있다. 최대우도법(maximum likelihood)이 기본설정으로 되어 있고, 일반화 최소자승법(generalized least squares)도 많이 사용된다. 그 외에 가중되지 않은(회귀분석에서의) 최소자승법(unweighted least squares), 척도와 무관한 최소자승법(scale−free least squares), 점근적인 분포와 무관한 추정량(asymptotically distribution-free) 등의 추정방법을 선택할 수 있다.

• AMOS는 결측값이 있는 데이터를 가지고 바로 추정이 가능하다는 특성이 있다. 데이터에 결측값이 있는 경우에는 평균과 절편 추정 옵션(estimate means and intercepts)을 선택해 주어야 한다. 이때 RMR, GFI, AGFI, PGFI가 출력되지 않고, 부트스트래핑(bootstrapping) 분석이 실행되지 않는 한계점이 있어 모든 결측값을 제거한 뒤에 분석을 실시하는 것이 바람직하다.

- 적합도지수 표시방법은 포화모델과 독립모델 모두를 나타내는 Fit the saturated and independence models와 포화모델만 나타내는 Fit the saturated model only, 그리고 어느 모델도 나타내지 않는 Fit neither model 옵션이 제공된다.

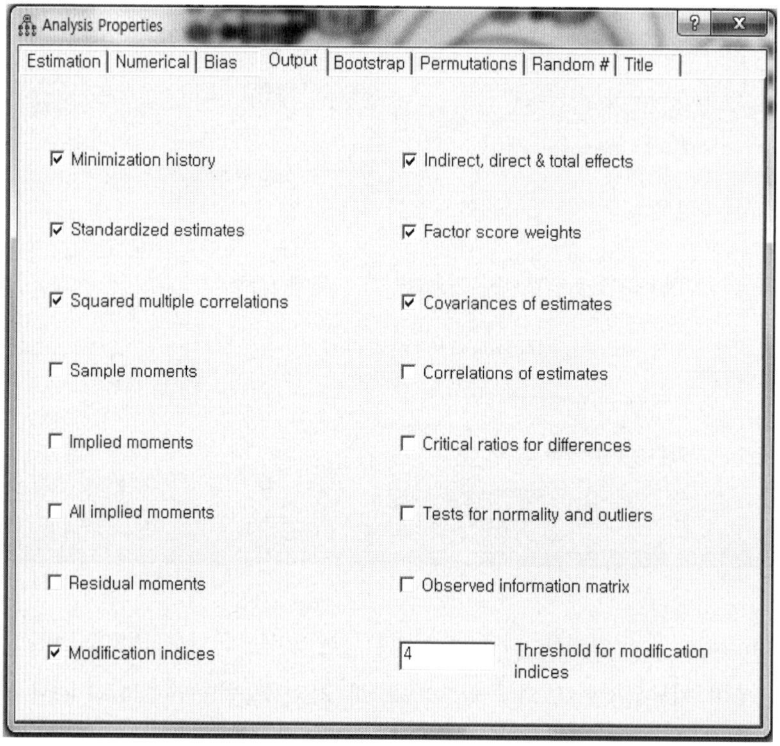

- Output 탭에서는 분석결과로 리포트하고 싶은 내용(결과출력 방법)을 설정할 수 있다.
- 각각의 옵션에 대한 설명은 다음과 같다.

옵션	설명	옵션	설명
Minimization history	분석결과 요약	Indirect, direct & total effects	간접, 직접, 총효과
Standardized estimates	표준화적재값	Factor score weights	요인적재량
Squared multiple correlations	상관관계 제곱 (R^2와 유사한 개념)	Covariances of estimates	공분산 추정치
Sample moments	표본의 평균	Correlations of estimates	상관관계 추정치
Implied moments	관찰변수의 공분산, 평균	Critical ratios for differences	모수의 t값
Residual moments	잔차의 공분산, 평균	Test for normality and outliers	정규분포성과 이상치 검정
Modification indices	수정지수	Observed information matrix	관찰된 정보 행렬

- 본 분석에서는 Standardized estimates, Squared multiple correlations, Indirect, direct & total effects, Factor score weights, Covariances of estimates, Modification indices를 선택하고자 한다.
- 메뉴에서 [Analyze] ▶ [Calculate estimates]를 선택하거나 을 선택하여 분석을 실시한다.
- 분석결과를 Output 파일로 보기 위해서는 메뉴에서 [View] ▶ [Text output]를 선택하거나 을 선택한다. 다음과 같은 결과 파일을 얻을 수 있다.

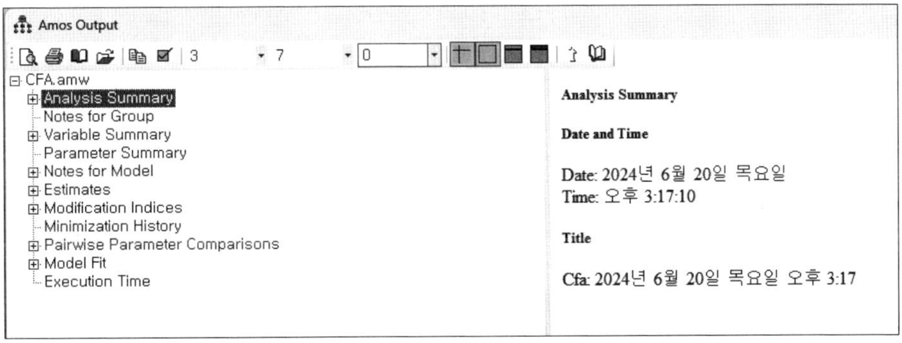

3-2. 측정모델 분석결과

• [Model Fit]에서는 모델의 적합도를 평가할 수 있는 지표들이 제시된다. Default model은 연구모델을 의미한다. Saturated model은 모수를 최대로 추정한 모델이고, Independence model은 모수를 최소로 추정한 모델이다. 연구자는 Default model에 주로 관심을 갖게 되며, 다른 두 모델은 연구모델과 비교하여 판단할 때 이용된다. 각각의 적합도에 대한 내용은 다음과 같다.

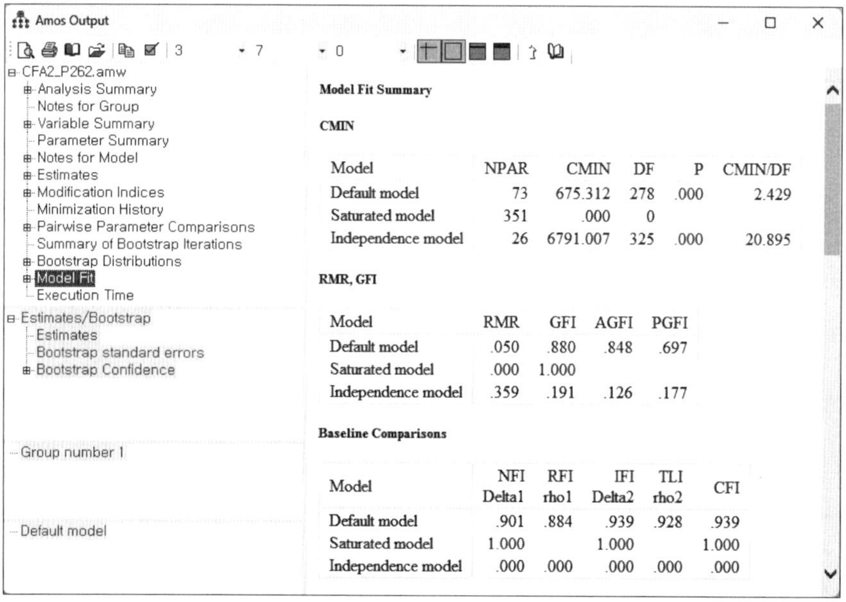

Model Fit Summary

CMIN

Model	NPAR	CMIN	DF	P	CMIN/DF
Default model	73	675.312	278	.000	2.429
Saturated model	351	.000	0		
Independence model	26	6791.007	325	.000	20.895

RMR, GFI

Model	RMR	GFI	AGFI	PGFI
Default model	.050	.880	.848	.697
Saturated model	.000	1.000		
Independence model	.359	.191	.126	.177

Baseline Comparisons

Model	NFI Delta1	RFI rho1	IFI Delta2	TLI rho2	CFI
Default model	.901	.884	.939	.928	.939
Saturated model	1.000		1.000		1.000
Independence model	.000	.000	.000	.000	.000

• [CMIN]: NPAR은 Number of distinct PARameter의 약자로 추정 모수의 수를 의미하고, CMIN은 χ^2값으로 p값이 유의하지 않게 나와야 연구모델과 이론적 모델이 일치한다고 판단할 수 있는데, 이 값은 자유도에 따라 민감하기 때문에 CMIN/*df*값을 주로 이용한다. 이 값이 3보다 작아야 전반적으로 적합하다고 판단할 수 있다. 분석결과 2.429로 나와서 전반적으로 모델이 적합하다고 판단할 수 있다.

CMIN					
Model	NPAR	CMIN	df	P	CMIN/df
Default model	73	675.312	278	0.000	2.429
Saturated model	351	0.000	0		
Independence model	26	6791.007	325	0.000	20.895

• [RMR, GFI]: RMR은 0에 가까울수록 양호한 모델로 0.08 이하로 나타나야 바람직하며, GFI, AGFI, PGFI는 1에 가까울수록 양호한 모델로 판단할 수 있다. 이 중 주로 RMR과 GFI 값을 확인하는데, RMR은 0.05로 0.08 이하로 나타났고, GFI는 0.88로 기준치인 0.9에 근접하게 나타났기 때문에 적합하다고 판단할 수 있다.

RMR, GFI				
Model	RMR	GFI	AGFI	PGFI
Default model	0.05	0.88	0.848	0.697
Saturated model	0.000	1.000		
Independence model	0.359	0.191	0.126	0.177

• [Baseline Comparisons]: NFI, RFI, IFI, TLI(또는 NNFI), CFI는 1에 가까울수록 양호한 모델로 판단할 수 있다. 이 중에서 주로 NFI, NNFI(또는 TLI), CFI를 확인하는데, 이 적합도지수들의 값이 기준치인 0.9 이상으로 나타나 적합하다고 판단할 수 있다.

Baseline Comparisons					
Model	NFI	RFI	IFI	TLI	CFI
Default model	0.901	0.884	0.939	0.928	0.939
Saturated model	1.000		1.000		1.000
Independence model	0.000	0.000	0.000	0.000	0.000

• [RMSEA]: RMSEA는 Root Mean Square Error of Approximation의 약자로, 추정

된 잔차제곱의 평균에 제곱근을 씌운 값이다. 따라서 잔차가 작을수록 좋기 때문에 이 값이 작을수록 좋다고 판단할 수 있다. RMSEA는 0.05보다 작을 때 양호, 0.08 이하인 경우에는 모형이 어느 정도 양호하다고 판단할 수 있다(김계수, 2010). 이 기준치에 따르면 본 구조모델의 RMSEA는 0.061로 0.08보다 작게 나타났기 때문에 어느 정도 양호한 모델로 판단할 수 있다.

- 전반적인 모델적합도는 기준치에 부합하는 것으로 나타났다.

RMSEA				
Model	RMSEA	LO 90	HI 90	PCLOSE
Default model	0.061	0.055	0.067	0.001
Independence model	0.228	0.223	0.232	0.000

- Variable Summary: 모델 내에 포함된 변수들의 정보를 제공한다. 구체적으로 관찰변수, 비관찰변수(잠재변수 및 오차항)에 포함되어 있는 변수를 보여주고, 모델에 포함된 변수의 수, 관찰변수의 수, 비관찰변수의 수 등을 제시해준다.

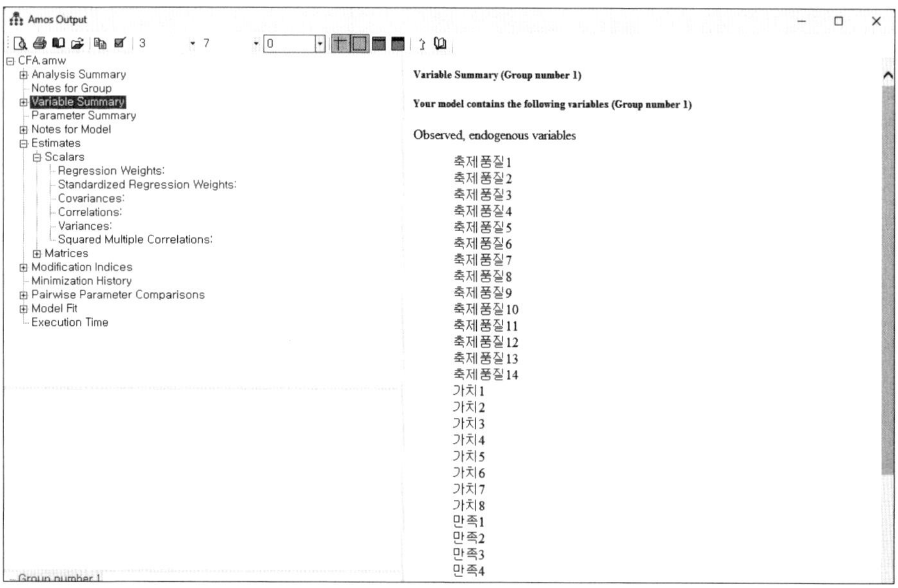

• Notes for Model: 간단한 모델정보를 알 수 있다. 분석에 사용된 표본수는 351 이며, 추정해야하는 모수는 73으로 자유도는 278으로 나타난다. χ^2(Chi-square)은 675.312로 유의확률이 0.000으로 나타나 연구모델은 이론적 모델과 다르다는 결론을 내릴 수 있다. 하지만 앞서 언급했듯이 이 통계치는 표본의 크기에 민감하기 때문에 χ^2을 자유도로 나누어준 표준화된 χ^2을 이용하고자 한다.

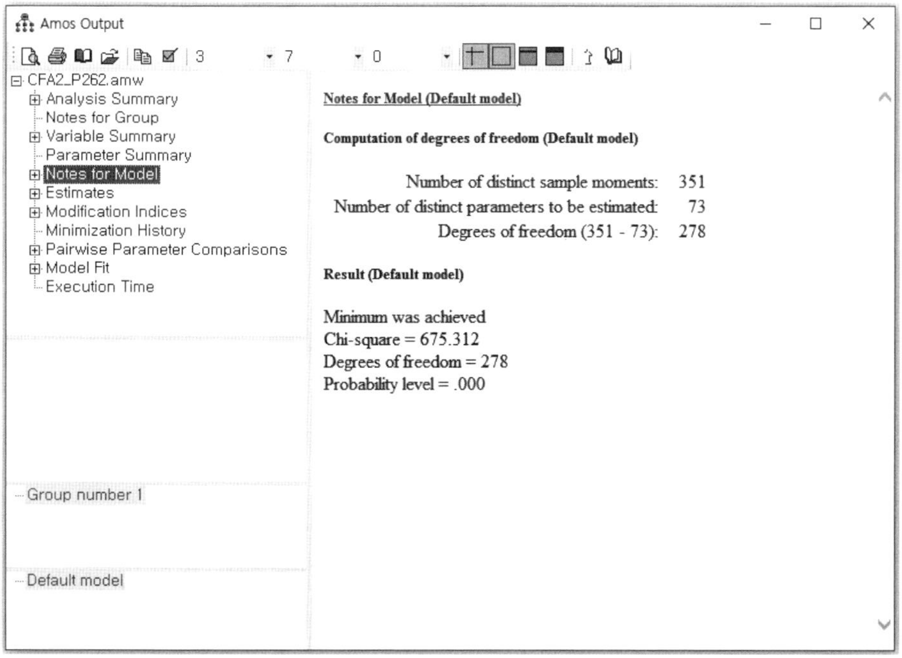

• [Estimates] ▶ [Scalars] ▶ [Regression Weights]에서는 비표준화적재값에 대한 정보를 나타내준다. 이 결과 창에서 Estimate는 표준화되지 않은 계수를 의미하고, S.E.(Standard Error)는 표준오차, C.R.(Critical Ratio)은 회귀분석의 t값과 유사한 개념으로 $C.R. = \frac{Estimate}{S.E.}$ 로 계산한다. 이 값이 ±1.96보다 크거나 같으면 경로계수가 유의하다고 해석할 수 있다. 예를 들어, [축제운영] ▶ [축제품질6]의 C.R.값은 9.850으로 가장 작게 나타났지만, 이 값은 1.96보다 크기 때문에 유의한 경로계수임을 확인할 수 있다.

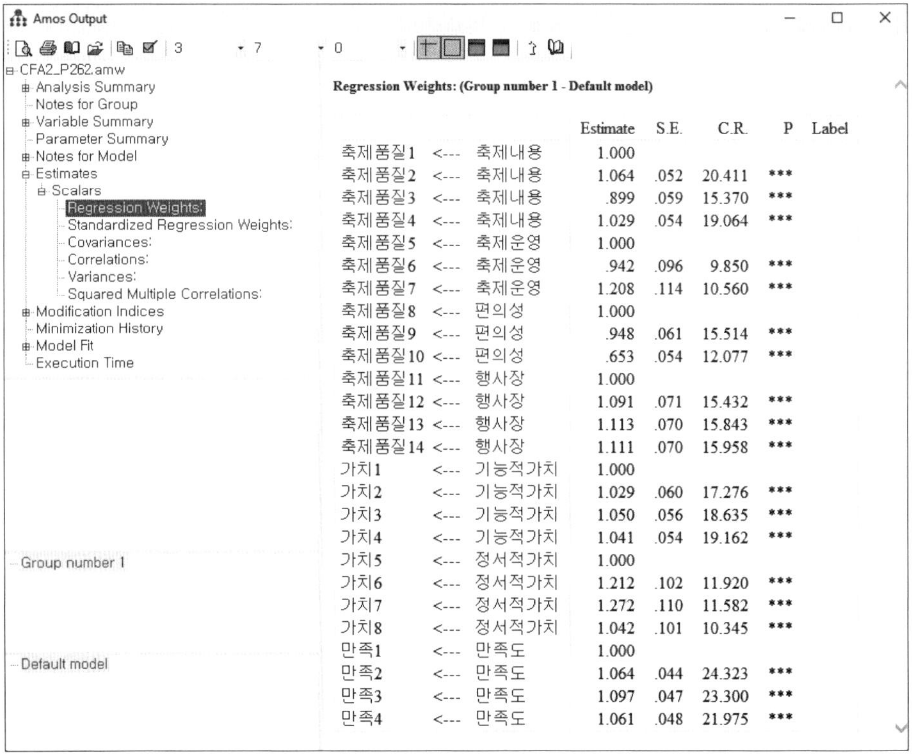

Regression Weights: (Group number 1 - Default model)

			Estimate	S.E.	C.R.	P	Label
축제품질1	<---	축제내용	1.000				
축제품질2	<---	축제내용	1.064	.052	20.411	***	
축제품질3	<---	축제내용	.899	.059	15.370	***	
축제품질4	<---	축제내용	1.029	.054	19.064	***	
축제품질5	<---	축제운영	1.000				
축제품질6	<---	축제운영	.942	.096	9.850	***	
축제품질7	<---	축제운영	1.208	.114	10.560	***	
축제품질8	<---	편의성	1.000				
축제품질9	<---	편의성	.948	.061	15.514	***	
축제품질10	<---	편의성	.653	.054	12.077	***	
축제품질11	<---	행사장	1.000				
축제품질12	<---	행사장	1.091	.071	15.432	***	
축제품질13	<---	행사장	1.113	.070	15.843	***	
축제품질14	<---	행사장	1.111	.070	15.958	***	
가치1	<---	기능적가치	1.000				
가치2	<---	기능적가치	1.029	.060	17.276	***	
가치3	<---	기능적가치	1.050	.056	18.635	***	
가치4	<---	기능적가치	1.041	.054	19.162	***	
가치5	<---	정서적가치	1.000				
가치6	<---	정서적가치	1.212	.102	11.920	***	
가치7	<---	정서적가치	1.272	.110	11.582	***	
가치8	<---	정서적가치	1.042	.101	10.345	***	
만족1	<---	만족도	1.000				
만족2	<---	만족도	1.064	.044	24.323	***	
만족3	<---	만족도	1.097	.047	23.300	***	
만족4	<---	만족도	1.061	.048	21.975	***	

• [Estimates] ▶ [Scalars] ▶ [Standardized Regression Weights]에서는 표준화적재값를 확인할 수 있다. 표준화적재값은 0.5 이상[9]이어야 개념타당성이 확보된다고 판단하는데, 분석결과 모두 0.5를 상회하는 것으로 나타나 개념타당성이 확보되었다고 판단된다.

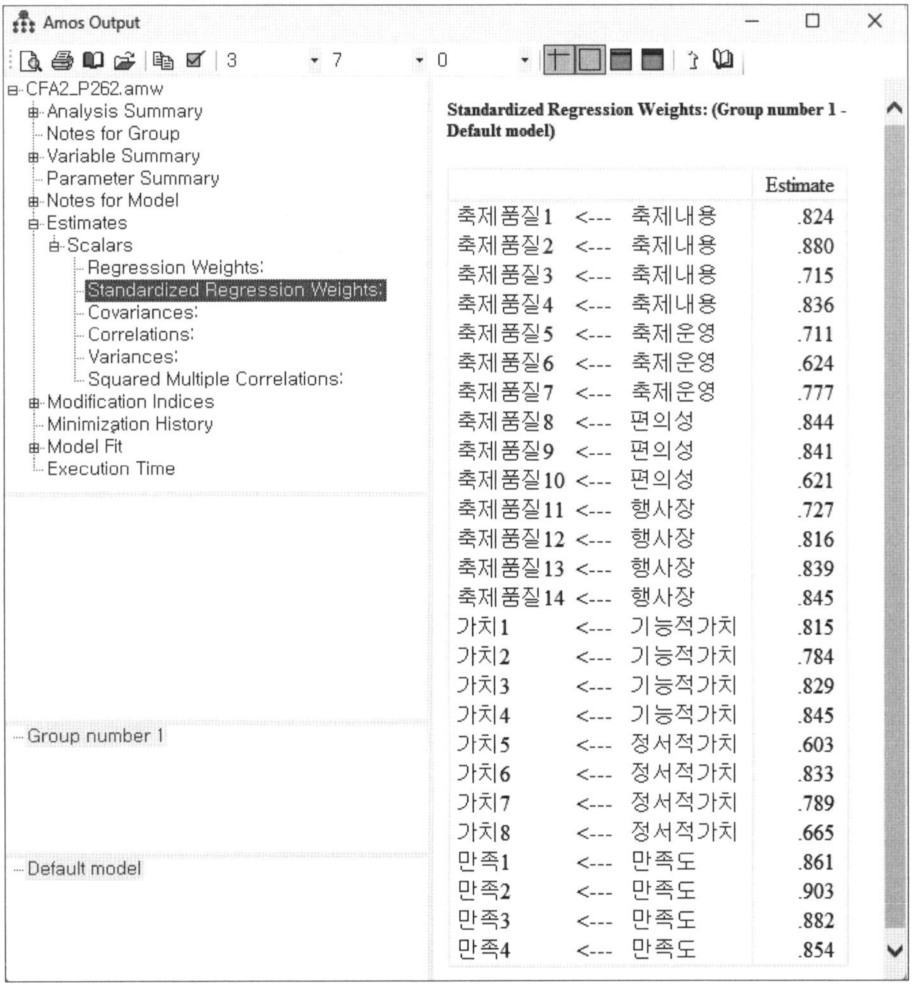

			Estimate
축제품질1	<---	축제내용	.824
축제품질2	<---	축제내용	.880
축제품질3	<---	축제내용	.715
축제품질4	<---	축제내용	.836
축제품질5	<---	축제운영	.711
축제품질6	<---	축제운영	.624
축제품질7	<---	축제운영	.777
축제품질8	<---	편의성	.844
축제품질9	<---	편의성	.841
축제품질10	<---	편의성	.621
축제품질11	<---	행사장	.727
축제품질12	<---	행사장	.816
축제품질13	<---	행사장	.839
축제품질14	<---	행사장	.845
가치1	<---	기능적가치	.815
가치2	<---	기능적가치	.784
가치3	<---	기능적가치	.829
가치4	<---	기능적가치	.845
가치5	<---	정서적가치	.603
가치6	<---	정서적가치	.833
가치7	<---	정서적가치	.789
가치8	<---	정서적가치	.665
만족1	<---	만족도	.861
만족2	<---	만족도	.903
만족3	<---	만족도	.882
만족4	<---	만족도	.854

9 표준화적재값의 기준치는 0.7 이상을 제시하고 있는데, 잠재변수는 다항목으로 구성되기 때문에 0.5 이상 0.7 이하의 항목이 일부 허용되기도 한다. 따라서 관대한 측면에서 기준치를 0.5 이상으로 제시하기도 한다.

• [Estimates] ▶ [Scalars] ▶ [Covariances]에서는 공분산의 유의성을 확인할 수 있다. 공분산의 C.R.값을 확인해보니 모두 1.96 이상으로 나타나 잠재변수 간 공분산이 유의한 것으로 나타났다.

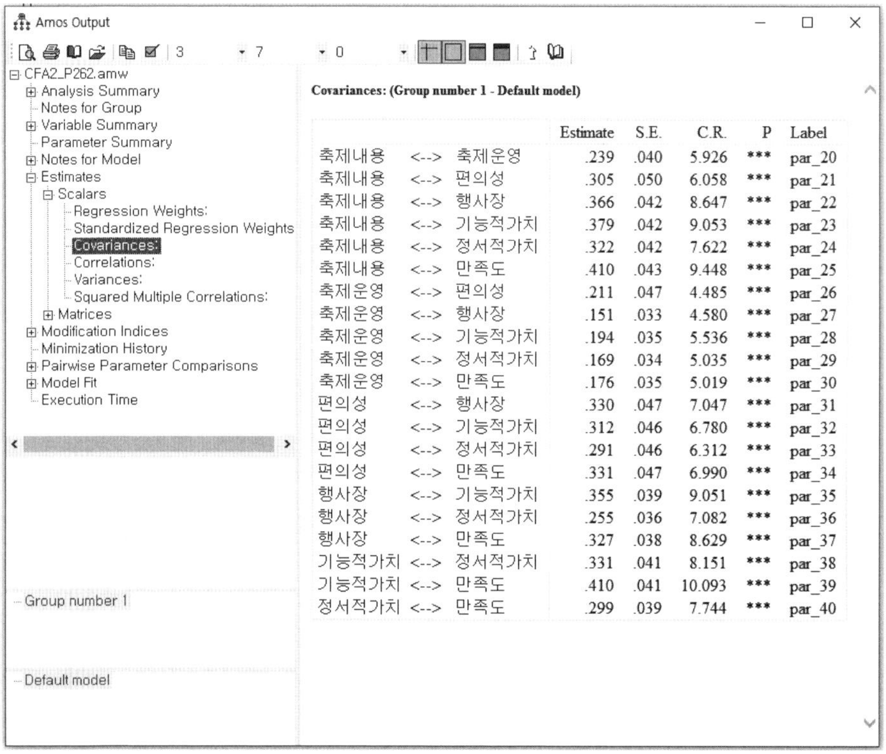

Covariances: (Group number 1 - Default model)

			Estimate	S.E.	C.R.	P	Label
축제내용	<-->	축제운영	.239	.040	5.926	***	par_20
축제내용	<-->	편의성	.305	.050	6.058	***	par_21
축제내용	<-->	행사장	.366	.042	8.647	***	par_22
축제내용	<-->	기능적가치	.379	.042	9.053	***	par_23
축제내용	<-->	정서적가치	.322	.042	7.622	***	par_24
축제내용	<-->	만족도	.410	.043	9.448	***	par_25
축제운영	<-->	편의성	.211	.047	4.485	***	par_26
축제운영	<-->	행사장	.151	.033	4.580	***	par_27
축제운영	<-->	기능적가치	.194	.035	5.536	***	par_28
축제운영	<-->	정서적가치	.169	.034	5.035	***	par_29
축제운영	<-->	만족도	.176	.035	5.019	***	par_30
편의성	<-->	행사장	.330	.047	7.047	***	par_31
편의성	<-->	기능적가치	.312	.046	6.780	***	par_32
편의성	<-->	정서적가치	.291	.046	6.312	***	par_33
편의성	<-->	만족도	.331	.047	6.990	***	par_34
행사장	<-->	기능적가치	.355	.039	9.051	***	par_35
행사장	<-->	정서적가치	.255	.036	7.082	***	par_36
행사장	<-->	만족도	.327	.038	8.629	***	par_37
기능적가치	<-->	정서적가치	.331	.041	8.151	***	par_38
기능적가치	<-->	만족도	.410	.041	10.093	***	par_39
정서적가치	<-->	만족도	.299	.039	7.744	***	par_40

• [Estimates] ▶ [Scalars] ▶ [Variances]의 결과를 통하여 측정변수가 각 요인을 어느 정도 설명하고 있는지를 확인할 수 있다. 여기서 개념신뢰도(CR: Construct Reliability)[10]와 평균분산추출값(AVE)에 대해서 설명하고자 한다. 앞서 언급한 것처럼, 개념신뢰도와 평균분산추출값은 다음 식 (1), 식 (2)와 같은 공식으로 계산된다. 여기서 λ는 표준화계수(표준화적재값) 값이고, δ는 오차로 e1~e26의 Estimate값을 의미한다.

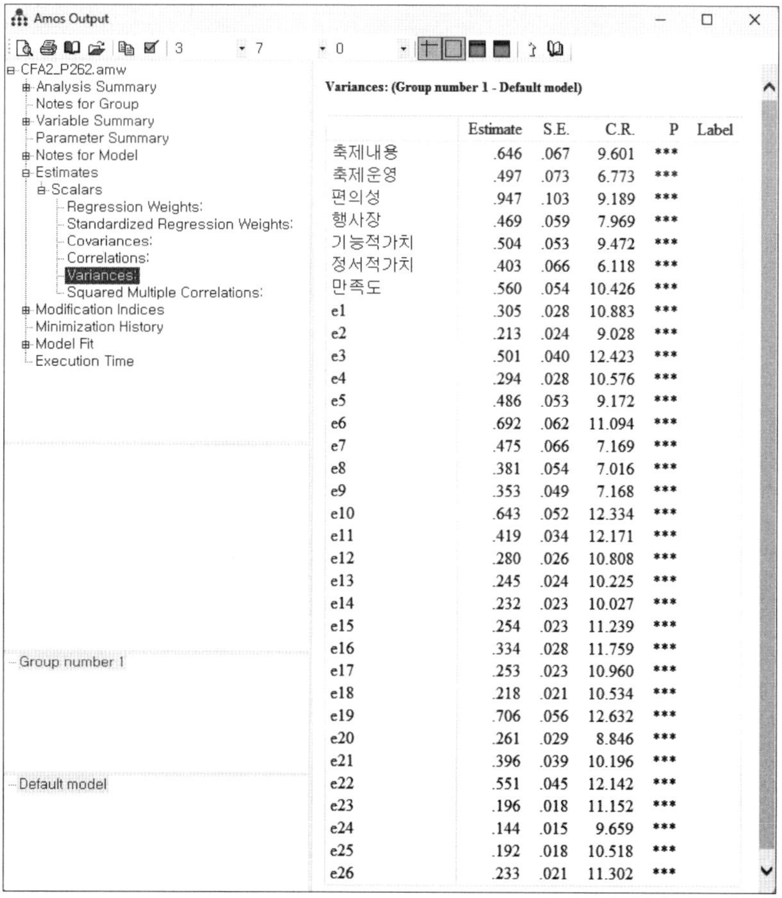

Variances: (Group number 1 - Default model)

	Estimate	S.E.	C.R.	P	Label
축제내용	.646	.067	9.601	***	
축제운영	.497	.073	6.773	***	
편의성	.947	.103	9.189	***	
행사장	.469	.059	7.969	***	
기능적가치	.504	.053	9.472	***	
정서적가치	.403	.066	6.118	***	
만족도	.560	.054	10.426	***	
e1	.305	.028	10.883	***	
e2	.213	.024	9.028	***	
e3	.501	.040	12.423	***	
e4	.294	.028	10.576	***	
e5	.486	.053	9.172	***	
e6	.692	.062	11.094	***	
e7	.475	.066	7.169	***	
e8	.381	.054	7.016	***	
e9	.353	.049	7.168	***	
e10	.643	.052	12.334	***	
e11	.419	.034	12.171	***	
e12	.280	.026	10.808	***	
e13	.245	.024	10.225	***	
e14	.232	.023	10.027	***	
e15	.254	.023	11.239	***	
e16	.334	.028	11.759	***	
e17	.253	.023	10.960	***	
e18	.218	.021	10.534	***	
e19	.706	.056	12.632	***	
e20	.261	.029	8.846	***	
e21	.396	.039	10.196	***	
e22	.551	.045	12.142	***	
e23	.196	.018	11.152	***	
e24	.144	.015	9.659	***	
e25	.192	.018	10.518	***	
e26	.233	.021	11.302	***	

10 개념신뢰도는 요인의 신뢰도를 확인해주는 지표로 신뢰계수와 유사한 개념이며, 기준치는 0.7이다. 개념신뢰도는 AVE값과 함께 집중타당성을 검증하는 지표이다.

- $CR = \frac{(\sum_{i=1}^{n}\lambda_i)^2}{(\sum_{i=1}^{n}\lambda_i)^2 + \sum_{i=1}^{n}\delta_i}$ -- 식 (1)

- $AVE = \frac{\sum_{i=1}^{n}\lambda_i^2}{\sum_{i=1}^{n}\lambda_i^2 + \sum_{i=1}^{n}\delta_i}$ -- 식 (2)

- 이를 엑셀에서 계산할 때는 〈표 11-4〉와 같이 값을 구할 수 있다. 표준화적재값 또는 CR은 0.7 이상, AVE는 0.5 이상이 되어야 집중타당성 또는 수렴타당성을 확보하는 것으로 판단할 수 있다. 분석결과 표준화적재값은 0.7에 근접하거나 그 이상인 것으로 나타났으며(일부 항목은 0.6 이상인데, 일부 항목이 0.5에서 0.7 사이인 경우에는 허용되기도 함), CR은 0.730~0.941로 0.7 이상으로 나타났고, AVE는 축제운영 한 항목을 제외하고 모두 0.5 이상으로 나타났으며, 축제운영도 0.5에 근접하는 것으로 나타났다.

〈표 11-4〉 **표준화적재값, CR 및 AVE 계산과정**

잠재변수	관측변수	표준화 적재값	오차	CR	AVE
축제내용	축제품질 1	0.824	0.305	0.890	0.670
	축제품질 2	0.880	0.213		
	축제품질 3	0.715	0.501		
	축제품질 4	0.836	0.294		
축제운영	축제품질 5	0.711	0.486	0.730	0.476
	축제품질 6	0.624	0.692		
	축제품질 7	0.777	0.475		
편의성	축제품질 8	0.844	0.381	0.794	0.567
	축제품질 9	0.841	0.353		
	축제품질 10	0.621	0.643		
행사장	축제품질 11	0.727	0.419	0.899	0.690
	축제품질 12	0.816	0.280		
	축제품질 13	0.839	0.245		
	축제품질 14	0.845	0.232		
기능적 가치	가치 1	0.815	0.254	0.910	0.717
	가치 2	0.784	0.334		
	가치 3	0.829	0.253		
	가치 4	0.845	0.218		
정서적 가치	가치 1	0.603	0.706	0.814	0.526
	가치 2	0.833	0.261		
	가치 3	0.789	0.396		
	가치 4	0.665	0.551		
만족도	만족 1	0.861	0.196	0.941	0.800
	만족 2	0.903	0.144		
	만족 3	0.882	0.192		
	만족 4	0.854	0.233		

주 1: CR을 엑셀식에서 계산 시 수식입력 예시: SUM(축제품질 1: 축제품질 4)^2 / (SUM(축제품질 1: 축제품질 4)^2+SUM(축제품질 1 오차: 축제품질 4 오차)).

주 2: AVE를 엑셀식에서 계산 시 수식입력 예시: SUMSQ(축제품질 1: 축제품질 4) / (SUMSQ(축제품질 1: 축제품질 4)+SUM(축제품질 1 오차: 축제품질 4 오차)).

• [Estimates] ▶ [Scalars] ▶ [Correlations]의 결과 창에서는 각 잠재변수 간 상관관계를 확인할 수 있다. 이 상관관계는 판별타당성을 확인할 때 사용하는데, 앞서 구한 평균분산추출값(AVE)이 각 요인의 상관관계의 제곱보다 크면 판별타당성을 확보하였다고 판단한다. 위의 결과값을 〈표 11-5〉와 같이 정리해볼 수 있다.

Correlations: (Group number 1 - Default model)

			Estimate
축제내용	<-->	축제운영	.422
축제내용	<-->	편의성	.390
축제내용	<-->	행사장	.665
축제내용	<-->	기능적가치	.665
축제내용	<-->	정서적가치	.632
축제내용	<-->	만족도	.682
축제운영	<-->	편의성	.308
축제운영	<-->	행사장	.313
축제운영	<-->	기능적가치	.388
축제운영	<-->	정서적가치	.377
축제운영	<-->	만족도	.334
편의성	<-->	행사장	.495
편의성	<-->	기능적가치	.451
편의성	<-->	정서적가치	.470
편의성	<-->	만족도	.455
행사장	<-->	기능적가치	.730
행사장	<-->	정서적가치	.586
행사장	<-->	만족도	.638
기능적가치	<-->	정서적가치	.735
기능적가치	<-->	만족도	.771
정서적가치	<-->	만족도	.630

〈표 11-5〉 **상관관계, 개념신뢰도 및 평균분산추출값**

잠재변수	축제내용	축제운영	편의성	행사장	기능적 가치	정서적 가치	만족도
축제내용	1						
축제운영	0.422 (0.178)	1					
편의성	0.390 (0.152)	0.308 (0.095)	1				
행사장	0.665 (0.442)	0.313 (0.098)	0.495 (0.245)	1			
기능적 가치	0.665 (0.442)	0.388 (0.151)	0.451 (0.203)	0.730 (0.533)	1		
정서적 가치	0.632 (0.399)	0.377 (0.142)	0.470 (0.221)	0.586 (0.343)	0.735 (0.540)*	1	
만족도	0.682 (0.465)	0.334 (0.112)	0.455 (0.207)	0.638 (0.407)	0.771 (0.594)	0.630 (0.397)	1
개념신뢰도(CR)	0.890	0.730	0.794	0.899	0.910	0.814	0.941
평균분산추출값 (AVE)	0.670	0.476	0.567	0.690	0.717	0.526	0.800

주: 괄호안의 숫자는 잠재변수 간 상관계수의 제곱값을 의미함.
*: 판별타당성을 충족하지 못한 경우.

판별타당성을 확인하기 위해서는 3가지 방법이 있다(우종필, 2012; 이충기, 2017). 첫째, 두 잠재변수(요인) 간 AVE(평균분산추출)값이 각 잠재변수의 상관계수 제곱값보다 크면 두 잠재변수 사이에 판별타당성이 확보되었다고 판단할 수 있다.[11] 둘째, 신뢰구간을 이용하는 방법으로 두 잠재변수 간 [상관계수±2xS.E.(표준오차)]가 1을 포함하지 않을 때 판별타당성이 확보되었다고 판단할 수 있다. 즉 1을 포함할 경우 두 개념 간 동일하다는 뜻으로 판별이 되지 않기 때문에 1을 포함해서는 안된다. 셋째, 잠재변수들 간의 제약모델과 비제약모델을 이용한 차이분석을 실시한 결과 통계적으로 유의하면 판별타당성이 확보되었다고 판단할 수 있다.

11 두 잠재변수 간 AVE값과 상관관계 제곱값을 비교하는 방법과 전체 AVE값과 전체 상관관계 제곱값을 비교하는 방법이 있는데, 두 가지 모두 적용이 가능하다.

위의 상관관계 분석결과를 살펴보면 대부분 AVE값이 상관계수 제곱값보다 높은 것으로 나타났다. 그러나 기능적 가치와 정서적 가치의 상관계수 제곱값(0.540)이 기능적 가치의 AVE값(0.717)보다는 작으나 정서적 가치의 AVE값(0.526)보다는 크게 나타나 판별타당성을 충족하지 못하는 것으로 나타났다. 따라서 신뢰구간을 이용하는 두 번째 방법을 고려해보자.기능적 가치와 정서적 가치의 상관계수[12](0.735)와 이 두 잠재변수 간 S.E.[13](0.041)를 [상관계수±2xS.E.]에 대입해보면 [0.735 ± 2x0.041 = 0.653 ~ 0.817]로 1을 포함하지 않아 판별타당성은 확보되었다.

제약모델과 비제약모델 제약모델은 판별타당성을 충족하지 못한 기능적 가치와 정서적 가치 간의 상관관계를 1로 고정한 모델(두 잠재변수가 같은 개념이라고 가정)이고, 비제약모델은 잠재변수 간의 상관관계를 자유롭게 추정한 모델이다. 따라서 제약모델과 비제약모델 간에 통계적으로 유의한 차이가 있다면 두 개념은 상관관계가 1이 아니기 때문에 판별타당성을 갖고 있다고 판단할 수 있다. 예를 들어 본 분석에서는 기능적 가치와 정서적 가치 간 상관관계(covariance)를 1[14]로 제약한 제약모델의 χ^2(759.523; df=279)과 비제약모델의 χ^2(675.312; df=278) 간의 차이분석을 실시한 결과, 두 모델의 df 차이(279－278)가 df=1, $\triangle\chi^2$=84.211로서 두 모델 간 유의한 차이[15]가 나타나 판별타당성이 확보되었다고 판단할 수 있다.

---

12 [Estimates]=〉[Scalars]=〉[Correlations]에서 Correlation 표 참조.

13 "S.E.＝표준오차" [Estimates]=〉[Scalars]=〉[Covariances]에서 Covariance 표 참조.

14 제약모델을 만들 경우 두 구성개념(예: 기능적 가치와 정서적 가치) 간 Covariance에서 더블클릭한 후 1을 입력하면 된다.

15 $\triangle\chi^2$(df=1일 경우)이 3.84 이상 또는 $\triangle\chi^2$(df=2일 경우)이 5.99 이상이면 $p<0.05$에서 통계적으로 유의하다.

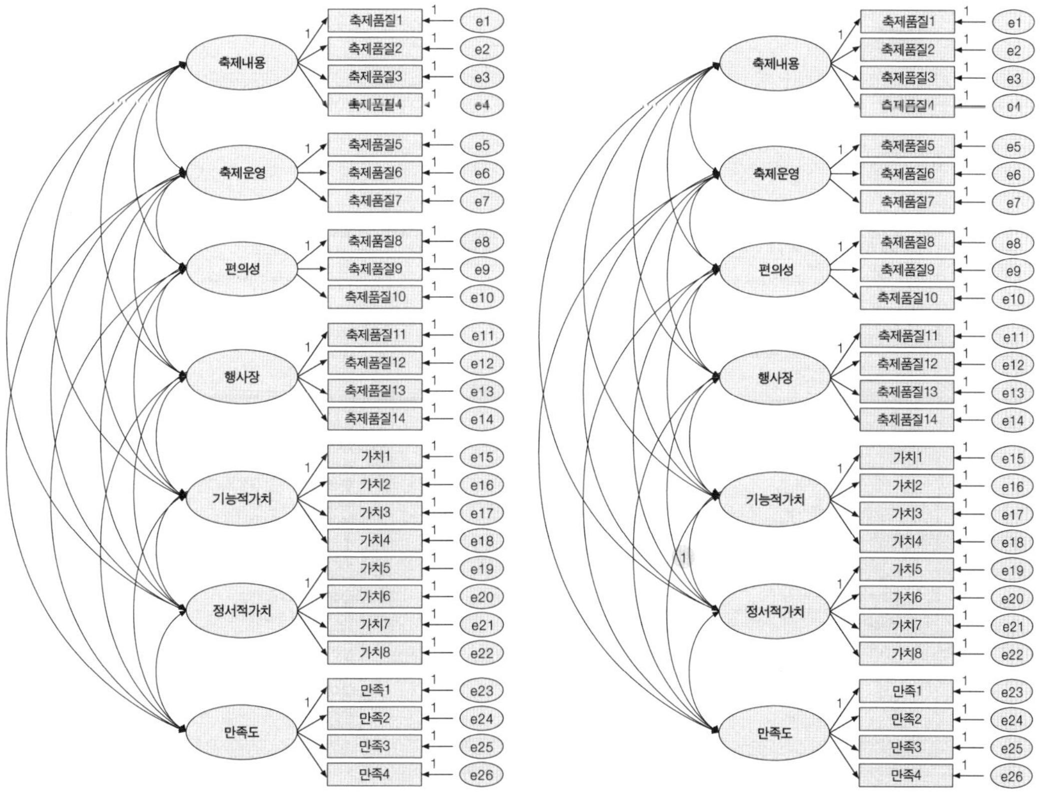

비제약모델 제약모델

주: AMOS에서는 단어 사이를 띄우면 에러가 발생하니 반드시 붙여야 함.

[그림 11-4] **비제약모델과 제약모델**

TIP

측정모델 분석결과 적합도가 기준치보다 낮은 경우 아래와 같이 Squared Multiple Correlations 분석결과에서 0.4미만인 항목들을 제거한 후 다시 확인적 요인분석(CFA)을 실시하면 적합도가 향상될 수도 있다.

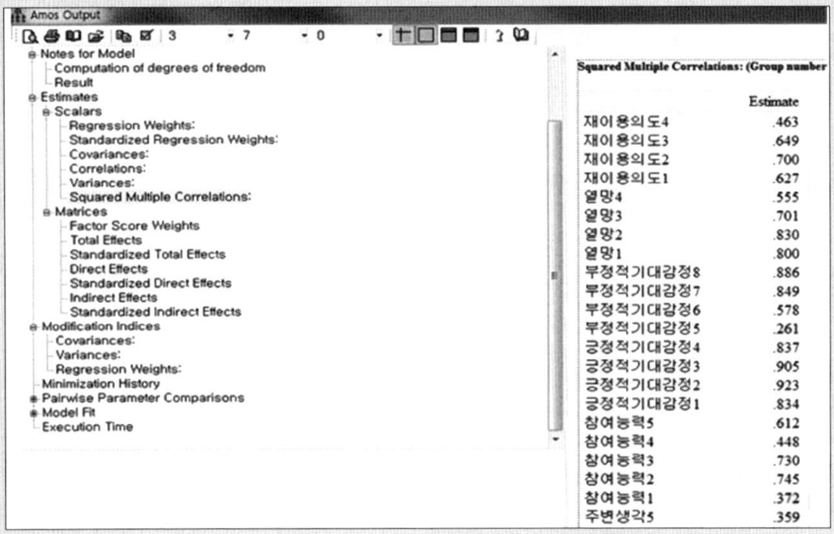

3-3. 구조모델 분석방법

• 다음으로 구조방정식모델을 분석하기 위하여 AMOS 아이콘을 이용하여 연구모델과 같이 그린다. 측정모델과 마찬가지로 데이터를 연결시키고, 잠재변수 및 오차항을 입력한다. 다음으로 외생잠재변수들 간 공분산(양방향 화살표)을 설정하고, 세부가설에 따라 잠재변수 간의 인과관계(단방향 화살표)를 설정해 준다. 여기서 한 가지 주의할 점은 측정모델과 달리 내생잠재변수 각각에 오차항을 추가하여야 한다. 즉 기능적 가치, 정서적 가치, 만족도 각각에 오차를 추가해 주어야 한다. 위의 과정에 따라 [그림 11-5]와 같이 나타낼 수 있다.

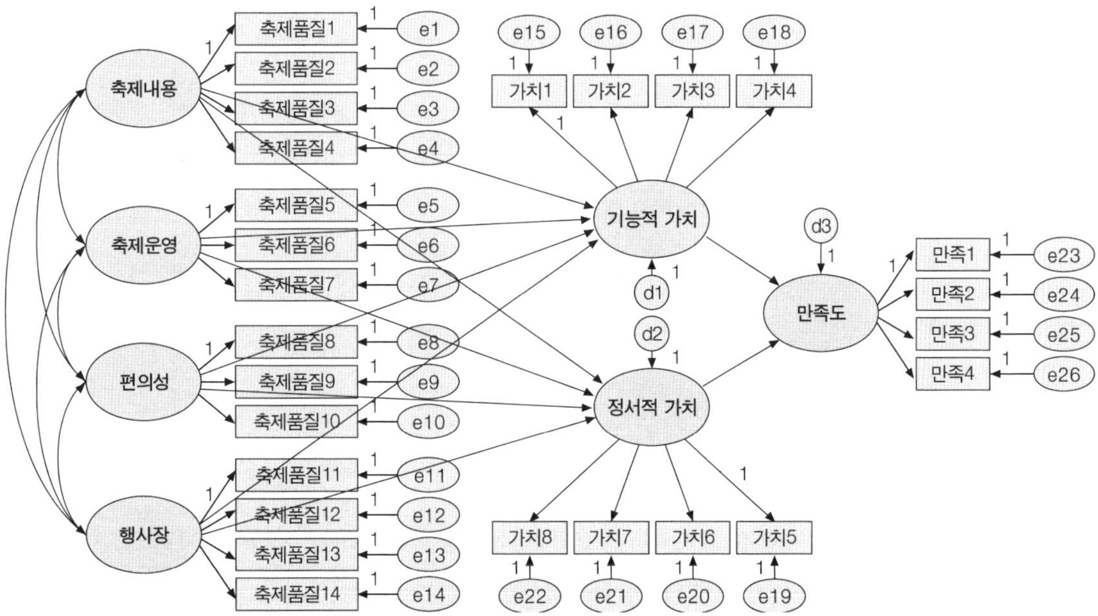

[그림 11-5] **연구모델**

• 측정모델에서와 마찬가지로 을 클릭하여 분석방법 및 결과 리포트와 관련된 설정을 조정한다. [Output]에서는 Standardized estimate, Squared multiple correlations, Indirect, direct & total effects, Factor score weights를 선택하고자 한다.

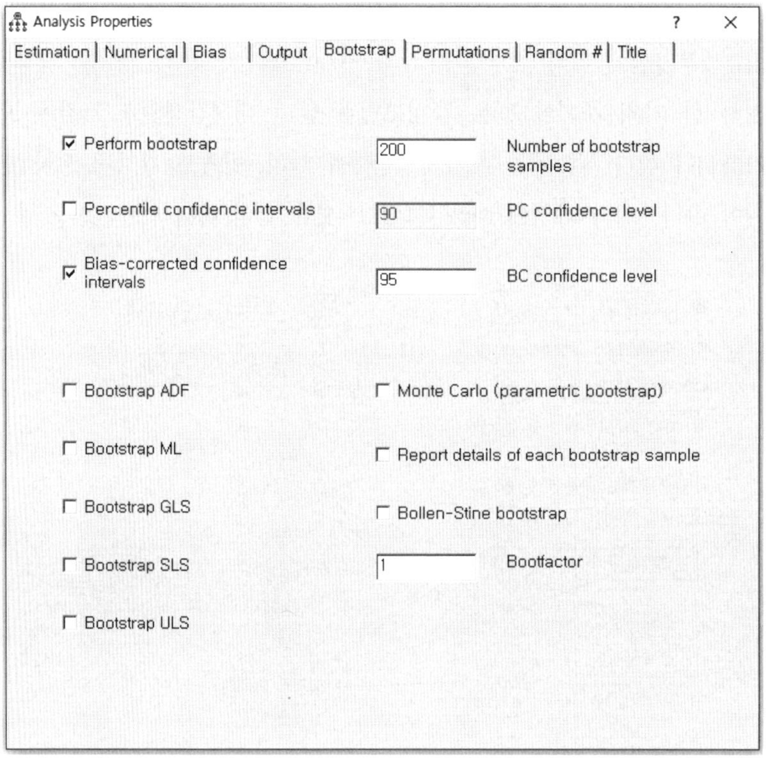

• 추가적으로 직·간접 효과 및 총효과의 유의성을 확인하기 위하여 부트스트래핑 방법을 이용하고자 한다. 분석속성을 설정하는 창에서 [Bootstrap]을 선택한 뒤 [Perform bootstrap]에 체크를 해주고, [Number of Bootstrap]은 연구자가 임의로 선택해준다. 기본값은 200으로 설정되어 있다. 또한 [Bias-corrected confidence intervals]는 95% 신뢰구간으로 설정하였다.

3-4. 구조모델 분석결과

- 그 후 메뉴에서 [Analyze] ▶ [Calculate estimates]를 선택하거나 을 선택하여 분석을 실시한다. 분석결과를 Output 파일로 보기 위해서는 메뉴에서 [View] ▶ [Text output]를 선택하거나 을 선택하면 결과 파일을 확인할 수 있다.
- Note for Model: 간단한 분석정보를 확인할 수 있다. χ^2은 743.523, 자유도는 283, 유의확률은 0.000으로 나타났다.

- 먼저 [Model Fit]에서 전반적인 구조모델의 적합도를 확인한다. 앞서 측정모델에서 해석한 방법과 유사하다. 연구모델인 Default model에 해당하는 값을 해석한다. 구체적으로 각각의 적합도에 대한 내용은 다음과 같다.

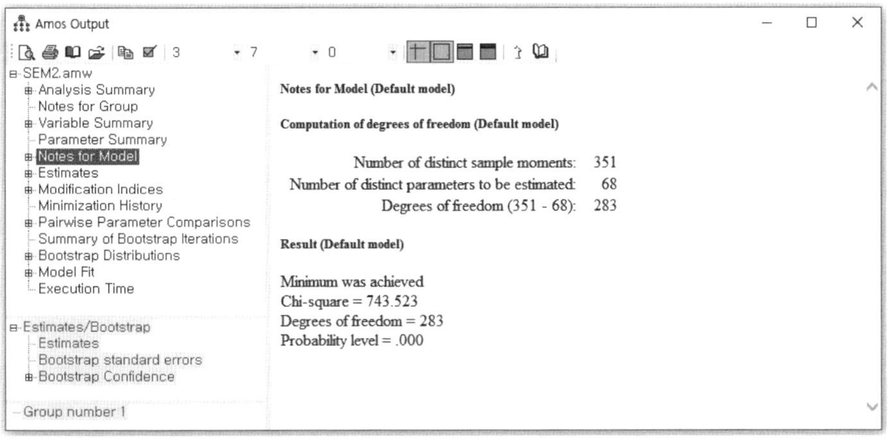

- [CMIN]: 추정모수의 수는 68이고, CMIN은 743.523로 유의수준 1% 수준에서 유의하게 나타났다. 이에 CMIN/*df* 값을 확인해보니 2.627으로 기준치인 3보다 작게 나타나서 전반적인 적합도는 수용할만한 수준으로 나타났다.

CMIN					
Model	NPAR	CMIN	*df*	P	CMIN/df
Default model	68	743.523	283	0.000	2.627
Saturated model	351	0.000	0.000		
Independence model	26	6791.007	325	0.000	20.895

• [RMR, GFI]: RMR은 기준치인 0.08보다 작은 0.056으로 나타났고 GFI가 기준치인 0.9가 되지 못하였지만, 이 기준치는 표본수나 연구분야에 따라서 차이가 있을 수 있고 기준치인 0.9에 거의 근접하였기 때문에 적합도에는 큰 문제가 없다고 판단할 수 있다.

RMR, GFI				
Model	RMR	GFI	AGFI	PGFI
Default model	0.056	0.87	0.838	0.701
Saturated model	0.000	1.000		
Independence model	0.359	0.191	0.126	0.177

• [Baseline Comparisons]: NFI, RFI, IFI, TLI(NNFI), CFI는 1에 가까울수록 양호한 모델로 측정모델에서와 같이 NFI, NNFI(TLI), CFI를 확인한다. NFI가 기준치인 0.9가 되지 못하였지만 이 기준치는 표본수나 연구분야에 따라서 차이가 있을 수 있고 기준치인 0.9에 거의 근접하였기 때문에 적합도에는 큰 문제가 없다고 판단할 수 있다.

Baseline Comparisons					
Model	NFI	RFI	IFI	TLI	CFI
Default model	0.891	0.874	0.929	0.918	0.929
Saturated model	1.000		1.000		1.000
Independence model	0.000	0.000	0.000	0.000	0.000

• [RMSEA]: RMSEA는 0.05보다 작을 때 양호, 0.08 이하인 경우에는 모형이 어느 정도 양호하다고 판단할 수 있고, 0.1보다 큰 경우에는 이 모형의 채택 여부에

대해서 생각해 볼 필요가 있다고 한다(김계수, 2010). 이 기준치에 따르면 본 구조모델의 RMSEA는 0.065로 0.08보다 작게 나타났기 때문에 어느 정도 양호한 모델로 판단할 수 있다.

RMSEA				
Model	RMSEA	LO 90	HI 90	PCLOSE
Default model	0.065	0.059	0.071	0.000
Independence model	0.228	0.223	0.232	0.000

- 따라서 전반적인 구조모델의 적합도는 기준치에 부합하는 것으로 나타났다.
- [Estimates] ▶ [Scalars] ▶ [Regression Weights]에서는 비표준화계수(Estimate) 값과 C.R.(일명 t값)을 확인할 수 있다.

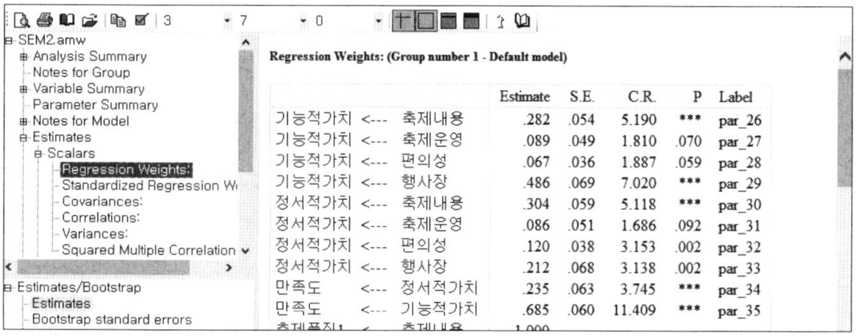

			Estimate	S.E.	C.R.	P	Label
기능적가치	<---	축제내용	.282	.054	5.190	***	par_26
기능적가치	<---	축제운영	.089	.049	1.810	.070	par_27
기능적가치	<---	편의성	.067	.036	1.887	.059	par_28
기능적가치	<---	행사장	.486	.069	7.020	***	par_29
정서적가치	<---	축제내용	.304	.059	5.118	***	par_30
정서적가치	<---	축제운영	.086	.051	1.686	.092	par_31
정서적가치	<---	편의성	.120	.038	3.153	.002	par_32
정서적가치	<---	행사장	.212	.068	3.138	.002	par_33
만족도	<---	정서적가치	.235	.063	3.745	***	par_34
만족도	<---	기능적가치	.685	.060	11.409	***	par_35

- [Estimates] ▶ [Scalars] ▶ [Standardized Regression Weights]에서는 표준화계수(Estimate)을 확인할 수 있다.

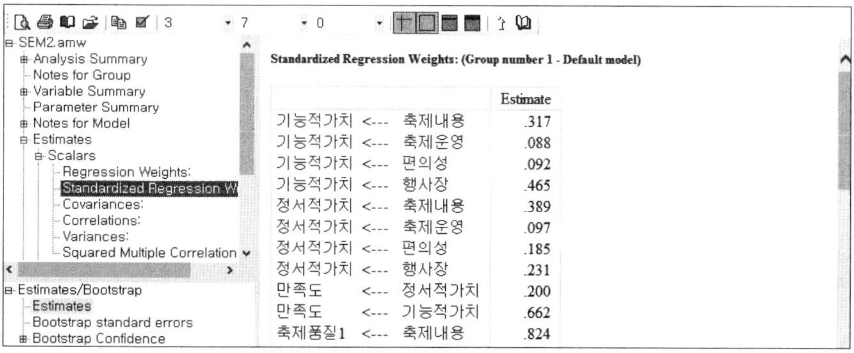

			Estimate
기능적가치	<---	축제내용	.317
기능적가치	<---	축제운영	.088
기능적가치	<---	편의성	.092
기능적가치	<---	행사장	.465
정서적가치	<---	축제내용	.389
정서적가치	<---	축제운영	.097
정서적가치	<---	편의성	.185
정서적가치	<---	행사장	.231
만족도	<---	정서적가치	.200
만족도	<---	기능적가치	.662
축제품질1	<---	축제내용	.824

- 위의 두 분석결과를 토대로 해석해 보면 다음과 같다. 예를 들어 축제내용과 기능적 가치 간 관계를 살펴보면 "축제내용이 기능적 가치에 영향을 미치는 것"으로 나타났다($\beta=0.317$, t(C.R.)=5.190, $p<0.001$).
- [Estimates] ▶ [Scalars] ▶ [Squared Multiple Correlations]에서는 상관관계의 제곱(R^2) 값으로 설명력을 확인할 수 있다. 분석결과 기능적 가치의 R^2은 0.648, 정서적 가치의 R^2은 0.522, 그리고 만족도의 R^2은 0.630으로 나타났다.

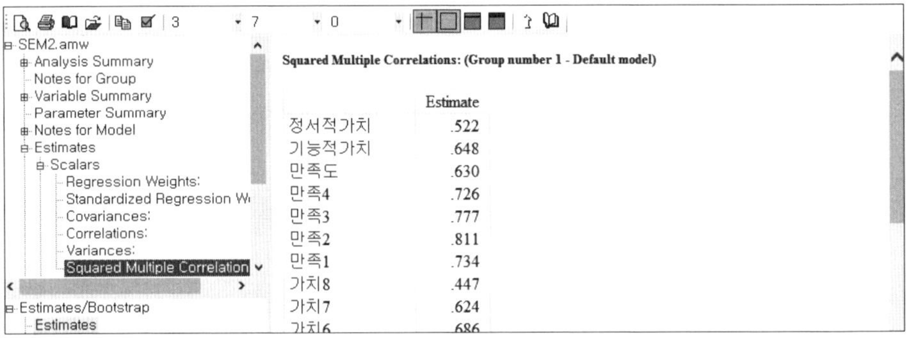

- 지금까지의 분석결과를 토대로 연구모델 분석결과를 제시하면 [그림 11-6]과 같다.

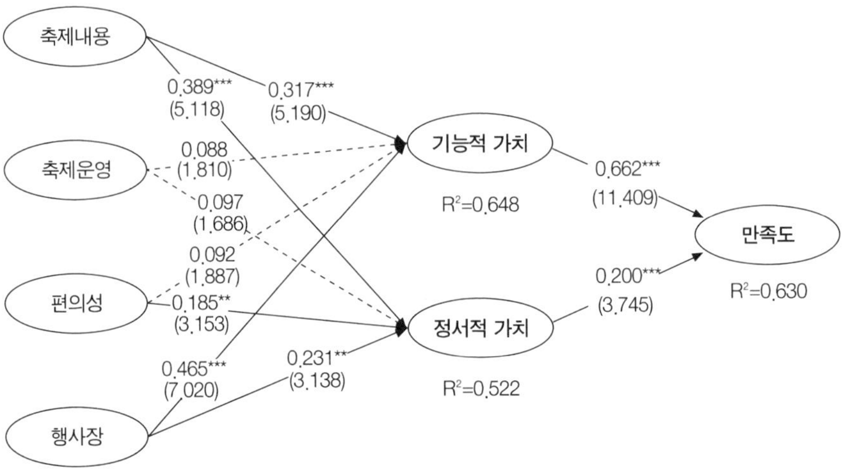

CMIN=743.523, *df*=283, CMIN/*df*=2.627, GFI=0.870, NFI=0.891, TLI=0.918, CFI=0.929, RMSEA=0.065
주: *p<0.05, **p<0.01, ***p<0.001, 괄호 안의 숫자는 t-값을 의미함.
실선: 유의한 경로, 점선: 유의하지 않은 경로.

[그림 11-6] **연구모델 분석결과**

• 다음으로 총효과, 직접효과, 그리고 간접효과에 대해서 살펴보자.

• [Matrices] ▶ [Standardized Total Effects]에서 총효과를 살펴볼 수 있다.

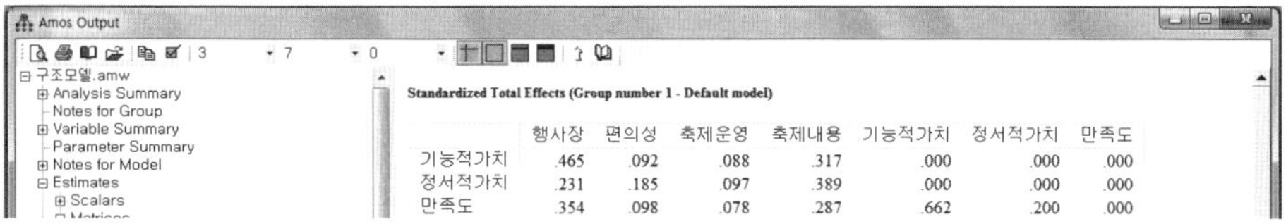

Standardized Total Effects (Group number 1 - Default model)

	행사장	편의성	축제운영	축제내용	기능적가치	정서적가치	만족도
기능적가치	.465	.092	.088	.317	.000	.000	.000
정서적가치	.231	.185	.097	.389	.000	.000	.000
만족도	.354	.098	.078	.287	.662	.200	.000

• [Matrices] ▶ [Standardized Direct Effects]에서는 직접효과를 살펴볼 수 있다.

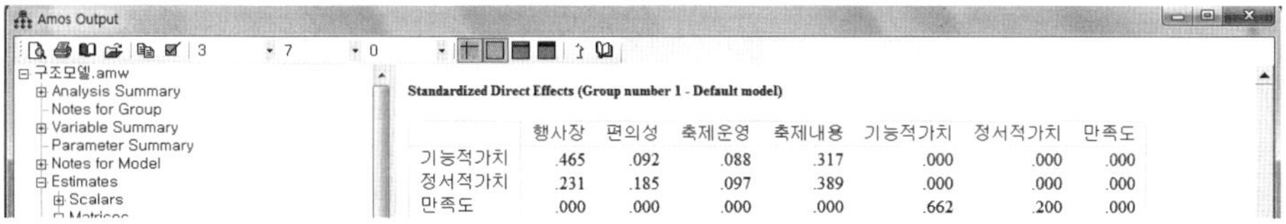

Standardized Direct Effects (Group number 1 - Default model)

	행사장	편의성	축제운영	축제내용	기능적가치	정서적가치	만족도
기능적가치	.465	.092	.088	.317	.000	.000	.000
정서적가치	.231	.185	.097	.389	.000	.000	.000
만족도	.000	.000	.000	.000	.662	.200	.000

• [Matrices] ▶ [Standardized Indirect Effects]에서는 간접효과를 살펴볼 수 있다.

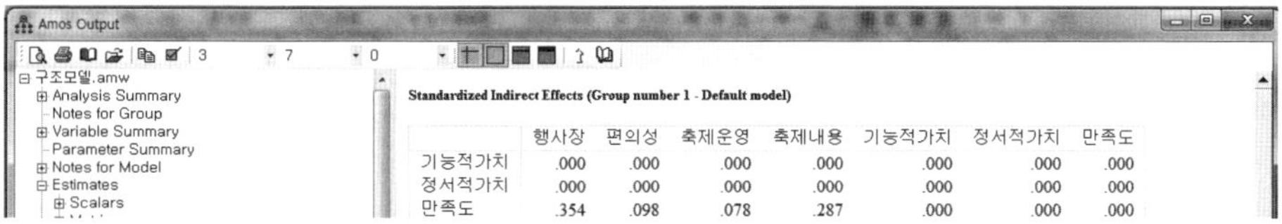

Standardized Indirect Effects (Group number 1 - Default model)

	행사장	편의성	축제운영	축제내용	기능적가치	정서적가치	만족도
기능적가치	.000	.000	.000	.000	.000	.000	.000
정서적가치	.000	.000	.000	.000	.000	.000	.000
만족도	.354	.098	.078	.287	.000	.000	.000

총효과, 직접효과, 간접효과에 대한 유의확률(p-value)은 직접효과의 예와 같이 확인할 수 있다.

① Estimates ▶ ② Mtrices ▶ ③ Standardized Direct Effects ▶ ④ Estimates/Bootstrap ▶ ⑤ Bias-corrected percentile method ▶ ⑥ Two Tailed Significance (BC)

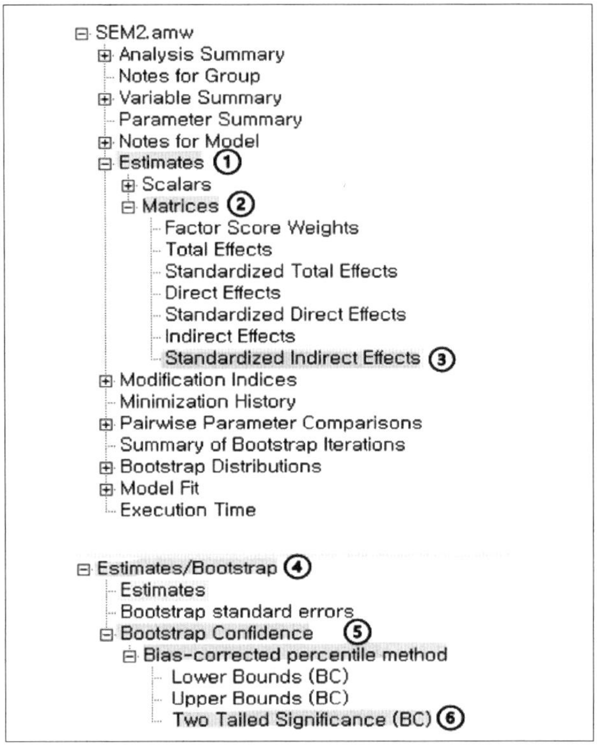

<AMOS에서 해당메뉴 찾는 방법>

- 총효과의 유의확률(아래 수치는 p-value임)

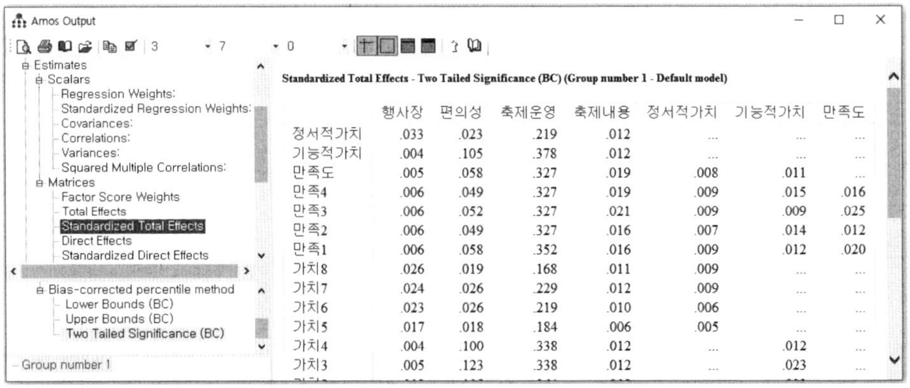

Standardized Total Effects - Two Tailed Significance (BC) (Group number 1 - Default model)

	행사장	편의성	축제운영	축제내용	정서적가치	기능적가치	만족도
정서적가치	.033	.023	.219	.012	...	...	...
기능적가치	.004	.105	.378	.012	...	...	...
만족도	.005	.058	.327	.019	.008	.011	...
만족4	.006	.049	.327	.019	.009	.015	.016
만족3	.006	.052	.327	.021	.009	.009	.025
만족2	.006	.049	.327	.016	.007	.014	.012
만족1	.006	.058	.352	.016	.009	.012	.020
가치8	.026	.019	.168	.011	.009	...	...
가치7	.024	.026	.229	.012	.009	...	...
가치6	.023	.026	.219	.010	.006	...	...
가치5	.017	.018	.184	.006	.005	...	...
가치4	.004	.100	.338	.012	...	.012	...
가치3	.005	.123	.338	.012	...	.023	...

• 직접효과의 유의확률(아래 수치는 p-value임)

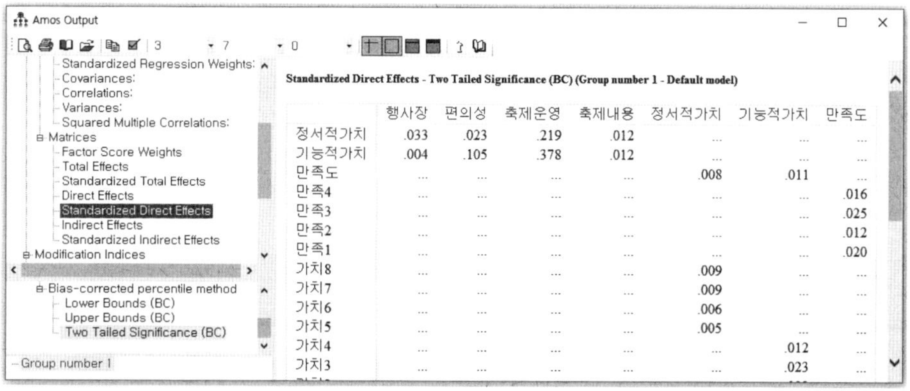

Standardized Direct Effects - Two Tailed Significance (BC) (Group number 1 - Default model)

	행사장	편의성	축제운영	축제내용	정서적가치	기능적가치	만족도
정서적가치	.033	.023	.219	.012	...	...	...
기능적가치	.004	.105	.378	.012	...	...	...
만족도	...	...	...	...	.008	.011	...
만족4	...	...	...	...	...	...	.016
만족3	...	...	...	...	...	...	.025
만족2	...	...	...	...	...	...	.012
만족1	...	...	...	...	...	...	.020
가치8	...	...	...	...	.009	...	...
가치7	...	...	...	...	.009	...	...
가치6	...	...	...	...	.006	...	...
가치5	...	...	...	...	.005	...	...
가치4	...	...	...	...	...	.012	...
가치3	...	...	...	...	...	.023	...

• 간접효과의 유의확률(아래 수치는 p-value임)

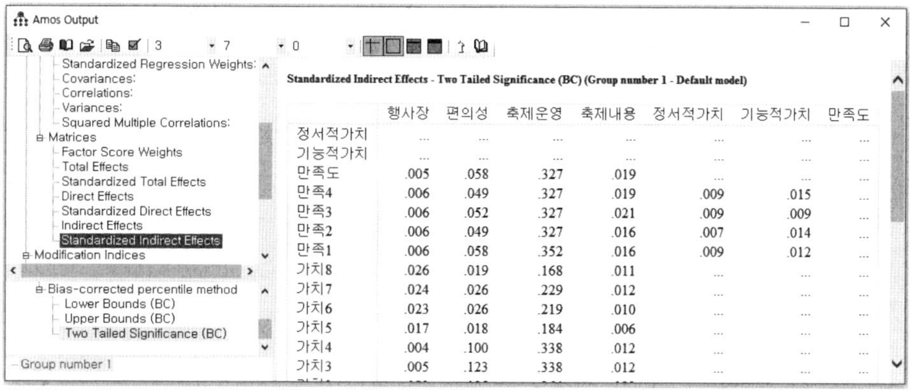

Standardized Indirect Effects - Two Tailed Significance (BC) (Group number 1 - Default model)

	행사장	편의성	축제운영	축제내용	정서적가치	기능적가치	만족도
정서적가치	...	...	...	...	...	...	...
기능적가치	...	...	...	...	...	...	...
만족도	.005	.058	.327	.019	...	...	...
만족4	.006	.049	.327	.019	.009	.015	...
만족3	.006	.052	.327	.021	.009	.009	...
만족2	.006	.049	.327	.016	.007	.014	...
만족1	.006	.058	.352	.016	.009	.012	...
가치8	.026	.019	.168	.011	...	...	...
가치7	.024	.026	.229	.012	...	...	...
가치6	.023	.026	.219	.010	...	...	...
가치5	.017	.018	.184	.006	...	...	...
가치4	.004	.100	.338	.012	...	...	...
가치3	.005	.123	.338	.012	...	...	...

• 위에서 제시된 값들을 논문을 작성할 때는 〈표 11-6〉과 같이 정리해볼 수 있다.

〈표 11-6〉 **표준화계수에 따른 효과분해**

구분		행사장	편의성	축제운영	축제내용	기능적 가치	정서적 가치
직접 효과	기능적가치	0.465**	0.092	0.088	0.317*	-	-
	정서적가치	0.231*	0.185*	0.097	0.389*	-	-
	만족도	-	-	-	-	0.662*	0.200**
간접 효과	기능적가치	-	-	-	-	-	-
	정서적가치	-	-	-	-	-	-
	만족도	0.354**	0.098	0.078	0.287*	-	-
총효과	기능적가치	0.465**	0.092	0.088	0.317*	-	-
	정서적가치	0.231*	0.185*	0.097	0.389*	-	-
	만족도	0.354**	0.098	0.078	0.287*	0.662*	0.200**

주: *p < 0.05, **p < 0.01.

연구사례 11-1 구조방정식 사례 1

확인적 요인분석 결과

본 연구에서는 우선 이론적 배경을 토대로 측정항목들에 대한 확인적 요인분석을 실시하여 측정항목들이 잠재변수를 잘 구성하고 있는지에 대한 모형 적합도를 확인하고자 한다. 〈표 2〉에서 보는 바와 같이, 측정모형의 적합도의 경우 CMIN/DF는 2.175(기준: ≤3), GFI는 .901(기준: ≥.9), NFI는 .916(기준: ≥.9), NNFI는 .943(기준: ≥.9), CFI는 .952(기준: ≥.9), RMSEA는 .050(기준: ≤.08)으로 기준치를 모두 충족하는 것으로 나타났다(우종필, 2012; 이충기, 2016; Hair, Black, Babin, Anderson, & Tatham, 2006). 또한, 신뢰계수(Cronbach's α)는 .719～.928(기준: ≥.7), 개념신뢰도(CR: composite reliability)는 .757～.931(기준: ≥.7)(〈표 3〉 참조)로 잠재변수들에 대한 신뢰도는 비교적 높은 것으로 나타났다(이충기, 2016).

한편, 측정모델의 개념타당성은 집중타당성과 판별타당성으로 확인할 수 있다(Hair et al., 2006). 집중타당성은 요인(표준화)적재값(기준: ≥.7) 또는 유의성(t-값), 평균분산추출값(AVE: average variance extracted, 기준: ≥.5), CR값(기준: ≥.7)이 이용될 수 있다. 〈표 2〉에서 보는 바와 같이 요인적재값은 .645～.949로 기준치에 근접하거나 상회하고 통계적으로 유의한 것으로 나타났으며, 〈표 3〉에서 보는 바와 같이 AVE값은 .511～.819, CR값은 .757～.931로 기준치를 충족하는 것으로 나타나 집중타당성은 확보되었다. 또한, 판별타당성은 AVE값과 상관계수 제곱값과의 크기로 비교할 수 있는데(이충기, 2016), 〈표 3〉에서 보는 바와 같이 두 잠재변수 간 AVE값이 해당 상관계수 제곱값 보다 모두 높게 나타나 판별타당성은 충족된 것으로 나타났다. 가령, 혜택과 지지도 간 상관관계(.763)가 가장 높게 나타났는데, 이 두 잠재변수 간 상관계수의 제곱값(.582)이 혜택의 AVE값(.610)과 지지도의 AVE값(.682)보다 작은 것으로 나타나 판별타당성은 확보되었다.

〈표 2〉 **확인적 요인분석 및 모형적합도 분석**

요인	측정항목	요인 적재값	t-값	신뢰 계수
경제적 CSR	강원랜드는 스키장, 컨벤션센터 등 관광사업을 발전시키고 있다.	.649	-	.811
	강원랜드는 지역경제 활성화를 위해 노력하고 있다.	.860	17.887	
	강원랜드는 지속가능한 발전을 위해 노력하고 있다.	.814	16.751	
법적 CSR	강원랜드는 합리적인 게임규정(승률 등)을 설정해놓고 있다.	.796	-	.806
	강원랜드는 정해진 게임규칙을 잘 실행하고 있다.	.870	20.360	
	강원랜드는 자리 독점 및 매점매석 등에 대해 고객이 지켜야할 준수사항을 설정해놓고 있다.	.645	14.147	
자선적 CSR	강원랜드는 하이원스포츠단을 만들어 스포츠 사회공헌에 노력한다.	.698	-	.791
	강원랜드는 하이원봉사단을 발족하여 봉사활동을 하고 있다.	.783	14.331	
	강원랜드는 지역 청소년에게 교육사업을 지원하고 있다.	.761	13.772	
의무적 RG	강원랜드는 도박중독을 예방하기 위해 출입횟수(일반인 월 15회, 지역주민 월 1회)를 제한하고 있다.	.696	-	.719
	강원랜드는 이용객 스스로가 카지노 출입일수를 통제할 수 있는 제도를 운영하고 있다.	.777	12.148	
	강원랜드는 이용객 스스로가 게임금액의 한도를 조절할 수 있는 제도를 운영하고 있다.	.667	10.087	
보완적 RG	강원랜드는 도박중독 예방프로그램을 운영하고 있다.	.726	-	.848
	강원랜드는 도박중독자와 그 가족을 위한 치유캠프를 제공하고 있다.	.859	16.745	
	강원랜드는 도박중독자들의 재활을 지원하고 있다.	.846	16.569	
신뢰도	강원랜드는 믿을 수 있는 기업이다.	.832	-	.928
	강원랜드는 정직한 기업이다.	.930	26.582	
	강원랜드는 진실한 기업이다.	.949	27.029	
혜택	강원랜드 개장은 나에게 혜택을 주었다.	.752	-	.813
	강원랜드 개장은 지역주민 전체에게 혜택을 주었다.	.847	17.105	
	강원랜드 개장으로 고용기회가 증가하였다.	.739	14.698	
비용	강원랜드 개장으로 인하여 도박중독자가 증가하였다.	.839	-	.922
	강원랜드 개장으로 이나여 재산탕진자가 증가하였다.	.934	26.997	
	강원랜드 개장으로 가정파탄이 증가하였다.	.891	24.348	
	강원랜드 개장으로 인하여 사행심이 증가하였다.	.798	20.510	
지지도	강원랜드 카지노 개발은 이 지역사회를 살기 좋은 곳으로 만들었다.	.826	-	.894
	강원랜드 카지노 개발은 이 지역사회를 위한 올바른 선택이다.	.856	21.967	
	강원랜드 카지노 개발로 인하여 이 지역의 미래는 밝다.	.844	21.117	
	강원랜드 카지노 개발은 이 지역사회를 위해 바람직하다.	.776	18.617	
적합도	CMIN=743.987, DF=342, CMIN/DF=2.175, GFI=.901, NFI=.916, NNFI(TLI)=.943, CFI=.952, RMSEA=.050			

〈표 3〉 **측정모형 내 구성개념 간 상관관계 행렬 및 판별타당도**

구성 개념	구성개념 간 상관관계								
	경제적 CSR	법적 CSR	자선적 CSR	의무적 RG	보완적 RG	신뢰	혜택	비용	지지도
경제적 CSR	1								
법적 CSR	.653 (.426)	1							
자선적 CSR	.746 (.556)	.637 (.405)	1						
의무적 RG	.479 (.229)	.605 (.366)	.565 (.319)	1					
보완적 RG	.472 (.222)	.511 (.261)	.628 (.394)	.694 (.481)	1				
신뢰	.634 (.401)	.556 (.309)	.567 (.321)	.430 (.184)	.499 (.249)	1			
혜택	.646 (.417)	.476 (.226)	.622 (.386)	.409 (.167)	.517 (.267)	.650 (.422)	1		
비용	-.039 (-.001)	.044 (.001)	.029 (.001)	.125 (.015)	.017 (.002)	-.196 (-.038)	-.095 (-.009)	1	
지지도	.684 (.467)	.577 (.332)	.544 (.295)	.434 (.188)	.487 (.237)	.726 (.527)	.763* (.582)	-.223 (-.049)	1
AVE	.608	.602	.560	.511	.660	.819	.610	.752	.682
CR	.821	.817	.792	.757	.853	.931	.824	.923	.896

주 1) 괄호 위의 수치는 상관계수를, 괄호 안의 수치는 상관계수의 제곱값을 의미함.
2) CR=개념 신뢰도, AVE=평균분산추출값.
3) *상관계수 중 가장 높은 값을 나타냄.

구조모형 분석결과 및 연구가설 검증

여기서는 잠재변인의 구조관계와 연구가설을 검증하기 위하여 구조방정식모델을 분석하였다. 분석결과 [그림 2]에서 보는 바와 같이, 구조모델의 적합도는 CMIN/DF (2.273), GFI(.902), NFI(.912), NNFI(.939), CFI(.948), RMSEA(.052)로 모두 기준치를 충족하는 것으로 나타났다(우종필, 2012; 이충기, 2016; Hair et al., 2006).

연구가설의 검증결과 경제적 CSR과 법적 CSR은 지역주민의 신뢰에 정(+)의 영향을 미치는 것으로 나타나 가설 H_{1a}, H_{1b}는 각각 지지되었다($\gamma_{경제적CSR \rightarrow 신뢰}=.273$, $t=3.815$, $p<.001$; $\gamma_{법적CSR \rightarrow 신뢰}=.196$, $t=3.215$, $p<.01$). 그러나 자선적 CSR은 신뢰에 영향을 주지 않는 것으로 나타나 가설 H_{1c}는 기각되었다. 또한 보완적 RG는 지역주민의 신뢰에 정(+)의 영향을 미치는 것으로 나타나 가설 H_{1e}는 지지되었다

($\gamma_{보완적RG \to 신뢰}$=.148, t=2.152, p<.05). 그러나 의무적 RG는 신뢰에 영향을 미치지 않는 것으로 나타나 가설 H_{1d}는 기각되었다. 지역주민의 신뢰는 지지도에 정(+)의 영향을 미치는 것으로 나타나 가설 H_3는 지지되었다($\beta_{신뢰 \to 지지도}$=.415, t=8.984, p<.001).

한편, 카지노 개발로 인한 지역주민의 혜택은 신뢰에 정(+)의 영향을 미치지만 ($\beta_{혜택 \to 신뢰}$=.330, t=5.879, p<.001), 사회적 비용은 신뢰에 부(−)의 영향을 미치는 것으로 나타났다($\beta_{비용 \to 신뢰}$=-.204, t=-4.937, p<.001). 따라서 H_{3a}, H_{3b}는 각각 지지되었다. 또한 카지노 개발로 인한 지역주민의 혜택은 지지도에 정(+)의 영향을 미치지만($\beta_{혜택 \to 지지도}$=.494, t=8.918, p<.001), 사회적 비용은 지지도에 부(−)의 영향을 미치는 것으로 나타나($\beta_{비용 \to 지지도}$=-.118, t=-3.195, p<.01), H_{4a}, H_{4b}는 각각 지지되었다.

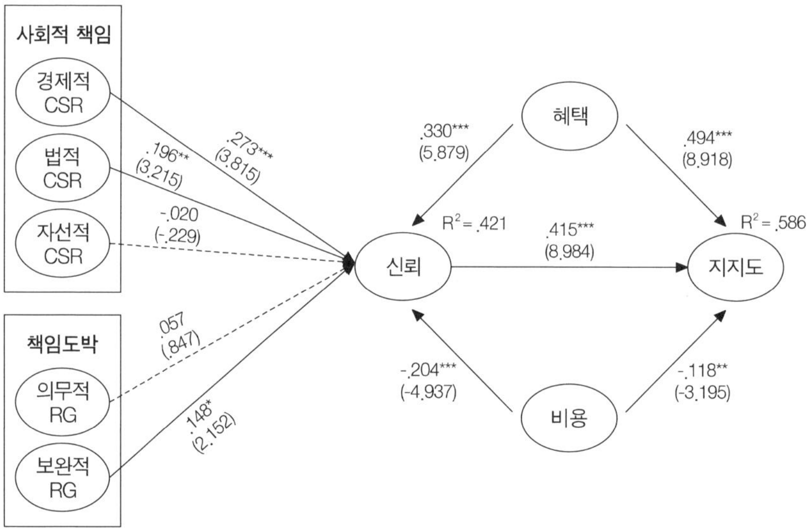

주: 1) CMIN=782.057, DF=344, CMIN/DF=2.273, GFI=.902, NFI=.912, NNFI(TLI)=.939, CFI=.948, RMSEA=.052.
2) *p<.05, **p<.01, ***p<.001, 괄호 안의 값은 t-값.
3) 실선은 유의함을, 점선은 유의하지 않음을 나타냄.

[그림 2] 구조모형 분석결과

자료: 이충기(2016). 카지노기업의 사회적 책임(CSR)과 책임도박(RG)이 지역주민의 신뢰와 지지도에 미치는 구조관계 연구. 『관광학연구』, 40(3), 71-87.

11-2 구조방정식 사례 2

확인적 요인분석

구성개념들의 측정도구에 대한 신뢰성 검증을 위하여 신뢰도분석을 실시하였다.

〈표 2〉 **확인적 요인분석 결과**

구성요인		측정변수	집중타당성				
			λ	C.R.	AVE	CR	α
제약	내재적	마음의 여유가 없다.	.503		.574	.715	.613
		시간적, 경제적 여유가 없다.	.881	2.994			
	심리적	주변의 부정적 시선이 걱정된다.	.763		.535	.775	.804
		여행 중 혼자 식사하고 숙박하는 모습이 꺼려진다.	.752	13.578			
		나홀로 여행에 대한 자신감이 부족하다.	.759	12.953			
	구조적	여행비용이 비싸다.	.664		.572	.798	.774
		즐길거리가 없다.	.849	12.338			
		교통 및 접근성이 좋지 않다.	.702	11.444			
협상	동반성	나와 함께 여행할 사람을 찾는다.	.520		.562	.787	.751
		나처럼 나홀로 여행을 하려는 사람을 만난다.	.768	9.538			
		나와 같은 환경에 있는 사람들과 함께 여행한다.	.855	8.803			
	탐색성	더 편안하다고 느낄만한 지역을 찾는다.	.722		.564	.795	.720
		덜 붐비는 지역을 찾는다.	.630	10.268			
		더 즐길 수 있을만한 지역을 찾는다.	.692	9.768			
	체계성	나홀로 여행을 미리 계획하고 체계화 한다	.731		.616	.825	.748
		나의 상황(경제적, 신체적, 심리적)에 맞추어 나홀로 여행을 계획한다.	.815	12.198			
		내가 하고 싶은 일들을 순서화한 후 나홀로 여행을 우선시한다.	.573	10.232			
태도		나홀로 여행을 하는 것은 긍정적인 행동이다.	.858		.726	.912	.857
		나홀로 여행을 하는 것은 가치 있는 행동이다.	.847	19.552			
		나홀로 여행을 하는 것은 유익한 행동이다.	.771	17.254			
		나홀로 여행을 하는 것은 필요한 행동이다.	.588	12.073			
행동의도		나는 향후 나홀로 여행을 가기 위해 노력할 것이다.	.754		.706	.878	.803
		나는 향후 나홀로 여행을 갈 의도가 있다.	.787	14.160			
		나는 향후 나홀로 여행을 위해 금전과 시간을 투자할 용의가 있다.	.734	13.380			
적합도		S-Bχ^2=151.201, df=56, S-Bχ^2/df=2.700, p=0.000 NFI=.920, TLI=.927, CFI=.948, RMSEA=.064					

주: λ: Factor loading, C.R.: Critical Ratio, AVE: Average Variance Extracted, CR: Construct Reliability.

〈표 2〉에서 보는 바와 같이, 각 구성요인의 Cronbach's alpha는 .613~.857로, 기준치인 .6 이상으로 나타나 측정모형의 신뢰성은 비교적 적합한 수준인 것으로 나타났다. 확인적 요인분석결과 S-Bχ^2/df 값이 2.70으로 기준치인 3보다 적게 나타났고, NFI(.920), TLI(.927), CFI(.948)는 모두 기준치인 .9보다 높게 나타났으며, RMSEA (.064)는 기준치인 .08보다 낮게 나타나 본 연구모형은 적합한 것으로 판단된다(배병렬, 2009; 이충기, 2014). 한편, 개념타당성을 확인하기 위해서는 집중타당성과 판별타당성을 확인하여야 한다(Hair, Anderson, Tatham, & Black, 2006). 먼저 잠재변수를 측정하는 관측변수들이 얼마나 일치하는지를 보여주는 집중타당성은 평균분산추출값(AVE≥.5)과 합성신뢰도(CR≥.7) 또는 요인적재량(λ≥.5)을 통하여 확인할 수 있는데, 〈표 2〉에서 보는 바와 같이 평균분산추출(AVE)은 .535~.726, 합성신뢰도(CR)는 .715~.912, 또는 요인적재량은 .503~.881로 모두 기준치를 상회하므로 집중타당성은 만족스러운 것으로 나타났다(이충기, 2014).

또한 잠재변수 간 차이를 나타내는 판별타당성은 세 가지 방법 중 하나로 확인할 수 있다(우종필, 2012). 즉, 두 요인 간 평균분산추출값이 각 요인의 상관계수의 제곱(r^2)보다 크거나, 상관계수의 신뢰구간(상관계수±2×표준오차)이 1을 포함하지 않

〈표 3〉 **상관계수와 평균분산추출**

구성개념		내재적	심리적	구조적	동반성	탐색성	체계성	태도	행동의도
제약	내재적	.574							
	심리적	.111 (.012)	.535						
	구조적	.268 (.071)	.649*** (.421)	.572					
협상	동반성	.127 (.016)	.314*** (.098)	.244*** (.059)	.562				
	탐색성	.092 (.008)	.078 (.006)	.062 (.003)	.052 (.002)	.564			
	체계성	.189* (.035)	.017 (.000)	.048 (.002)	.086 (.007)	.627*** (.393)	.616		
태도		.228* (.051)	-.402*** (.161)	-.302*** (.091)	-.093 (.008)	.244*** (059)	.346*** (0119)	.726	
행동의도		.155 (.024)	-.351*** (.123)	-.182** (.033)	-.054 (.002)	.374*** (.139)	.445*** (.198)	.709*** (.502)	.706

주: ***p<.001, **<.01, *p<.05, 괄호 안의 숫자는 결정계수(r^2), 대각선은 평균분산추출값(AVE).

거나(송학준 · 최영준 · 이충기, 2011), 비제약모델과 제약모델 간의 χ^2 차이가 통계적으로 유의할 경우 판별타당성이 있다고 판단할 수 있다. 〈표 3〉에서 보는 바와 같이, 평균추출값이 각 요인 간 상관계수의 제곱값(r^2)보다 큰 것으로 나타나 판별타당성은 확보되었다.

연구가설의 검증

연구가설 검증과 잠재변인의 구조적 관계를 분석하기 위하여 구조방정식 모델링을 분석하였다. 연구모형 추정결과 〈그림 2〉에서 보는 바와 같이, S-Bχ^2/df 값(2.89)은 기준치인 3보다 적고, NFI(.913), TLI(.919), CFI(.941)가 모두 기준치 .9보다 높으며, RMSEA(.068)는 기준치인 .08보다 낮게 나타나 본 구조모형은 적합한 것으로 판단된다(이충기, 2014).

가설검증결과 1인 가구 나홀로 국내여행의 제약은 협상에 정(+)의 유의한 영향($\beta_{제약\rightarrow협상}$=-.282, t=3.310, p<.001)을 미치지만, 태도($\beta_{제약\rightarrow행동의도}$=-.404, t=-5.986, p<.001)와 행동의도에는 부(−)의 유의한 영향($\beta_{제약\rightarrow행동의도}$=-.168, t=-2.743, p<.01)을 미치는 것으로 나타났다. 따라서 가설 H_1, H_2, H_5는 각각 지지되었다. 또한 협상은 행동의도에 정(+)의 유의한 영향($\beta_{협상\rightarrow행동의도}$=.359, t=4.788, p<.001)을 미치는 것으로 나타났으며, 태도는 협상에 정(+)의 유의한 영향($\beta_{태도\rightarrow협상}$=.509, t=5.376, p<.001)을 미치고, 행동의도에도 정(+)의 유의한 영향($\beta_{태도\rightarrow행동의도}$=.493,

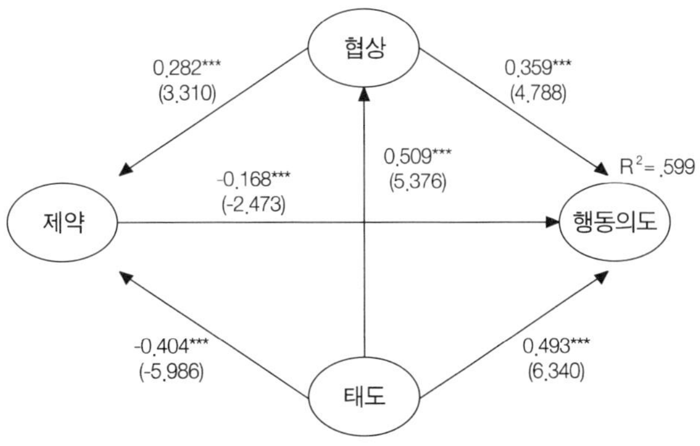

주: ***p〈.001, **p〈.01, 괄호안의 숫자는 t-값을 의미함.
S-Bχ^2=164.753, df=57, S-Bχ^2/df=2.890, p=0.000, NFI=0.913, TLI=0.919, CFI=0.941, RMSEA=0.068

〈그림 2〉 **연구모형 추정결과**

t=6.340, p<.001)을 미치는 것으로 나타났다. 이에 가설 H_3, H_4, H_6도 각각 지지되었다. 이는 제약이 증가하면 행위자는 이를 극복하기 위한 협상노력을 강화하고, 협상을 함으로써 행동의도는 높아진다. 반면 제약 자체는 나홀로 여행에 대한 태도와 여행을 하고자 하는 행동의도를 약화시키는 것을 알 수 있다. 또한 나홀로 여행에 대한 긍정적인 태도는 제약을 극복하기 위한 협상을 강화시키는 역할을 하며, 행동의도에도 긍정적인 역할을 하는 것을 알 수 있다.

자료: 백혜진 · 이충기 · 김진옥(2015). 나홀로 국내 여행객의 여행제약, 협상, 태도 및 행동의도 간 구조관계 연구: 20~40대 1인 가구를 중심으로. 『관광레저연구』, 27(1), 115-134.

연구사례 11-3 구조방정식 사례 3

확인적 요인분석

〈Table 2〉에서 보는 바와 같이 확인적 요인분석을 실시한 결과, 측정모형의 적합도는 χ^2(CMIN)=740.367 및 df=303으로 p<.001이지만, CMIN/df=2.443(<.3), NFI=.912(≥.9), NNFI=.937(≥.9), CFI=.945(≥.9), RMSEA=.067(≤.08)로 모두 기준치를 충족하는 것으로 나타났다(우종필, 2012; 이충기, 2016). 요인적재치값은 .672~.961(≥.5), 평균분산추출값(AVE: Average Variance Extracted)은 .898~.982(≥.5), 개념신뢰도(CR: Construct Reliability)는 .704~.933(≥.7)로 모두 기준치를 상회하여 집중타당성은 충족되는 것으로 확인되었다(이충기, 2016; Hair, Black, Babin, & Anderson, 2010).

〈Table 2〉 **Results of confirmatory factor analysis**

Factors	Items	Factor loadinga	AVE	CR
Attitude (AT)	The horse riding experience of my child is a positive behavior.	.810	.979	.921
	The horse riding experience of my child is a beneficial behavior.	.879		
	The horse riding experience of my child is a valuable behavior.	.922		
	The horse riding experience of my child is an attractive behavior.	.831		
Subjective norm (SN)	Someone who is important to me will think that it is desirable for my child to experience horse riding.	.787	.972	.898
	Someone who is important to me will support that my child experiences horse riding.	.908		

	Someone who is important to me will understand that my child experiences horse riding.	.922		
	Someone who is important to me will agree that my child experiences horse riding.	.942		
Perceived behavioral control (PBC)	I am capable of letting my child experience horse riding.	.849	.904	.704
	I have enough money to let my child experience horse riding.	.865		
	I have enough time to let my child experience horse riding.	.672		
	I have enough opportunities to let my child experience horse riding.	.792		
Positive anticipated emotion (PAE)	If my child experiences horse riding, he/she will have fun.	.914	.982	.933
	If my child experiences horse riding, he/she will be glad.	.961		
	If my child experiences horse riding, he/she will be satisfied.	.951		
	If my child experiences horse riding, he/she will be happy.	.915		
Negative anticipated emotion (NAE)	If my child can not experience horse riding again, he/she will be disappointed.	.738	.898	.747
	If my child can not experience horse riding again, he/she will be angry.	.928		
	If my child can not experience horse riding again, he/she will be sad.	.948		
Desire (DE)	I want my child to experience the horse riding again.	.895	.948	.821
	I hope that my child will experience the horse riding again.	.911		
	I desperately want my child to try the horse riding again.	.837		
	I want my child to have a unforgettable memory when experiencing the horse riding again.	.745		
Behavioral intention (BI)	I have a plan to provide my child with the horse riding experience again.	.792	.917	.734
	I will make an effort to provide my child with the horse riding experience.	.837		
	I have an intention to provide my child with the horse riding experience.	.806		
	If I have a chance I am willing to provide my child with the horse riding experience.	.679		
χ^2(CMIN)=740.367, df=303, p=.000, CMIN/df=2.443, NFI=.912, NNFI=.937, CFI=.945, RMSEA=.067				

주: All factor loadings are significant at p〈.01. AVE=Average variance extracted,; CR=Construct reliability.

한편 판별타당성을 확보하기 위해서는 평균분산추출값(AVE)이 두 변수 간 상관계수 제곱값보다 커야 한다(이충기, 2016). 〈Table 3〉에서 보는 바와 같이, AVE값은 두 변수 간 상관관계 제곱값보다 모두 높게 나타나 판별타당성은 충족되는 것으로 확인되었다. 가령, 두 변수 간 상관관계 제곱값은 긍정적 예기정서(PAE)와 열망(DE) 간에 가장 높게 나타났는데(.575), 이는 모든 AVE값보다 작은 것으로 나타나 판별타당성은 확보되었다.

〈Table 3〉 **Discriminant validity for measurement model**

Constructs	AT	SN	PBC	PAE	NAE	DE	BI
Attitude(AT)	.921						
Subjective norm(SN)	.575 (.331)	.898					
Perceived behavioral control(PBC)	.147 (.022)	.288 (.083)	.704				
Positive anticipated emotion(PAE)	.503 (.253)	.613 (.376)	.304 (.092)	.933			
Negative anticipated emotion(NAE)	.101 (.010)	.177 (.031)	.361 (.130)	.354 (.125)	.747		
Desire(DE)	.399 (.159)	.477 (.228)	.369 (.136)	.758* (.575)	.496 (.246)	.821	
Behavioral intention (BI)	.310 (.096)	.357 (.127)	.529 (.280)	.612 (.375)	.481 (.231)	.757 (.573)	.734

주: Numbers in the parenthesis indicate squared correlation coefficients. Diagonal bold numbers are AVEs.
* indicates the highest correlation.

구조모형 분석결과 및 가설검증

[Figure 3]에서 보는 바와 같이, 구조모형 분석결과 적합도는 χ^2(CMIN)=780.511 및 df=308로 p<.001이지만, CMIN/df=2.534, NFI=.907, NNFI=.933, CFI=.941, RMSEA=.069로 모두 기준치를 충족하는 것으로 나타났다(우종필, 2012; 이충기, 2016). 연구가설의 검증결과 승마체험에 대한 지각된 행동통제는 열망($\gamma_{PBC\rightarrow DE}$=.114, t=2.593, p<.05)에, 긍정적 예기정서는 열망($\gamma_{PAE\rightarrow DE}$=.622, t=10.955, p<.01)에, 부정적 예기정서는 열망($\gamma_{NAE\rightarrow DE}$=.244, t=5.422, p<.01)에 각각 유의한 정(+)의 영향을 미치는 것으로 나타났다. 따라서 가설 H_3, H_4, H_5는 각각 지지되었다. 여기서 부정적 예기정서와 열망 간에 정(+)의 영향관계인 것은 부정적 예기정서가 이중부정("만일 우리아이가 승마체험을 하지 않으면 실망할 것이다")으로 긍정적인 의미를 갖기 때문이다. 또한 열망은 행동의도($\beta_{DE\rightarrow BI}$=.775, t=13.265, p<.01)에 유의한 영향을 미치는 것으로 나타나 가설 H_6은 지지되었다. 그러나 태도와 주관적 규범은 열망에 유의한 영향을 미치지 않는 것으로 나타나 가설 H_1과 H_2는 각각 기각되었다. 한편 MGB의 선행변수들은 열망을 66.0%, 열망은 행동의도를 60.1%를 각각 설명해주는 것으로 나타났다.

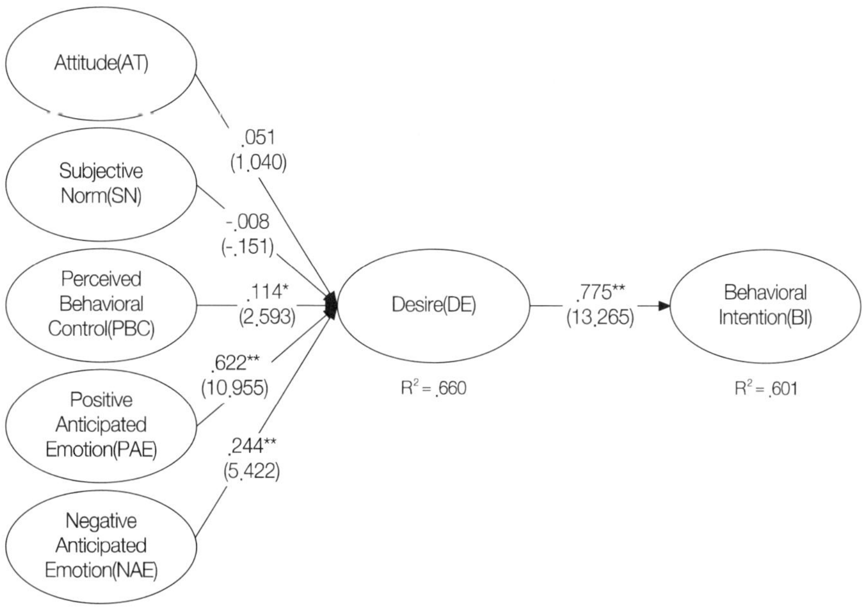

주: *P〈.05, **p〈.01, p=0.000
The numbers in the parentheses indicate t-values
χ^2(CMIN)=780.511, df=308, CMIN/df=2.534, NFI=.907, NNFI=.933, CFI=.941, RMSEA=.069

〈Figure 3〉 **Estimation of the structural model**

매개효과 분석

〈Table 4〉에서 보는 바와 같이 매개효과를 나타내는 간접효과(indirect effect)를 살펴보면, 지각된 행동통제(PBC), 긍정적 예기정서(PAE), 부정적 예기정서(NAE)는

〈Table 4〉 **Decomposition of effects**

Constructs	Direct effect			Indirect effect			Total effect		
	AT	DE	BI	AT	DE	BI	AT	DE	BI
AT		.051				.040		.051	.040
SN		-.008				-.006		-.008	-.006
PBC		.114*				.088*		.114*	.088*
PAE		.622*				.482**		.622*	.482**
NAE		.244*				.189*		.244*	.189*
DE			.775**						.775**

주: *p〈.05, **p〈.01.

열망(DE)을 매개로 승마체험 행동의도(BI)에 유의한 영향을 미치는 것으로 나타났다. 반면에 열망은 태도(AT) 및 주관적 규범(SN)과 행동의도 간에 매개역할을 수행하지 않는 것으로 나타났다. 한편 총효과(total effect)를 살펴볼 때 열망은 행동의도를 설명하는 가장 중요한 요인이며, 다음으로는 긍정적 예기정서, 부정적 예기정서, 지각된 행동통제의 순으로 나타났다.

자료: 이충기 · 고성규 · 임성희(2017). 목표지향적 행동모형을 이용한 승마체험 행동의도 연구: 청소년 승마체험에 대한 부모의 인식을 중심으로. 『관광연구저널』, 31(7), 5-19.

연구사례 11-4 구조방정식 사례 4

Measurement model

In this study, Mardia's standardized coefficient was employed to check the assumption of the multivariate normality of the data. Mardia's standardized coefficient (125.498) for the measurement model was greater than the criterion of 5, indicating that the data were multivariate, non-normally distributed (Byrne, 2006). Therefore, the Satorra-Bentler (S-B) Chi-square analysis, also called Robust Maximum Likelihood, was used to estimate the SEM in the study. This method was chosen because it can provide more robust and valid standard errors than other estimating methods by adjusting standard error estimates with a scaling factor based on the data's non-normality (Bentler & Wu, 1995; Byrne, 2006).

The resulting measurement model was derived from the CFA. 〈Table 1〉 presents a satisfactory level of fit on all goodness-of-fit indices from the CFA. The results

〈Table 1〉 **Goodness-of-fit indices**

	χ^2	df	Normed S-B χ^2	S-B χ^2	NFI	NNFI	CFI	RMSEA
Measurement model	1,689.66	695	986.263	1.419	0.911	0.968	0.972	0.033
Structural model	1,821.395	747	1,091.895	1.462	0.903	0.964	0.967	0.035
Suggested value				$\leq$ 3	$\geq$ 0.9	$\geq$ 0.9	$\geq$ 0.9	$\leq$ 0.08

confirmed that the proposed measurement model was found to fit data well: $\chi^2 = 1,689.66$, S-B $\chi^2 = 986.263$, df=695, normed fit index (NFI)=0.911, non-normed fit index (NNFI)=0.968, comparative fit index (CFI)=0.972, and root mean square error of approximation (RMSEA)=0.033.

⟨Table 2⟩ shows the Cronbach alpha values generated by the CFA in estimating the reliability of the multi-item scales: environmental concerns (EC) with 0.895, perceived customer effectiveness (PCE) with 0.881, attitude (AT) with 0.920, subjective norm (SN) with 0.937, positive anticipated emotion (PAE) with 0.938, negative anticipated emotion (NAE) with 0.956, perceived behavioral control (PBC) with 0.889, environmentally friendly tourism behaviors (EFTB) with 0.895, desire (DE) with 0.909, and behavioral intention (BI) with 0.928. All of these alpha coefficients were above the cut-off point of 0.7, indicating an acceptable level of reliability for each construct (Nunnally & Bernstein, 1994).

⟨Table 2⟩ **Results of confirmatory factor analysis**

Factors	Factor loading	t-value	Cronbach alpha
Factor 1: Environmental concern (EC)			0.895
Non-recyclable products should be taxed to reduce waste.	0.836	19.827	
Manufacturers should be required to use recycled materials in their operation.	0.897	23.121	
Commercial advertising should be required to mention the environmental disadvantages of products.	0.847	20.228	
Products that pollute the environment during manufacturing or consumption should be taxed.	0.813	19.548	
Factor 2: Perceived customer effectiveness (PCE)			0.881
It is valuable for the individual consumer to do anything about pollution.	0.784	17.393	
I try to think how my use of products will affect the environment and other consumers when I buy the product.	0.837	20.711	
Because one person can have any effect upon the environment, it is meaningful for me to do anything for environmental protection.	0.872	22.342	
If I purchase products sold by socially responsible companies, it can have a positive effect on society.	0.821	17.478	

Factor 3: Attitude (AT)			0.920
I think visiting the mud festival is a positive behavior.	0.819	17.719	
I think visiting the mud festival is a valuable behavior.	0.927	23.393	
I think visiting the mud festival is a beneficial behavior.	0.917	21.068	
I think visiting the mud festival is a necessary behavior.	0.803	17.718	
Factor 4: Subjective norm (SN)			0.937
Most people who are important to me agree with that I visit the mud festival.	0.892	23.523	
Most people who are important to me support that I visit the mud festival.	0.909	23.520	
Most people who are important to me understand that I visit the mud festival.	0.900	22.608	
Most people who are important to me recommend that I visit the mud festival.	0.855	19.725	
Factor 5: Positive anticipated emotion (PAE)			0.938
If I revisit the mud festival, I will be excited.	0.846	18.809	
If I revisit the mud festival, I will be glad.	0.902	21.498	
If I revisit the mud festival, I will be satisfied.	0.903	24.427	
If I revisit the mud festival, I will be happy.	0.911	24.334	
Factor 6: Negative anticipated emotion (NAE)			0.956
If I can't revisit the mud festival, I will be angry.	0.893	23.602	
If I can't revisit the mud festival, I will be disappointed.	0.928	26.400	
If I can't revisit the mud festival, I will be worried.	0.935	25.255	
If I can't revisit the mud festival, I will be sad.	0.924	28.243	
Factor 7: Perceived behavioral control (PBC)			0.889
I am confident that if I want, I can visit the mud festival.	0.752	16.487	
I am capable of attending the mud festival.	0.929	24.570	
I have enough resources (money) to visit the mud festival.	0.819	15.235	
I have enough time to visit the mud festival.	0.781	17.131	
Factor 8: Environmentally friendly tourism behaviors (EFTB)			0.895
I try to purchase environmentally friendly tourism products and services if possible.	0.828	18.792	
I think about how tourists' behaviors could impact natural environments.	0.921	23.307	
I try to minimize my tourism behaviors to influence natural environments.	0.852	18.057	
I prefer nature based or eco-tourism.	0.822	19.134	

Factor 9: Desires (DE)			0.909
I would like to revisit the mud festival.	0.876	20.666	
I want to have fun when I revisit the mud festival.	0.866	20.065	
I hope to revisit the mud festival.	0.876	20.818	
I want to experience an unforgettable memory when revisiting the mud festival.	0.848	21.235	
Factor 10: Behavioral intention (BI)			0.928
I will make an effort to revisit the mud festival in the near future.	0.884	21.162	
I have an intention to revisit the mud festival.	0.866	20.114	
I am willing to revisit the mud festival.	0.885	20.741	
I am willing to save time and money to revisit the mud festival.	0.865	22.477	

Note: All standardized factor loadings are significant at $p<0.001$.

Convergent and discriminant validity statistics are also depicted in 〈Table 3〉. All average variance extracted (AVE) and composite reliability (CR) values for the multi-item scales were greater than the minimum criterion of 0.5 and 0.7, respectively, indicating a sufficient level of convergent validity for the measurement model (Hair et al., 2006). Also, the most conservative method using AVE confirmed the discriminant validity because the AVE of each construct was greater than the squared correlation coefficients for corresponding inter-constructs (Fornell & Larcker, 1981).

In terms of comparison between MGB and EMGB (〈Table 4〉), the R^2 for desire in the EMGB improved from 0.722 to 0.735 by including three eco-friendly consumption variables (i.e., environmental concerns, perceived customer effectiveness, and environmentally friendly tourism behaviors). The S-B Chi-square difference test (Byrne, 2006) between MGB and EMGB indicated that there is a significant difference between the two models (Δ S-B χ^2 (388)=480.88, $p<0.001$). The results showed that the EMGB performs slightly better than the MGB when explaining the construct of desire to revisit the nature-based festival.

〈Table 3〉 **Results validity of the measurement model**

Constructs	EC	PC	AT	SN	PAE	NA	PBC	EFTB	DE	BI
Environmental concern (EC)	1.000									
Perceived customer Effectiveness (PCE)	0.775 (0.601)	1.000								
Attitude (AT)	0.364 (0.132)	0.344 (0.118)	1.000							
Subjective norm (SN)	0.431 (0.186)	0.437 (0.191)	0.725 (0.526)	1.000						
Positive anticipated Emotion (PAE)	0.439 (0.193)	0.421 (0.177)	0.697 (0.486)	0.684 (0.468)	1.000					
Negative anticipated Emotion (NAE)	0.182 (0.033)	0.178 (0.032)	0.221 (0.049)	0.263 (0.069)	0.461 (0.213)	1.000				
Perceived behavioral control (PBC)	0.352 (0.124)	0.404 (0.163)	0.396 (0.157)	0.486 (0.236)	0.348 (0.121)	0.169 (0.029)	1.000			
Environmentally Friendly tourism Behaviors (EFTB)	0.580 (0.336)	0.628 (0.394)	0.274 (0.075)	0.291 (0.085)	0.305 (0.093)	0.303 (0.092)	0.361 (0.130)	1.000		
Desires (DE)	0.446 (0.199)	0.442 (0.195)	0.692 (0.479)	0.704 (0.496)	0.785 (0.616)	0.380 (0.144)	0.346 (0.120)	0.370 (0.137)	1.000	
Behavioral intention (BI)	0.455 (0.207)	0.420 (0.176)	0.630 (0.397)	0.686 (0.471)	0.780 (0.608)	0.494 (0.244)	0.428 (0.183)	0.391 (0.153)	0.808a (0.653)	1.000
Cronbach's alpha	0.895	0.881	0.920	0.937	0.938	0.956	0.889	0.895	0.909	0.928
CR	0.913	0.898	0.924	0.938	0.939	0.957	0.893	0.917	0.923	0.929
AVE	0.724	0.687	0.754	0.791	0.793	0.847	0.678	0.734	0.751	0.766

Note 1. Highest correlations between pairs of constructs.
2. The numbers in the parenthesis indicate squared correlation among latent constructs.
3. All correlations are significant at p 〈 0.01.
4. Correlation coefficients are estimates from EQS.
5. CR=composite reliability; AVE=average variance extracted.
6. FPB (frequency of past behavior) was not included in the measurement model because it was a single indicator.

〈Table 4〉 **Comparison between MGB and EMGB**

	χ^2	S-B χ^2	df	Normed S-B χ^2	NFI	NNFI	CFI	RMSEA	R^2 for DE	R^2 for BI
MGB	1,075.457	599.319	359	1.669	0.922	0.962	0.967	0.042	0.722	0.714
EMGB	1,821.395	1,091.895	747	1.462	0.903	0.964	0.967	0.035	0.735	0.715
Suggested value				$\leq$ 3	$\geq$ 0.9	$\geq$ 0.9	$\geq$ 0.9	$\leq$ 0.08		

Note: DE=desires; BI=behavioral intention.

Hypothesis testing

As presented in [Figure 4], the results confirmed that the proposed structural mode fits data well: S-B χ^2 =1,091.895, df=747, NFI=0.903, NNFI=0.964, CFI =0.967, and RMSEA=0.035. In terms of hypothesis testing, hypotheses 1 and 2 posited that environmental concerns and perceived customer effectiveness have a positive effect on environmentally friendly tourism behaviors. Both predictor variables ($\beta_{EC \to EFTB}=0.229$, $t=2.17$, $p<0.05$; $\beta_{PCE \to EFTB}=0.451$, $t=4.264$, $p<0.01$) exerted a positive influence on environmentally friendly tourism behaviors. Thus, H_1 and H_2 were supported.

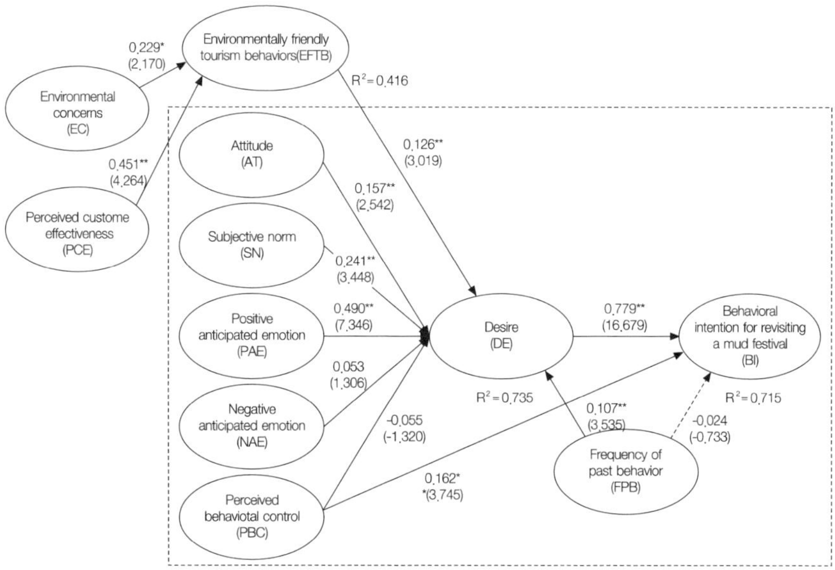

S-B χ^2=1,091.895, df=747, p<0.001, S-B χ^2/df=1.462
NFI=0.903, NNFI=0.964, CFI=0.967, RMSEA=0.035
Note: The numbers in the parentheses indicate t-values.

〈Figure 4〉 **Results of the extended model of goal-directed behavior**

Furthermore, all predictor variables except negative anticipated emotion (NAE) and perceived behavioral control (PBC) were statistically significant in predicting desire (DE) as follows: attitude (AT) ($\beta_{AT \to DE}=0.157$, $t=2.542$, $p<0.05$), subjective norm (SN) ($\beta_{SN \to DE}=0.241$, $t=3.448$, $p<0.01$), positive anticipated emotion

(PAE) ($\beta_{PAE \rightarrow DE}$=0.490, t=7.346, p<0.01), environmentally friendly tourism behaviors (EFTB) ($\beta_{EFTB \rightarrow DE}$=0.126, t=3.019, p<0.01), and frequency of past behavior (FPB) ($\beta_{FTB \rightarrow DE}$=0.107, t=3.535, p<0.01), supporting H_3, H_4, H_5, H_9, and H_{10}. However, NAE ($\beta_{NAE \rightarrow DE}$=0.053, t=1.306) and PBC ($\beta_{PBC \rightarrow DE}$=-0.055, t=-1.320) were not statistically significant in predicting desire to revisit the mud festival, rejecting H_6 and H_7.

Other hypotheses related to behavioral intention (BI) were also tested. The relationships between PBC ($\beta_{PBC \rightarrow BI}$=0.162, t=3.745, p<0.01) and BI and between DE ($\beta_{DE \rightarrow BI}$=0.779, t=16.679, p<0.01) and BI were positive and significant, supporting H_8 and H_{12}. However, the FPB ($\beta_{FPB \rightarrow BI}$=-0.024, t=-0.733) was not statistically significant for predicting behavioral intention to revisit the mud festival. Therefore, H_{11} was rejected. Overall, five constructs (AT, SN, PAE, EFTB, and FPB) played an essential role in explaining the formation of the festival visitors' desire to attend the mud festival, and two constructs (PBC and DE) served as important antecedents in predicting the visitors' behavioral intention to revisit the festival. Additionally, the EFTB was a significant and direct predictor of desire, which in turn indirectly influenced behavioral intention. This finding indicates that visitors' environmentally friendly tourism behaviors can influence their desire along with the aforementioned antecedents that have been tested in the MGB.

Indirect and total effects

Bollen (1989, p. 376) stated that direct effects are defined as the influences of one variable on another that are not mediated by any other variable, whereas indirect effects refer to the values that are mediated by at least one other variable. The combination of these two effects forms the total effect, which is more relevant in interpreting the results because it shows all the changes of a dependent variable as one-unit changes in an independent variable. Therefore, the total effect on each dependent variable was examined in this study.

As shown in 〈Table 5〉, DE is the most powerful antecedent in predicting BI, with the largest total impact (0.779), followed by PAE (0.382), SN (0.188), AT

(0.122), PBC (0.119), and EFTB (0.098). In assessing the effect of predicting DE, PAE was the most powerful, with the largest total effect (0.490), followed by SN (0.241), AT (0.157), and EFTB (0.126). In terms of assessing EFTB, PCE (0.451) was a more significant factor than EC (0.229).

〈Table 5〉 **Results of the structural equation modeling**

	Direct effect			Indirect effect			Total effect		
	EFTB	DE	BI	EFTB	DE	BI	EFTB	DE	BI
EC	0.229*	-	-	-	0.029*	0.022*	0.229*	0.029*	0.022*
PCE	0.451**	-	-	-	0.057*	0.044*	0.451**	0.057*	0.044*
AT	-	0.157*	-	-	-	0.122*	-	0.157*	0.122*
SN	-	0.241**	-	-	-	0.188**	-	0.241**	0.188**
PAE	-	0.490**	-	-	-	0.382**	-	0.490**	0.382**
NAE	-	0.053	-	-	-	0.041	-	0.053	0.041
PBC	-	-0.055	0.162**	-	-	-0.043	-	-0.055	0.119**
EFTB	-	0.126**	-	-	-	0.098**	-	0.126**	0.098**
DE	-	-	0.779**	-	-	-	-		0.779**
FPB	-	0.107**	-0.024	-	-	0.083**	-	0.107**	0.060

*$p < 0.05$, **$p < 0.01$.

Note: EC=environmental concern; PCE=perceived customer effectiveness; AT=attitude; SN=subjective norm; PAE=positive anticipated emotion; NAE=negative anticipated emotion; PBC=perceived behavioral control; EFTB=environmentally friendly tourism behaviors; FPB=frequency of past behavior; DE=desires; BI =behavioral intention.

자료: Song, H. J., Lee, C. K., Kang, S. K., & Boo, S. J. (2012). The effect of environmentally friendly perceptions on festival visitors' decision-making process using an extended model of goal-directed behavior. *Tourism Management*, 33(6), 1417-1428.

4.2. Test of common method bias (CMB) and normality

Since this study's data were collected using a single method, CMB might be an issue. Thus, Harman's single-factor test was performed (Harman, 1967). According to Podsakoff, MacKenzie, Lee, and Podsakoff (2003), CMB exists when the variance of a single factor exceeds 50%. Results indicated that a single factor explain 45.9% of the variance. Thus, CMB was deemed to not be a problem. This study also examined the normality of the data by analyzing the skewness and kurtosis values which can affect the variance and covariance analysis in SEM. As shown in Tables 3 and 4, absolute skewness and kurtosis values for all items were less than the suggested criteria of 2 and 7 (Curran, West, & Finch, 1996), indicating non-normality was not a problem.

4.3. Second-order factor analysis of CW

As mentioned earlier, second-order analysis of CW was conducted to make the results more parsimonious and interpretable (Gustafsson & Balke, 1993), and to compare the effects of CW and AU on the components of MGB. The dimensionality (ICW, TCW, and UCW) of CW was tested as a second-order factor using CFA. Then the overall measurement model with CW, authenticity, and MGB variables was estimated using CFA.

Initially, the second-order analysis of CW was implemented using fourteen items of CW. However, factor loadings of five items were less than suggested criteria of .7 by Hair, Anderson, Babin, and Black (2010) and thus, they were deleted (i.e. 'Traditional culture has a special meaning to me', 'My traditional culture helps me to identify myself', 'Traditional styles of dresses in my culture are important to me', 'Cultural heritage is disappearing', and 'Traditional culture is disappearing'). As shown in Table 3, the second-order factor model with nine items demonstrated a good fit to the data: χ^2=44.629, df=22, p<.01, χ^2/df=2.029, NFI=.977,

TLI=.980, CFI=.988, and RMSEA=.057, as suggested by Hair et al. (2010). Also, all standardized factor loadings ranged from .712 to .926, exceeding the criteria of .7, average variance extracted (AVE) values of all constructs ranged from .738 to .879, exceeding the criteria of .5, and composite reliability (CR) for all constructs ranged from .894 to .956, exceeding the criteria of .7, suggesting satisfactory convergent validity (Hair et al. 2010). In addition, Cronbach's alpha (α) values ranged from .828 to .883, suggesting internal consistency (Nunnally 1978).

〈Table 3〉 **Results of the second-order factor model using CFA.**

Constructs and items	λ	M	SD	SK	KU	Convergent validity		
						AVE	CR	α
Identity/preservation (ICW)						.879	.956	.883
We need to care about our cultural heritage	.849	4.402	.630	-.566	-.609			
We need to learn about our traditional culture	.919	4.322	.670	-.669	.169			
Traditional buildings, museums, and paintings in my culture need to be preserved	.848	4.378	.696	-.891	.415			
Tangible attachment (TCW)						.777	.912	.878
I would like to know the traditional styles of dresses in my culture	.817	3.957	.833	-.438	-.087			
I would like to know the traditional food in my culture	.926	4.025	.811	-.537	-.013			
Traditional food in my culture is important to me	.791	3.929	.891	-.656	.428			
Understanding/concerns (UCW)						.738	.894	.828
Cultural heritage will be lost if we do not do anything	.837	4.300	.718	-.923	1.190			
Traditional culture will be lost if we do not do anything	.742	4.214	.714	-.647	.252			
My culture helps me to live with other people from different backgrounds	.712	4.139	.702	-.471	.038			

Note. Model fit: χ^2=44.629, df=22, p<.01, χ^2/df=2.029, NFI=.977, TLI=.980, CFI=.988, and RMSEA=.057; λ=standardized factor loading, M=mean (5-point Likert-type scale), SD=standard deviation, SK=skewness, KU=kurtosis, AVE=average variance extracted, CR=composite reliability, and α=Cronbach's alpha.

Thus, the underlying concept of CW was represented by the three first-order factors of CW (ICW, TCW, and UCW).

4.4. Measurement model

The overall measurement model was assessed using CFA. As shown in Table 4, the results indicated a good fit to the data: χ^2=916.579, df=484, p<.001, χ^2/df=1.894, NFI=.921, TLI=.955, CFI=.961, RMSEA=.053, and SRMR=.046 (Hair et al., 2010). Standardized factor loadings ranged from .784 to .979 (Table 4), exceeding the criteria of .7, AVE values of all constructs ranged from .794 to .948 (Table 5), exceeding the criteria of .5, and CR for all constructs ranged from .931 to .982 (Table 5), exceeding the criteria of .7, suggesting satisfactory convergent validity (Hair et al., 2010). Cronbach's alpha (α) values ranged from .892 to .969, suggesting internal consistency (Hair et al., 2010; Nunnally 1978). Moreover, significant and positive relationships between the three first-order factors (ICW, TCW, and UCW) and the second-order factors (CW) existed (p<.001), which was supported by statistically significant and high standardized factor loadings as follows: .884 (ICW), .784 (TCW), and .918 (UCW). This indicates that the three proposed first-order dimensions of CW represented the underlying concept of CW. As shown in Table 5, the AVEs for all constructs were greater than the corresponding coefficients of squared correlations, suggesting discriminant validity (Fornell & Larcker, 1981).

〈Table 4〉 **Results of CFA for overall measurement model.**

Constructs and items	λ	M	SD	SK	KU
Cultural worldview (CW): 2nd order factor					
Identity/preservation (ICW): 1st order factor	.884				
Tangible attachment (TCW): 1st order factor	.784				
Understanding/concerns (UCW): 1st order factor	.918				
Authenticity (AU)					
I like the way Hanok in the village blends with attractive landscape and historical ensemble, which offer many interesting places to visit	.797	3.799	.776	-.437	.416
During my visit to Hanok in the village, I feel the related history and traditional culture	.898	3.582	.854	-.258	-.110

This visit provides a wealth of traditional knowledge and cultural heritage into the historical era	.878	3.591	.878	-.295	-.085
Hanok in the village is a place where I can experience Korean traditional lifestyle	.838	3.641	.864	-.398	.088
Attitude (AT)					
Visiting Hanok in the village is a positive behavior	.884	3.876	.703	-.633	1.413
Visiting Hanok in the village is a beneficial behavior	.920	3.830	.755	-.447	.579
Visiting Hanok in the village is a valuable behavior	.928	3.789	.755	-.457	.584
Subjective norm (SN)					
Most people who are important to me think it is desirable for me to visit Hanok in the village	.872	3.802	.755	-.440	.333
Most people who are important to me support that I visit Hanok in the village	.942	3.808	.731	-.261	-.099
Most people who are important to me agree that I visit Hanok in the village	.937	3.851	.728	-.346	.318
Perceived behavioral control (PBC)					
I am capable of visiting Hanok in the village	.882	3.904	.718	-.362	.106
I have enough financial resources to visit Hanok in the village	.883	3.898	.755	-.307	-.205
I have enough opportunities to visit Hanok in the village	.810	3.916	.757	-.334	.045
Positive anticipated emotion (PAE)					
If I visit Hanok in the village, I will be excited	.938	3.808	.776	-.534	.361
If I visit Hanok in the village, I will be glad	.979	3.799	.768	-.550	.429
If I visit Hanok in the village, I will be happy	.952	3.802	.759	-.511	.423
Negative anticipated emotion (NAE)					
If I can't visit Hanok in the village, I will be missed	.895	3.625	.859	-.409	-.169
If I can't visit Hanok in the village, I will be disappointed	.959	3.505	.872	-.127	-.538
If I can't visit Hanok in the village, I will be sad	.925	3.430	.951	-.300	-.371
Desire (DE)					
I desire to visit Hanok in the village for my cultural experiences	.907	3.851	.786	-.581	.604
I hope to visit Hanok in the village for my cultural experiences	.895	3.817	.781	-.457	.419
I wish to visit Hanok in the village for my cultural experiences	.846	3.601	.891	-.399	.138

Behavioral intention (BI)					
I intend to visit Hanok in the village	.898	3.882	.818	-.670	.720
I will make an effort to visit Hanok in the village	.825	3.641	.896	-.377	.010
I am planning to visit Hanok in the village	.892	3.836	.781	-.531	.342

Note. Model fit: χ^2=916.579, df=484, p<.001, χ^2/df=1.894, NFI=.921, TLI=.955, CFI=.961, RMSEA=.053, and SRMR=.046.

〈Table 5〉 **Correlations and discriminant validity.**

	AU	CW	AT	SN	PBC	PAE	NAE	DE	BI
AU	**.794**								
CW	.371 (.138)	**.880**							
AT	.649 (.421)	.450 (.203)	**.901**						
SN	.610 (.372)	.442 (.195)	.838 (.702)	**.906**					
PBC	.435 (.189)	.505 (.255)	.538 (.289)	.552 (.305)	**.835**				
PAE	.562 (.316)	.441 (.194)	.748 (.560)	.698 (.487)	.442 (.195)	**.948**			
NAE	.540 (.292)	.290 (.084)	.561 (.315)	.561 (.315)	.331 (.110)	.658 (.433)	**.884**		
DE	.683 (.466)	.417 (.174)	.795 (.632)	.801 (.642)	.421 (.177)	.861 (.741)	.780 (.608)	**.837**	
BI	.629 (.396)	.455 (.207)	.757 (.573)	.780 (.608)	.553 (.306)	.785 (.616)	.639 (.408)	.857 (.734)	**.818**
CR	.939	.956	.964	.967	.938	.982	.958	.939	.931
α	.913	.913	.936	.936	.892	.969	.946	.925	.902

Note. The bold diagonal values are average variance extracted (AVE) and values in the parenthesis are squared correlation coefficient.

4.5. Structural equation model and testing hypotheses

As shown in Fig. 3, the SEM showed generally good fit to the data: χ^2= 1,271.838, df=503, p<.001, χ^2/df=2.529, NFI=.891, TLI=.923, CFI=.931, RMSEA= .069, and SRMR=.077, which are close to or exceed the minimum values of criteria suggested by Hair et al. (2010).

Regarding hypotheses testing, CW was found to have a positive effect on attitude ($\gamma_{CW \rightarrow AT}$=.270, t=5.490, p<.001), subjective norm ($\gamma_{CW \rightarrow SN}$=.274, t=5.422, p<.001), perceived behavioral control ($\gamma_{CW \rightarrow PBC}$=.411, t=6.372, p<.001), positive anticipated emotion ($\gamma_{CW \rightarrow PAE}$=.285, t=5.496, p<.001), and negative anticipated emotion ($\gamma_{CW \rightarrow NAE}$=.120, t=2.158, p<.05), supporting H_{1-1}, H_{1-2}, H_{1-3}, H_{1-4}, and H_{1-5}, respectively. Further, authenticity was found to have a positive effect on attitude ($\gamma_{AU \rightarrow AT}$=.661, t=12.632, p<.001), subjective norm ($\gamma_{AU \rightarrow SN}$=.626, t=11.851, p<.001), perceived behavioral control ($\gamma_{AU \rightarrow PBC}$=.338, t=5.700, p<.001), positive anticipated emotion ($\gamma_{AU \rightarrow PAE}$=.573, t=10.888, p<.001), and negative anticipated emotion ($\gamma_{AU \rightarrow NAE}$=.579, t=9.918, p<.001), supporting H_{2-1}, H_{2-2}, H_{2-3}, H_{2-4} and H_{2-5}, respectively. It was further revealed that authenticity generally has a larger impact on the MGB constructs than CW.

Within the MGB framework, all predictor constructs except for perceived behavioral control were found to have significant impacts on desire as follows: attitude ($\beta_{AT \rightarrow DE}$=.149, t=3.600, p<.001), subjective norm ($\beta_{SN \rightarrow DE}$=.315, t=7.621, p<.001), positive anticipated emotion ($\beta_{PAE \rightarrow DE}$=.430, t=10.647, p<.001), and nega-

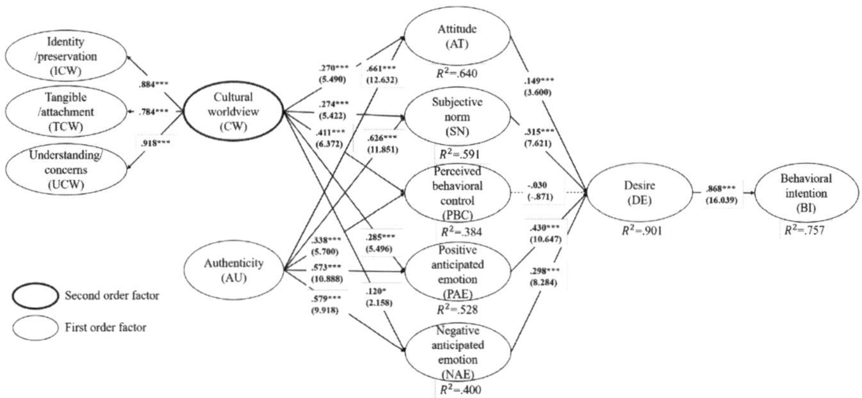

〈Fig. 3〉 **Estimation of the structural model.**

Note. χ^2=1,271.838, df=503, p<.001, χ^2/df=2.529, NFI=.891, TLI=.923, CFI=.931, RMSEA=.069, and SRMR=.077. Values not in parentheses are standardized parameter estimates; values in parentheses are t-values.

* p<.05, *** p<.001

tive anticipated emotion ($\beta_{NAE\rightarrow DE}$=.298, t=8.284, p<.001), supporting H_3, H_4, H_6 and H_7, respectively. Finally, desire was found to positively influence intention to visit Hanok ($\beta_{DE\rightarrow BI}$=.868, t=16.039, p<.001), supporting H_8. In addition, antecedents of MGB explained 90.1% of desire which in turn explained 75.7 % of behavioral intention.

4.6. Indirect effects

As shown in Table 6, both CW and authenticity were found to have significant and positive indirect effects on desire ($Y_{CW\rightarrow DE}$=.272, p<.001; $Y_{AU\rightarrow DE}$=.692, p<.05). Also, both CW and authenticity were found to have positive indirect impacts on behavioral intention ($Y_{CW\rightarrow BI}$=.236, p<.001; $Y_{AU\rightarrow BI}$= .601, p<.05). Further, authenticity was found to have a higher indirect effect on desire and behavioral intention than CW.

〈Table 6〉 **Indirect effects.**

Exogenous variables	Endogenous variables	Indirect effects
CW	DE	.272***
AU	DE	.692*
CW	BI	.236***
AU	BI	.601*

Note: *p<.05, *** p<.001.

자료: Lee, C. K., Ahmad, M. S., Petrick, J. F., Park, Y. N., Park, E. K, & Kang, C. W. (2020). The roles of cultural worldview and authenticity in tourists' decision-making process in a heritage tourism destination using a model of goal-directed behavior. *Journal of Destination Marketing & Management*, 18, 100500(1-12).

강병서 · 김계수(2004). 『사회과학 통계분석』. 서울: SPSS 아카데미.
김계수(2010). 『AMOS 18.0 구조방정식 모형 분석』. 서울: 한나래아카데미.
김대업(2008). 『Amos A to Z: 논문작성절차에 따른 구조방정식 모형분석』. 서울: 학현사.
김진옥 · 이충기(2016). 여행사 상사의 변혁적 리더십이 직무만족에 미치는 영향: 신뢰와 조직몰입의 매개효과 검정을 중심으로. 『관광연구저널』, 30(12), 51-66.
노형진(2001). 『한글SPSS 10.0에 의한 조사방법 및 통계분석』. 서울: 형설출판사.
박응서(2008). 230만명 vs 1500명, 더 정확한 조사는? KISTI의 과학향기. Retrieved online from http://www.hani.co.kr.
배병렬(2006). 『LISREL 구조방정식모델 이해, 활용 및 프로그래밍』. 서울: 청람.
백혜진 · 이충기 · 김진옥(2015). 나홀로 국내 여행객의 여행제약, 협상, 태도 및 행동의도 간 구조관계 연구: 20~40대 1인 가구를 중심으로. 『관광레저연구』, 27(1), 115-134.
서혜선 · 양경숙 · 김나영 · 김희영 · 김미경(1999). 『SPSS를 활용한 회귀분석』. 서울: SPSS아카데미.
송학준 · 이충기(2010). 목표지향적 행동모형을 이용한 복합리조트 카지노 방문객의 행동의도 예측. 『관광레저연구』, 22(5), 341-360.
엠브레인(2009). 『온라인 리서치의 신뢰성 확보를 위한 Solutions』.
여운승(2006). 『다변량 행동조사』. 서울: 민영사.
오민재 · 이충기 · 송수정(2014). 사회적 책임(CSR)을 이용한 카지노 종사자의 시장세분화 연구: 책임도박, 내부마케팅, 조직몰입 및 고객지향에 대한 인식 차이를 중심으로. 『관광연구』, 29(3), 61-81.
원태연 · 정성원(2001). 『한글 SPSS10K: 통계조사분석』. 서울: SPSS 아카데미.
윤설민 · 박진아 · 이충기(2012). 문화관광자원으로서 고궁의 매력속성과 만족도 및 충성도 간 영향관계 분석: 경복궁 방문객을 대상으로. 『서울도시연구』, 13(1), 149-166.
이충기(2001). 폐광지역 내국인출입 카지노 개장에 따른 開場前後의 지역주민 인식변화와 부작용 저감방안. 『관광학연구』, 25(2), 135-154.

이충기(2017). 『관광응용경제학』. 서울: 대왕사.

이충기(2016). 카지노기업의 사회적 책임(CSR)과 책임도박(RG)이 지역주민의 신뢰와 지지도에 미치는 구조관계 연구. 『관광학연구』, 40(3), 71-87.

이충기 · 고성규 · 임성희(2017). 목표지향적 행동모형을 이용한 승마체험 행동의도 연구: 청소년 승마체험에 대한 부모의 인식을 중심으로. 『관광연구저널』, 31(7), 5-19.

이충기 · 김태균(2010). CVM을 이용한 보령머드축제 생태관광자원의 경제적 가치 평가: 가설적 편의의 최소화 방법을 중심으로. 『관광연구』, 25(4), 129-144.

이충기 · 류재숙 · 고성규(2017). 승마체험 계획행동과정에서 체험효과의 조절역할: 유소년을 대상으로. 『관광연구저널』, 31(11), 5-17.

이충기 · 백기준(2010). 유희적 갬블러와 병적 갬블러 간 게임동기 · 열정 · 감정상태 · 행동의도 간 구조관계 분석. 『관광학연구』, 34(6), 375-396.

이충기 · 송학준 · 이대은(2011). 카지노방문객 시장세분화 연구: 방한 일본 및 중국 관광객을 대상으로. 『호텔경영학연구』, 20(1), 1-59.

이충기 · 양형은 · 이재석(2011). 한 · 일 간 카지노 지역주민의 인식과 지지도 비교분석. 『관광연구』, 26(3), 129-144.

이충기 · 윤설민(2008). 2012여수엑스포 방문의사에 미치는 영향변수 추정. 『관광학연구』, 32(2), 131-148.

이훈영(2008). 『연구조사방법론』. 서울: 청람.

이훈영(2012). 『이훈영교수의 연구조사방법론』. 서울: 청람.

채서일(2004). 『사회과학조사방법론. 제3판』. 서울: 학현사.

홍세희(2000). 구조 방정식 모형의 적합도 지수 선정기준과 그 근거. 『한국심리학회지 임상』, 19(1), 161-177.

Anderson, J. C., & Gerbing, D. W. (1992). Assumptions and comparative strengths of the two-step approach: Comment on Fornell and Yi. *Sociological Methods & Research*, 20(1), 321-333.

Bagozzi, R. P., & Phillips, L. W. (1982). Representing and testing organizational theories: A holistic construal. *Administrative Science Quarterly*, 27(3), 459-489.

Bearden, W. O., Sharma, S., & Teel, J. E. (1982). Sample size effects on chi square and other statistics used in evaluating causal models. *Journal of Marketing Research*, 19(4), 425-430.

Fornell, C., & Larcker, D. (1981). Evaluating structural equation models with unobservable variables and measurement error. *Journal of Marketing Research*, 18(1), 39-50.

Hair, J. F., Anderson, R. E., Tatham, R. L., & Black, W. C. (1998). *Multivariate data analysis (5th ed).* Upper saddle river, NJ: Prentice Hall.

Hair, J. F., Black, W. C., Babin, B. J., & Anderson, R. E. (2010). *Multivariate data analysis (7th ed).* Upper saddle river, NJ: Prentice Hall.

Hu, L. T., & Bentler, P. M. (1995). *Evaluating model fit.* In R. H. Hoyle (Ed.), Structural equation modeling: Concepts, issues and applications (pp. 76-99). Thousand Oaks, CA: Sage.

Kim, M. J., Chung, N. H., & Lee, C. K. (2011). The effect of perceived trust on electronic commerce: Shopping online for tourism products and services in South Korea. Tourism Management, 32(2), 256-265.

Kline, R. B. (2005). *Principles and practice of structural equation modeling (2nd Edition ed.).* New York: The Guilford Press.

Lee, C. K. (2000). A comparative study of Caucasian and Asian visitors to a Cultural Expo in an Asian setting. *Tourism Management*, 21(2), 169-176.

Lee, C. K., Ahmad, M. S., Petrick, J. F., Park, Y. N., Park, E. K., & Kang, C. W. (2020). The roles of cultural worldview and authenticity in tourists decision-making process in a heritage tourism destination using a model of goal-directed behavior. *Journal of Destination Marketing & Management*, 18, 100500(1-12).

Lee, C. K., & Han, S. Y. (2002). Estimating the use and preservation values of National Parks' tourism resources using a contingent valuation method. *Tourism Management*, 23(5), 531-540.

Lee, C. K., Kang, S. K., Ahmad, M. S., Park, Y. N., Park, E. K., & Kang, C. W. (2021). Role of cultural worldview in predicting heritage tourists' behavioral intention. *Leisure Studies*, 40(5), 645-657.

Lee, C. K., Kang, S. K., Long, P., & Reisinger, Y. (2010). Residents'perceptions of casino impacts: A comparative study. *Tourism Management*, 31(2), 189-201.

Lee, C. K., Lee, Y. K., Bernhard, B. J., & Yoon, Y. S. (2006). Segmenting casino gamblers by motivation: A cluster analysis of Korean gamblers. *Tourism Management*, 27(5), 856-866.

Lee, C. K., Lee, Y. K., & Wicks, B. (2004). Segmentation of festival motivation by nationality and satisfaction. *Tourism Management*, 25(1), 61-70.

Lee, C. K., & Mjelde, J. W. (2007). Valuation of ecotourism resources using a contingent valuation method: The case of the Korean DMZ. *Ecological Economics*, 63 (2-3), 511-520.

Lee, C. K., Olya, H., Ahmad, M. S., Kim, K. H., & Oh, M. J. (2021). Sustainable intelligence, destination social responsibility and pro-environmental behaviour of visitors: Evidence from an eco-tourism site. *Journal of Hospitality and Tourism Management*, 47, 365-376.

Lee, C. K., Var, T., & Blaine, T. W. (1996). Determinants of inbound tourist expenditures. *Annals Tourism Research*, 23(3), 527-542.

Lee, J. S., Lee, C. K., & Choi, Y. (2011). Examining the role of emotional and functional values in festival evaluation. *Journal of Travel Research*, 50(6), 685-696.

Nunnally, J. (1978). *Psychometric theory*. NY: McGraw-Hill.

Nunnally, J., & Bernstein, I. (1994). *Psychometric Theory (3rd ed.)*. New York: McGraw-Hill.

O'Brien, R. M. (2007). A caution regarding rules of thumb for variance inflation factors. *Quality and Quantity,* 41(5), 673-690.

Pindyck, R. S., & Rubinfeld, D. (1981). *Econometric models and economic forecasts*. 2nd ed. New York: McGraw-Hill.

Park, Y. N., Lee, C. K., Mjelde, J. W., & Kwon, Y. J. (2022). Policy implications of willingness to pay for sustainable development of a world agricultural heritage site: The role of stakeholders' sustainable intelligence, support, and behavioral intention. *Sustainable Development*, 30, 636-646.

Song, H. J., Lee, C. K., Kang, S. K., & Boo, S. J. (2012). The effect of environmentally friendly perceptions on festival visitors'decision-making process using an extended model of goal-directed behavior. *Tourism Management*, 33(6), 1417-1428.

Steenkamp, J., & Trijp, H. (1991). The use of LISREL in validating marketing constructs. *International Journal of Research in Marketing*, 8(4), 283-299.

Zikmund, W. G. (1997). *Business research method (5th ed)*. Fort Worth, TX: Dryden Press.

ㄱ

ㄴ

ABC

저자소개

[이충기](Choong-Ki Lee, 李忠基), cklee@khu.ac.kr

▮ 학력

- 세종대학교 관광경영학과, 경영학사
- Florida International University(주립), 호텔경영학 석사
- Texas A & M University(주립), 관광학 박사
- (현) 경희대학교 호텔관광대학 관광학과 고황명예교수

▮ 주요 경력 및 수상

- 2002월드컵조직위원회 자문위원 역임(1998~2002년). 월드컵 숙박 수급분석.
- 국무조정실 전문위원 역임(2001~2002). "2002年 월드컵 蹴球大會 準備態勢 完備推進."
- 국무조정실(2002). 국무총리정책평가위원회 전문위원 역임. 국민의 정부 5년 평가위원회 전문위원: 국제경기대회의 성공적 개최와 국민화합 및 국가 이미지 제고, 관광산업의 전략적 육성.
- 기획재정부 자문위원 역임(2012~2013).
- 국무총리산하 사행산업통합감독위원회 위원 역임(2010~2013).
- 국립중앙도서관 외국자료 선정위원 역임(2008~2020).
- Editorial Board of *Tourism Management*(SSCI), Elsevier(역임).
- Editorial Board of *Journal of Travel and Tourism Marketing*(SSCI), Haworth Press(역임).
- Editorial Board of *International Gambling Studies*(SSCI), Talyor & Francis(역임).
- Editorial Board of *Tourism Management Perspectives*, Elsevier(역임).
- Editorial Board of *International Journal of Tourism Sciences*, Talyor & Francis(역임).
- 대한관광경영학회 편집위원장 역임.
- 한국호텔경영학회 편집위원장 역임.
- 관광연구저널 영문편집위원장 역임.
- 세계인명사전(Marquis Who's Who in the World 2011)에 등재.
- 세계인명사전(American Biographical Institute(2011). "Man of the Year 2011"에 선정.
- (사)한국관광연구학회 회장 역임(2022~2024).
- 경희대학교(2004~2008). 4년 간 연구실적 우수교수 선정.
- 경희대학교(2009~2016). 3회 연속 경희 Fellow 선정.
- 경희대학교(2016). 목련상(연구부문) 수상.
- 한국호텔외식경영학회(2008). 우수연구자상 수상.
- 2012세계박람회유치위원장(2007). 2012 여수세계박람회(수요예측부문) 공로패 수상.
- 문화관광부(2002). 월드컵 숙박수요예측 공로 『대통령 월드컵기장』 수상.
- Best Paper 수상: 미국 CHRIE(The International Council on Hotel, Restaurant, and Institutional Education, 2003, 2008, 2010).
- 교육과학기술부장관(2011). 『2011 기초연구 우수성과』 선정 및 인증패 수상.
- 한국연구재단(2012). 『인문사회 기초학문육성 10년 대표성과』 선정 및 인증.

- 『관광 · 여가 · 호텔』분야 세계 4위 연구자 선정(*Journal of Business Research, 2019*).
- 전 분야 세계 상위 2% 연구자 선정(Stanford & Elsevier 발표).
- 중앙일보(2016. 10. 18). 2016년 교수연구부문 평가 일반사회과학 1위 선정.
- Gold Prize Award 수상(2015). Song, H. J., Kim, J. S., & Lee, C. K. Examining structural relationships among casino's corporate social responsibility, customer trust, and behavioral intention. 2015 World Hospitality & Tourism Forum.
- Best Reviewer 상 수상(2015). 한국관광학회.
- 최우수논문상 수상(2015). 한국호텔관광학회. 이충기(2015). 계량기법과 질적 기법을 이용한 복합 리조트 카지노 수요예측. 『호텔관광연구』, 17(4), 302–320.
- 우수논문상 수상(2016). 한국호텔관광학회. 안소현 · 이은정 · 이충기(2016). 방문경험율 도출을 통한 마포 외래관광객 추정과 경제적 파급효과 분석. 『호텔관광연구』, 18(5), 38–55.
- 우수논문상 수상(2017). 준우선 · 안소현 · 이충기(2017). 사드배치 갈등으로 인한 중국관광객의 한국방문 제약에 관한 주관성 연구: Q 방법론을 중심으로. 제82차 한국관광학회 울산국제학술대회. 7월 5일~7월 7일.

주요 저서

- 이충기(2017). 『관광응용경제학』. 대왕사.
- 이충기(2024). 『관광조사통계분석』. 대왕사.
- 이충기 · 권경상 · 김기엽(2023). 『카지노산업의 이해』. 대왕사.

연구실적

【해외논문(SSCI)】

Google Scholar: https://scholar.google.co.kr/citations?hl=ko&user=2SLkeP0AAAAJ&view_op=list_works&sortby=pubdate

- Lee, C. K., Turgut V., & Blaine, T. W. (1996). Determinants of inbound tourist expenditures. *Annals of Tourism Research*, 23(3), 527–542.
- Lee, C. K. (1997). Valuation of nature-based tourism resources using dichotomous choice contingent valuation method. *Tourism Management*, 18(8), 587–591.
- Lee, C. K., & Kang, S. Y. (1998). Measuring earnings inequality and median earnings in the tourism industry. *Tourism Management*, 19(4), 341–348.
- Lee, C. K. (2000). A comparative study of Caucasian and Asian visitors to a Cultural Expo in an Asian setting. *Tourism Management*, 21(2), 169–176.
- Lee, C. K., & Lee, T. H. (2001). World Culture EXPO segment characteristics. *Annals of Tourism Research*, 28(3), 812–816.
- Kim, S. S., & Lee, C. K., (2002). Push and pull relationships. *Annals of Tourism Research*, 29(1), 257–260.
- Lee, C. K., & Han, S. Y. (2002). Estimating the use and preservation values of National Parks' tourism resources using a contingent valuation method. *Tourism Management*, 23(5), 531–540.
- Lee, C. K., Kim, S. S., & Kang, S. Y. (2003). Perceptions of casino impacts – a Korean longitu-

dinal study. *Tourism Management*, 24(1), 45–55.

- Kim, S. S., Lee, C. K., & Klenosky, D. (2003). The influence of push and pull factors at Korean National Parks. *Tourism Management*, 24(2), 169–180.
- Lee, C. K., & Back, K. J. (2003). Pre-and post-casino impact of residents' perception. *Annals of Tourism Research*, 30(4), 868–885.
- Lee, C. K., Lee, Y. K., & Wicks, W. (2004). Segmentation of festival motivation by nationality and satisfaction. *Tourism Management*, 25(1), 61–70.
- Kang, I. W., Jeon, S. I., Lee, S. J., & Lee, C. K. (2005). Investigating structural relations affecting the effectiveness of service management. *Tourism Management*, 26(3), 301–310.
- Lee, C. K., & Taylor, T. (2005). Critical reflections on the economic impact assessment of a mega-event, The case of 2002 FIFA World Cup. *Tourism Management*, 26(4), 595–603.
- Lee, C. K., Lee, Y. K., & Lee, B. K. (2005). Korea's destination image formed by the 2002 World Cup. *Annals of Tourism Research*, 32(4), 839–858.
- Lee, C. K., & Back, K. J. (2006). Examining structural relationships among perceived impact, benefit, and support for casino development based on 4 year longitudinal data. *Tourism Management*, 26(7), 466–480.
- Lee, C. K., Lee, Y. K., Bernhard, B. J., & Yoon, Y. S. (2006). Segmenting casino gamblers by motivation, A cluster analysis of Korean gamblers. *Tourism Management*, 27(5), 856–866.
- Lee, C. K., Yoon, Y. S., & Lee, S. K. (2007). Investigating the relationships among perceived value, satisfaction, and recommendations, The case of the Korean DMZ. *Tourism Management*, 28(1), 204–214.
- Lee, C. K., & Mjelde, J. W. (2007). Valuation of ecotourism resources using a contingent valuation method, The case of the Korean DMZ. *Ecological Economics*, 63(2–3), 511–520.
- Lee, Y. K., Lee, C. K., Lee, S. K., & Babin, B. J. (2008). Festivalscapes and patrons' emotions, satisfaction, and loyalty. *Journal of Business Research*, 61(1), 56–64.
- Kang, S. K., Lee, C. K., Yoon, Y. S., & Long, P. T. (2008). Resident perception of the impact of limited stakes community-based casino gaming in mature gaming communities. *Tourism Management*, 29(4), 681–694.
- Lee, C. K., Song, H. J., & Mjelde, J. W. (2008). The forecasting of international Expo tourism using quantitative and qualitative techniques. *Tourism Management*, 29(6), 1084–1098.
- Joo, J. H., Yim, J. G., & Lee, C. K. (2009). Protecting cultural heritage tourism sites with the ubiquitous sensor network. *Journal of Sustainable Tourism*, 17(3), 397–406.
- Lee, C. K., Lee, J. H., Mjelde, J. W., Scott, D., & Kim, T. K. (2009). Assessing the economic value of a public birdwatching interpretative service using a contingent valuation method. *International Journal of Tourism Research*, 11(6), 583–593.
- Lee, G. H., & Lee, C. K. (2009). Cross-cultural comparison of the image of Guam perceived by Korean and Japanese leisure travelers: Importance-performance analysis. *Tourism Management*, 30(6), 922–931.
- Lee, C. K., Kang, S. K., & Reisinger, Y. (2010). Community attachment in two rural gaming communities: Comparisons between Colorado gaming communities, USA and Gangwon

gaming communities, South Korea. *Tourism Geographies*, 12(1), 140–168.

- Lee, C. K., Kang, S. K., Long, P., & Reisinger, Y. (2010). Residents'perceptions of casino impacts: A comparative study. *Tourism Management*, 31(2), 189–201.
- Lee, C. K., Song, H. J., & Bendle, L. J. (2010). The impact of visa-free entry on outbound tourism: A case study of South Korean travellers visiting Japan. *Tourism Geographies*, 12(2), 302–323.
- Lee, C. K., Lee, J. H., Kim, T. K., & Mjelde, J. W. (2010). Preferences and willingness-to-pay for bird-watching tour and interpretive services using a choice experiment. *Journal of Sustainable Tourism*, 18(5), 695–708.
- Yoon, Y. S., Lee, J. S., & Lee, C. K. (2010). Measuring festival quality and value affecting visitors' satisfaction and loyalty using a structural approach. *International Journal of Hospitality Management*, 29(2), 335–342.
- Bigley, J. D., Lee, C. K., Chon, J. H., & Yoon, Y. S. (2010). Motivations for war-related tourism: A case of DMZ visitors in Korea. *Tourism Geographies*, 12(3), 371–394.
- Lee, C. K., Moon, S. W., & Mjelde, J. W. (2010). Disentangling the effects of the 9/11 terrorist attacks from the short-run effects of hosting the 2002 World Cup on the Korean economy using CGE model. *Tourism Economics*, 16(3), 611–628.
- Kah, J. H., Lee, C. K., & Chung, N. H. (2010). Evaluating travel website motivational communication using a structural equation modelling approach. *International Journal of Tourism Research*, 12(6), 787–802.
- Han, H. S., Lee, S. L., & Lee, C. K. (2011). Extending the theory of planned behavior: Visa exemptions and the traveller decision-making process. *Tourism Geographies*, 13(1), 45–74.
- Kim, M. J., Chung, N. H., & Lee, C. K. (2011). The effect of perceived trust on electronic commerce: Shopping online for tourism products and services in South Korea. *Tourism Management*, 32(2), 256–265.
- Back, K. J., Lee, C. K., & Abbott, J. A. (2011). Internal relationship marketing: Korean casino employees' job satisfaction and organizational commitment. *Cornell Hospitality Quarterly*, 52(2), 111–124.
- Lee, C. K., Song, H. J., Bendle, L. J., Kim, M. J., & Han, H. S. (2012). The impact of non-pharmaceutical interventions for 2009 H1N1 influenza on travel intentions: A model of goal-directed behavior. *Tourism Management*, 33(1), 89–99.
- Lee, C. K., Bendle, L. J., Yoon, Y. S., & Kim, M. J. (2012). Thanatourism or peace tourism: Perceived value at a North Korean resort from an indigenous perspective. *International Journal of Tourism Research*, 14(1), 71–90.
- Mjelde, J. W., Jin, Y. H., Lee, C. K., Kim, T. K., & Han, S. Y. (2012). Development of a bias ratio to examine factors influencing hypothetical bias. *Journal of Environmental Management*, 95(1), 39–48.
- Kim, M. J., Chung, N. H., Lee, C. K., & Kim, J. M. (2012). Do loyalty groups differ in the role of trust in online tourism shopping? *Journal of Travel & Tourism Marketing*, 29(4), 352–368.

- Kim, J. Y, Mjelde, J. W., Kim, T. K., Lee, C. K., & Ahn, K. M. (2012). Comparing willingness-to-pay between residents and non-residents when correcting hypothetical bias: Case of endangered spotted seal in South Korea. *Ecological Economics*, 78(June), 123-131.
- Song, H. J., Lee, C. K., Norman, W. C., & Han, H. S. (2012). The role of responsible gambling strategy in forming behavioral intention: An application of a model of goal-directed behavior. *Journal of Travel Research*, 51(4), 512-523.
- Kim, M. J., Lee, M. J., Lee, C. K., & Song, H. J. (2012). Does Gender Affect Korean Tourists' Overseas Travel? *Asia Pacific Journal of Tourism Research*, 17(5), 509-533.
- Lee, C. K., Kang, S., Reisinger Y., & Kim, N. (2012). Incongruence in Destination Image: Central Asia Region. *Tourism Geographies*, 14(4), 599-624.
- Song, H. J., Lee, C. K., Kang, S. K., & Boo, S. J. (2012). The effect of environmentally friendly perceptions on festival visitors'decision-making process using an extended model of goal-directed behavior. *Tourism Management*, 33(6), 1417-1428.
- Lee, C. K, Kim, T. K., & Mjelde, J. W. (2013). Estimating the effects of different admission fees on revenues for a mega-event using a contingent valuation method. *Tourism Economics*, 19(1), 147-159.
- Lee, S. B., Lee, C. K., Kang, J. S., Lee, E. Y., & Jeon, Y. J. (2013). Residents' perception of the 2008 Beijing Olympics: Comparison of pre-and post-impacts. *International Journal of Tourism Research*, 15(3), 209-225.
- Lee, C. K., Song, H. J., Lee, H. M., Lee, S. K., & Bernhard, B. J. (2013). Impact of CSR on casino Employees' organizational trust, job satisfaction, and customer orientation: An empirical examination of responsible gambling strategies. *International Journal of Hospitality Management*, 33(June), 406-415.
- Lee, C. K., Lee, M. J., & Yoon, S. H. (2013). Estimating the economic impact of convention and exhibition businesses, using a regional input-output model: A case study of the Daejeon Convention Center in South Korea. *Asia Pacific Journal of Tourism Research*, 18(4), 330-353.
- Kim, M. J., Lee, C. K., Kim, W. G., & Kim, J. M. (2013). Relationships between lifestyle of health and sustainability and healthy food choices for seniors. *International Journal of Contemporary Hospitality Management*, 25(4), 558-576.
- Williams, R. J., Lee, C. K., & Back, K. J. (2013). The prevalence and nature of gambling and problem gambling in South Korea. *Social Psychiatry and Psychiatric Epidemiology*, 48(5), 821-834.
- Lee, C. K., Kang, S. K., & Lee, Y. K. (2013). Segmentation of mega event motivation: The case of Expo 2010 Shanghai China. *Asia Pacific Journal of Tourism Research*, 18(6), 637-660.
- Kim, M. J., Lee, C. K., & Chung, N. H. (2013). Investigating the role of trust and gender in online tourism shopping in South Korea. *Journal of Hospitality & Tourism Research*, 37(3), 377-401.
- Lee, C. K., Mjelde, J. W., Kim, T. K., & Lee, H. M. (2014). Estimating the intention-behavior gap associated with a mega event: The case of the Expo 2012 Yeosu Korea.

Tourism Management, 41(2), 168–177.

- Song, H. J., You, G. J., Reisinger, Y., Lee, C. K., & Lee, S. K. (2014). Behavioral intention of visitors to an Oriental medicine festival: An extended model of goal–directed behavior. *Tourism Management*, 42(3), 101–113.
- Lee, Y. K., Lee, C K., Choi, J. W., Yoon, S. M., & Hart, R. J. (2014). Tourism's role in urban regeneration: Examining the impact of environmental cues on emotion, satisfaction, loyalty, and support for Seoul's revitalized Cheonggyecheon stream district. *Journal of Sustainable Tourism*, 22(5), 726–749.
- Lee, J., Chen, C. C., Song, H. J., & Lee, C. K. (2014). The role of responsible gambling strategy and gambling passion in the online gamblers' decision–making process: Revising the theory of planned behavior. *Journal of Gambling Studies*, 30(2), 403–422.
- Lee, Y. K., Kim, S., Lee, C. K., & Kim, S. H. (2014). The impact of mega event on visitors' attitude toward hosting destination: Using trust transfer theory. *Journal of Travel & Tourism Marketing*, 31(4), 507–521.
- Lee, C. K., Reisinger, Y., Kim, M. J., & Yoon, S. M. (2014). The influence of volunteer motivation on satisfaction, attitudes, and support for a mega event. *International Journal of Hospitality Management*, 40(July), 37–48.
- Jo, W. M., Lee, C. K., & Reisinger, Y. (2014). Behavioral intentions of international visitors to the Korean Hanok Guest Houses: Quality, value and satisfaction. *Annals of Tourism Research*, 47(July), 77–95.
- Kim, T. K., Lee, C. K., Mjelde, J. W., & Lee, H. M. (2014). The carryover effect of newspaper reports on a mega event: Ex post analysis of the 2012 Expo Yeosu Korea. *Asia Pacific Journal of Tourism Research*, 19(9), 1009–1022.
- Lee, T. K., Lee, C. K., Lee, H. M., & Shaffer, H. J. (2014). Comparing stress perception and leisure type preference between South Korean smoking and nonsmoking casino employees. *International Journal of Mental Health & Addiction*, 12(5), 618–628.
- Lee, J. S., Lee, C. K., & Park, C. K. (2014). Developing and validating a multidimensional quality scale for mega–events. *International Journal Hospitality Management*, 43(October), 121–131.
- Lee, C. K., Chung, N. H., & Bernhard, B. J. (2014). Examining the structural relationships among gambling motivation, passion, and consequences of Internet sports betting. *Journal of Gambling Studies*, 30(4), 845–858.
- Bendle, J. B., Lee, C. K., Choi, J. J., Seo, T. Y., & Lee, B. S. (2014). A Buddhist temple and its users: The case of Bulguksa in South Korea. *Contemporary Buddhism*, 15(2), 199–215.
- Kim, M. J., Chung, N. H., Lee, C. K., & Preis, M. W. (2015). Motivations and use context in mobile tourism shopping: Applying contingency and task technology fit theories. *International Journal of Tourism Research*, 17(1), 13–24.
- Choi, Y. J., Buzindeb, C. N., & Lee, C. K. (2015). Visitor books and guest–generated discourses of hospitality: The case of the Hanok. *Asia Pacific Journal of Tourism Research*, 20(1), 114–132.

- Yoo, I. Y., Lee, T. J., & Lee, C. K. (2015). Effect of health and wellness values on festival visit motivation. *Asia Pacific Journal of Tourism Research*, 20(2), 152-170.
- Song, H. J., Ahn, Y. J., & Lee, C. K. (2015). Structural relationships among strategic experiential modules, emotion, and satisfaction at the Expo 2012 Yeosu Korea. *International Journal of Tourism Research*, 17(3), 239-248.
- Choi, Y. J., Kim, J. H., Lee, C. K., & Hickersona, B. (2015). The role of functional and wellness values in visitors' evaluation of spa experiences. *Asia Pacific Journal of Tourism Research*, 20(3), 263-279.
- Song, H. J., Lee, H. M., Lee, C. K., & Song, S. J. (2015). The role of CSR and responsible gambling in casino employees' organizational commitment, job satisfaction, and customer orientation. *Asia Pacific Journal of Tourism Research*, 20(4), 455-471.
- Song, H. J., Lee, C. K., Park, J. A., Hwang, Y. H., & Reisinger, Y. (2015). The influence of tourist experience on perceived value and satisfaction with temple stays: The experience economy theory. *Journal of Travel & Tourism Marketing*, 32(4), 401-415.
- Back, K. J., Williams, R. J., & Lee, C. K. (2015). Reliability and validity of three instruments (DSM-IV, CPGI, and PPGM) in the assessment of problem gambling in South Korea. *Journal of Gambling Studies*, 31(3), 775-786.
- Choi, Y. J., Lee, W. S., Lee, C. K., & Dattilo, J. (2015). Valuation of mudflats in nature-based tourism: Inclusion of perceived value of festival experiences. *Tourism Economics*, 21(4), 833-851.
- Back, K. J., & Lee, C. K. (2015). Determining the attributes of casino customer satisfaction: Applying impact-range performance and asymmetry analyses. *Journal of Travel & Tourism Marketing*, 32(6), 747-760.
- Song, H. J., Ahn, Y. J., & Lee, C. K. (2015). Examining relationships among Expo experiences, service quality, satisfaction, and the effect of the Expo: The case of the Expo 2012 Yeosu Korea. *Asia Pacific Journal of Tourism Research*, 20(11), 1266-1285.
- Kim, M. J., Chung, N. H., Lee, C. K., & Preis, M. W. (2015). Online group buying of tourism products: Effects of value and trust on site attachment, altruism, and loyalty. *Journal of Travel & Tourism Marketing*, 32(8), 935-952.
- Park, S. H., Lee, C. K., & Miller, J. C. (2015). A comparative study of the motivations, activities, overall satisfaction and post-trip behaviors of international tourists in Macau: Mainland Chinese, Hongkongese, Taiwanese and Westerners. *Asia Pacific Journal of Tourism Research*, 20(10), 1174-1193.
- Lee, C. K., Back, K. J., Williams, R. J., &, Ahn, S. S. (2015). Comparison of telephone RDD and online panel in relation to CPGI scores and comorbidities. *International Gambling Studies*, 15(3), 435-439.
- Lee, C. K., Bernhard, B. J., Kim, J. S., Fong, T., & Lee, T. K. (2015). Differential gambling motivations and recreational activity preferences among casino gamblers. *Journal of Gambling Studies*, 31(4), 1833-1847.
- Lee, W. S., Lee, C. K., Yoon, Y. S., & Kim, J. H. (2015). Exaggeration bias-corrected

contingent valuation method: The case of Olle Trail. *Tourism Economics*, 21(6), 1323–1330.
- Kim, M. J., Chung, N. H., Lee, C. K., & Preis, M. W. (2016). Dual-route of persuasive communications in mobile tourism shopping. *Telematics and Informatics*, 33(2), 293–308.
- Kim, M. J., Lee, C. K., & Bonn, M. (2016). The effect of social capital and altruism on senior attachment to social network sites for tourism-related purposes. *Tourism Management*, 53 (April), 96–107.
- Mjelde, J. W., Kim, T. K., & Lee, C. K. (2016). Comparison of Internet and interview survey modes when estimating willingness to pay using choice experiments. *Applied Economics Letters*, 23(1), 74–77.
- Lee, C. K., Kim, T. K., & Mjelde, J. W. (2016). Comparison of preservation values between Internet and interview survey modes: The case of Dokdo, South Korea. *Journal of Environmental Planning and Management*, 59(1), 22–43.
- Kha, J. H., Lee, C. K., & Lee, S. H. (2016). Spatial-temporal distances in travel intention-behavior. *Annals of Tourism Research*, 57(March), 160–175.
- Kim, D., Lee, C. K., & Sirgy, M. J. (2016). Examining the differential impact of human crowding versus spatial crowding on visitor satisfaction at a festival. *Journal of Travel & Tourism Marketing*, 33(3), 293–312.
- Kim, J. S., Song, H. J., & Lee, C. K. (2016). Effects of corporate social responsibility and internal marketing on organizational commitment and turnover intentions. *International Journal of Hospitality Management*, 55(May), 25–32.
- Kang, S. K., Lee, C. K., & Lee, D. E. (2016). Examining cultural worldview and experience by international tourists: A case of traditional house stay. *Asia Pacific Journal of Tourism Research*, 21(5), 477–499.
- Kim, M. J., Lee, C. K., & Preis, M. W. (2016). Seniors' loyalty to social network sites: Effects of social capital and attachment. *International Journal of Information Management*, 36(6), 1020–1032.
- Kim, M. J., Chung, N. H., Lee, C. K., & Preis, M. W. (2016). Why do smartphone shoppers help others on websites? The effects of attachments on reciprocal altruism. *Information Development*, 32(4) 920–936.
- Kang, S., Lee, Y. K., Lee, C. K., & Li, D. X. (2016). A quality-value-attitude model: The case of Expo 2010 Shanghai. *Journal of Hospitality & Tourism Research*, 40(6), 764–771.
- Park, S. H., Hsieh, C. M., & Lee, C. K. (2017). Examining Chinese college students's intention to travel to Japan using the extended theory of planned behavior: Testing destination image and the mediating role of travel constraints. *Journal of Travel & Tourism Marketing*, 34(1), 113–131.
- Kim, J. S., Song, H. J., Lee, C. K., & Lee, J. Y. (2017). The impact of four CSR dimensions on a gaming company's image and customers' revisit intentions. *International Journal of Hospitality Management*, 61, 73–81.
- Kim, S., Lee, Y. K., & Lee, C. K. (2017). The moderating effect of place attachment on the relationship between festival quality and behavioral intentions. *Asia Pacific Journal of Tou-*

rism Research, 22(1), 49–63.

- Lee, C. K., Mjelde, J. W., & Kwon, Y. H. (2017). Estimating the economic impact of a mega-event on host and neighboring regions. *Leisure Studies*, 36(1), 138–152.
- Mjelde, J. W., Kim, H. S., Kim, T. K., & Lee, C. K. (2017). Estimating willingness to pay for the development of a peace park using CVM: The case of the Korean Demilitarized Zone. *Geopolitics*, 22(1), 151–175.
- Kim, J. W., & Lee, C. K. (2017). Role of tourism price in attracting international tourists: The case of Japanese inbound tourism from South Korea. *Journal of Destination Marketing & Management*, 6(1), 76–83.
- Song, H. J., Lee, C. K., Reisinger, Y., & Xu, H. L. (2017). The role of visa exemption in Chinese tourists' decision-making: A model of goal-directed behavior. *Journal of Travel & Tourism Marketing*, 34(5), 666–679.
- Song, H. J., Bae, S. Y., & Lee, C. K. (2017). Identifying antecedents and outcomes of festival satisfaction: The case of a Cosmetics & Beauty Expo. *International Journal of Contemporary Hospitality Management*, 29(3), 947–965.
- Kim, M. J., Lee, C. K., & Bonn, M. (2017). Obtaining a better understanding about travel-related purchase intentions among senior users of mobile social network sites. *International Journal of Information Management*, 37(5), 484–496.
- Chung, J. Y., Baik, H. J., & Lee, C. K. (2016). Role of perceived behavioral control in the constraint-negotiation process: The case of solo travel. *Leisure Studies*, 36(4), 481–492.
- Kim, M. J., Bonn, M., & Lee, C. K. (2017). Seniors' dual-route of persuasive communications in mobile social media and the moderating role of discretionary time. *Asia Pacific Journal of Tourism Research*, 22(8), 799–818.
- Chung, J. Y., Baik, H. J., & Lee, C. K. (2017). Role of perceived behavioral control in the constraint-negotiation process: The case of solo travel. *Leisure Studies*, 36(4), 481–492.
- Kim, M. J., Bonn, M., & Lee, C. K. (2017). Seniors' dual-route of persuasive communications in mobile social media and the moderating role of discretionary time. *Asia Pacific Journal of Tourism Research*, 22(8), 799–818.
- Kim, T. G., Lee, G. H., & Lee, C. K. (2017). Leader political skill and casino dealer morale: The mediating role of follower perceptions of leader-member exchange. *Service Business*, 11(3), 665–692.
- Juan, Y., Choi, Y. J., An, S., Lee, C. K., & Lee, S. J. (2017). The constraints of Chinese tourists to visit Korea caused by THAAD using Q-methodology. *Asia Pacific Journal of Tourism Research*, 22(12), 1261–1273.
- Lee, C. K., Kim, J. S., & Kim, J. O. (2018). Impact of a gaming company's CSR on residents' perceived benefits, quality of life, and support. *Tourism Management*, 64, 281–290.
- Ji, S., Choi, Y. J., Lee, C. K., & Mjelde, J. W. (2018). Comparing willingness-to-pay between residents and non-residents using a contingent valuation method: Case of the Grand Canal in China. *Asia Pacific Journal of Tourism Research*, 23(1), 79–91.
- Chung, J. Y., Kim, J. O., Lee, C. K., & Kim, M. J. (2018). Slow-food-seeking behavior, au-

thentic experience, and perceived slow value of a slow-life festival. *Current Issues in Tourism* (Research Letters), 21(2), 123-127.

- Park, S. Y., Lee, C. K., & Kim, H. S. (2018). The influence of corporate social responsibility on travel company employees. *International Journal of Contemporary Hospitality Management*, 30(1), 178-196.
- Lee, J. H., Ok, C. H., Lee, S. H., & Lee, C. K. (2018). Relationship between emotional labor and customer orientation among airline service employees: Mediating role of depersonalization. *Journal of Travel Research*, 57(3), 324-341.
- Lee, S. J., Song, H. J., Lee, C. K., & Petrick, J. F. (2018). An integrated model of pop culture fans' travel decision-making processes. *Journal of Travel Research*, 57(5), 687-701.
- Kim, M. J., Bonn, M., Lee, C. K., & Hahn, S. S. (2018). Effects of personality traits on visitors attending expos: The moderating role of anxiety attachment. *Asia Pacific Journal of Tourism Research*, 23(5), 502-519.
- Kim, J. W., Jun, J. H., Park, E. K., & Lee, C. K. (2018). Investigating public relations as a destination promotion strategy: Role of multiple dimensions of publicity. *Journal of Travel & Tourism Marketing*, 35(5), 583-594.
- Choi, A. S., Lee, C. K., Tanaka, K., & Xu, H. (2018). Value spillovers from the Korean DMZ areas and social desirability. *Journal of Behavioral and Experimental Economics*, 75(August), 95-104.
- Kim, J. W., Lee, C. K., & Mjelde, J. W. (2018). Impact of economic policy on international tourism demand: The case of Abenomics. *Current Issues in Tourism*, 21(16), 1912-1929.
- Park, E. K., Lee, S. J., Lee, C. K., Kim, J. O., & Kim, N. J. (2018). An integrated model of travelers' pro-environmental decision-making process: The role of the New Environmental Paradigm. *Asia Pacific Journal of Tourism Research*, 23(10), 935-948.
- Kim, M. J., Lee, C. K., Petrick, J. F., & Hahn, S. S. (2018). Factors affecting international event visitors' behavioral intentions: The moderating role of attachment avoidance. *Journal of Travel & Tourism Marketing*, 35(8), 1027-1042.
- Lee, H. M., Song, H. J., Lee, C. K., & Reisinger, Y. (2019). Formation of festival visitors' environmentally friendly attitudes: cognitive, affective, and conative components. *Current Issue in Tourism*, 22(2), 142-146.
- Kim, M. J., Lee, C. K., & Contractor, N. S. (2019). Seniors' usage of mobile social network sites: Applying theories of innovation diffusion and uses and gratifications. *Computers in Human Behavior*, 90(January), 60-73.
- Olya, H. G. T., Lee, C. K., Lee, Y. K., & Reisinger, Y. (2019). What are the triggers of Asian visitor satisfaction and loyalty in the Korean heritage site? *Journal of Retailing and Consumer Services*, 47, 195-205.
- Han, J. H., Kim, J. O., Lee, C. K., & Kim, N. J. (2019). Role of place attachment dimensions in tourists' decision-making process in Cittáslow. *Journal of Destination Marketing & Management*, 11, 108-119.
- Kim, H. S., Choi, Y. B., & Lee, C. K. (2019). Differential effects of patriotism and support

on post-development visit intention: The Korean DMZ Peace Park. *Journal of Travel & Tourism Marketing*, 36(3), 384-401.

- Jin, M., Choi, Y. J., Juan, Y., & Lee, C. K. (2019). Estimating the preservation value of world heritage site using contingent valuation method: The case of the Li River, China. *Sustainability*, 11(4), 1-14.
- Ahn, J. S., Back, K. J., & Lee, C. K. (2019). A new dualistic approach to brand attitude: The role of passion among integrated resort customers. *International Journal of Hospitality Management*, 78, 261-267.
- Ahn, J. S., Lee, C. K., Back, K. J., & Schmitt, A. (2019). Brand experiential value for creating integrated resort customers' co-creation behavior. *International Journal of Hospitality Management*, 81, 104-112.
- Kim, M. J., Lee, C. K., Kim, J. O., & Petrick, J. F. (2019). Wellness pursuit and slow life seeking behaviors: Moderating role of festival attachment. *Sustainability*, 11(7), 1-21.
- Lee, C. K., Mjelde, J. W., Kim, T. K., Lee, E. J., & Choi, Y. J. (2019). Willingness-to-pay for whale tour attributes using a choice experiment. *Asia Pacific Journal of Tourism Research*, 24(6), 606-617.
- Kim, J. S., & Lee, C. K. (2019). Effects of CSR, responsible gambling, and negative social impacts on perceived benefits and quality of life in gaming communities. *Tourism Economics*, 25(4), 500-519.
- Back, K. J., Lee, C. K., Ahn, J. S., Schmitt, A., & Kim, H. S. (2019). A mixed method approach to developing a multidimensional scale for gambling fallacy in the Korean context. *International Gambling Studies*, 19(2), 220-240.
- Bae, S. Y., Lee, C. K., & Chick G. (2019). A multicultural retreat in exotic serenity: interpreting temple stay experience using the Mandala of Health model. *Asia Pacific Journal of Tourism Research*, 24(8), 789-804.
- Guchait, P., Abbott, J. L., Lee, C. K., Back, K. J., & Manoharan, A. (2019). The influence of perceived forgiveness climate on service recovery performance: The mediating effect of psychological safety and organizational fairness. *Journal of Hospitality and Tourism Management*, 40, 94-102.
- Kim, M. J., Preis, M. W., & Lee, C. K. (2019). The effects of helping, self-expression, and enjoyment on social capital in social media: The moderating effect of avoidance attachment in the tourism context. *Behaviour & Information Technology*, 38(8), 760-781.
- Kwon, E. J., Jang, H. Y., & Lee, C. K. (2019). Upscale hotel employees' surface acting: The roles of perceived individualized consideration and emotional intelligence. *Journal of Hospitality and Tourism Management*, 41(December), 19-27.
- V. G., Girish, & Lee, C. K. (2019). The relationships of brand experience, sports event image and loyalty: Case of Jeju International Ultramarathon Race. *International Journal of Sports Marketing and Sponsorship*, 20(40), 567-582.
- Kim, M. J., Bon, M., Kim, J. O., & Lee, C. K. (2019). Effects of employees' personality and attachment on job flow experience relevant to organizational commitment and consumer-

oriented behavior. *Journal of Hospitality and Tourism Management*, 41, 156–170.

- Kim, M. J., Lee, C. K., & Jung, T. (2020). Exploring consumer behavior in virtual reality tourism using an extended stimulus-organism-response model. *Journal of Travel Research*, 59(1) 69–89.
- Kim, M. J., Bon, M., & Lee, C. K. (2020). The effects of motivation, deterrents, trust, and risk on tourism crowdfunding behavior. *Asia Pacific Journal of Tourism Research*, 25(3), 244–260.
- Jung, G. W., Lee, C. K., Lee, E. J, & Son, H. J. (2020). Understanding community responses to tourism gentrification in Seochon Village in Korea: The significance of parental, social, and cultural factors. *Asia Pacific Journal of Tourism Research*, 25(3), 286–299.
- Kim, M. J., Lee, C. K., & Preis, M. W. (2020). The impact of innovation and gratification on authentic experience, subjective well-being, and behavioral intention in tourism virtual reality: The moderating role of technology readiness. *Telematics and Informatics*, 49(June), 101349 (1–16).
- Ahn, J., Back, K. J., Barišić, P., & Lee, C. K. (2020). Co-creation and integrated resort experience in Croatia: The application of service-dominant logic. *Journal of Destination Marketing & Management*, 17, 100443(1–8).
- V. G., Girish, & Lee, C. K. (2020). Authenticity and its relationship with theory of planned behaviour: Case of Camino de Santiago Walk in Spain. *Current Issues in Tourism*, 23(13), 1593–1597.
- Jin, M. L., Choi, Y. J., Lee, C. K., & Ahmad, M. S. (2020). Effects of place attachment and image on revisit intention in an ecotourism destination: Using an extended model of goal-directed behavior. *Sustainability*, 12, 7831(1–16).
- Lee, S. J., Joo, D. O., Lee, C K., & Woosnam, K. M (2020). Korean DMZ tourists' perceived similarity and shared beliefs in predicting place attachment and support for tourism development. *Journal of Destination Marketing & Management*, 18, 100467(1–11).
- Joo, D. O., Woosnam, K. M, Lee, S. J., & Lee, C K. (2020). Destination loyalty as explained through self-congruity, emotional solidarity, and travel satisfaction. *Journal of Hospitality & Tourism Management*, 45, 338–347.
- Lee, C. K., Ahmad, M. S., Petrick, J. F., Park, Y. N., Park, E. K, & Kang, C. W. (2020). The roles of cultural worldview and authenticity in tourists' decision-making process in a heritage tourism destination using a model of goal-directed behavior. *Journal of Destination Marketing & Management*, 18, 100500(1–12).
- Kim, M. J., Lee, C. K., Petrick, J. F., & Kim, Y. S. (2020). The influence of perceived risk and intervention on international tourists' behavior during the Hong Kong protest: Application of an extended model of goal-directed behavior. *Journal of Hospitality and Tourism Management*, 45, 622–632.
- Juana, Y., Kang, S. K., Lee, C. K., Choi, Y. J., & Reisinger, Y. (2020). Understanding views on war in dark tourism: A mixed-method approach. *Journal of Travel & Tourism Marketing*, 37(7), 823–835.

- Shin, M. J., Back, K. J., Lee, C. K., & Lee, Y. S. (2020). Enhancing customer-brand relationship by leveraging loyalty program experiences that foster customer-brand identification. *International Journal of Contemporary Hospitality Management*, 13(12), 3991-4016.
- Bae, S. Y., Chang, P. J., & Lee, C. K. (2020). Structural relationships among online community use, parental stress, social support, and quality of life between Korean and Taiwanese employed mothers. *Sustainability*, 12, 1068. 12, 10681; doi:10.3390/su122410681.
- Ahn, S. H., Choi, Y. J., & Lee, C. K. (2021). Virtual travel experience and destination marketing: Effects of sense and information quality on flow and visit intention. *Journal of Destination Marketing & Management*, 19, 100492(1-10). https://doi.org/10.1016/j.jdmm.2020.100492.
- Joo, D. O., Xu, W., Lee, J. H., Lee, C. K., & Woosnam, K. M. (2021). Residents' perceived risk, emotional solidarity, and support for tourism amid the pandemic. *Journal of Destination Marketing & Management*, 19, 100553(1-11). https://doi.org/10.1016/j.jdmm.2021.100553.
- Kang, S. E., Park, C. Y., Lee, C. K., & Lee, S. H. (2021). The stress-induced impact of COVID-19 on tourism and hospitality workers. *Sustainability*, 13, 1327(1-17). https://doi.org/10.3390/su13031327.
- Lee, C. K., Olya, H., Ahmad, M. S., Kim, K. H., & Oh, M. J. (2021). Sustainable intelligence, destination social responsibility and pro-environmental behaviour of visitors: Evidence from an eco-tourism site. *Journal of Hospitality and Tourism Management*, 47, 365-376.
- Lee, S. J., Park, H. L., Kim, K. H., & Lee, C. K. (2021). A moderator of destination social responsibility for tourists' pro-environmental behaviors in the VIP model. *Journal of Destination Marketing & Management*, 21, 100610(1-10).
- Lim, S. T., Preis, M. W., Lee, C. K., Mangematin, V., & Kim, M. J. (2021). The influence of open innovation activities on non-financial performance in the cultural tourism content industry. *Current Issues in Tourism*, 24(10), 1340-1344.
- Xu, W., Youn, H. J., & Lee, C. K. (2021). Role of non-pharmaceutical interventions for COVID-19 in cruise tourists' decision-making process: An extended model of goal-directed behavior. *Sustainability*, 13, 5552(1-15).
- Lee, Y. K., Lee, C. K., Lee, W. J., & Ahmad, M. S. (2021). Do hedonic and utilitarian values increase pro-environmental behavior and support for festivals? *Asia Pacific Journal of Tourism Research*, 26(8), 921-934.
- V. G., Girish, Lee, C. K., Kim, M. J., & Kim, Y. S. (2021). Impact of perception and perceived constraint on the travel decision-making process during the Hong Kong protests. *Current Issues in Tourism*, 24(15), 2093-2096.
- V. G., Girish, Park, E. K., & Lee, C. K. (2021). Testing the influence of destination source credibility, destination image, and destination fascination on the decision-making process: Case of the Cayman Islands. *International Journal of Tourism Research*, 23(4), 569-580.
- Kang, S. E., Lee, C. K., Moon, Y. J., Park, Y. N., & Suess, C. (2021). Impact of CSR on organizational behavior during a pandemic: Highlighting safety/health sustainability in the airline industry. *Sustainability*, 13, 9704 (1-17).

- Seo, K. L., Jordan, E., Woosnam, K. M., Lee, C. K., & Lee, E. J. (2021). Effects of emotional solidarity and tourism-related stress on residents' quality of life. *Tourism Management Perspectives*, 40, 100874.
- Chung, J. Y., Lee, C. K., & Park, Y. N. (2021). Trust in social non-pharmaceutical interventions and travel intention during a pandemic. *Journal of Vacation Marketing*, 27(4), 437-448.
- Lee, C. K., Kang, S. K., Ahmad, M. S., Park, Y. N., Park, E. K., & Kang, C. W. (2021). Role of cultural worldview in predicting heritage tourists' behavioral intention. *Leisure Studies*, 40(5), 645-657.
- Lee, C. K., Reisinger, Y., Ahmad, M. S., Park, Y. N., & Kang, C. W. (2021). The influence of Hanok experience on tourists' attitude and behavioral intention: An interplay between experiences and a Value-Attitude-Behavior model. *Journal of Vacation Marketing*, 27(4), 449-465.
- Shin, M. J., Back, K. J., Lee, C. K., & Lee, Y. S. (2022). The loyalty program for our self-esteem: The role of collective self-esteem in luxury hotel membership programs. *Cornell Hospitality Quarterly*, 2022, 63(1), 19-32.
- Girish, V. G., Lee, C. K., Shyju, P.J., & Park, Y. N. (2022). Examining the feasibility of vaccine tourism. *Tourism: An International Interdisciplinary Journal*, 70(1), 136-140.
- Lee, C. K., Jung, E. K, Kang, S. E., Petrick, J. F., & Park, Y. N. (2022). Impact of perception of COVID-19 on NPI, job satisfaction, and customer orientation: Highlighting three types of NPIs for the airline industry. *Journal of Air Transport Management*, 100, 102191.
- Choi, H. J., Choi, Y., Juan, Y., Lee, J. Y., & Lee, C. K. (2022). How to enhance smart work effectiveness as a sustainable HRM practice in the tourism industry. *Sustainability*, 14, 2218. https://doi.org/10.3390/su14042218
- Girish, V. G., G., Kim, M. Y., Sharma, I., & Lee, C. K. (2022). Examining the structural relationships among e-learning interactivity, uncertainty avoidance, and perceived risks of COVID-19: Applying extended technology acceptance model. *International Journal of Human-Computer Interaction*, 38(8), 742-752.
- Kang, S. E., Hwang, Y. H., Lee, C. K., & Park, Y. N. (2021). Roles of travel and leisure in quality of life during the COVID-19 pandemic. *Leisure Studies*, 2022, 41(3), 326-340.
- Park, C. Y., Lee, S. J., Lee, C. K., & Reisinger, Y. (2022). Volunteer tourists' environmentally friendly behavior and support for sustainable tourism development using Value-Belief-Norm theory: Moderating role of altruism. *Journal of Destination Marketing & Management*, 25 (September), 100712. https://doi.org/10.1016/j.jdmm.2022.1007.
- Lee, J. H., Joo, D. H, Lee, C. K., Park, Y. N., & Kwon, Y. J. (2022). The role of residents' sustainable intelligence in agricultural heritage site management: Insights from PLS-SEM and Fs/QCA. *Journal of Hospitality and Tourism Management*, 52, 65-74.
- Kim, N. H., Lee, S. J., Lee, C. K., & Suess, C. (2022). Predicting preventive travel behaviors under the COVID-19 pandemic through an integration of Health Belief Model and Value-Belief-Norm. *Tourism Management Perspectives*, 43, 100981. www.elsevier.com/locate/tmp.
- Girish, V. G., Lee, J. Y., Lee, C. K., & Olya, H. (2022). Smart working in the travel agencies

and employees' quality of life. *Tourism Review*, 77(4), 989–1008. DOI 10.1108/TR-09-2021-0409.

- Shim, C. S., Park, Y. N., Lee, C. K., Kim, Y. S., & Hall, C. M. (2022). Exploring protest tourism motivations: The case of Hong Kong. *Tourist Studies*, 22(3), 243–261.
- Park, Y. N., Lee, C. K., Mjelde, J. W., & Kwon, Y. J. (2022). Policy implications of willingness to pay for sustainable development of a world agricultural heritage site: The role of stakeholders' sustainable intelligence, support, and behavioral intention. *Sustainable Development*, 30, 636–646.
- Gupta, S., Modgil, S., Lee, C. K., Cho, M. S., & Park, Y. N. (2022) Artificial intelligence enabled robots for stay experience in the hospitality industry in a smart city. *Industrial Management & Data Systems*, 122(10), 1331–2350.
- Lee, C. K., Olya, H., Park, Y. N., Kwon, Y. J., & Kim, M. J. (2023). Sustainable intelligence and cultural worldview as triggers to preserve heritage tourism resources. *Tourism Geographies*, 25(2–3), 899–918.
- Hwang, Y. H., Park, E. K., Lee, C. K., Son, H. J., & Olya, H. (2022). Applying mixed methods to explore lighter and darker shades in hybrid dark tourism experiences. *Tourism Review*, 78(3), 747–760.
- Gupta, S., Modgil, S., Lee, C. K., & Sivarajah, U. (2023). The future is yesterday: Use of AI-driven facial recognition to enhance value in the travel and tourism industry. *Information Systems Frontiers*, 25, 1179–1195.
- Lee, S. B., Lee, Y. S., Lee, C. K., & Olya, H. (2023). Hocance tourism motivations: Scale development and validation. *Journal of Business Research*, 164, 114009. www.elsevier.com/locate/jbusres.
- Kim, S. H., Mjelde, J. W., Kim, T. K., Lee, C. K., & Chun, B. G. (2022). Willingness to pay for attributes of Templestay, a cultural tourism resource, and implications on marginal utility of different meditation forms using choice experiment methodology. *Tourism Economics*, 29(4), 1100–1120.
- Choe, Y. S., Lee, C. K., Choi, J. M., Kim, M. J., & Sim, K. W. (2023). Identifying tourist spatial and temporal patterns using GPS and sequence alignment method. *Journal of Travel Research*, 62(6), 1181–1201.
- Shin, H. I, Kang, S. E., & Lee, C. K. (2023). Impact of innovation characteristics of a self-bag-drop service on attitude, trust, and behavioral intention: Using trust transfer theory. *Asian Journal of Technology Innovation*, 31(3), 604–624.
- Girish, V. G., Ko, M. H., Lee, C. K., Park, Y. N., & Suess, C. (2023). Examining behavioral intentions to visit travel bubble destinations during the COVID-19 pandemic. *Current Issues in Tourism*, 26(21), 3483–3498.
- Kim, J. S., Park, Y. N., Kim, B. R., & Lee, C. K. (2024). Impact of perceptions of ESG on organization-based self-esteem, commitment, and intention to stay. *Journal of Travel & Tourism Marketing*, 41(1), 106–127.
- Lee, S. J., Joo, D. H., Lee, C. K., & Lim, J. P. (2024). South Korean DMZ tourists' expe-

rience co-creation explained by motivation, interaction, and emotional solidarity. *Journal of Destination Marketing & Management*, 32, 100872.

- Shi, J., Lee, M., Girish, V.G., Xiao, G., & Lee, C. K.(2024). Embracing the ChatGPT revolution: Unlocking new horizons for tourism. *Journal of Hospitality and Tourism Technology*, 15(3), 433-448.

【국내논문】

- 이충기 · 박창규(1996). 한국 카지노산업의 경제적 효과분석. 『관광학연구』, 19(2), 27-45.
- 이충기 · 박창규(1996). 우리나라 카지노이용객 성향조사에 관한 연구. 『관광정책학연구』, 2(1), 313-338.
- 이충기 · 이태희(1996). 해외 관광마케팅비용의 효율성에 관한 계량적 분석. 『관광학연구』, 20(1), 52-62.
- 이충기 · 강세영(1996). 관광산업의 남녀간 소득분배효과 분석. 『관광품질시스템연구』, 2(4), 69-89.
- 이충기 · 이주희 · 한상열(1998). 민주지산 생태관광자원의 레크레이션 이용가치 측정. 『관광학연구』, 21(2), 263-270.
- 이충기(1999). 2002 World Cup 개최에 따른 관광산업의 경제적 파급효과 분석. 『관광학연구』, 22(3), 73-92.
- 이충기(1999). 2002 월드컵 외래관광객 숙박수급 분석. 『관광학연구』, 22(3), 305-313.
- 이충기(1999). 경주세계문화엑스포에 대한 지역주민의 태도분석. 『관광학연구』, 23(1), 293-299.
- 이충기 · 이태희(2000). 경주세계문화엑스포에 대한 축제참가 동기분석. 『관광학연구』, 23(2), 84-98.
- 이충기 · 정동일 · 김동기(2000). '99 강원국제관광엑스포에 대한 방문객 동기분석. 『호텔경영학연구』, 9(1), 107-124.
- 이충기(2000). 2002년 월드컵축구대회 개최도시별 숙박시설 수급분석. 『호텔경영학연구』, 9(1), 267-298.
- 이태희 · 이충기(2001). 전통축제 방문시장 세분화의 기준으로서 관여수준. 『관광학연구』, 24(1), 323-330.
- 이충기 · 한상열 · 이영경(2000). 경주 황성공원과 형산강의 생태적 개발에 따른 경제적 가치평가. 『관광연구』, 15(2), 1-21.
- 이충기(2001). 지역주민에 대한 카지노출입제한 방안에 관한 연구. 『관광학연구』, 24(3), 11-27.
- Lee, C. K. (2001). Review of the past '88 Seoul Olympics: Estimating the economic impact of a mega-event. 『*Korean Journal of Hotel Administration*』, 10(2), 83-100.
- 이충기 · 김용근 · 김용식 · 한상열(2001). 국립공원의 자원특성별 경제적 가치평가: 가상가치평가법 적용. 『한국환경생태학회지』, 15(1), 79-91.
- 이충기(2001). 폐광지역 내국인출입 카지노 개장에 따른 開場前後의 지역주민 인식변화와 부작용 저감방안. 『관광학연구』, 25(2), 135-154.
- 이충기 · 고호석 · 김동기(2002). 지역축제 방문객의 이미지 평가에 관한 실증적 연구. 『호텔관광연구』, 8, 27-46.
- 이충기 · 변정우(2002). Forecasting international tourism demand for the 2002 World Cup

and estimating its economic impact. *Korean Journal of Hospitality Administration*, 4(2), 273-289.

- 이충기 · 변정우(2002). 산업연관분석을 통한 카지노산업의 경제적 파급효과 분석. 『호텔관광연구』, 4(2), 255-272.
- 이충기(2002). 월드컵 메가이벤트가 한국 관광지의 인지도와 이미지 및 선택에 미치는 영향평가: 2002 월드컵을 중심으로. 『관광학연구』, 26(1), 13-30.
- Lee, C. K., & Shin, M. S. (2002). Differences in festival motivation between domestic and foreign visitors. *Korean Journal of Hospitality Administration*, 11(3), 1-23.
- Lee, B. S., & Lee, C. K. (2002). Relationship between residents' attitudes and the level of success: Case of the World Culture Expo. *Korean Journal of Hospitality Administration*, 11 (3), 67-91.
- 이용기 · 이덕우 · 이충기(2003). 수안보온천축제의 지각된 환경단서가 방문객 만족과 충성도에 미치는 영향. 『관광학연구』, 27(1), 85-104.
- 이충기 · 이봉구(2003). 관여도에 따른 강원랜드 카지노이용객 특성비교. 『관광학연구』, 27(2), 133-154.
- 이봉구 · 이충기(2004). 강원랜드 카지노개발이 지역주민의 삶의 질에 미친 영향에 관한 연구. 『관광학연구』, 27(4), 289-309.
- 이충기 · 강세영(2004). 폐광카지노 지역주민 인식변화에 관한 종단연구. 『호텔경영학연구』, 13 (1), 1-12.
- 이충기 · 변정우(2004). 카지노신규허가수의 적정성에 관한 연구. 『호텔경영학연구』, 13(2), 1-16.
- 이충기 · 문석웅(2004). CGE 모델의 시뮬레이션기법을 이용한 관광산업의 경제적 효과분석: 월드컵사례를 중심으로. 『관광학연구』, 28(3), 261-281.
- 이충기 · 조윤미(2004). CVM을 이용한 체험관광의 가치평가. 『관광연구저널』, 18(2), 217-232.
- 이충기 · 고호석 · 김동기(2005). 문화예술축제 이미지의 선호도 차이분석: 2002-2004 광주비엔날레 비교를 중심으로. 『관광연구』, 19(3), 1-25.
- 이충기 · 한상열(2005). 관광호텔 영세율이 인바운드 관광수요에 미치는 영향분석. 『호텔경영학연구』, 14(1), 1-18.
- 이충기 · 변정우 · 고호석(2005). 2003 부천루미나리에 방문객 이미지가 만족도와 재방문의사 및 권유의사에 미치는 영향에 관한 연구. 『호텔경영학연구』, 14(2), 1-20.
- 이충기 · 최혜정 · 송학준(2005). 산업연관모델을 통한 관광쇼핑산업의 경제적 파급효과 분석. 『호텔경영학연구』, 14(3), 237-255.
- 이충기 · 송학준 · 고종화 · 고민경(2005). 지역산업연관모형을 이용한 전남관광산업의 경제적 위상분석. 『관광연구』, 20(2), 19-34.
- 이용기 · 이충기(2005). 카지노동기의 척도개발과 타당성 검증. 『관광학연구』, 29(2), 423-441.
- 이충기(2005). CVM을 이용한 DMZ 생태관광자원의 가치평가: 국제간 비교. 『관광레저연구』, 17(4), 65-81.
- 이용기 · 정남호 · 이충기(2006). IP 분석을 통한 수안보 온천제의 활성화 방안에 관한 실증연구. 『호텔경영학연구』, 15(1), 291-308.
- 이충기(2006). 2단계 CVM 접근방법을 통한 생태관광자원의 가치평가. 『호텔경영학연구』, 15

(3), 175-187.
- 송근석 · 이충기(2006). 관광수요 예측모형의 정확성 비교. 『관광연구저널』, 20(2), 351-369.
- 이충기 · 송덕종 · 송학준(2006). 산업연관모델을 이용한 카지노산업의 경제적 파급효과 분석. 『호텔경영학연구』, 15(4), 131-143.
- 이충기 · 송근석 · 송학준(2006). 일본인 관광객의 방한 수요결정요인에 관한연구: 계량경제모형을 중심으로. 『관광레저연구』, 18(4), 7-25.
- 송학준 · 고민경 · 변정우 · 이충기(2007). 영화축제 방문객에 대한 시장세분화 연구: 2004 부천국제판타스틱영화제를 중심으로. 『호텔경영학연구』, 16(1), 91-103.
- 이충기 · 이진형 · 송학준(2007). 지역산업연관모델을 이용한 철새관광축제의 지역경제 파급효과 분석. 『관광레저연구』, 19(2), 19-34.
- 송근석 · 이충기(2007). 관광수요 예측모형의 선정 시 표본후 예측의 중요성. 『관광연구』, 22(2), 95-116.
- 김수성 · 이충기 · 한지훈 · 이승곤(2007). 사회교환이론을 적용한 카지노 영향 · 혜택 · 지지도간 분석. 『관광연구저널』, 21(3), 317-329.
- 김한주 · 이충기(2007). 지역산업연관모형을 이용한 부산국제영화제의 경제적 파급효과 분석. 『관광레저연구』, 19(4), 7-26.
- 이충기 · 정병웅 · 김정만(2007). 사회교환이론을 적용한 남녀간 카지노인식 연구. 『호텔관광연구』, 9(4), 174-186.
- 이충기 · 송학준(2007). 최적 시계열 수요예측 모델선정에 관한 연구. 『관광학연구』, 31(6), 289-311.
- 박영아 · 이충기(2008). Investigating the effect of gender on online decision-making styles: A case of airline ticket shoppers. 『관광연구』, 22(4), 377-393.
- 박영아 · 이충기(2008). Effect of travelers' price and empowerment consciousness on perceived usefulness of online tourism booking sites. 『호텔관광연구』, 10(1), 118-127.
- 이충기 · 윤설민(2008). 2012여수엑스포 방문의사에 미치는 영향변수 추정. 『관광학연구』, 32(2), 131-148.
- 송학준 · 이진영 · 이충기(2008). 환경지각단서를 이용한 내국인카지노 시장세분화 연구. 『호텔경영학연구』, 17(2), 117-130.
- 이충기 · 서태양 · 박종구(2008). 2007경주세계문화엑스포의 지역경제 파급효과 분석: 직접조사에 의한 지역산업연관모델을 중심으로. 『관광연구』, 23(1), 63-79.
- 이충기 · 송학준(2008). 2010년 서울시 인바운드 관광산업의 경제적 파급효과 예측: 직접조사에 의한 지역산업연관모델을 중심으로. 『호텔관광연구』, 10(2), 44-56.
- 이충기 · 윤유식 · 이병원(2008). 풍기인삼축제의 경제적 파급효과 분석: 지역산업연관모델을 중심으로. 『관광연구저널』, 22(2), 21-33.
- 이충기(2008). 調査法과 非調査法간 지역산업연관모델의 비교연구. 『관광연구』, 23(2), 63-78.
- 송근석 · 이충기(2008). 지수평활모형간 정확도 비교: Pegels와 Gardner모형의 적용. 『관광학연구』, 32(4), 121-144.
- 서헌 · 이충기 · 이용기(2008). 지각된 가치가 방문객 만족, 재방문의도 및 추천의사에 미치는 영향: 강원랜드 카지노방문객을 중심으로. 『호텔경영학연구』, 17(4), 181-195.
- 이충기(2008). 스포츠토토사업의 경제적 파급효과 분석: 산업연관모델을 중심으로. 『한국스포츠

산업·경영학회지』, 13(3), 53-63.
- Park, Y. A., & Lee, C. K. (2008). Examining the relationship between product involvement and tourists' online decision-making styles: The case of online accommodation reservation. 『호텔경영학연구』, 17(5), 45-58.
- 이충기·김홍미·안대희(2008). 한국관광에 대한 일본관광객의 지각된 가치가 방문객 만족도와 재방문의사에 미치는 영향 연구. 『관광·레저연구』, 20(4), 69-85.
- Lee, C. K. (2008). Sustainability of Korean casino industry: Economic, social, and industrial perspectives. 『관광연구저널』, 22(4), 23-44.
- 윤설민·황순애·이충기(2009). 호텔산업의 합리적 수요예측 방법에 관한 연구: 정성적 방법과 정량적 방법 간 예측치의 정확도 비교. 『호텔경영학연구』, 18(1), 1-16.
- 김한주·이충기(2009). 산업연관모델을 이용한 음식업의 경제적 파급효과 분석. 『외식경영연구』, 12(1), 111-126.
- 송근석·이충기(2009). 결합기법을 이용한 관광수요예측. 『관광·레저연구』, 21(1), 183-202.
- 김혜선·이충기(2009). 갬블링 열정척도를 통한 스포츠토토 이용객의 시장세분화 연구. 『관광연구저널』, 23(1), 21-34.
- 이충기·이봉구(2009). 인터넷 갬블러에 대한 갬블링열정척도(GPS)의 적용. 『관광학연구』, 33(2), 53-72.
- 오석윤·이준엽·이충기(2009). 2012 여수엑스포 숙박수급 분석에 관한 연구. 『관광연구』, 24(1), 99-117.
- 강상국·송학준·이충기(2009). 주한미군의 한국이미지 변화에 관한 연구: 사전·사후 이미지 비교를 중심으로. 『관광레저연구』, 21(2), 243-259.
- 심성우·송학준·이충기(2009). 비무장지대 외래관광객의 시장세분화와 가치 연구. 『호텔경영학연구』, 18(3), 191-210.
- 이충기(2009). 강원랜드 리조트카지노의 강원지역에 대한 경제적 파급효과와 영향력 분석: 조사기법에 의한 지역산업연관모델을 중심으로. 『관광연구』, 24(2), 145-158.
- Lee, C. K., & Lee, S. K. (2009). Estimating the economic impact of the Korean casino industry using an input-output model. 『호텔경영학연구』, 18(5), 63-73.
- Kim, H. G., Lee, C. K., Chon, J. H., & Byun, J. W. (2009). Mood effects on performance quality and satisfaction: The case of PiFan. 『관광연구』, 24(4), 39-57.
- 이충기·유지윤·임은순(2009). 우리나라 한방의료관광에 대한 수요예측 및 경제적 파급효과 분석. 『관광학연구』, 33(6), 56-74.
- 이충기·유지윤·임은순(2010). 지역산업연관모델을 이용한 경북한방의료관광의 경제적 파급효과 분석. 『호텔경영학연구』, 19(1), 179-192.
- 이충기·송학준(2010). 확장된 계획행동이론을 이용한 갬블링열정과 행동의도간 구조관계 분석. 『관광학연구』, 34(3), 125-145.
- 이충기·이강욱(2010). 강원랜드 카지노리조트 개발로 인한 강원지역과 타 지역에 미친 경제적 파급효과 분석. 『관광학연구』, 34(4), 109-126.
- 이충기·권선중·이태경·김교헌(2010). 합법 인터넷 도박 이용자의 도박행동 추세: 신규 가입 후 2년간 베팅 횟수 및 금액 분석. 『한국심리학회지: 건강』, 15(2), 203-214.
- 권선중·이충기·김교헌·Kim(2010). 합법 인터넷 도박의 역기능: 병적 도박 위험성과 불법

도박 확산 가능성 탐색. 『한국심리학회지: 건강』, 15(2), 215-225.

- 이충기 · 백기준(2010). 유희적 갬블러와 병적 갬블러 간 게임동기 · 열정 · 감정상태 · 행동의도 간 구조관계 분석. 『관광학연구』, 34(6), 375-396.
- 송학준 · 이충기(2010). 목표지향적 행동모형을 이용한 복합리조트 카지노 방문객의 행동의도 예측. 『관광레저연구』, 22(5), 341-360.
- Song, H. J., & Lee, C. K. (2010). Impact assessment of external shocks on international tourism demand. *Korean Journal of Hospitality Administration*, 19(5), 1-16.
- 이충기 · 김태균(2010). CVM을 이용한 보령머드축제 생태관광자원의 경제적 가치 평가: 가설적 편의의 최소화 방법을 중심으로. 『관광연구』, 25(4), 129-144.
- 이충기 · 최영준(2010). 지역산업연관모델을 이용한 보령머드축제의 경제적 파급효과 분석. 『관광연구』, 25(5), 88-100.
- 이재석 · 이충기(2010). 확장된 계획행동이론을 이용한 스키리조트 방문객의 의사결정과정 연구. 『호텔관광연구』, 12(4), 1-19.
- 박은경 · 금기용 · 이충기(2011). VECM을 이용한 주요 경제변수와 관광수요간 영향관계 분석: 방한 일본관광객을 중심으로. 『관광레저연구』, 23(1), 45-64.
- 송학준 · 최영준 · 이충기(2011). 4Es 이론에 따른 축제 방문객의 충성도 연구: 보령머드축제를 중심으로. 『관광연구』, 25(6), 179-198.
- 이충기 · 송학준 · 이대은(2011). 카지노방문객 시장세분화 연구: 방한 일본 및 중국 관광객을 대상으로. 『호텔경영학연구』, 20(1), 159-172.
- 이충기 · 송학준(2011). 지역산업연관모델을 이용한 전통시장 활성화사업의 경제적 파급효과 분석-서울 수유마을시장을 중심으로. 『관광학연구』, 35(5), 125-145.
- Park, Y. A., & Lee, C. K. (2011). Examining the determinants of acceptance and diffusion in the innovative travel technology: A case of travel search engine. 『관광연구』, 26(2), 125-143.
- 이재석 · 이충기 · 가연(2011). 갬블링 동기와 열정 및 행동의도 간 영향관계 분석: 강원랜드 카지노와 마카오 카지노 방문객 간 비교. 『관광연구저널』, 25(3), 5-20.
- 이재석 · 송학준 · 이충기(2011). Pine과 Gilmore의 체험경제이론에 따른 입체영화 체험, 체험가치 및 만족도에 관한 연구: 영화 '아바타'를 중심으로. 『관광레저연구』, 23(5), 281-298.
- 이충기 · 윤설민 · 이대은(2011). 2012 여수세계박람회 유치결정 후 방문의사에 영향을 미치는 결정요인 추정. 『관광학연구』, 35(6), 119-138.
- 이충기 · 양형은 · 이재석(2011). 한 · 일 간 카지노 지역주민의 인식과 지지도 비교분석. 『관광연구』, 26(3), 129-144.
- 이충기 · 송학준 · 윤설민(2011). 갬블링 동기 · 열정 · 참여의도 간 구조관계 분석: 서울시민을 대상으로. 『호텔경영학연구』, 20(4), 1-16.
- 송학준 · 이충기 · 김도영(2011). 신종플루 인식이 단체관광객의 해외여행 의사결정과정에 미친 영향에 관한 연구. 『관광학연구』, 35(7), 189-209.
- 이충기 · 윤설민 · 박창규(2011). 상해엑스포 방문동기 · 만족도 · 태도 간 구조관계 분석: 개념모델 간 정량적 · 실증적 비교. 『관광학연구』, 35(8), 323-343.
- 송학준 · 이충기 · 부숙진(2011). 계획행동이론을 이용한 자연기반 축제의 방문행동 이해: 환경친화적 관광 소비행동의 추가적 역할을 중심으로. 『관광연구저널』, 25(4), 21-38.
- 김명자 · 정남호 · 이충기 · 김정만(2011). Examining Differences in Values, Satisfaction, and

Behavioral Intention between Senior Tourists and Tourists under Fifty. 『관광연구』, 26(4), 47–72.
• 이충기 · 김태균 · 이승곤(2011). 일본 카지노 개장 시 한국인 이용객 수 및 지출액 추정. 『호텔경영학연구』, 20(5), 217–229.
• 윤설민 · 송학준 · 이충기(2011). 지각된 환경단서에 따른 2010제천국제한방바이오엑스포의 만족도 평가: IPA와 Revised IPA 간 비교를 중심으로. 『관광레저연구』, 23(8), 229–247.
• 이충기(2011). 우리나라 카지노산업의 역사. 『관광학연구』, 35(10), 451–464.
• 송학준 · 문지효 · 이충기(2011). 가산자료모형을 이용한 카지노방문객의 수요결정요인 분석. 『호텔경영학연구』, 20(6), 149–166.
• 이충기 · 송학준 · 문지효(2011). 지역간 산업연관모델(IRIO)를 이용한 인바운드 관광산업의 경제적 파급효과 분석: 종로지역을 중심으로. 『관광연구』, 26(5), 415–433.
• 송학준 · 문지효 · 이충기(2011). 가산자료모형을 이용한 스키 리조트 방문객의 수요결정요인 분석: 하이원 스키 리조트를 중심으로. 『한국스포츠산업 · 경영학회지』, 16(6), 1–14.
• 윤설민 · 이충기(2012). 청계천의 이미지, 지각된 가치, 만족도 그리고 행동의도 간 구조관계 분석. 『관광연구저널』, 26(1), 41–57.
• 신창열 · 송학준 · 이충기(2012). 축제품질, 축제주제 인식, 지각된 가치, 만족도 간 구조관계 연구: 2010 제천국제한방바이오엑스포를 사례로. 『관광연구』, 26(6), 205–225.
• 이충기 · 윤설민(2012). 실현율(그루버지수, 자기확신지수)을 이용한 관광수요 예측: 엑스포 잠재 방문객 사례. 『관광학연구』, 36(2), 11–29.
• 윤설민 · 박진아 · 이충기(2012). 문화관광자원으로서 고궁의 매력속성과 만족도 및 충성도 간 영향관계 분석: 경복궁 방문객을 대상으로. 『서울도시연구』, 13(1), 149–166.
• 이혜미 · 이충기 · 이채은 · 이진경(2012). 카지노 딜러의 여가유형에 따른 시장세분화 연구: 세분시장별 직무스트레스 수준 차이 규명. 『호텔경영학연구』, 21(2), 207–221.
• 송학준 · 이충기 · 문지효(2012). IRIO 모델을 이용한 전통시장 활성화사업의 경제적 파급효과 분석: 부산 부전시장 사례를 중심으로. 『관광연구』, 27(1), 175–193.
• 문지효 · 이충기 · 송학준(2012). 유희적 갬블링 활동에 미치는 영향요인 추정: 로짓모델과 순위로짓모델 간 비교를 중심으로. 『관광학연구』, 36(7), 177–195.
• 이혜미 · 이충기(2012). 관광지 정체성과 다차원 충성도 간 영향관계에 관한 연구: 인사동 문화지구 방문객을 대상으로. 『호텔경영학연구』, 21(4), 69–85.
• 김남현 · 이충기(2012). 관광개발, 해외직접투자 및 경제성장 간 그랜저 인과성에 관한 연구. 『관광연구』, 27(3), 43–57.
• 윤설민 · 이혜미 · 이충기(2012). 이미지 요인에 따른 인사동 문화지구 활성화 방안에 관한 실증연구. 『관광연구저널』, 26(4), 117–133.
• 박해선 · Mjelde · 이충기(2012). Dynamic effects of macroeconomic factors on international tourism demand. 『관광연구』, 27(4), 247–270.
• 이대은 · 이충기(2012). 외래관광객의 한옥 방문동기와 만족도 및 행동의도에 관한 연구: 동 · 서양 간 비교를 중심으로. 『관광학연구』, 36(9), 93–115.
• 김조영 · 이충기 · 김정만(2013). 스마트폰 기반 관광정보 수용과 관광상품 구매의도에 관한 연구. 『관광연구』, 27(6), 15–38.
• 김조영 · 이충기(2013). 스마트폰 관광정보 특성이 지각된 가치와 사용의도에 미치는 영향. 『호텔

관광연구』, 15(1), 279-298.
- 이충기(2013). 독도의 보존가치 평가: 2단계 가상가치평가법(CVM) 활용. 『관광학연구』, 37(4), 117-139.
- 이충기 · 오민재 · 장혜영(2013). 여수엑스포 방문객 동기와 시장세분화 연구. 『관광학연구』, 37(5), 29-50.
- 송학준 · 문지효 · 최상수 · 이충기(2013). 한방의료 축제의 경제적 파급효과 분석: 2011 제천한방바이오박람회를 중심으로. 『호텔경영학연구』, 22(3), 221-233.
- 김남현 · 이충기(2013). 수정된 중요도-만족도 분석 적용에 관한 연구: 서울 종로구의 관광품질 사례를 중심으로. 『관광레저연구』, 25(5), 199-215.
- 이충기 · 이혜미(2013). 메가 이벤트의 수요예측을 위한 실현율 산출. 『관광학연구』, 37(6), 201 - 217.
- Kang, S. K., & Lee, C. K (2013). Quality of life (QOL) of gambling community residents: Relationships with community attachment and socio-demographic characteristics. 『관광연구』, 28(3), 99-118.
- 이혜미 · 이충기 · 송학준(2013). 기업의 사회적 책임 활동에 대한 인식과 조직 동일시, 그리고 조직신뢰 간 구조관계 연구: 카지노 고객접점 종사원 대상. 『관광학연구』, 37(7), 195-216.
- 이은지 · 이충기 · 이혜미(2013). CVM을 이용한 서울 한양도성의 보존가치 평가: 가상적 · 실제적 시나리오 적용. 『서울도시연구』, 14(3), 59-71.
- 가정혜 · 이충기(2013). Educational travel and travel diseases. 『호텔관광연구』, 15(3), 142-161.
- 윤설민 · 박창규 · 이충기(2013). 여수엑스포에 대한 관광영향, 혜택 및 지지도 간 영향관계 연구: 주민의 사전-사후조사를 중심으로. 『관광학연구』, 37(9), 207-229.
- 송학준 · 문지효 · 이충기(2013). 국제관광의 '산업 내 무역' 이론 적용가능성과 결정요인분석: 중력모형(Gravity Model)을 중심으로. 『호텔경영학연구』, 22(5), 23-39.
- 안영주 · 신창열 · 송학준 · 이충기(2013). 오송화장품 · 뷰티세계산업박람회 방문객 동기와 시장세분화 연구. 『관광레저연구』, 25(8), 571-589.
- 이충기 · 이혜미(2013). 메가 이벤트 수요의 결정요인과 결정요인별 실현율 추정. 『관광레저연구』, 25(8), 591-608.
- 이충기 · 이혜미 · 김태균(2014). CVM을 이용한 승마체험의 가치평가. 『관광연구저널』, 28(1), 37-47.
- 김태균 · 이충기 · 이대은(2014). 선택형 실험(CE)을 이용한 독도 생태관광의 속성별 지불의사금액 측정. 『관광학연구』, 38(1)_Feb, 137-154.
- 최혜정 · 이충기(2014). 면세점 유니폼의 디자인 구성요소가 종사원 자기이미지에 미치는 영향. 『관광연구저널』, 28(2), 51-64.
- 이충기 · 고성규 · 김진옥(2014). 승마체험동기가 가치와 만족도 및 행동의도에 미치는 구조관계 분석. 『관광연구』, 28(6), 203-226.
- 임재필 · 이충기 · 이혜미 · 이재석(2014). 확장된 계획행동이론을 이용한 스쿠버다이빙 이용객의 의사결정과정 연구. 『호텔관광연구』, 16(2), 1-20.
- 윤설민 · 신창열 · 이충기(2014). 자원봉사자 동기를 이용한 측정척도 검증 및 시장세분화 연구. 『호텔경영연구』, 23(2), 239-258.

• 이충기(2014). 카지노산업의 갬블링 열정, 사회적 책임 및 책임도박, 그리고 행동의도 간 영향관계 연구. 『관광학연구』, 38(4), 205–226.
• 윤설민 · 신창열 · 이충기(2014). 확장된 계획행동이론을 통한 자원봉사자의 행동의도 분석. 『관광학연구』, 38(5), 253–276.
• 김혜선 · 이충기(2014). 관광정보원으로서 소셜미디어 편익이 지각된 가치, 만족 및 수용에 미치는 영향에 관한 연구: 내일로 여행경험 대학생을 중심으로. 『호텔관광연구』, 16(3), 23–40.
• 오민재 · 이충기 · 송수정(2014). 사회적 책임(CSR)을 이용한 카지노 종사자의 시장세분화 연구: 책임도박, 내부마케팅, 조직몰입 및 고객지향에 대한 인식차이를 중심으로. 『관광연구』, 29(3), 61–81.
• 윤설민 · 이충기(2014). 지각된 위험, 기대-불일치, 감정, 만족도, 그리고 행동의도 간 영향관계 검증: 축제 방문경험을 중심으로. 『관광학연구』, 38(10), 153–174.
• 윤설민 · 이충기 · 강헌(2014). 축제공간 내 혼잡도, 지각된 위험, 만족도, 신뢰, 그리고 지지도 간 영향: 서울등축제를 중심으로. 『호텔관광연구』, 16(6), 337–357.
• 송학준 · 변정우 · 이충기(2014). 카지노 시장변화에 따른 한국 카지노산업 발전방안. 『관광연구』, 29(5), 1–22.
• 이충기 · 권영현 · 김혜선(2015). 지역산업연관모델을 이용한 크루즈관광의 경제적 파급효과분석: 중국 인센티브 크루즈관광객을 사례로. 『관광학연구』, 39(1), 153–165.
• 백혜진 · 이충기 · 김진옥(2015). 나홀로 국내 여행객의 여행제약, 협상, 태도 및 행동의도 간 구조관계 연구: 20～40대 1인 가구를 중심으로. 『관광레저연구』, 27(1), 115–134.
• 이충기 · 김남현(2015). AHP를 활용한 복합리조트 카지노의 개발전략 요인과 우선순위분석. 『관광학연구』, 39(2), 69–84.
• 이대은 · 김미란 · 이충기(2015). CVM을 이용한 한류의 경제적 가치평가 연구: 방한 중국관광객의 한류가치를 중심으로. 『관광연구』, 30(1), 163–182.
• 서해란 · 이충기(2015). 확장된 계획행동이론을 이용한 중국관광객의 방한의사결정 연구. 『호텔관광연구』, 17(2), 1–16.
• 이충기 · 김남현(2015). AHP를 활용한 메가 이벤트의 관람수요 영향요인분석. 『관광연구』, 30(2), 1–20.
• Kah, J. A., Lee, C. K., & Lee, S. H. (2015). Testing the predictability of the expectancy-disconfirmation model and the value disconfirmation model to assess overall satisfaction. *International Journal of Tourism and Hospitality Research*, 29(4), 5–19.
• 이충기 · 권영현 · 김혜선(2015). 크루즈산업의 연간 경제적 파급효과 분석: 4개 기항지(인천, 부산, 제주, 전남)별 지역산업연관모델 적용. 『관광연구저널』, 29(5), 47–60.
• 안소현 · 이충기(2015). 산업연관모델을 이용한 한류관광의 경제적 파급효과 분석. 『관광학연구』, 39(5), 57–70.
• 이충기 · 김남현 · 고성규(2015). AHP를 활용한 승마관광 활성화 요인 도출과 우선순위 분석. 『관광레저연구』, 27(6), 317–339.
• 이충기(2015). 계량기법과 질적 기법을 이용한 복합리조트 카지노 수요예측. 『호텔관광연구』, 17(4), 302–320.
• 김남현 · 이충기 · 강수경(2015). Perceived casino service quality: Comparing light and heavy gamblers. 『호텔경영학연구』, 24(5), 139–158.

- 안소현 · 김남현 · 이충기(2015). AHP를 활용한 한류관광 활성화 요인 도출과 우선순위 분석. 『관광학연구』, 39(7), 125-140.
- 윤설민 · 이충기 · 고성규(2015). 승마체험 동기를 이용한 시장세분화 연구: 세분시장별 참여자의 특성비교를 중심으로. 『호텔관광연구』, 17(5), 294-313.
- 송학준 · 이충기(2015). 템플스테이 체험이 방문객 행동의도 형성에 미치는 영향: 체험경제이론을 중심으로. 『관광연구』, 30(6), 303-322.
- Lee, C. K., Reisinger, Y., & Lee, J. S. (2015). Examining visitor motivations for mega-Events: Comparison between Shanghai Expo and Yeosu Expo. *International Journal of Tourism and Hospitality Research*, 29(10), 5-17.
- 송학준 · 이충기(2015). 복합리조트 시대에 대응한 한국 카지노산업 발전방안. 『관광레저연구』, 27(11), 231-251.
- 이충기(2016). 카지노기업의 사회적 책임(CSR)과 책임도박(RG)이 지역주민의 신뢰와 지지도에 미치는 구조관계 연구. 『관광학연구』, 40(3), 71-87.
- 이은정 · 이충기(2016). 2단계 CVM을 이용한 고래관광의 경제적 가치평가: 울산 고래관광을 중심으로. 『관광연구』, 31(4), 111-129.
- 안소현 · 이은정 · 이충기(2016). 방문경험율 도출을 통한 마포 외래관광객 추정과 경제적 파급효과 분석. 『호텔관광연구』, 18(5), 38-55.
- 임재필 · 이충기(2016). 목표지향적 행동모형을 이용한 스쿠버다이버들의 행동의도 분석. 『관광연구저널』, 30(11), 5-17.
- 김진옥 · 이충기(2016). 여행사 상사의 변혁적 리더십이 직무만족에 미치는 영향: 신뢰와 조직몰입의 매개효과 검정을 중심으로. 『관광연구저널』, 30(12), 51-66.
- 안소현 · 이충기(2017). 평창 동계올림픽에 대한 시간적, 공간적 거리가 방문의사 결정과정에 미치는 영향: 확장된 계획행동 이론의 적용. 『관광학연구』, 41(1), 47-63.
- 이충기(2017). 산업연관모델을 이용한 복합리조트 카지노의 산업분류와 경쟁력 분석. 『관광학연구』, 41(2), 43-56.
- 김태균 · 이충기 · 임성희(2017). 2018 평창 동계올림픽 참여의향 분석. 『관광연구』, 32(1), 1-18.
- 준우선 · 이충기(2017). Q 방법론을 적용한 한옥 방문객의 주관성 연구: 중국관광객을 대상으로. 『관광학연구』, 41(3), 11-30.
- 고성규 · 이충기(2017). 승마체험 의사결정과정에서 부모의 역할: 안전성 변수를 추가한 확장된 계획행동이론을 중심으로. 『관광레저연구』, 29(3), 97-113.
- 이충기 · 김태균(2017). 추가질문에 의한 가상가치 수정을 통한 서울빛초롱축제의 체험가치 평가. 『관광연구저널』, 31(3), 5-19.
- 안소현 · 이충기(2017). 관광통역안내사의 쇼핑 및 선택관광 지향행위에 대한 탐색적 연구: 푸코의 규율권력 관점을 중심으로. 『관광학연구』, 41(1), 47-63.
- Kim, M. J., Park, J. Y., Lee, C. K., & Chung, J. Y. (2017). The role of perceived ethics in the decision-making process for responsible tourism using an extended model of goal-directed behavior. *International Journal of Tourism and Hospitality Research*, 31(4), 5-25.
- 김진옥 · 이충기(2017). 한국형 치유관광의 개념모델 정립 및 치유효과 분석에 관한 연구: 자연기반 아웃도어레크리에이션 참여자를 중심으로. 『관광연구저널』, 31(5), 5-21.

- Cho, S. J., Song, H. J., Lee, C. K., & Lee, S. K.(2017). The impact of CSR on airline passengers' corporate image, customer trust, and behavioral intentions: an empirical analysis of safety activity. 『호텔경영학연구』, 26(4), 87–106.
- 이충기 · 고성규 · 임성희(2017). 목표지향적 행동모형을 이용한 승마체험 행동의도 연구: 청소년 승마체험에 대한 부모의 인식을 중심으로. 『관광연구저널』, 31(7), 5–19.
- Ji, S., & Lee, C. K.(2017). Estimating the value of a UNESCO World Heritage Site using a contingent valuation method: Role of place attachment. 『호텔경영학연구』, 26(6), 51–67.
- 윤설민 · 이충기 · 김혜선(2017). 기업의 사회적 책임(CSR) 활동의 진정성에 대한 여행사 직원의 인식. 『호텔경영학연구』, 26(6), 87–102.
- 윤설민 · 이충기(2017). 체험경제(4Es) 관점에 따른 축제체험, 지각된 품질, 지각된 가치, 그리고 정서적 몰입 간 영향관계 규명: 2016 서울빛초롱축제를 중심으로. 『관광연구』, 32(5), 79–96.
- 안소현 · 준우선 · 이충기(2017). 정치적 갈등이 여행의사결정에 미치는 영향에 관한 사례연구: 사드로 인한 한중간 정치적 갈등을 중심으로. 『관광학연구』, 41(8), 11–30.
- Ji, S., & Lee, C. K.(2017). Examining camping tourists' experience using the experience economy theory. 『호텔경영학연구』, 26(7), 21–37.
- Kim, N. H., & Lee, C. K. (2017). Are heavy players real loyal customers in the Korean casino industry? 『관광연구저널』, 31(10), 5–17.
- 이충기 · 류재숙 · 고성규(2017). 승마체험 계획행동과정에서 체험효과의 조절역할: 유소년을 대상으로. 『관광연구저널』, 31(11), 5–17.
- 윤설민 · 이충기(2017). 체험마케팅 관점에 따른 만족도, 신뢰, 그리고 지지도에 대한 지역축제 방문객의 반응. 『서울도시연구』, 18(4), 53–67.
- 김지현 · 이충기(2018). 가상가치평가법(CVM)을 이용한 울산 태화강의 보존가치 평가. 『관광학연구』, 42(1), 197–214.
- 이혜미 · 이충기 · 양제연(2018). 내용분석을 이용한 메가 이벤트 효과분석: 여수엑스포를 사례로. 『관광연구저널』, 32(1), 19–31.
- 김진환 · 정남호 · 이충기(2018).모바일 앱을 이용한 여행상품 구매취소행동에 관한 연구: 구매충동의 매개효과. 『관광레저연구』, 30(2), 211–230.
- 이충기 · 안소현 · 심규원 · 임성희(2018). 국립공원 명품마을의 경제적 파급효과 분석. 『관광레저연구』, 30(3), 191–209.
- Kim, M. J., Park, J. Y., Reisinger, Y., & Lee, C. K.(2018). Predicting responsible tourist behavior: Exploring pro–social behavior and perceptions of responsible tourism. *International Journal of Tourism and Hospitality Research*, 32(4), 5–20.
- 안소현 · 이충기 · 이새미 · 김현래(2018). 지역산업연관모델을 이용한 서울빛초롱축제의 경제적 파급효과 분석. 『관광연구저널』, 32(5), 51–63.
- 이충기 · 채지영 · 안소현(2018).작은영화관 건립에 대한 경제적 파급효과 분석. 『관광연구저널』, 32(6), 167–178.
- 박창연 · 이충기(2018). DMZ 관광의 체험요인이 지각된 가치와 만족도에 미치는 영향: 체험경제이론을 중심으로. 『관광레저연구』, 30(7), 57–74,
- 가정혜 · 김진옥 · 이충기(2018). 축제 참가자의 동기, 지각된 가치, 만족도 및 행동의도 간의 구조적 관계분석: 서울 등축제를 대상으로. 『관광연구저널』, 32(7), 159–171.

- Girish, G., & Lee, C. K.(2018). Examining the influence of Pokémon Go game on visitation to Sokcho, South Korea. *International Journal of Tourism and Hospitality Research*, 32(10), 59-71.
- Hahn, S. S., Preis, M. W., Lee, C. K., & Kim, M. J.(2018). Effects of affective and cognitive responses on loyalty of mega-event visitors and the moderating role of big five personality traits. *International Journal of Tourism and Hospitality Research*, 32(10), 87-101.
- 윤설민 · 이충기(2018). 체험마케팅의 개별적 체험과 공유적 체험을 활용한 고궁 방문객에 대한 확장된 가치-태도-행동 체계 분석. 『관광연구』, 33(7), 83-100.
- 윤설민 · 이충기 · 이경재(2018). 혼잡도의 역할에 따른 축제 방문객의 확장된 가치-태도-행동 체계 분석. 『호텔경영연구』, 27(8), 131-148.
- 윤설민 · 이충기(2019). 축제 방문객의 플로우 경험에 대한 구조적 영향관계 분석. 『관광레저연구』, 31(1), 151-168.
- 고민환 · 이충기(2019). 페이스북의 정보품질, 지각된 용이성, 지각된 유용성이 이용자 만족과 사용의도에 미치는 영향. 『관광레저연구』, 31(2), 389-322.
- 이진영 · 이충기(2019). 스마트워크 인식이 직무만족과 조직충성도에 미치는 영향: H 여행사 종사원을 중심으로. 『호텔관광연구』, 21(1), 16-30.
- 이은지 · 이충기(2019). 빅데이터를 활용한 관광산업의 경제적 파급효과 분석: 종로구를 사례로. 『호텔관광연구』, 21(1), 31-42.
- Choe, Y. S., Lehto, X., & Lee, C. K. (2019). The impact of community attachment and ethnocentrism on residents' perceptions of the social impact of a mega-event. *International Journal of Tourism and Hospitality Research*, 33(4), 75-86.
- 이충기 · 안소현 · 양형은(2019). 일본 복합리조트 카지노 개장에 대한 대응전략요인 도출과 우선순위 분석: AHP 적용. 『관광레저연구』, 31(5), 351-368.
- 배소영 · 이충기(2019). 워킹맘의 온라인 여가로서의 온라인 커뮤니티 이용과 사회적 지지, 일-가족 전이, 그리고 삶의 질 간의 구조적 영향관계 연구. 『호텔경영학연구』, 28(4), 113-128.
- 김미영 · 이충기(2019). 항공사 객실승무원 리더의 정치적 기술(LPS)이 팀 성과에 미치는 영향: 팀-구성원 교환(TMX)의 매개역할. 『호텔관광연구』, 21(2), 257-270.
- 고민환 · 이충기(2019). 자기결정성이론과 기술수용모델을 활용한 페이스북의 사용동기가 지각된 용이성, 지각된 유용성, 그리고 이용자 만족과 사용의도에 미치는 영향: 항공서비스학과 입시지망생을 중심으로. 『관광레저연구』, 31(7), 379-393.
- 장두영 · 이충기(2019). 확장된 계획행동이론을 이용한 챗봇 사용의도 연구: 상호작용 역할을 중심으로. 『관광레저연구』, 31(8), 433-455.
- 안소현 · 이충기(2019). 가상현실 관광콘텐츠의 감각이 경험적 가치와 만족 및 방문의도에 미치는 영향에 관한 연구. 『관광학연구』, 43(6), 135-149.
- 이충기 · 김혜선(2019). 일본 복합리조트 카지노 지불의사(금액) 추정: 한국 해외여행객을 대상으로. 『호텔관광연구』, 21(3), 320-329.
- 고민환 · 김미영 · 이충기(2019). 대학교육서비스 품질이 교육서비스 가치, 학생태도 및 행동의도에 미치는 영향 연구: VAB 모델을 중심으로. 『관광레저연구』, 31(9), 445-461.
- 고민환 · 이충기(2019). 확장된 계획행동이론을 적용한 반일인식이 일본관광 의사결정에 미치는 영향 연구. 『관광레저연구』, 31(10), 79-96.

- Kang, S. K., Lee, C. K., & Lee, T. K.(2019). Impact of community attachment on corporate social responsibility and resident support in gambling communities. 관광연구저널, 33(10), 5-23.
- 이영섭 · 이충기(2019). 호텔 멤버십을 통한 관계혜택이 고객만족과 고객충성도에 미치는 영향연구: 고객애착의 매개효과를 중심으로. 『관광레저연구』, 31(1), 173-194.
- 고성규 · 김미영 · 이충기(2019).승마체험자의 여가제약이 제약-협상과 행동의도에 미치는 영향연구. 『호텔관광연구』, 21(4), 31-44.
- 임재필 · 이충기(2019). 스쿠버다이빙 참여자들의 제약과 의사결정과정 연구: MGB와 여가제약-협상모형의 적용. 『관광레저연구』, 31(12), 423-444.
- 이충기 · 정혜진(2020). 협의와 광의의 한류관광에 따른 경제적 파급효과 분석. 『호텔관광연구』, 22(1), 1-12.
- 고민환 · 임은정 · 이충기(2020). 지역산업연관모델을 이용한 금산인삼축제의 경제적 파급효과 분석. 『관광레저연구』, 32(3), 131-145.
- 최혜정 · 이충기 · 오승희(2020). 여수 관광객의 체험과 지각된 가치, 장소애착 및 만족도 간 구조관계 연구: 체험경제이론을 중심으로. 『관광연구저널』, 34(3), 5-19.
- 고민환 · 이충기(2020). 항공여행객의 이타주의가 셀피포스팅 행동의도에 미치는 영향에 관한 연구: 목표지향적 행동모델 적용. 『관광레저연구』, 32(5), 407-426.
- 정혜진 · 이충기(2020). 북촌 한옥마을의 진정성이 관광행동에 미치는 영향연구: 계획행동이론 적용. 『관광연구저널』, 34(5), 5-18.
- 이현주 · 이충기(2020). 항공사 객실승무원의 감정노동이 직무스트레스, 긍정심리자본 및 이직의도에 미치는 영향연구. 『관광레저연구』, 32(7), 391-410.
- 김미영 · 이충기(2020). 항공사 객실승무원 리더의 정치적 기술이 TMX와 팀 몰입에 미치는 영향: 다중집단분석을 통한 직급의 조절효과를 중심으로. 『관광학연구』, 44(6), 165-184.
- 최민철 · 김창식 · 이충기(2020). 리조트기업 조직구성원의 CSR 활동 인식이 기업평가에 미치는 영향: 신뢰와 불신의 역할을 중심으로. 『관광레저연구』, 32(9), 249-264.
- 이충기 · 김학준(2020). 우리나라 관광경제학 연구의 동향과 방향: 언어네트워크 분석. 『관광학연구』, 44(7), 35-56.
- 김경희 · 이충기 · 오민재(2020). 생태관광지의 사회적 책임(DSR)을 이용한 생태관광객의 시장세분화 연구: 창녕 우포늪을 대상으로. 『관광연구저널』, 34(9), 91-108.
- 고민환 · 이충기(2020). 코로나19 정보와 여행 의사결정과정에 관한 연구: 목표지향적 행동모형을 활용하여. 『호텔경영학연구』, 29(7), 123-140.
- 장두영 · 이충기(2020).COVID-19 위험인식과 건강의식이 보호동기와 행동의도에 미치는 영향. 『호텔경영학연구』, 29(7), 191-208.
- Xu, W., Lee, J. H., & Lee, C. K.(2020). Exploring the impact of residents' emotional solidarity on attitude and support for tourism development in the context of COVID-19. *International Journal of Tourism and Hospitality Research*, 34(10), 5-16.
- Park, Y. N., & Lee, C. K.(2020). Effect of Korean Wave on cognitive and affective images of Korea and behavioral intention: Highlighting K-sport in Vietnam. *International Journal of Tourism and Hospitality Research*, 34(10), 63-74.
- 이주희 · 이충기(2020). 공연의 체험요소가 가치, 만족도 및 행동의도에 미치는 구조적 영향관계

연구: '페인터즈' 관람객을 대상으로. 『관광연구저널』, 34(11), 5-20.

- 박창연 · 이충기(2020). 코로나 바이러스로 인한 관광종사자들의 스트레스와 직업불안이 직무만족과 삶의 만족에 미치는 영향: 정부신뢰의 조절효과를 중심으로. 『호텔경영학연구』, 29(8), 43-57.
- 장두영 · 이충기(2021). 계획행동이론을 적용한 COVID-19 상황에서의 여행의사결정과정 연구: 건강의식의 조절역할. 『호텔경영학연구』, 30(2), 135-149.
- 윤효진 · 이충기(2021). COVID-19 위험인식과 비약물조치(NPI)가 크루즈 관광객의 행동의도에 미치는 연구: 확장된 계획행동이론 적용. 『관광연구저널』, 35(5), 5-20.
- 구선영 · 이충기(2021). 모험관광객의 체험과 Flow, 만족, 심리적 행복감 및 삶의 질 간의 구조관계 연구. 『관광레저연구』, 33(6), 5-23.
- 이예하 · 이충기(2021). 카지노 직원의 여가협상이 여가행동의도에 미치는 영향: 조직지원인식과 상사지원인식의 조절효과. 『관광레저연구』, 33(7), 373-394.
- 고민환 · 이충기(2021). 자기결정성 요인과 유튜브 댓글의 정보품질이 태도, 공동가치창출 및 고객시민행동에 미치는 영향: 자기결정성이론과 정교화가능성모델 적용. 『관광연구저널』, 35(8), 5-18.
- Jeong, J. Y., Lee, C. K., & Oh, S. H.(2021). Trust transfer effect of a successful mega-event on host destination loyalty: Long-term tourism impacts. *International Journal of Tourism and Hospitality Research*, 35(10), 5-18.
- 최은영 · 이충기(2021). 관광인플루언서의 매력성과 지각된 가치, 태도 및 행동의도 간 구조관계 연구. 『관광연구저널』, 35(11), 37-50.
- 이예하 · 이충기(2021). 가상가치평가법을 활용한 한강공원 내 반려견 놀이터 조성시의 경제적 가치 평가. 『관광레저연구』, 33(11), 77-95.
- 손세인 · 이충기(2021). 스마트관광 기술기반셀프서비스의 상호작용성이 지속적 이용의도에 미치는 영향: 항공사 키오스크 이용객을 대상으로. 『관광연구저널』, 35(12), 133-144.
- 오승희 · 이충기(2022). 코로나-19 상황에서 국내여행에 대한 계획행동의도에 관한 연구: 세 가지 유형의 비약물조치(NPI)의 역할을 중심으로. 『관광연구저널』, 36(1), 5-17.
- 손세인 · 이충기(2022). AHP를 활용한 관광두레사업 요인 도출과 우선순위 분석. 『관광레저연구』, 34(2), 119-134.
- 이상열 · 오민재 · 이충기(2022). VIP 고객의 복합리조트 선택속성과 마케터 전문성이 공동가치창출과 충성도에 미치는 영향: 국적과 방문횟수의 조절효과. 『관광연구저널』, 36(3), 37-57.
- 이주희 · 이충기(2022). Q 방법론을 이용한 박물관 공동가치창출 태도에 대한 주관성연구: 국립박물관 실감콘텐츠 이용자를 대상으로. 『관광레저연구』, 34(3), 127-146.
- Choi, Y. J., Jung, H. J., Juan Y., Lee, S. J., & Lee, C. K. (2022). Tourism impact of the Korea-Japan trade conflict and a subjectivity study using Q-methodology. 『관광연구저널』, 36(4), 5-19,
- 장두영 · 이충기(2022). SOR 이론을 적용한 챗봇 사용 의사결정과정 연구: 여행사 챗봇을 중심으로. 『관광학연구』, 46(3), 203-224.
- 임지은 · 이충기(2022). 신체적 장애고객 서비스 최적화를 위한 환대산업 직원교육의 핵심요인 우선순위 도출. 『관광연구저널』, 36(5), 63-77.
- 정은교 · 문영주 · 이충기(2022). COVID-19 상황에서의 항공사 CSR이 객실승무원의 심리적 자

본, 조직몰입 및 고객지향성에 미치는 영향. 『관광연구저널』, 36(6), 151-168.
• 한관희 · 초광유 · 이윤희 · 김이로운 · 이충기(2022). 지속 가능한 관광을 위한 세계자연유산 신안 갯벌 보존가치 평가: 2단계 가상가치평가법(CVM) 활용. 『관광연구저널』, 36(8), 37-52.
• 송은미 · 이충기(2022). 일본 카지노의 합법화와 지역경제 활성화:한국 강원랜드 카지노와의 대비를 통하여. 『인문과학연구논총』, 43(3). 43-71.
• 신혜인 · 이충기(2022). SBD 혁신특성이 태도 및 사용의도에 미치는 영향: 항공사 신뢰의 조절효과를 중심으로. 『관광연구저널』, 36(9), 141-155.
• Back, K. J., Lee, C. K., & Shin, M. J. (2022). A cross-country study of gambling fallacies: South Korea, USA, and Switzerland. 『관광연구저널』, 36(10), 5-15.
• 유세한 · 이충기(2022).CVM을 이용한 시화호 습지의 보존가치 평가: 지속가능지능과 해설서비스 적용. 『관광연구저널』, 36(11), 21-33.
• 이진영 · 장두영 · 이충기(2022). 스마트워크와 조직성과 간 영향관계와 업무창의성의 조절효과 연구: H 여행사 직원들을 대상으로. 『관광연구저널』, 36(12), 17-31.
• 이흔우 · 초광유 · 이충기(2023). 가상가치평가법(CVM)을 이용한 중국 와룽자연보호구의 보존가치평가: 2단계가상가치평기법 적용. 『관광연구저널』, 37(1), 21-32.
• 공원기 · 이충기(2023). DC-CVM을 이용한 세계문화유산 푸젠성 토루(土樓)의 보존가치 평가. 『관광연구저널』, 37(2), 5-18.
• 유새한 · 이충기(2023). 지속가능지능이 관광지의 사회적 책임, 환경적 자기효능감 및 환경친화적 행동에 미치는 영향: 시화호 습지를 대상으로. 『관광연구저널』, 37(3), 19-32.
• 김남현 · 이충기(2023). AHP 분석을 통한 남북관광 개발협력사업 지원기준 우선순위 도출: 국제개발협력 관점을 중심으로. 『관광학연구』, 47(2), 65-85.
• Kang, S. K., Jung, H. J., Park, Y. N., & Lee, C. K. (2023). Impact of cultural worldview and authenticity on VAB model at Bukchon Hanok Village. 『관광연구저널』, 37(4), 5-20.
• 원미란 · 이충기(2023). 관광특성화고등학교의 교육서비스 품질 요인 도출과 가치, 태도 및 취업의도와의 영향관계 연구. 『관광연구저널』, 37(6), 211-226.
• 김지현 · 이충기 · 김미현(2024).항공사 고객과 객실승무원과의 라포가 공정성, 호혜성 및 고객시민행동에 미치는 영향 연구. 『관광연구저널』, 38(1), 173-190.
• 오시요 · 이충기 · 주동오(2024). CVM을 이용한 세계자연유산 중국 황하이 연안-보하이 만 철새 보호지역의 보존가치 평가. 여가관광연구, 26(1), 49-65.
• 이진영 · 이충기 · 장두영(2024). 관광지 매혹이 기억에 남는 관광경험과 재방문의도에 미치는 영향 연구: 제주도를 중심으로, 관광연구논총, 36(2), 101-122.

저자와의
협의에 의하여
인지를
생략합니다.

제6판 관광조사통계분석

초 판 1쇄 발행 2011년 9월 5일
제2판 1쇄 발행 2014년 2월 5일
제3판 1쇄 발행 2016년 2월 20일
제4판 1쇄 발행 2017년 9월 10일
제5판 1쇄 발행 2019년 9월 1일
제6판 1쇄 발행 2024년 9월 5일

저자 이충기 | 발행인 박성진 | 발행처 대 왕 사

등록 1976년 11월 30일 제5～54호
주소 서울시 동대문구 외대역동로 133-1
물류 경기도 파주시 소라지로 176-25(송촌동 414-12)
전화 (031)947-5471(代) | 팩스 (031)947-5470
홈페이지 http://www.daewangsa.net | 이메일 dws74@hanmail.net
값 19,000원

ISBN 978-89-456-9308-2 93320